「邪馬台国論争史学」の終焉

日本古代史学と憲法第一条

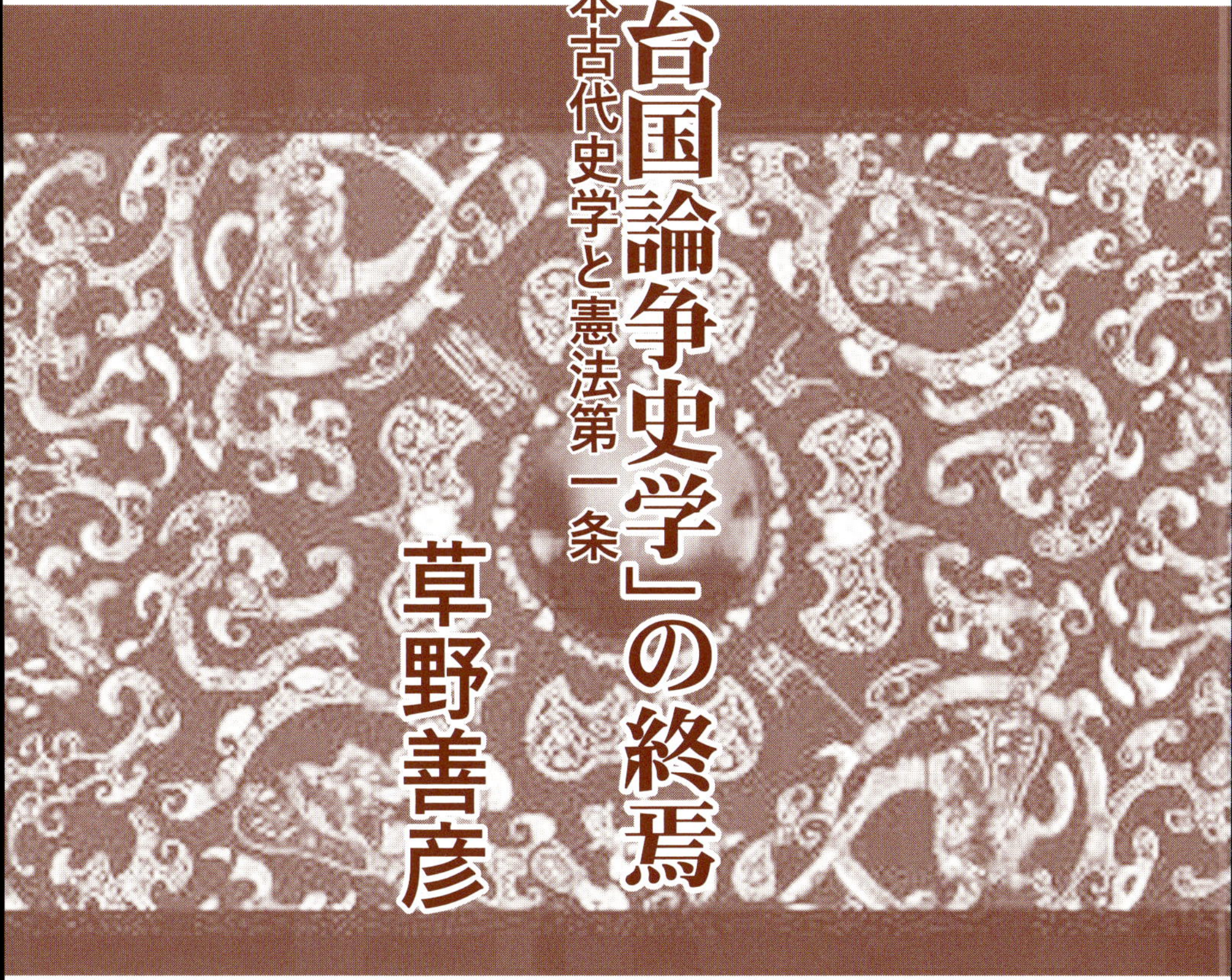

草野善彦

本の泉社

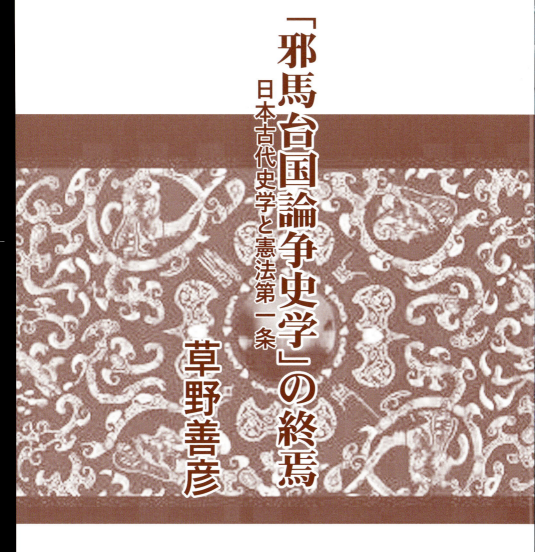

◆目次◆

第六章　〝日の丸・君が代〟の真実 148

「邪馬台国論争史学」の終焉

――日本古代史学と憲法第一条

はじめに

一

「日本古代史」とは、〝日本古代の歴史を学者が探究しているもので、現在の日本の諸問題とは直接の関係はない〟、これが一般的な理解ではないかとおもいます。

しかし戦前の「大日本帝国憲法」、すなわち欽定憲法の第一条は、「大日本帝国ハ万世一系ノ天皇之ヲ統治ス」であり、戦後の〝民主的〟「日本国憲法」も、「天皇は、日本国の象徴であり日本国民統合の象徴であって……」と、戦前を継承しています。

「象徴天皇制」という言葉は、戦後の連合国の中心を占めたアメリカ政府の言葉です。これは第二章で述べるように「万世一系の天皇制」を意味する米語です。アメリカ占領者がこの言葉を規定として憲法にいれた理由は、天皇制は米国の対日政策にとって「資産価値をもつから

だ」と、戦後日本国憲法の策定に大きな役割を果たしたといわれる、戦前のアメリカの駐日大使ジョセフ・クラーク・グルー（一八八〇〜一九五六年）が強調しているところからも、その意図は明らかです。

戦前の「大日本帝国憲法」の天皇制条項は、江戸時代の水戸史学、とりわけ国学の日本史論とその日本史観・日本文化観を国是としたものです。すなわち幕末の「尊皇攘夷」の尊皇論です。これこそが近代〜現代日本の体制的な、〝日本民族に固有の歴史と文化〟とされている、いわゆる〝日本古代史および日本史論〟です。

アメリカ政府は、戦後の日本国憲法〝草案〟において、アメリカ国民および世界の「天皇制反対」の声に抗して、戦後の対日政策上、自己都合で欽定憲法第一条を継承したのです。しかもその際、この規定を盛りこむうえで牽引車の役割を果たしたといわれるグルーは、「万世一系の天皇制」という〝尊皇日本史〟を、「それはすべて純粋に

人工的につくりだされたもの」（五二頁下段参照）と、その史実性への否定を私信で述べているのです。そうしてこの日本史観をグルーをはじめアメリカ政府は、〝日本人の天皇にたいする〝民族的宗教的観念〟と理屈づけています。

この結果、欽定憲法第一条の「万世一系の天皇制」という表現は、「象徴天皇制」と変更された面があるとおもいます。しかし日本側の戦後憲法論では、この象徴天皇制なる言葉は、もっぱら「政治的実権なき君主制」のように言われており、その論拠は〝象徴〟という英語の由来云々で、イギリス王室云々が取り沙汰されています。

しかし問題は、近代社会において政府や政治が、特定の日本史観を憲法に規定するということは、本来、事実以外のなにものも規制しえない学問の、自由な探求にまかせられるべきものに、特定の歴史観を政治の都合によって、国是としておしつけることではないか、ということです。こんにち世界をみわたしてもイスラム世界はいざ知らず、憲法で特定の歴史観を規定する、すなわち政治・国権が「憲法に定められた歴史観以外は認めない」などと、規定している国家・社会があるだろうか、ということです。

こうした規定に違和感がなく、戦後憲法には学問・思想・信条の自由の規定がある云々といっても、そうであれば第一条の規定は不必要なはずですが、「自由社会」の権化のようにいわれるアメリカ自身が、第二章にのべるように、一方で「万世一系の天皇制」という日本史観を、「それはすべて純粋に人工的につくりだされたもの」といいながら、同時に他方では、「資産価値」と称して戦後の日本国憲法第一条に規定しているわけです。ここに近代〜現代日本社会の世界で他に例を見ない、異様な姿があるとおもいます。

しかも明治以降、「文明開化」が叫ばれ、とりわけ「自由民権運動」以来、欧米流の民主主義論や〝科学的世界観〟等々が、華々しく登場している日本で、しかし、歴史および歴史観を憲法で規定する異常性にかんして、議論があったことはないのではないかとおもいます。したがって近代〜現代の日本社会で、憲法で定められている〝日本史論とその歴史観〟は、はたして真実のものなのかという、議論があったためしはないのではないか、とおもいます。

この姿はしかし「文明開化」の叫びに合致したものなのか、疑問がもたれるのは当然ではないかとおもいます。すなわち如何に欧米に学ぼうとも、欧米には頼れない日本民族自身の歴史と文化の真実の探求、すなわち日本人自身の独自の学問分野では、憲法規定の範囲を一歩もでない戦前・戦後の〝日本古代史の学説〟以外には、〝公認の説〟は存在しないのが現状とおもいます。これは憲法規定の歴史観、すなわち世界に例のない「万世一系の天皇制＝象徴天皇制」なる〝国是〟、その真偽に関心をもたないことですが、これはやはり異常ではないかとおもいます。

そもそも憲法第九条の「日本国民は、正義と秩序を基調とする国際平和を誠実に希求し、国権の発動たる戦争と、武力による威嚇又は武力の行使は、国際紛争を解決する手段としては、永久にこれを放棄する。前項の目的を達するため、陸海空軍その他の戦力は、これを保持しない。国の交戦権は、これを認めない。」という、いわゆる戦争放棄条項は、アメリカの戦後の対日政策が天皇制維持であることに、当時、アメリカ国民及び国際的な反対と危惧の声がつよく、これをなだめるためのいわば〝安全保障条項〟として設けられた、と指摘（五八頁下段参照）されていますが、こうした「第一条と九条の関係」の認識も議論も、戦後の日本には存在しないように見えるのですが……。

しかもこの国際的危惧は、「集団的自衛権の確立」を推進する勢力が、その憲法改正案で「天皇の元首化」をかかげている点に照らせば、単なる杞憂に過ぎぬ、とは断じていえないわけです。したがって本来、戦後日本の平和と民主主義にとって、第九条とともに第一条はもっとも重要な問題でありながら、それが正当に指摘され認識されてきたかは、大きな問題ではないかとおもいます。こうした憲法第一条の「天皇制条項」、すなわちそれを「万世一系の天皇制」と呼ぼうと、「象徴天皇制」と云おうと、この〝尊皇論的日本史〟は以上のように、近代以降の日本社会のあり方論の根元におかれた大きな問題であって、これにかかわるものが〝日本古代史の学説〟です。

しかも戦後の日本国憲法第一条を策定したアメリカ政府の〝知日派〟自身が、その規定にかかわる〝学説日本史〟を、「すべて人工的につくられたもの」と述べてもいるのです。こうみてきますと日本史観を憲法で規定していながら、これを問題視しない明治以降の近代日本の姿に疑問が浮びします。

この憲法第一条の〝尊皇論的日本史〟、すなわちその本質において水戸史学や国学のいう〝日本史〟は、真実の日本史なのか、アメリカの知日派から〝あれは全部、純粋の人工物〟と、陰口をたたかれるまでもなく、本来、江戸時代には、水戸史学や国学の日本史論を「夢中に夢を説き候よう」のものと、新井白石が看破していたにもかかわらず、また明治時代には東京大学の法学部や日本史専攻の諸教授らの、尊皇日本史観への真っ向からの批判があったにもかかわらず、それらは今日に至るまで知られているいかなる日本の思想潮流によっても、評価はおろかとりあげられたことさえないのであって、これがはたして真の「文明開化」なのか、本書はこうした問題意識に立脚しています。

したがって戦前・戦後の憲法第一条規定は何故なのか、この問題を第一章で考えます。その後の各章は、戦前・戦後の憲法規定と矛盾がないどころか、第一条の精神を高く掲げている今日の日本古代史学への批判的探究をこころみました。明治以降の「天皇制」とはこうした問題であり、この天皇制の歴史的真実にかかわる学問こそが、日本古代史学および日本史学であって、それを憲法規定の枠組みにとらわれずに探究することは、今日の日本社会に生きるものにとって意義ある課題と考えるものです。

二

本書は、以上の問題意識にもとづいて、日本民族を人類の一構成部分とみなす考え方にたって、憲法第一条にとらわれず戦前はもちろん、戦後の日本古代史学への批判的検討を試みようとするものです。その際、批判的見地の第一点は、国家はその誕生の瞬間から今日も、首都・都城・京師を中心に存在するものであって、これはあたかも人間には必ず臍があるようなもの、という考え方を基礎としています。

『古事記』『日本書紀』の記載では、六九四年の藤原京以前には「ヤマト朝廷」に、首都がないのです。しかも本文で指摘するとおり今日、日本古代史学の著名な学者もまた、最新の岩波書店の『岩波講座・日本歴史』（「第一巻・原始・古代I」、二〇一三年、第一刷）に、「古墳時代、首都の発見は、とくに近畿地方において困難」（二八頁下段参照）と書く状況です。この藤原京以前に首都がないという『古事記』『日本書紀』の記事の重大な点は、『古事記』『日本書紀』が記す七世紀以前の、〝ヤマト朝廷の歴史〟＝日本古代史は本来、日本史の事実でないものを、〝ヤマト朝廷史＝日本史〟と称したものではないか、という重大な疑念を呼び覚ますものだということです。

すでに約一〇〇〇年以上も前に、〝国家の誕生とは、そもそも都市国家群の成立が最初であって、その後は、その都市国家群相互の対立・併合・拡大であり、したがってその国家において首都・京師は常に中心をなすもの〟ということが、欧米の古代史学で明らかにされ、それは今日では日本以外の全世界で確証されています（三〇頁下段参照）。したがって〝首都・京師がない王朝〟という『記・紀』の記載がしめす、「万世一系の天皇制＝ヤマト朝廷一元史観」（以後「一元史とその史観」とも呼ぶ）なる〝日本史〟は、日本人を人類の一構成部分という立場にたてば、戦前の「皇国史観」の「万邦無比の国体論」同様に、存在の余地のない〝日本史〟ではないか、ということになります。したがって本来は、『記・紀』のこの記述を重視し、その解明を日本古代史探究の第一におくべきものではないか、ということです。これが本書の憲法第一条的日本古代史批判への、基本的視点の第一です。

第二は、歴史学とは、今日、生きている人間が、直接その姿を見聞できない昔の社会、遠いはるかに去った社会を知ろうという学問と考えます。したがってこの学問の探求で決定的に重要なものは、その過去の世界に生きた人々の見聞の記録です。それは文献ならびに金石文等です。真の古代史学とは文献の研究と、それへの実証主義的検証が基本であるという考え方です。

日本古代史学でいえば、日本古代史にかかわる文献は『古事記・日本書紀』の他に、古代中国・朝鮮史料が裕福に存在しています。これを『記・紀』と対照しつつ、それを実証主義的に検証することが、世界の近代的古代史学と一致したあり方と考えるものです。

ところが日本では、この古代中国・朝鮮史料は江戸時代の水戸史学・国学という、戦前・戦後の憲法第一条規定絶対主義の日本史、およびその史観を確立した学派以来、一貫して拒否ないし歪曲の対象とされているのです。これが憲法規定的日本史論の大きな特質です。

その理由は、これらの古代中国・朝鮮史料が明らかにしている〝日本古代史〟の姿は、『古事記・日本書紀』の「ヤマト朝廷一元史と史観」とはまったく一致せず、この記載にたてば日本民族も全世界の民族・国家同様に、「多元的複数的王朝・国家の交代史」になるからです。これでは日本史、とりわけ日本古代史を、「万世一系の天皇制」などというわけにはいかず、「ヤマト朝廷」のみを神聖化することは不可能になるのです。

古代中国・朝鮮史料にかんしては古田武彦氏が、一九七一年の『「邪馬台国」はなかった』(朝日新聞社刊、現在ミネルヴァ書房刊)以来、画期的な研究をされていますが、これも新井白石や明治時代の東京大学の先学的諸教授の研究同様に、無視というべき状況です。本書は、都城問題を踏まえつつ新井白石〜古田武彦氏等の見地を正当と考え、ここにたって従来のいわば通説的な日本古代史への、批判的な探究をおこなうものです。

第三に、なぜ明治以来の大学の日本古代史学の著名な教授らは、新井白石〜古田武彦氏等の研究を無視するのかといえば、私は「それは憲法の第一条効果だ」と考えております。明治以降、日本の教育機関は文部科学省の統括下にあり、その大学・学部で、「憲法規定」を真正面から批判・否定する「日本史観・日本史論」は可能なのかという、〝政治・国家による学問への縛り〟という問題があるとおもいます。

　したがって「日本古代史は昔からの優れた学者の研究が蓄積され、どこの誰かもわからない者が、何か言っても、それは問題外」というのは、必ずしも正当ではないということと考えます。憲法で日本史にかんして特定の、しかもあり得ない歴史観を決めている日本にあっては、国民のなかから真実の声をあげるという、他国に例のないことに取り組む人々がいなければ、日本民族の真実の歴史は、消され踏みにじられるのです。いわば〝新草莽の日本古代史学〟、日本的「学問の自由の精神の発揮」です。本書の立場はこうしたものです。

　なお本書では今日、日本古代史の学者等がいう日本古代史を、〝通説〟ないしは〝通説の日本古代史〟と呼びます。また本書で引用の『古事記』は、倉野憲司氏校注の『古事記』（岩波文庫、一九八九年、第三〇刷）、『日本書紀』は、岩波書店の日本古典文学大系本（一九八三年、第一八刷）により、引用記載にあたっては『日本書紀・上〜下』としました。その他の引用文は、一々本文中にその都度記しました。なおこの本を一九四五年の三月一〇日の東京大空襲で両親を失い、孤児として育ち、青年期から一貫して日本の平和と、住みよい日本社会をめざし誠実に生きてきた、妻・和子に贈るものです。

第一章　憲法で日本史観を規定、なぜ？

一

戦前の日本国憲法の第一条では、「大日本帝国ハ万世一系ノ天皇之ヲ統治ス」と規定され、戦後も「天皇は、日本国の象徴であり日本国民統合の象徴であって……」と、戦前の「万世一系の天皇制」の規定を継承しています。つまり「万世一系の天皇制」という日本史観、とりわけ日本古代史学にかかわる特定の歴史観が、今日の日本社会のあり方を規定すべきものとして、憲法という国家体制の根幹にすえられているのです。別の言い方をすれば「万世一系の天皇制」という日本史観が、なぜ現代日本社会と政治の根幹に据えられるのか、つまりは日本古代史の「姿」如何という問題が、今日の日本社会のあり方論の根本問題とされているのは、何故かということです。

しかも戦前の「大日本帝国憲法」は、明治二二年（一八八九）二月の発布です。この時代、近代的学問などは、まだ未確立というべきでしょう。にもかかわらず本来、学問が事実にもとづいて解明すべき日本史観が、憲法という国家の最高法規の、しかも第一条で規定されているわけです。これは本来、学問の探求に任されるべきものが、まず政治によって「かくあるべし。これよりはみでるものは憲法違反とする」と規定されている、ということです。

自分の国の歴史の探求という学問的課題、その結果としての歴史観を、あらかじめ憲法で規定している国・民族など、イスラム文化圏はいざ知らず、近代欧米や中国・朝鮮諸国等にはないのではありませんか。私見ではこの日本の姿は異常におもえます。しかし、日本古代史学者はいうに及ばず、近代日本のいかなる思想・文化分野の関係者、また近代天皇制に反対した「自由民権運動」以降の人々にも、こうした指摘は一語もないのも事実です。

しかし、私にはやはり奇妙に思え、この問題を正面にすえて、あらためて今日の日本古代史を考えようとするものです

二

そこでまずは戦前・昭和一二年（一九三七年）に、当時の文部省が出した『国體（体）の本義』の一節をここに述べて、今日の憲法規定やさらにはこの後でとりあげる、戦後の日本国憲法の復古的改変を推進する人々の言説と比較したいとおもいます。

「我が国は、天照大神の御子孫であらせられる天皇を中心として成り立っており、我等の祖先及び我等は、その生命と活動の源を常に天皇に仰ぎ奉るのである。それ故に天皇に奉仕し、天皇の大御心を奉体することは、我等の歴史的生命を今に生かす所以であり、ここに国民すべての道徳の根源がある。

忠は、天皇を中心とし奉り、天皇に絶対随順する道である。絶対随順は、我を捨てて私を去り、ひたすら天皇に奉仕することである。この忠の道を行ずることが我等国民の唯一の生きる道である。あらゆる力の源泉である。されば、天皇の御ために身命をささげることは、所謂自己犠牲ではなくして、小我を捨てて大いなる御稜威に生き、国民としての真生命を発揚する所以である。

天皇と臣民との関係は、固より権力服従の人為的関係ではなく、また封建道徳に於ける主従の関係の如きものでもない。それは分を通じて本源に立ち、分を全うして本源を顕すのである。天皇と国民との関係を、単に支配服従・権利義務の如き相対的関係と解する思想は、個人主義的思考に立脚して、すべてのものを対等な人格関係と見る合理主義的思考（近代民主主義思想と体制をいう。引用者）である。個人は、その発生の根本たる国家・歴史に連なる存在（いうところの本源に対する枝葉末節的存在。引用者）であって、本来それと一体である。然るにこの一体より個人のみを抽出し、この抽出せられた個人を基本として、逆に国家を考え又道徳を立てても、それは所詮本源を失った抽象論（民主主義と人権論をいう。引用者）に終わるの外はない。」（同書、三四頁。「第一、大日本国體。三臣節《忠君愛国》」、傍線は引用者）。

すなわち「万世一系の天皇制」なる日本社会観は、日本国家・社会のなりたちの〝本源〟・根本を、「ヤマト朝廷・皇室」ととらえ、国民・人間を単なる枝葉末節とみなす日本社会観です。これを別の表現で見れば、最近、これをもち上げる主張が目立つ、教育勅語の次の一節にも明瞭に示されています。

「朕惟《おも》ふに我か皇祖皇宗、国を肇《はじ》むること宏遠に、徳を

樹《た》つること深厚なり。我が臣民克《よ》く忠に、克《よ》く孝に、億兆心を一にして、世々厥《そ》の美を済《な》せるは、此れ我が国体の精華にして、教育の淵源亦実に此《ここ》に存す。
爾臣民《なんじしんみん》、父母に孝に、兄弟《けいてい》に友《ゆう》に、夫婦相和し、朋友相信じ、恭倹《けんけん》己れを持し、……中略……常に国権を重んじ国法に遵《したが》い、一旦緩急あれば義勇公に奉じ、以て天壌無窮の皇運を扶翼すべし。……中略……斯の道は実に我が皇祖皇宗の遺訓にして、子孫臣民の倶に遵守すべき所……咸《みな》其徳を一にせんことを庶幾《こいねが》う。」（傍線は引用者）です。

　ここには「皇祖皇宗（ヤマト朝廷とその祖先）が国を肇《はじ》むる」、すなわち日本国のはじめを形成したと称され、「一旦緩急あれば」として国家・皇室に緊急事態、すなわち戦争等がおこれば、「義勇公に奉じ、以て天壌無窮の皇運を扶翼すべし。」、すなわち〝天とともに永遠なるべき皇室の御為に、命を鴻毛のように軽いものとして投げうち、滅私奉公するのが、国民のあるべき姿である。〟というものです。さらには「この道は、わが国唯一の王家であるヤマト朝廷の、はるかなる祖先以来の遺訓であって、ここに日本民族の栄えてきた道があって、日本国民たる臣下・臣民がかたく守るべき責務であり、美徳である。」（傍線は引用者）というのです。

　これこそが「国體の本義」がいう、「個人は、その発生の本源（根源）たる国家・歴史に連なる存在」、すなわち国民を「万世一系の天皇制なる社会と歴史・国家」の従属物・付属品とみなし、国民に〝本源〟＝天皇・国家・支配者への、無条件絶対的な服従（常に国権を重んじ）を要求する考え方です。これが戦前の天皇絶対主義的全体主義、すなわち日本型ファッシズムとその理念です。その理念の全立脚点が「万世一系の天皇制」なる、日本史観・日本社会観におかれているのです。

　これを〝戦前の天皇神格化の観念〟とか、〝戦前の天皇主権の憲法観念〟と誤魔化すことはできないのです。所詮は、この理念の本体は、「万世一系の天皇制」なる日本史論・日本文化論にあると考えるものです。このイデオロギーこそが当時の青年に、「天皇陛下の御為に」と戦死を強要し、あの太平洋の島々での悲惨を極めた「玉砕」、人命・人間性無視の作戦強要、若い命を無残に散らした「特攻隊」等々に代表的に見られ、しかも広島・長崎での原爆被爆、東京大空襲をはじめ全国的な米軍の無差別爆撃で、多くの無辜の国民が無残な結果にさらされ、さらには悲惨を極めた沖縄戦というように幾多の人命が失われ、多くの国民の生活が破壊された戦争を惹起した、所謂日本軍国主義のイデオロギーの根元と思います。同時に、これが中国、朝鮮半島の人々をはじめ、全世界の人々に深刻・多大な犠牲を強いたものです。

この『国體の本義』にみる「万世一系の天皇制」を、「日本固有の歴史と文化」と称した日本型のイデオロギーは、「歴史を鑑」とすれば「日本を守る」とか、「日本を発展させる」ものなどで断じてなく、日本国民とその社会に「死と破壊、悲惨と涙」をもたらした思想でしかありません。あたかもナチス・ドイツの「ドイツ民族は世界に冠たり」が、ドイツ国民とヨーロッパの諸国民等に破壊と悲惨をもたらしたのと同然です。それの哲学的性格は極端な主観主義的観念論である点で、イタリア・ルネッサンスを展開した時代の人々が、「暗黒の中世」と評したものをもたらした中世キリスト教の、「神を絶対」とした哲学的観念論とよく似たものとおもいます。

今日、日本の政治の問題として、日本が外国から攻められてはおらず、銃口を向けられてもいないのに、他国＝アメリカとともに戦争をする国にするのではないかと、多くの国民が危惧する「集団的自衛権の確立」をめざす事態が進行しています。これを推進している人々は、戦争放棄の規定である憲法九条の否定をめざしています。これを推進する自由民主党は、「日本国憲法改正草案』(二〇一二年四月決定）を発表しています。

その第一条では「天皇は日本国の元首であり……」とし、第二条では「皇位は、世襲のものであって、国会の議決した皇室典範の定めるところにより、これを継承する。」と、明治憲法第一条の「万世一系の天皇制」を「皇位は世襲」として継承し、さらには第三条二項で「日本国民は、国旗及び国歌を尊重しなければならない。」と定め、天皇中心史観への服従と忠誠を規定しています。事実上の「国體の本義」の復権への道に見えます。こうした天皇観や国旗・国歌観の根拠に、「前文」の冒頭で「日本国は、長い歴史と固有の文化を持ち、国民統合の象徴である天皇を戴く国家……」があげられています。

まさに「万世一系の天皇制」・「象徴天皇制」という日本史観を、日本の「長い歴史と固有の文化」とし、その伝統の表現としての「国旗・国歌」の「尊重」を、憲法の規定によって国民に臨もうという点で、戦前の「大日本帝国憲法」第一条の復活に通じるとおもいます。

いったいその意図はどこにあるのでしょうか。しかもいまの日本では、近代の戦争など実際には知らない世代の政治家たちが、つい約半世紀前に国を廃墟と敗戦、独立の喪失に導いた天皇中心主義の日本史論のイデオロギーの誤りも、〝強大な軍隊・近代的軍事力〟が無力であったという「歴史に学ぶ」ことも知らずに、またそれを拒否して、再びそれを国民にもちだしている時代です。

もしこれが推進されればその直接の被害者は、まずは「万世一系の天皇制」などには関心がないように見える青年層とおもいます。しかし歴史を顧みれば、そこには戦前の天皇制イデオロギーと体制のなかで、若い希望と前途に満ちた青年たちが、その切実な希望に反してその命を空しく散らされているのです。これを繰り返してはならない、これが現代日本の正当な知性が立つところではないでしょうか。同時に知るべきは、この「万世一系の天皇制は日本民族の歴史と文化」なる思想・理念は、「国體の本義」が述べていた通りに、その本性において国民主権・人権・民主主義とは、両立の余地はない思想・理念だという点です。

三

以上にたって見れば明治以降の、「万世一系の天皇制」なる日本論こそは、近代~現代の日本の保守的伝統的日本観の根幹をなすものです。それは日本民族は、歴史の最初から天皇を国家の中心において、その社会・文化を発展させてきた、世界に類例を見ない独自・固有の歴史と文化をもつ国民・民族であるとして、こうした歴史・文化に誇りをもち、「君が代」斉唱、「日の丸」掲揚での起立等に積極的にふるまうことは、日本国民の当然のあり方であり青少年のあるべき姿であるなどという、国家や社会への義務ばかりが前面にだされて、民主主義、国民の権利はいつの間にかか細くされ消えていく、そうした戦前の日本に逆戻りする日本論です。すなわち「国権」つまりは、政府や支配者等の声だけが響きわたる日本社会論です。

この時に、もちろん国民・個人の権利・思想・信条の自由の重視やその強調は、当然、重要ですが、同時に、明治以来の「万世一系の天皇制」なる日本史や、その「文化論」は、はたして日本民族の真実の歴史と文化なのかという、根本的な問いが重要ではないか、と考えます。まことに不思議なことに、わが国では明治以来、「自由民権運動」をはじめ、「天皇制批判」や「天皇制反対」の運動はありました。それは「自由民権」の名が示すとおり、「文明開化」的欧米の民主主義論とその政体論に立脚するものであって、それはそれで非常に大きな意義があるものとおもいます。

しかし、これらの天皇制批判にも、近代天皇制を「わが国固有の歴史と文化」という「万世一系の天皇制」とその日本史論の真偽、それへの批判的検討という、本来、当然あるべき肝心の問題意識がないという、これまた大きな問題があるのではないかと考えます。これは今日、「天皇の元首化」等をいう勢力の復権に、余地を残したおおきな問題ではないかと考えます。

その意味で日本における真の民主主義と自由の確立のためには、民主主義論とともに「万世一系の天皇制」「象徴天皇制」という、憲法第一条規定の根拠とされている「日本史」の、真偽の解明という課題は避けては通れない、〝日本の独自・固有の民主主義達成上の課題〟ではないかと考えます。おおよそ日本民族の歴史の事実を重視して踏まえない「民主主義論」は、その善意と熱意にかかわらず、それは「万世一系の天皇制」を民族の〝本源〟という、すなわち特定の〝日本史観〟を絶対という勢力が、現実に支配的な日本においては、この真偽問題を正面におかないでどうして日本において、それを達成できるのでしょうか。

四

しかも憲法に特定の歴史観を規定することは、本来、歴史学という学問が、事実以外のいかなるものからも自由に探求すべきものを、まず初めに〝政治〟があらかじめ規定することであって、この姿は、世界の歴史と進歩の歩みにてらせば、まことに異常な姿です。

宇宙論や生物・生命発展論を学問以外の政治や宗教が、あらかじめしかじかと規定し、その規定を批判するものを罰するという姿の誤りを、もっとも明瞭に示した例はガリレオ・ガリレイの「地動説」を、『聖書』に定められた中世キリスト教の宇宙観の「天動説」にたって、宗教裁判で裁き罰した例でしょう。それは火刑か信条放棄かでした。

生物学ではダーウィンの『種の起源』があります。ダーウィンはこの著書の出版が、『聖書』の「種の不変」論と対立し問題を引き起こすことを非常に恐れ、その出版が遅れたといわれています。これは政治や宗教が本来、その領分でもない問題を、自己都合によって規定する有害性、根本的な誤りの、反論の余地のない実例とおもいます。

本来、その分野・分野は、学問の自由な探究に任されるべきものです。それが、まず最初に政治や宗教の特定の観念によって規定され、それが絶対とされる社会や、それを肯定する社会や思想は異常でしょう。こうした理不尽といちじるしい後進性が、日本の近代～現代社会の偽らざる姿であって、それは近代～現代日本社会の異常性をしめすものでしょう。自国の憲法でその社会の歴史観を規定する国家や社会が、日本以外にあるのでしょうか。

また近代ヨーロッパの格言に、「歴史は書きかえられる」があります。これは学問・研究の前進・発展によって旧来の観念が否定され、また新たな発見によって、歴史観も新しくなることですが、これは学問の当然の姿・常道でしょう。近代ヨーロッパの古代オリエント史の研究で、『聖書』神話の〝本籍〟が明かになり、従来のヨーロッパの歴史・文化観が否定され、また戦後の中国では、「古代中国文明・黄河一元史観」が否定されて、「古代中国文明の多元史観」が確立されるなど、「歴史は書きかえられる」のが常道であり正常な姿です。

これを憲法で特定の歴史観を規定し、ここからはみ出るものは、それが事実にもとづくか否かを無視して否定・阻害するなどの姿は、今日の日本社会において為政者が特定の歴史観を必要とし、真実の歴史の探求を敵視しているということだ、といっても不当とは断じていえないでしょう。したがってこの憲法第一条の、「万世一系の天皇制」や同じことですが「象徴天皇制」なる規定が、真の日本民族の歴史の事実であるかを検証することは、大きな現実的で切実な今日的意味をもつ課題と考えます。

例えば靖国神社とは何か、なぜそれが昨今の政治で強調されるのか、「君が代」「日の丸」の今日的理解は、本当の日本民族の歴史を反映したものか、ひいては日本社会の歴史的特質は、真に「万世一系の天皇制」論者が主張するようなものであるか等々、現代日本社会の重要な問題は、まさにその基本において憲法第一条に規定される日本史観、その真偽と深くかかわっているとおもいます。

五

また、この日本史の真実の探求は本来、「万世一系の天皇制」「象徴天皇制」規定をもつ憲法下の、国立大学等の当該学部の〝研究〟に任せられないものであることは、自明のことのはずです。この点に目を注げば戦前、とりわけ戦後の日本社会をあたかも不屈に民主主義を発展させた、近世以降のヨーロッパ社会やその大学と同列にはみなしえません。

現に、この「万世一系の天皇制」「象徴天皇制」なる〝日本史観〟と、戦前・戦後の大学の当該学部等の学者諸氏のいう〝日本古代史〟とは、「ヤマト朝廷一元史観」という点で、基本的な矛盾はありません。

しかし、この大学的日本古代史とその学には、国民に明らかにされていない、しかもそれを明らかにすると今日、教科書にもなっている日本古代史像が、根本的に崩壊し否定されるという問題を、少なからず抱えてもいるのです。そうしてこうした日本古代史学のあり方は、明治維新の尊皇思想・尊皇日本史論を形成した水戸史学や国学という、近世尊皇日本古代史学にその淵源をはっするものなのです。つまり大学の日本古代史学部等の日本古代史論は、その最初から「憲法規定」の学問的体裁での擁護者という性格が、その誕生以来、刻印されているわけです。本書は、その点を具体的に指摘して、そこにたって真の日本古代史像を探究し、同時にそれを解明する今日的意義をも考えようとするものです。

第二章　〝通説〟が語らないもの

戦後の日本古代史学では、『古事記』『日本書紀』の〝神話を歴史と称した〟「皇国史観」は、第二次大戦の敗北という巨大な国民的・国際的な犠牲を払って批判・否定され、それにかわって「邪馬台国」論争、すなわち「邪馬台国」を近畿地方と主張する学者諸氏と、九州またはこの地から東遷した等という学者諸氏が、学界を二分する状況が形成されました。

同時に歴史の〝実証主義的〟探究と称して、近畿地方の巨大前方後円墳の造営者を「ヤマト朝廷」とし、ヤマト朝廷を日本の国家開闢以来の王朝・国家、すなわち、「万世一系の天皇制」を、〝神からではなく実証主義〟的に説明する日本古代史学が正当な学問とみなされています。

しかしこの〝実証主義〟をかかげる、一見盤石にみえる戦後の学説には、以下に指摘する決定的な弱点・問題点があるのです。

一　七世紀末以前、首都がない「ヤマト朝廷」

通説が巨大前方後円墳を造営したという「ヤマト朝廷」には、『古事記』『日本書紀』によれば〝神武から天武に至る四〇代の天皇〟に首都、つまり都城・京師がなく、天皇一人ひとりの治世の代替わりごとに、個人的「宮」（通説はミヤコと読む）を、奈良県内の各地や大阪方面等、またその逆に転々とさせているという、世界の王朝・国家のどこにも類例がない異例の姿が示されています。

この四〇人の〝天皇〟のうち、〝在位期間〟一桁が一三人、うち五年以下が九人です。この天皇をふくめて四〇人の全員が、その治世の交代ごとに一代限りの宮を、最低で一ヶ所、なかには数ヶ所、奈良県内や大阪方面などの各地に転々と新築しています。今から約一三〇〇年以上前の日本社会の運輸や建築技術の水準を考えれば、これらの「宮《みやこ》」の規模は「おして知るべし」でしょう。
到底、一国の王朝の王宮・首都というべき規模も内容もないでしょう。『古事記』『日本書紀』によって、それを示せば次のとおりです。

神武　橿原宮　　綏靖　葛城の高丘宮
安寧　片塩の浮孔宮　　懿徳　軽の曲峡宮
孝昭　掖上の池心宮　　考安　室の秋津嶋宮
孝霊　黒田の盧戸宮　　孝元　軽の境原宮
開化　春日の率川宮　　崇神　磯城の瑞籬宮
垂仁　纏向の珠城宮　　景行　纏向の日代宮
成務　志賀高穴穂宮　　仲哀　角鹿の笥飯宮
神功皇后　磐余の若桜宮　　応神　軽島の明宮
仁徳　難波の高津宮　　履中　磐余の稚桜宮
反正　丹比の柴籬宮　　允恭　遠つ飛鳥宮
安康　石上の穴穂宮　　雄略　泊瀬の朝倉宮
清寧　磐余の甕栗宮　　顕宗　近飛鳥八釣宮
仁賢　石上の広高宮　　武烈　泊瀬列城宮
継体　磐余の玉穂宮　　安閑　勾の金橋宮
宣化　檜隈盧入野宮　　欽明　磯城嶋の金刺宮
敏達　百済の大井宮　　用明　池辺雙槻宮
崇峻　倉梯宮　　推古　飛鳥・小墾田宮
舒明　飛鳥の岡本宮　　皇極　飛鳥の板蓋宮
孝徳　難波長柄豊崎　　斉明　飛鳥の岡本宮
天智　近江大津宮　　天武　飛鳥浄御原宮

この首都・都城がないという『古事記』『日本書紀』の記載は、今日では通説でも、「古墳時代における王宮の存在は、考古学的証拠から導き出すことがかなり難しい。とくに畿内において、豪族の居館を規模や構造において上回ることが困難であり、大王家と豪族との間でそれぞれの施設を峻別できるかどうか疑問である。」（『岩波講座・日本歴史』、第一巻、二二八頁。岩波書店、二〇一三年、第一刷。以後二〇一三年・『岩波講座・日本歴史』、第一巻」という。傍線は引用者）としています。しかし通説は、この考古学の事実が語るものは、明治以降の〝近畿大和地方中心主義の、ヤマト朝廷唯一史的日本史〟の破綻と終焉ではないか、という点には依然として沈黙しています。

しかも、そもそも『古事記』『日本書紀』自身が、六九四年の藤原京以前には〝ヤマト朝廷には王宮・首都はない〟という、天皇四〇代の治世の交代ごとの「宮」を記しているばかりではありません。かって通説の日本古代史できわめて有名で重視された、「大化の改新の詔」（六四六年＝大化二年・正月）には、その第二条で「初めて京をおき、畿内国司・郡司及び関砦《せきそこ》・斥候《うかみ》・防人・駅間《はいま》・伝馬《つたわりうま》を置き、山河（国の境界）を定める。（具体的には）

1　京に坊ごとに長《おさ》、四坊ごとに令を置くこと。……以下略」（傍線は引用者）としています。しかも非常に重要なことは、この「大化の改新の詔」は、実際は七〇一年の「大宝令」から事後に造作された「詔」ということが、井上光貞氏の研究で明らかにされていることです。そればかりではなく、『日本書紀』孝徳紀、「大化元年八月に、東国等の国司を召して、詔して」という記事には、次のように記されています。

「天神《あまつかみ》の奉《う》け寄《よさ》せたまひし随《まま》に、方《まさ》に今始めて万国を修《おさ》めむとす。」（傍線は引用者）として、その後は国民の田畑面積の調査・戸籍の整備、国司の務め等々を細々と指示しています。つまりは国家体制の確立と整備にかかわる記述です。この「詔」の「方に今始めて万国を治めむとす。」とはいったい何を云うのでしょうか。『日本書紀・下』上段の注「二二」によれば、「日本国内のすべての国々の意味」（同書、二七三頁）とあります。しかもこの「詔」も実際は当然、「大化の改新の詔」同様に、七〇一年の「大宝令」をうけての造作であることは明瞭とおもいます。

つまりこれらはこの後でとりあげる、世界の〝古代国家は首都を中心に成立する〟という、一九世紀の欧米の古代史学の研究の到達点を考慮すれば、藤原京の建設を踏まえての「新王朝・大和朝廷成立宣言」とみなすべきもの考えます。「大化の改新の詔」には「京」のあり方や、本書が「略」とした分部に国家機構と行政制度等の細々とした「令」が記されています。東国国司への詔も同様の性格のものと考えます。しかし通説は、「大化の改新の詔」が実は、藤原京という首都の確立を踏まえた、〝大和朝廷の真の創設宣言〟という点にかんしては、口を閉ざしているわけです。

後述するとおりに世界の古代史探究の、考古学・実証主義は文献が存在する時代の探求では、共通に文献への考古学的・実証主義的検証ですから、これに照らすならば、通説的考古学が〝弥生時代および古墳時代に近畿地方に首都・王宮を発見できない〟というのは、『古事記』『日本書紀』がそう書いている以上は、当前のことということになります。

さらには興味深いことに通説の一角から、「文字記録の残されていない遠い過去の社会について、その政治史（ヤマト朝廷形成発展史をさす、引用者）の復元作業を行う際には、集落遺跡や都城、宮殿跡、船着き場や運河跡、大規模開発跡や灌漑施設跡、宗教施設や貨幣など、あらゆる考古資料からのさまざまな側面の情報が総合されたうえで、一定の結論が導かれる、という姿が本来望ましいはずである。……しかし日本考古学の現状を見ると、たとえば古墳時代前期の西暦四世紀代の集落遺跡は、どの地域に行ってもきわめて稀な存在であるし、城壁や都城跡など望みようもなく、首長居館と呼ばれる建物跡がときにみつかるほかは……政治権力の在処をしめす象徴的な建物が遺存したという事例は、……中略……概して少ない。」（北条芳隆、溝口孝司、村上恭通氏著、『古墳時代像を見なおす』、四頁、青木書店、二〇〇一年、第二刷。傍線は引用者）という指摘が生まれているのも、当然のこととおもいます。

そうして戦後の近畿中心主義・前方後円墳・ヤマト朝廷造営論に立脚する〝日本古代史〟について、「ごく単純化すれば、それは単調で一系的な形成論（本書がいうヤマト朝廷一元史観的形成論）である。第二次世界大戦以前の国家形成論と、本質的にはどこが違うのか不明な部分が多く、神武天皇を畿内地域なる用語に置き換えただけではないのかとの疑念を強くいだかざるをえない。」（前掲書、「序」、vi）とまで言われています。これは正論というべきとおもいます。

戦後の日本古代史が、ヤマト朝廷の王宮も都城も「発見は困難」と自ら認めつつ、にもかかわらず「巨大前方後円墳・ヤマト朝廷造営論」を、まるで絶対的真理ででもあるかに掲げる姿を「一系的な形成論」、つまり「万世一系の天皇制」的古代日本国家形成論といわれ、第二次大戦以前の国家形成論、すなわち「皇国史観」の記・紀の神話や「神武の東征」説話を、〝前方後円墳におきかえただけと、どこが違うのか〟というにも似た痛烈な批判であるわけです。これは正鵠を穿った批判です。

イ 世界に首都のない王朝・国家はない

すでに指摘したとおりに、『古事記』『日本書紀』には六九四年成立の藤原京まで、「神武天皇」以来四〇代の「天皇」には、一代限りの個人的「宮」しか記載がなく、首都にかんする記載はいっさいありません。これが文献的事実です。

しかし世界の古代国家に、こうした都城・京師がない王朝・国家などは、例がないばかりか、日本本土とは別に国家を形成・発展させた、古代琉球・沖縄にも例がありません。ヤマト朝廷以外の国家・王朝は、その最初から首都・京師を中心に誕生・発展するものです。それは以下のような理由によることが、一九世紀の欧米の歴史学で解明されています。

そもそも人類の最初の国家は、氏族社会の人々が農耕・牧畜を開始して定住生活にうつり、それが一定の発展水準に達した段階で、その誕生がはじまると指摘されています。これが世界の国家誕生にかんする今日の理解です。氏族社会では同一の氏族内部の男女の婚姻はタブーです。これは周知のことです。したがって婚姻可能な、もう一つの氏族が必要です。氏族社会は血縁社会ですが、これは同一の言葉や方言によって、識別されると指摘されています。こうしていくつかの共通言語の氏族が婚姻関係を仲立ちにあつまって、定住部族を形成するのですが、その定住の仕方は世界的には、「四血縁集団(部族)が四地区に分かれた」原始的集落~原始都市を形づくり、これが基となり最初の都市国家へと発展するといわれています。

　これを最初に発見したのは一九世紀のアメリカの人類学者、インディアン社会の研究家で、上院議員をも務めたルイス・ヘンリー・モーガンです。その研究をまとめた『古代社会』(荒畑寒村氏訳、角川文庫、一九五四年、初版)、『アメリカ先住民のすまい』(上田篤氏監修、古代社会研究会訳、岩波文庫、一九九〇年)が有名です。

　1「トラスカラのブエプロ(スペイン語の集落。インディアンの氏族社会的な定住集落を指す)の四地区に住んでいたトラスカラ部族の四つの『血統』は、多分非常に多くの胞族(婚姻可能な氏族的血縁集団)からなっていたとおもわれる。彼らは、四部族としては十分な人数であったが、同一のブエプロに住み、同一の方言を使っていたので、胞族組織が必要であったのは明らかである。各血統、すなわち、いわば各胞族は、独自の軍事組織をもっていた。つまり、特有の服装や旗、軍総司令官の役割を果たす将軍を有していた。胞族や部族による軍事組織は、ホメロス時代のギリシャ人にも知られていた。たとえばネストルは、アガメムノンに『軍隊を、胞族や氏族に分けよ。そうすれば胞族は胞族を、氏族は氏族を援護できる。』と忠告している(『イリアス』、第二巻、三六二頁」)。

　もっとも発展した型の氏族制度のもとでは、血族の原理が、かなりの程度、軍事組織の基礎をなしている。アステカ部族も、同じようなやり方で、メキシコのブエプロを四つの明確な区画に分けて住んでいた。……彼らの地理領域は、メキシコの四地区と呼ばれた。」(『アメリカ先住民のすまい』、三八頁。傍線は引用者、以下同様)。

　2このモーガンの指摘は、エンゲルスによってヨーロッパにおいても、確認されています。「……氏族内部の通婚が禁止されていたので、どの部族も、自立的に存在していけるためには、どうしても少なくとも二つの氏族をふくんでいなければならなかった…。部族の人員がふえるにつれて、各氏族はさらに二つまたはそれ以上の氏族に分裂……」(エンゲルス著、『家族・私有財産・国家の起源』、一四四頁、土屋保男氏訳、新日本出版社、一九九四年、第二版)。

　また「征服当時、トラスカラ(スペイン人のアステカ《メキシコ》征服を指す)の四地区に住んでいた四つのライニッジ(血縁団体)が四つの胞族であったとすれば——このことはほとんど確実なことだが——これでもって、胞族がギリシャ人の胞族やドイツ人（ゲルマン民族）の類似の血縁団体と同じく、軍事的な単位ともみなされていたことが証明されたことになる。これら四つの血縁体は、各自それぞれ別個な部隊として、独自の制服と軍旗とをもって、各自の指揮官にひきいられて戦闘におもむいた。」（前掲書、一四六頁。傍線、（ ）内は引用者。以下同様）

さらには、「クレイステネスは、その新制度（アテネの都市国家形成促進の）において、氏族と胞族とに基礎をおく四つの部族を無視した。それに代わって、すでにナウクラリアで試みられたところの、単なる定住地による市民の区分をもとにした。まったく新しい一組織が現れた。もはや血縁団体への所属ではなく居住地だけが決定的であった。民衆が区分されるのではなく、領域が区分された。政治的には住民は領域の単なる附属物になった。」（前掲書、一八九頁）。

こうして氏族的集住地は、その後、民主体制をとるにせよ、アジア的専制体制の特色を強めるにせよ、人類最初の国家・都市国家として誕生するのであって、あとで述べる古代中国の夏・殷・周（東周）まで、東アジアにおいて都市・邑国家群がひろく存在しているのです。したがって国家は、その母体である原始集落――四血縁集団四地区制を原理とする原始都市――から誕生するのであって、首都・京師・都城がない国家・王朝などは、臍のない人間・哺乳動物（若干の例外を除く）同様に存在の余地はないことは、絶対的です。

3 次は、最近の古代中国史探究にみる発見例です。それは「陝西省臨潼県《りんとうけん》姜塞《きょうさい》遺跡（紀元前四五〇〇年頃）」の例です。「姜塞遺跡では環濠集落がほぼ完全に発掘調査されており、さらに集落周辺に位置する墓地を含めて検討できる重要な遺跡である。……中略……姜塞遺跡中期になると、一集団内がさらに半族として分かれていくことにより、結局四つの集団が出現していくことになる。大形住居を核として集団が同心円状に求心的な配置を示している。民族例では四集団によって外婚規制による安定した双分制が存在することが示されていることからみれば、この四集団が基礎単位となり、安定した双分制による平等的な部族社会が構成されたと考えるべきだろう。」（宮本一夫氏著、『中国の歴史01、神話から歴史へ』、一一八頁。講談社、二〇〇五年、第一刷。傍線は引用者）。

4 次は、マリア・ロストウォロフスキ女子著、増田義郎氏訳、『インカ国家の形成と崩壊』（東洋書林、二〇〇三年、第一刷）です。この書の原書の表題は「*Historia del Tahuantinsuyu*」（四つの地区の歴史）です。

これにかんして著者は「序文」につづいて、「おことわり」とあって、そのなかで「統一にたいする原住民の願望は、タワンティンスーユということばのうちに表現されている。これは〝ひとつに統合された四つの地方〟を意味しており、統合への意図ないしは衝動を、おそらくは無意識裡に表わしている。残念なことにこの統合はかなえられることなく、ピサロの軍勢の出現によって挫折してしまった。クスコの人々にとって、その意図をとげる時間がたりなかったのである。」(xv)述べています。

女史はモーガンのアステカ等の氏族社会の定住都市の血縁構造への言及を認識されていないようですが、女史のいわれる〝ひとつに統合された四つの地方〟とは、ほかならぬインカが、アステカ同様に氏族的血縁関係にもとづく、「四地区制の都市構造」であったことを示すものとおもいます。女史は「おことわり」でインカを「帝国」と呼ばないのは、帝国という言葉があまりにも旧世界の意味合いを含んでいるから、あえて使用を避けた……」とされていますが、インカは帝国はおろか、所謂国家段階であったという主張も、モーガンが指摘するとおりあり得ないものとおもいます。

生産手段として金属器具も、馬・牛という家畜も存在しないという水準の農耕では、大平原や森林を奴隷を使用して開墾することなどできないからです。むしろ、それでもアステカ同様に征服戦争を行い、他氏族に「朝貢」を強要していたという事実は、都市国家群時代の中国で、大小上下の都市国家群の関係の儀礼として朝貢が重視されていた、その真の歴史的背景を明らかにしているのではないかとおもいます。

5 古代インド史でも「四種姓の権利、義務、生活法などを規定した『ダルマ・スートラ』には、このころの社会の実情をうかがわせる貴重な記述がある」と、佐藤圭四郎氏は、その著『世界の歴史6・古代インド』(一三〇頁、河出書房新社、一九八九年初版)で指摘されています。ここにも古代インドにおける「四血縁集団四地区制」の存在が示されている、といえるでしょう。

6 古代沖縄でも次のように指摘されています。「マキョと呼ばれる血縁団体で構成され、他からの血縁集団の移住もあり部落は膨張して、政治社会化(国家)していく。」(宮城栄昌氏著、『沖縄の歴史』、二三頁、NHKブック80、一九九七年、第二六版。傍線は引用者)。

以上の氏族的原始都市を核に、一地域の中心的原始都市とその周辺の同一部族集団が集まって都市国家を形成する、こうした都市国家群がひろく形成されるというのが、どの民族であれ、国家のそもそもの姿であって、これが『漢書』地理志が指摘する「楽浪海中、倭人有り。分かれて百余国……」の姿とおもいます。ただしこれは通説がいう紀元前後などではなく、今から約三〇〇〇年前の姿です。さてこの都市国家群から、いわゆる〝古代国家〟がどう形成されるのか、その基本的姿を中国を例に貝塚茂樹氏責任編集、『世界の歴史I』（「古代文明の発見」、中央公論社、一九八六年）で見ていきます。

「殷の政治組織は部族連合を基礎にしたものであったが、その部族連合はそれぞれ小都市国家をなし、その都市国家がよりあって殷の国家組織をつくっていた。殷の内服つまり畿内は、殷固有の都市国家群でよりあつまって、殷の部族が住んでいたが、外服つまり地方（畿外、引用者）は殷の部族もあるが、異民族の都市国家連合がたくさんあった。

殷はそうした外服を統治するために、公、候、伯、子、男などという称号を各部族の長にあたえ、公候伯らは上級諸侯で、下級の小さい部族の男（ママ、引用者）を統率し、殷王朝に朝貢するという制度をとった。

周はこの制度を模倣した。周と殷の制度の違いは、周は同姓の部族（周部族）の子どもたちを、華北平原の広い範囲に新しく諸侯として封じたことである。こうして周は中原に新しい植民都市をつくり、これをつうじて東南民族と同化しながら文化的にも政治的にも支配権をつよめた。……これは都市国家ローマが、イタリア半島の征服地において、植民市（コロニア）をつくって発展していったのと似ている。」（前掲書、一一八頁）。

ここには夏は触れられていませんが、夏もまた殷よりはさらに古い部族的都市国家群からなっていたと考えられます。

こうして古代中国の夏・殷・周（西周）時代までは、都市国家群の時代であり、「東周」以降、すなわち「春秋戦国時代」とは、一方では都市国家のなかから、いわば地域的領域的国家が周辺の弱小都市国家群を併呑して成長し、いくつかの中規模の地域国家群が形成され、それがさらに秦によって統一されるという、中国的であるとともに、世界の国家形成・発展の普遍性ある発展をとげるわけです。この間、最初の都市国家群はその都市が首都であり、これが中規模の地域国家に発展する過程でも、その中規模の地域国家には常に中心的都市・首都・京師が存在します。これは統一国家でも同様です。

この原始的集落郡から大中小の都市国家群が形成され、その抗争によって大中小の地域的領域的国家群が形成され、最後に統一王朝が出現し、しかもこの統一王朝も、また後進の全国的政治勢力によって交代されつつ、社会は発展するという姿は、ヨーロッパ諸国はいうまでもなく、朝鮮半島や沖縄の国家・社会発展史にも貫かれております。

したがって「古代（社会。引用者）が都市およびその小領域から出発するとすれば、中世（社会）は農村から出発した。」（マルクス・エンゲルス著、古在由重氏訳、『ドイツ・イデオロギー』、二九頁、岩波文庫、一九六一年．括弧内は引用者）という指摘は、今日では日本本土の古代史学者と、日本の史的唯物論を云々する日本古代史学者等以外からは、その正当性が確証されていることになります。

首都・京師のない国家とか王朝などというものは、臍のない人間・哺乳動物（ほんの少々の例外を除く）など存在しないのと同様に、断じて存在し得ないのです。

しかも『古事記』『日本書紀』は、藤原京以前に〝首都〟にかんする記載はいっさいないわけです。現に今日も藤原京以前に、近畿地方に王宮や首都は発見も、発掘もされていません。つまり『古事記』『日本書紀』がつづる「日本史」の、藤原京出現以前の「ヤマト朝廷史」は、実際の〝日本の歴史〟ではないのです。それを『記・紀』の天皇の治世の交代毎の「宮」記載が告白しているのです。〝この記事をともなう分部の日本史は造作である〟と。

したがって古代国家は〝王宮・首都を中心に形成される〟という、世界の普遍的見解にたてばヤマト朝廷は藤原京以前、つまりは七世紀以前には存在しなかった、という見方が唯一正しい見地ということになるのです。

この事実と照応した大変興味深く非常に重要な問題に、〝天皇の王権継承の儀式〟・「大嘗祭《だいじょうさい》」記事の最初が、『日本書紀』持統天皇五年（六九一）の「一一月、戊辰に、大嘗す。」で、『古事記』には「大嘗祭」記事はいっさいないという古田武彦氏の指摘（『天皇稜を発掘せよ』、「天皇稜の史料的批判」、九〇頁、石部正志氏・藤田友治氏・古田武彦氏編著、三一書房、一九九三年、第一版）があります。この『記・紀』の「大嘗祭」にかかわる記載は、藤原京成立時点と基本的に照応しています。

古田氏は右の考察にたたれて正当にも、「近畿天皇家は七世紀末葉まで、中心の統一的権力者ではなかった」（同書、九二頁）とされています。文献への実証主義的検証という真の実証主義の見地らは、当然にして正当な見解です。古田氏のこの指摘は、水野正好氏の「前方後円墳は、『践祚・即位』といった王権・王位継承の場として発想された。」（水野正好氏著、『前方後円墳の成立』、『東アジアの古代文化』第三八号、一九八四年・早春）という説への批判です。

なお、〝〇〇天皇以前の天皇は存在しない〟というと、大変激烈なことを言っていると思われるかもしれませんが、実はこの先輩は戦後の日本古代史で、特別なものではありません。たとえば「皇国史観批判」が通例の戦後の日本古代史学では、先ず神武天皇とともに、その後の「綏靖〜孝元天皇」までの八代を「闕史八代」と称して、「いなかった天皇」とし、さらに井上光貞氏は、「応神天皇は確実にその実在をたしかめられる最初の天皇であるといってよい。」（井上光貞氏著、『日本の歴史』、「神話から歴史へ」、三七四頁、中公文庫、一九八八年、二四版）といった具合です。

この背後には『記・紀』の記載の不透明さがありますが、通説の学者諸氏の「〇〇天皇以前はいなかった」とか「不確実だ」という論調は、あくまでその学者の解釈です。

しかし本書の立場は『記・紀』の神武〜天武天皇まで、治世の交代毎の個人的住宅水準の「都」が、しかも一人最低一ヶ所、なかには複数ヶ所も書いているという事実にたって、この記載と日本以外の沖縄をふくむ世界の古代国家が、例外なく首都・都城を核としているという事実、およびその事実が生まれる人類社会の発展の仕組み、その必然性への科学的認識が約一〇〇年前に確立されているという、世界の科学的歴史学の到達点にたってのものです。

しかもこれは先述のとおりに七世紀末〜八世紀初頭にかけての、藤原京の建設を踏まえた「大化の改新の詔」が「初めて京師を修め」、すなわち〝歴史上初めて王宮・首都を確立した〟と公言し、さらにはその前年の「東国等の国司」への詔で、「今始めて万国を修《おさ》めむとす。」というなど、これらは実際には、大和朝廷の成立宣言と考えられるわけです。しかも、この年代は後述する「ヤマト朝廷」に先行した、「倭国」の滅亡年とピッタリ一致しています。これが日本史の真実を物語るもので、大和朝廷の成立は西暦七〇〇年、まさに藤原京出現期に一致しているということを物語るものとおもいます。

すなわち古代大和朝廷は、日本国家開闢以来唯一の王家という『古事記』『日本書紀』のいわば意図的記述にもかかわらず、『記・紀』の記載の実際は「ヤマト朝廷」の成立をしめす都城・首都の確立が、六九四年の藤原京、大和朝廷の王統継承儀式の最初が六九一年としている、まさにここに大和朝廷誕生の真実が〝露呈〟しているという理解です。

こうしてすでに指摘したように、古代国家は部族的原始集落から発展した原始都市、すなわち都城・首都を核として誕生するという、日本本土以外では確認されている、人類の国家誕生にかんするモーガン、マルクス、エンゲルスの指摘は、意外にも「ヤマト朝廷一元史」を記す『古事記』『日本書紀』の、「神武〜天武」にいたる四〇代の天皇の一代毎の「宮」記載と、最初の京師が六九四年の藤原京、最初の〝王位継承儀式〟が六九一年という記載によって、〝『古事記・日本書紀』の日本史〟においても貫徹されている、ことを確認できるのです。そうしてそれは指摘したとおりに、〝古墳時代に近畿地方に都城・王宮が見当たらない〟と、通説の考古学者等によってさえも〝追認〟されているのです。

ロ 古代中国等の正史と『記・紀』の対立

八世紀以前に〝ヤマト朝廷は存在していない〟という歴史観は、この後にとりあげる古代中国・朝鮮各王朝の正史の対日交流記が記す〝日本史〟によっても、確証されているのです。こうした考察からは大和朝廷の真の始祖は「天智天皇」といえます。その諱は「天命開分《あめみことひらかすわけ》天皇」です。古代中國の用語では「天命が下る」とは〝新王朝成立〟をいいます。「天命開分」、すなわち〝天命によって開き分ける〟とは、まさにその意でしょう。もちろん後で具体的に述べます。日本古代史の探求で都城・首都の発見・発掘こそが基礎という考え方を述べた最初は、拙著『二世紀の卑弥呼「前方後円墳」真の構築者』(本の泉社、二〇〇六年)です。

下に示す写真は、古代沖縄の名護市付近を中心とした、沖縄本島北部を勢力範囲とする「北山王国」の王城遺跡、世界遺産に登録されている「今帰仁城《なきじんぐすく》」です。

この王朝があった時代、沖縄には浦添付近を中心とした中山王国(のちの琉球王朝の前身)、沖縄南部を中心とした南山王朝がありました。もちろんこれらはすべて王宮・都城とその跡は確認されています。この北山王国という一小王国の王宮・今帰仁城遺跡をみれば、通説が〝ピラミッドに匹敵するという巨大前方後円墳を造営したというヤマト朝廷〟に、王宮・都城・首都、その遺跡がないのは不可解なことではないでしょうか。

しかも通説にはさらに奇々怪々な主張がみられます。通説には「都市国家論」はありませんが、奇妙なことに「弥生都市論」なる説はあります。それによると「大規模環濠集落を都市と認め、その根拠は論者によって多少違いはあるが……、規模が大きい、人口が多い。人によっては一〇〇〇人(いいですか、たった一〇〇〇人ですよ。これについては後述。引用者)と推定される。異質な職掌に携わる人々が多数存在し専業工人がいる。内部に階層制がみとめられる。首長権力が所在し……、区画された首長の居住地、王宮がある……防御施設が厳重である。」(「二〇一三

北山王朝の王宮・今帰仁城址

年・『岩波講座・日本歴史』、第一巻」一二〇頁、傍線は引用者)。この「弥生都市」とはどこのことを言っているのでしょうか。これによく似たものは「吉野ケ里遺跡」です。北九州です。

ところがこの「弥生都市論」が世界史・沖縄史とまったく違う点は、弥生時代の後の古墳時代、つまり歴史が発展してピラッミドに匹敵するなどという、巨大古墳出現の時代になると、「弥生の大規模集落の区画された首長の居住地――王宮」(首都)が消えて、「古墳時代における王宮の存在は、考古学的証拠から導き出すことは難しい。」というように、〝歴史の逆転〟が著名な学者らによって白昼堂々と、一流の出版社の〝権威あるとされる出版物〟で、学問の名において公言され、しかもこうした「逆転の歴史」がありうるか、という、根本的問いかけもないのです。たしかに〝不思議の国ニッポン〟です。

ハ　三角縁神獣鏡の正体

こうして通説の古代史論は都城・京師の探求抜きで、仁徳陵なる古墳を〝ピラミッドに匹敵する〟などとして、「五世紀・統一勢力・ヤマト朝廷」像を、「大王の世紀」などと描きだしています。しかし本来、ピラミッドに匹敵する古墳を造営するほどの大勢力ならば、古代エジプトの約一千年間の首都メンフィスに相当する、大都城がなければならないにもかかわらず、国家・王朝確立・存在の不動の前提である首都、王宮・都城を近畿地方に、〝考古学的証拠から導き出すことは難しい。〟という始末です。

奇々怪々です。巨大前方後円墳をはじめ古墳群には、通説が威信財とよぶ青銅鏡等々の他に莫大な鉄器(武器や鉄鋌=鉄資材~貨幣にもなった)等が埋葬されています。もしこの造営者の中心がヤマト朝廷というのであれば、これだけの財力を有する、また巨大前方後円墳を造営し得る組織力、当然ながら埋葬数を上回る鉄製武器で装備していたと考えられる、軍事力を保持していたとするならば、この勢力に首都・巨大王宮を造営する力がない、などということは当然考えられません。だが現実にはそれは〝探せど見えず、掘れども出てこず〟というのです。

しかも極めて重要な点は藤原京以前、今日にいたるも『記・紀』の記載以外に、ヤマト朝廷が存在したという直接的で不動の考古学的物証は皆無だ、ということです。すなわち藤原京以前には、ヤマト朝廷の存在を確認する直接的物的証拠・根拠がない、ということです。「天皇稜」の真実は後述します。ただ如何なる古墳からもヤマト朝廷実在の直接的根拠を示す出土物は皆無、これが通説でさえも認める事実だ、ということです。

これに加えて三角縁神獣鏡は「魏鏡ではない」という

見解がだされ、「邪馬台国・近畿説、三角縁神獣鏡・魏鏡、卑弥呼下賜説。巨大前方後円墳・ヤマト朝廷造営論」という、戦後の〝日本的実証主義〟の核心部分である、〝三角縁神獣鏡・魏鏡説〟が否定されました。この見解は一九八〇年代以降に、中国社会科学院考古研究所前所長の王仲殊氏の提起（王仲殊著、西島定生氏監修、『三角縁神獣鏡』、学生社、一九九八年、初版）です。

その理由も全部で七～八項目に及ぶのですが、その根拠の決定的なものは「三角縁神獣鏡は中国・朝鮮半島からは、まったく出土の例がない」「中国青銅鏡には三角縁はない」などです。王氏によれば中国の青銅鏡で「神獣文様」があるのは揚子江流域であって、したがってこの鏡は魏鏡ではなく、当時の呉国の職人が大和地方の勢力に招かれて、その要請に応じて日本で製造した特別な鏡という見解です。

この王仲殊氏の指摘によって、「三角縁神獣鏡・魏鏡説、卑弥呼下賜説」と、「邪馬台国・近畿説」を組み合わせた、「卑弥呼・ヤマト朝廷の始祖説・巨大前方後円墳・ヤマト朝廷の造営論」の、〝考古学的・実証主義的体裁の学問〟の中枢部分が、一挙に否定されたわけです。したがってこの派の人々が王氏の説に敵意ある態度をとるのは、世俗の姿としては理解できますが、こうした姿は真の学者の態度としては如何でしょうか。

戦後日本古代史学の実証主義の代表でもあるかに見なされている、「三角縁神獣鏡・魏鏡、卑弥呼下賜論・邪馬台国・近畿説」は、その決定的論拠を「三角縁神獣鏡・魏鏡」説においていることは周知のことです。従来から三角縁神獣鏡は卑弥呼が魏からもらったものという主張に対しては、「邪馬一（台）国・九州説」や、その「東遷説」に立たれる学者、たとえば古田武彦氏、井上光貞氏、また考古学者の奥野正男氏らの否定的見解がありました。

さらに「ところで、日本の古墳から現在も大量に出土する『三角縁神獣鏡』は、この時（卑弥呼の魏への使者派遣・引用者）に中国から下賜された『魏鏡』であるといわれてきた。これに対して森浩一氏は、つとに一九六二年、このような特異な形をした独特の文様のある鏡が中国本土からは一面も出土していないという事実を指摘して、『帰化系工人製作説』を発表した（『日本の古代文化』、『古代史講座』３）。

さらに中国の考古学者王仲殊氏は、一九八〇年代から詳細で緻密な『魏鏡説批判』を勢力的に展開し、これらは『呉から渡来した中国の職人が日本で製作したもの』とする新説を発表している。……この新説には説得力があり、日本の考古学界には、王氏の周到な『批判』に耐えるだけの（魏鏡説の再建）を期待したいものである。」（尾形勇・平勢隆郎氏著、『世界の歴史・中華文明の誕生』、三八三頁、中央公論社、一九九八年、初版）という指摘までもが生まれています。こうして戦後の日本古代史学が〝皇国史観批判〟とともに、たかだかと掲げた〝実証主義〟は、その真の姿が国際的に明らかにされ、見る影もない状況です。

二 真の実証主義と通説の〝実証主義〟

①古代史探究の基礎は文献

歴史学とは言わずと知れたことですが、今日の人間が直接に見聞しえない過去の社会、その仕組みや政治・事件等々を知ろう、調べようという学問ですから、文字・文献がある時代の探求では、その時代にかかわる古代の人々の記録・文献（金石文字を含む）は決定的な意味をもちます。これは自明のことです。通説でも、「歴史学は史料をよみこむことで成立する。』（「二〇一三年・『岩波講座・日本歴史』、第一巻」、一八頁）、と一応は述べてはいます。しかし、「よみこむ」という表現は、その文献資料にそれを読む人の主観をくわえる、というニュアンスを感じますが、まあまあ、文献は重要という意と、ここではしておきましょう。

本書は日本古代国家形成期を先の引用文にあったような、「文字記録の残されていない遠い過去の社会」とは考えておりません。こうした認識は『古事記』『日本書紀』のみを、日本古代史にかかわる文献史料と考える結果から生まれるものとおもいます。

日本民族の国家の形成・発展にかんしては、古代中国・朝鮮史料というすぐれた記録が少なからずありながら、近世尊皇史学以降の通説は、これを意図的に否定・歪曲してきたのです。それは「万世一系の天皇制」なる日本史構築の必要からです。

戦後の日本古代史学、とくにその考古学は『古事記』『日本書紀』の他に、古代中国・朝鮮各王朝の正史類に記される対日交流記という、少なからぬ文献史料がありながらも、あたかも文献史料がないインカ等の中南米の古代史の「考古学」にも似た、出土物から直接的にあれこれ頭の中で〝歴史を造形〟するような仕方を、〝実証主義〟と称しているのです。

しかしこれはヨーロッパ・中国等の文献への実証主義的検証・探究としての考古学とは、まったく共通性がないものです。日本における国家の形成・発展史には、古代中国・朝鮮史料という文献記録が少なからずありながらも、「一元史観」の通説は意図的にその文献を否定・歪曲してきたのです。ここに戦後日本の古代史にかかわる実証主義の、世界との根本的な違いがあります。

近代ヨーロッパにおける歴史学的実証主義の最初は、

あの有名なシュリーマンのトロイ発掘です。それは古代ギリシャの著名な詩人ホメロスの『イリアス』『オデッセー』を、歴史的事実の反映と考えたシュリーマンが、これを単なる文学的創作物とみなし、歴史探究の対象とは考えなかった当時のヨーロッパの権威ある歴史学者らをしり目に、トロイを発掘したという壮挙です。

ここに示されている事実は、近代の歴史学的実証主義が文献重視の姿勢から生まれたもので、断じてその反対からではないということです。その後の例では、ギリシャ神話の一つ「アリアドネの糸」で有名な迷宮が、クレタ島でエヴァンズの発掘によって地下から姿を現した例もあります。クノッソス宮殿です。

さらには「歴史は書きかえられる。」の舞台は、とりわけ今日のイラク、古代メソポタミアでの発掘です。「一八世紀のカールステン・ニーブールの『アラビアとその周辺地方の旅行記』から一九世紀にかけて、楔形文字の解読へのこころみがおこなわれ」(貝塚茂樹氏責任編集、『世界の歴史』(1)、二九六頁、中公文庫、一九八六年、第一七刷)、これを契機にニネヴェの発掘、さらには『聖書』の神話等にでてくる国や都市が、この地から続々と発掘され、ついには『聖書』に名高い「ノアの洪水」説話の原型が、「アッシュールバニパル王の図書館所蔵(三万五千個)の粘土板文書から発見される。」(同書、三〇八頁)など、ヨーロッパ文明の重要な要素である、キリスト教の教義の基礎をなす『聖書』の神話が、ヨーロッパとは異なる民族の歴史と文化に根源をもつことが判明し、キリスト教にたいしてガリレオの地動説、ダーウィンの「進化論」とともに、決定的な打撃となったといわれています。古代エジプト史の探求でも、エジプト史解明の鍵となったのは、「ロゼッタ石」の三文章の解読であることは有名(前掲書、三一五頁)です。

日本においても、歴史的年代の探求に限って「交差年代法」という概念が登場しているようです。「交差年代法とは、西アジア・ヨーロッパにおいて文字社会の情報から非文字社会の年代を復元する方法として開発された、二〇世紀前半の主要な考古学的な方法である。」(藤尾慎一郎氏著、『弥生文化像の新構築』、六頁、吉川弘文館、二〇一三年、第一刷)と指摘されています。古代オリエントの楔形文字等の解読は、単に「年代」のみならず砂に埋もれていた歴史と文化をも、よみがえらせたということですが……。

すぐつづいて藤尾氏は「実年代のわかる資料をもつ文字社会の情報(古代中国・朝鮮史料)をもとに、非文字社会(?　引用者)である日本列島の年代を復元することができる。」と、いまさら言われるのは如何かと思いますが、問題は、氏はこの文字資料を「年代」に限り、「弥生文化像」復元をはじめ七世紀以前の日本社会の復元問題では、いっさい沈黙されている点です。

その文献史料等の年代記述に信をおけるのならば、その歴史的記述も信頼できるものではないでしょうか。しかし不思議なことに通説は小林行雄氏などをふくめて、古代中国正史類等記載の「年代のみを強調する」のです。必要に応じて後述しますが、しかし真の考古学は文字文化の軽視を意味せず、文字による歴史の記録への実証主義的検証が基本だということです。

すなわち歴史学における実証主義は文献軽視ではなく、逆にその重視から誕生した学問だということです。もちろん人間の文字使用のなかった時代の，遺跡や遺物の研究は文字がある時代の研究とは、自ずから別の問題です。

ところが〝実証主義〟を掲げる戦後の日本古代史学は、ヨーロッパや中国の文献重視、その検証としての実証主義とは根本的に違うという性格が特徴です。したがって『記・紀』には、さきに指摘したとおりに神武から天武にいたる四〇代の天皇には、「個人的宮しか」記載がありませんが、しかも通説も、〝古墳時代にヤマト朝廷の王宮・都城を発見する見込みがない〟としながらも、その歴史学的意味についてては黙して語らないという態度は、異様だということです。

②二重の文献不信

さらに言えば、通説は古代中国・朝鮮史料の対日交流記への不信と否定とともに、戦後は『記・紀』への不信もまた、一個の特質を形成しているという点で、ヨーロッパ・中国等の文献への実証主義的検証という正常な姿とは、まったく異なったものです。

まずは『古事記』『日本書紀』には、卑弥呼・「倭の五王」の記載はありません。これにかんして詳しくは後述(七六頁上段参照)します。また日本史の七世紀までをあつかう古代中国・朝鮮諸王朝の正史の、対日交流記にみる「日本史」は、『記・紀』の「日本史」とも戦前・戦後の日本古代史学が描く「日本古代史」とも、一八〇度異なっているという問題があるのです。

しかも本書が指摘するとおりに、この古代中国・朝鮮諸国の正史の対日交流記が伝える「日本史＝倭国史」は、その記録によって「倭国」の都城・首都を、反論の余地なく実証主義的に指摘できるのです。すなわちこれらの文献史料は、ヨーロッパ流の実証主義的検証に耐えうる性格の資料だということです。

ここで強調しておきたい点は、ヨーロッパでは『聖書』の神話は、古代メソポタミア文明の歴史的事実の神話的伝承に過ぎないということが明らかにされ、これがキリスト教にとってガリレオの地動説、ダーウィンの進化論につづいて、重大な打撃となったと指摘されながらも、誰一人としてそれを明らかにした考古学者や歴史家を非難し、その研究を攻撃し、さらには古代メソポタミア文明を「遅れた信頼できない文化」と評し、そうした文化を根拠にメソポタミア文明先行論を論じるなどは、もっての外というような学者や学説が、学問的脚光をあびた気配はまったくないということです。

これに反して日本では、古代中国・朝鮮諸国の正史類(以後、古代中国・朝鮮史料という)の対日交流記を、〝事実の記載〟という人の研究は、江戸時代以来無視・否定され、明治以降は古代中国史料等とそれを生み出した文明ともども、「遅れた文明の当てにならない記録」というように、いわば猛攻が加えられ、さらに戦後、「皇国史観批判」が叫ばれると『古事記』『日本書紀』への不信も台頭して、いわば二重の文字文化・その史料への否定と不信が、通説、日本古代史学の学問的観点・方法論の土台を形成するにいたったことです。

現に戦前までは「卑弥呼・倭の五王・ヤマト朝廷の始祖説」は、「皇国史観」によって、それが『記・紀』にないという理由で拒否されていたのです。ところが敗戦で「皇国史観批判」、その中心問題として「『記・紀』神話否定」が展開されるや、いわゆる「邪馬台国論争」「倭の五王論争」をへて、「卑弥呼・ヤマト朝廷の始祖説・倭の五王・ヤマト朝廷説」が、学者の「多数決」で〝日本史の事実〟とされ、これによって「神話」抜きのいわば「日本的実証主義の万世一系の日本史」が、あらためて構築されたわけです。つまり卑弥呼・「倭の五王」の日本史的位置づけが、戦前と戦後で一八〇度異なるのです。

しかしにもかかわらず他方では今日に至るも、古代国家存立の確証である「卑弥呼・倭国の都城」も「倭の五王」の都城、それは東アジアにおいて当時、中国・南朝の首都・百万都市の建康(今日の南京)に次ぐ規模の都城・「都督府」でさえも、近畿地方で発見・発掘されていないどころか、「古墳時代における王宮の存在は、(とくに近畿地方において)考古学的証拠から導き出すことは難しい。」と、自ら断言さえされる状況です。

ここにはヨーロッパの歴史探究の実証主義とは似ても似つかぬ、「卑弥呼・倭の五王」記載のない『記・紀』と、それをヤマト朝廷ではないと記す古代中国・朝鮮史料とを、日本の学者の多数決で「たして二で割る」という、すなわち自説にとって都合のいいところだけを、背反する内容の史料から人為的に構成按配するという、本来の学問的あり方とは正反対の態度が、学問の名で通用している姿が〝正常視〟される状況です。

なぜ通説はこうしたヨーロッパや中国の文献への考古学的検証という、正常な実証主義が確立されないのかという問題の背景には、『記・紀』的日本史観、すなわち「万世一系の天皇制こそが、日本の歴史と文化」なる日本史論と、古代中国・朝鮮史料が伝える日本史像、それは日本民族の国家・社会発展もまた、世界と沖縄日本人同様に、複数の国家・王朝の抗争・交代をつうじて発展したという日本史論の対立が、古来よりよこたわるからです。

そうして日本古代史学が、世界の〝歴史学〟と一八〇度異なる点は、たとえば自ら七世紀以前に、「ヤマト朝廷の都城・首都・王宮はない。」と述べても、平然として巨大前方後円墳・ヤマト朝廷造営論なる説を掲げ、その当否を決定する客観的事実、これは〝首都・王宮がない〟という問題ですが、これは不問に付され巨大前方後円墳・ヤマト朝廷造営論が〝多数決で採用〟され、それが〝日本史の事実〟と宣言され、これを疑う見地はもちろん、さらには天武以前に首都・王宮がない問題を不問に付すのは、正常な歴史学の姿ではないのではないかという、当然の声さえもどこからも上がらないという姿です。つまりは憲法第一条の〝仰せのままに〟というわけです。

③ 小林行雄氏の考古学

戦後の「実証主義的歴史学」の一権威とされる小林行雄氏の考古学にかんして、一瞥しておきます。それは戦後日本古代史学の「実証主義」の、真の姿を明らかにするからです。氏は考古学者の役割を重視されていますが、しかし、藤原京以前に首都がない「ヤマト朝廷」にかんしては、全くなにも語っていません。ここでとりあげるのは例の「邪馬一(台)国」論争をめぐる氏の発言です。それは小林氏の著書、『古墳時代の研究』(青木書店、二〇〇〇年、第一版第一二刷)の、「第二章、邪馬台国の所在論について」の、「1問題はどこにあるのか」にのべられています。

「…邪馬台国の位置の推定のためには、『倭人伝』に事実として記された内容には、一字一句の疑いをも抱かないという立場をとれば、邪馬台国の所在地としては、当然、九州説をとるほかはないのである。それに対して大和説は、たとえ、南という一字についてであっても、『倭人伝』の内容に多少とも批判的態度をとりはじめたばあいに、自然と導かれる解釈である。……中略……また、見方をかえていえば、邪馬台国大和説は、『倭人伝』と記紀との、あい反する二つの所伝のあいだに、程度の差はあれ、なんらかの合理的な一致点をみいだそうとする、批判的妥協的な立場からでてくるのに対して、『倭人伝』のみを全面的に肯定する立場と同様に、記紀を神典として信奉する立場からも、『倭人伝』の記載のごときは、辺境の観察を記したものにすぎぬというような、邪馬台国九州説

（本居宣長の説、引用者）がでてくることも事実である。」（前掲書、七八頁。傍線は引用者）というものです。

大変、本質を穿った見地で第一に、古代中国・朝鮮史料の記す日本古代史像と、『記・紀』のそれがまったく違うという重大な点が、「『倭人伝』と記紀との、あい反する二つの所伝」という表現で、しかし何気ない仕方で述べられています。そうして『記・紀』に拘泥しなければ、すなわち「ヤマト朝廷一元史観」にとらわれなければ、〝邪馬一（台）国の都城は九州と言うのは、文献的に当たり前のこと〟と氏が認めているところも興味深いところです。なお「南という一字について」は、後述（八六頁下段参照）します。

こうして「邪馬一（台）国」問題をめぐって、その根底に古代中国・朝鮮史料と『古事記』『日本書紀』の記載の文献的対比と、その検証を実証主義的におこなうのか、それともあくまで『記・紀』を念頭にするかという、日本古代史考察上の根本的な対立が横たわることが、〝一流の学者〟によって示されているのです。

小林氏の〝邪馬台国・近畿説、巨大前方後円墳・ヤマト朝廷造営論〟自身、『記・紀』の史観にたっての、したがって古代中国・朝鮮史料への意図的否定にたっての結論であることは、氏の次の言葉を見れば自ずから明かです。「真の考古学は実証の上にたつ推理の学であるべきだ……」（『古墳時代の研究』、「序」、二一頁）。

この意味を小林氏の先の著書で見れば、つぎのとおりです。氏は古墳の年代をきめる方法として、被葬者の実年代がある程度分かっている場合と、その副葬品から推定する場合を挙げて、「仁徳稜」の指定方法を詳細に述べていますが、それは実証主義とは程遠い「推理」によっているのです。それは後述する『宋書』倭国伝の「倭の五王」――この史書では「倭の五王・ヤマト朝廷論」は、明確に否定（一〇九頁下段参照）――を、松下見林の『異称日本伝』と、明治時代の那珂通世氏の「倭王・讃＝仁徳説」（那珂通世遺書、『外交繹史』、第四一章、宋齋梁ノ倭国傳」（五七四頁、岩波書店、一九五八年。本書一一一頁下段参照）を根拠に、「倭の五王」はヤマト朝廷という説を肯定し――これを実証することが先ですが――『日本書紀』仁徳紀を史実の記録として、ここから「推理」したものです。すなわち『記・紀』と『宋書』倭国伝という、日本史にかんして対立する文献を、自己都合で同一の歴史過程への記述であるかに恣意的に解釈するという、真の実証主義とはほど遠い見地を基礎としたものです。

また、巨大前方後円墳に誰が葬られているのか、通説が古墳時代という時代に該当する天皇が、実際に前方後円墳に葬られているのか、という問題さえも、本当のところまったく不明というのが、「真の実証的結論」なのです。「いわゆる古墳時代の古墳からは、被葬者の名を記したものは、まだ一度も出ていないのである。……こういう点からいうと、天皇陵の存在は重要である。なぜなら、奈良時代のはじめにできた古事記や日本書紀には、歴代の天皇についての陵墓の位置が書いてあるし、平安時代の『延喜式』の『諸稜式』にも、天皇の陵墓の位置や大きさが記されているからである。これらの記録と、あれは何天皇の、または何皇后の陵だと伝えてきた言い伝えを対照して、明治になってから天皇稜の指定が行われたのである。この場合にも、その古墳の中から、何天皇の墓だという証拠が出てきているわけではないから、疑えばいくらでも疑えるわけだ。」(井上光貞氏著、『日本の歴史・1』、三〇三頁、一九八五年、第二四版。傍線は引用者)というのが「天皇稜」の実態です。

つまり藤原京以前には、ヤマト朝廷に都城・京師がない以上は、墓の伝承がいくらあっても、その伝承の根拠自身があやふやで、さらには古墳から「〇〇天皇の墓」という証明・実証もなく、所詮は江戸時代の『古事記』『日本書紀』絶対主義の尊皇史学や、さらにはその尊皇史学を国是とする明治政府の「万世一系の天皇制」なる憲法下での、〝天皇陵指定〞といったもの、つまりは歴史学上での真の実証ではないもの、突き詰めていえば所詮は、何の根拠もない『記・紀』の記述を〝史実と称し〞、これを否定している古代中国・朝鮮史料は都合のいいところだけを〝つまみ食い〞、または〝こじつけ〞ですまという、世界の科学的歴史学とは似ても似つかないものが、戦後の邪馬台国論争を下敷きにした、〝巨大前方後円墳・ヤマト朝廷造営論〞と称されている、〝実証主義の真の姿〞ということです。

しかも他方で通説自身が『記・紀』の史料的価値について、「……『古事記』『日本書紀』の記述の史料的信憑性が低い……」(「二〇一三年・『岩波講座・日本歴史』、第一巻」、八頁)と公言しているのです。日本古代史学で求められる実証主義とは、『記・紀』の記載そのものを実証的に検証することであって、その根本的方法は古代大和朝廷の首都・京師を発見・発掘することです。しかし、これにかんして通説自身が、先述のとおりに「困難だ」と述べているのです。

では、なぜ『記・紀』と古代中国・朝鮮史料の記述の違いにかんして、それを国民に明らかにして、その記載をそれこそ実証主義的に検証し、ヨーロッパのようにその科学的結論が、ヨーロッパの伝統的文化観にとって否定的なものであっても、事実は事実として受け入れるという当たり前のあり方が、日本ではできないのか、といえば、そこには、「万世一系の天皇制は日本の伝統」なる、史学とは直接関係がない問題が介在するからだ、と考えます。つまりは国立大学の当該学部が『記・紀』的日本史を根本的に否定する、古代中国・朝鮮史料を国民に明らかにし、それを『記・紀』と対照しつつ、さらにこれの実証主義的研究を行うという正常な姿をとれば、明治憲法・第一条の「大日本帝国ハ万世一系ノ天皇之ヲ統治ス」、およびこれを継承している戦後憲法の「象徴天皇制」規定と、国立大学の日本史が真正面から対立・衝突することになるのです。ここにはそもそも一国の〝歴史観〟を、憲法で規定することが世界の近代的歴史学はいうにおよばず、近代社会の民主主義的常識に反したもの、ということが示されているのです。

④「歴史は書きかえられる」

しかも「歴史は書きかえられる」のが、どの国家・社会でも正常な学問の姿です。宇宙史であれ、人類史であれ、あれこれの国家の歴史であれ、学問・研究の発展のなかで従来の知見に、変更がもたらされることはありうることであり、またそれは当然でもあるとおもいます。しかも明治憲法第一条の日本史観は、江戸時代の水戸史学・国学の日本史論と日本史観であって、これを明治政府が〝国是〟とし、これが第二章で述べるように戦後の象徴天皇制に継承されているのです。

なお、憲法に歴史観を規定することの反学問性は、「日本においても、第二次大戦が終わるまで……『神話から歴史へ』というような問題を、公然と言ったり書いたりするようなことは、非常に困難であった。というのは、日本のなりたちを記した二つの貴重な文献，つまり『古事記』『日本書紀』を論じようとすると、どうしてもその中心にある皇室の祖先に言及することになる。しかし明治憲法において天皇は神聖にして、侵すべからずとされていたので、この侵してはならないタブーに触れることになるからである。」（井上光貞氏著、『日本の歴史・1』、三頁、中公文庫、一九八八年、二四版）という指摘にてらせば、明かでしょう。これは戦前のことで済まされないのは、井上氏の指摘には、日本では歴史学の探求といえども憲法規定を批判しえない、という意味があるからです。これにかんする井上氏の以下の指摘も重要な意味を持つとおもいます。

「歴史をまとめるばあい、過去のことを記録しておきたいというすなおな動機もたしかにあるだろう。しかし国家や宗教の支配層に属する公の機関が歴史をまとめる場合、そこに自分の支配体制を歴史的に肯定しようという意図がしばしば一本の筋となって貫かれる。つまり、自分たちが君臨しているのは偶然のことではなく、本来、そうあるべきだったのだ、ということを自他ともに示したい動機がひそんでいるのである。とすれば、どうしても、自分たちに都合のわるいことはタブーとしてなるべく書かないし、実際にはなかったことも書きたくなるだろう。したがって自分たちに都合の悪い事実を明らかにするものが出ると、世を惑わす者として処罰することも起こってくる。」（前掲書、三頁、傍線は引用者）。

これは次の章で考察しますが、江戸幕府を倒した下級武士が中心の志士が明治政府を作り、天下に号令をかけるにあたって、自分たちの政府とその支配を正当化するのに「尊皇思想」、つまりは天皇の名のもとに自分達の政府と政策を正当化する仕方が大変都合がよく、ここから「天皇の日本支配の正当化論」として、「万世一系の天皇制」を憲法に規定し、これが近代日本の支配層とその政府の権威の、日本史的源泉とされたとすれば、まさに井上氏の指摘のとおりであるわけです。

現に、「薩長両藩が政治的孤立をさけつつ幕府をたおすには、なんらかの大義名分がなければならない。薩長討幕派の最大の問題点は、そうした大義名分をもたないことであった。かれらが封建支配下の民衆の解放＝市民革命を求めない以上、当然であったといえよう。彼らがたよりにしたのは、手近にある朝廷の権威であった。」（石井寛治氏著、『大系・日本の歴史』⑫、一八九頁、小学館ライブラリー、二〇〇〇年、初版第五刷）という指摘もあります。

ここには「朝廷の権威」とありますが、より正確には水戸史学・国学の、近世尊皇思想と尊皇日本史論、すなわち「万世一系の天皇制」絶対主義の日本史論です。したがって日本民族の歴史の真実を探求すること、つまりは「万世一系の天皇制は日本民族の歴史と文化の伝統」論への批判的日本史を述べることは、「万世一系論」を掲げる者たちからは、〝邪道〟とみなされることがあったとしても、不思議はないわけです。

こうしてこの近代日本の姿は、日本古代国家形成・発展論の多元史論にたつ、古田武彦氏をはじめとする新しい日本史観を、指摘した『聖書』の宇宙論を否定したガリレオや、同じく『聖書』の世界観を真っ向から否定したダーウィンの進化論がおかれた姿と、似た状況に直面させるのです。ヨーロッパではいうまでもなく、古代末期のキリスト教の確立・普及から、イタリア・ルネッサンスまで約一千年間にわたって、〝揺りかごから墓場まで〟『聖書』の世界観は絶対的であったといわれます。この遺制は近代にも強い力を保つでしょう。

これにたいして地動説や進化論などは、この『聖書』の絶対的観念を真正面から批判・否定する見地・思想です。しかしヨーロッパにおいては、この先学を擁護する勇気ある学者や理解者がいて、またヨーロッパの発展しつつあった民主主義は、これらの革新的な学説を嫌い、その見解の普及と発展を阻止しようとした勢力の、革新的見解とその支持者への抑圧・弾圧等を許さない力を持っていたことは、周知のことです。そうしてこれが人類文化とその社会の民主主義的発展に巨大な貢献となったことは周知のことです。

近代日本において「万世一系の天皇制」、すなわち「ヤマト朝廷一元史観」は、記・紀を淵源としつつも、後述するとおり江戸時代の水戸史学や国学の〝日本史論〟を絶対とする見地であって、明治憲法第一条の「万世一系論」の規定も、この江戸時代の近世尊皇日本史論に根ざすものです。したがってこれへの批判的検討は、学問の発展の見地からは当たり前のことです。しかし今日の日本においては、あたかもキリスト教の神学者らが地動説や進化論を敵視・無視したように、古色蒼然とした「ヤマト朝廷一元史と史観」に固執して、古田武彦氏の「多元史観」史学を無視・敵視しています。

ここには明治以来の「文明開化」、さらには「自由民権」を叫んできた近代日本が、はたして日本においてヨーロッパなみに、自前で革新的学問と日本の民主主義を発展させうるのか、試されている面があるとおもいます。日本古代史は東アジアの歴史と文明と不可分の関係にある日本民族の、とくに国家の形成・発展とその文化を探求する学問であって、近代ヨーロッパ文明の成果を考慮することは、大変に重要ではありますが、しかし、欧米語をどんなに学んでもそれだけでは一歩も進めず、漢文に精通しなければ研究は一歩も進まないという分野です。こうした分野でわれわれがヨーロッパから学ぶべきものは、近世以降のヨーロッパ人が、自分の社会の古色蒼然とした社会観念等を自力で変革した、その生き方やあり方ではないかとおもいます。

次に問題となることは〝古墳時代〟、ヤマト朝廷が存在しないとすれば、いったいあの巨大前方後円墳は誰が造営したのか、その支配の拠点はどこにあったのか、その拠点・王宮的遺跡があれば、通説はそれをヤマト朝廷の「王宮」というに違いはなく……、といった具合に、あらたな謎が生まれてくるという点です。この問題に解答を与えるものは、これまでの日本古代史の通念を離れて、世界の歴史学と普遍性を共有した見地、すなわち「ヤマト朝廷一元史観」にとらわれず、国家発生・発展の多元史観・複数論にたって、日本古代史をあらためて探究することによって、それはおのずから解明されると思います。

以上の近代日本社会の特質のために、江戸時代以来、古代中国・朝鮮史料を重視した日本古代史論は、大学等の日本古代史学部のみならず、〝自由や民主〟を叫んだ人々からも、ことごとく無視される結果になっているのです。本書は古田武彦氏に先んじたこうした研究・主張をした人々にかんしてもふれるつもりです。

ホ　「万世一系の王朝」はありうるか

さて次に「万世一系の天皇制」なる歴史とその史観には、あたかも〝都城なき王朝・国家は存在しえない〟という問題同様に、人類の社会・国家形成発展史の普遍性とは、両立しないのではないかという問題が、つきまとうのです。

つまりその民族の国家形成の最初から今日まで、一の王家が約二〇〇〇年間も、その民族の上に君臨したという歴史の国など、世界に存在しないのです。したがって通説の日本史観にたつかぎり、日本本土のわれわれ日本人が人類の一構成部分であるというのであれば、なぜ本土日本人だけが他の全人類はいうまでもなく、沖縄日本人ともまったく共通性のない、「ヤマト朝廷一元史」という〝社会発展史〟なのか、その背景や理由についての〝学問的説明〟が求められるという問題です。

戦前の「皇国史観」は、この国家開闢以来の一王家のみの〝日本史〟を、「万邦無比の国体」と称し、本土日本人がこうした世界に例を見ない歴史をもつ所以を、「天皇は神、日本は世界に冠たる神の国」と称して〝説明〟したのです。したがって一方で「皇国史観」史学を批判して、「記・紀の神話を歴史と称したのは非合理主義だ」としつつ、同時に他方で、日本古代史像を「皇国史観」同様に「万世一系の天皇制・ヤマト朝廷一元史」と主張するのならば、その人類の社会・国家発展史に類例のない、本土日本人だけの一王朝制の必然性を「神をもちださずに」どう説明するのか、という歴史学的課題が新たに生まれることになるとおもいます。

「皇国史観」の天皇の神格化や神話礼賛論には、「万邦無比」性の説明・弁護という性格がある以上、戦後の通説がすでに指摘したような〝見せかけの実証主義〟をかかげて、「皇国史観」と同じ「ヤマト朝廷一元史観」にたつ以上は、なぜ本土日本人だけが全世界でただひとり、〝万邦無比の万世一系の天皇制〟なる日本史を必然とするのか、学問的説明が求められるのであって、これを欠くのでは「皇国史観」史学の論理性をさえも、失ったものといわれても弁解の余地はないとおもいます。

第三章　欧米人の日本古代史〝造作論〟

　したがってこうした戦前・戦後の「万世一系史」や、それを文献的に展開している『古事記』『日本書紀』の日本史論を、欧米の学者や重要な政治家らが全面的に否定する見解をだしても、それはあまりにも当然のことなのです。むしろ不思議は「文明開化」を叫んできた日本の知識人から、こうした指摘が出されず、また出された場合でも、それを擁護しない近代日本の姿の方でしょう。私は、これはどうも真の「文明開化」とは違うらしい、と思うのです。

　しかも通説は、欧米人からの真っ向からの批判というような重大な問題も、戦後においても国民に語らず、沈黙のうちに放り出したままです。こうした通説の〝学問的態度〟を見ますと、自説すなわち「ヤマト朝廷一元史観」にとって不都合なことは、それが事実であれ、世界の理性からの正当性ある見地であれ、すべてを無視するという反学問的態度が、通説の〝学問的観点・方法論〟の中軸をなしている、ということとおもいます。江戸時代ぐらいまで、こうした学問を〝御用学〟と、われわれの先祖は呼んでいたとおもいます。

一　チエンバレーの『記・紀』評価

　通説の〝日本古代史〟の基礎をなす『古事記』『日本書紀』を、「架空の想像談に過ぎない」といったのは、イギリスの言語学者のチエンバレーです。

　明治時代の三宅米吉氏がこれに反論をされていますが(勝田勝年氏著、『新井白石の学問と思想』、四三六頁、雄山閣出版、一九七三年、初版)。しかし、それは〝反論〟にはなっていません。三宅氏は『古事記』の記載を「古事記編纂の時の、上古から伝えた離れ離れの物語である。」といわれ、「これは記録に記された史実とは明らかに区別すべきで、推古天皇以前の物語である。……中略……いずれも古代史書（古事記、日本書紀）の記載は……古代人（古事記・日本書紀編纂時の大和朝廷とその史官）の思想・信仰の表現」とされ、この点で古代史書（古事記・日本書紀）を重視すべき……」（前掲書、四三六頁、括弧内は引用者）とされています。しかし、これはチエンバレーの「架空の想像談」という批判への「反論」にはなっていないでしょう。これへのあるべき反論は「史実の記録だ」という他はないと思います。

日本古代史の探求の土台とされている『古事記』『日本書紀』の記載の真偽にかんしては、ふるくから問題が指摘されてきました。この点を著名な学者の指摘で見ますと次のようです。まずは「皇国史観批判」で名高い、戦後の日本古代史学を代表する津田左右吉氏です。氏は『古事記』『日本書紀』を、「六世紀頃朝廷の官人が皇室の日本統治を正当化する政治目的を持って造作したもの」（『日本古典の研究』、岩波書店）といい、井上貞光氏もまた、「たしかに古事記と日本書紀は、六世紀の大和朝廷の宮廷人が自分たちの支配を合理化するためにつくりだした政治的所産であって、これ以外に歴史らしい歴史を残してくれなかったのは、日本人にとって不幸なことである。」（『日本の歴史・1』、九頁、中公文庫、一九八五年、二四刷）と述べています。

これらの学者はみな戦後の、「万世一系の天皇制」的日本古代史の立場に立たれる著名な方々です。にもかかわらず『古事記』『日本書紀』の記載の史実性や、その記載の史料的性格にかんして、チエンバレンの批判を明確に否定し得るものではないのは、読んで字の如くです。しかも「二〇一三年・『岩波講座・日本歴史』、第一巻」でも、先述のとおりに「『古事記』『日本書紀』の記述の史料的信憑性が低い…』」と、あらためて述べざるを得ないのが実情です。こうしてまずチエンバレーの指摘は荒唐無稽なものではなく、これに「反論」する日本側の弁論は、むしろシドロモドロというべき有様です。

二　ジョセフ・クラーク・グルーの場合

次が戦前のアメリカの駐日大使で、戦後の日本国憲法第一条の策定で「万世一系の天皇制」を、「象徴天皇制」（米語訳）に変えるうえで大きな役割をはたしたといわれる、ジョセフ・クラーク・グルーの「日本古代史造作論」です。

イ　日本古代史造作論

彼は「万世一系の天皇制は日本民族の歴史と文化」なる日本史を、「軍国主義者が、ひとたび追放されてしまえば、国家神道の害悪は大部分消え失せるであろう。君もよく知っているように、それはすべて純粋に人口的につくりだされたものなのだ。」（中村政則氏著、『象徴天皇制への道』、一五六頁、岩波新書、一九八九年、第一刷。傍線は引用者）と、当時、政治顧問として東京にいたマックス・ビッショップに私信で述べています。

深刻なのは「君もよく知っているように……」とあることです。つまり、これは当時の連合国の中心として対日問題に取りくんだアメリカ軍・政府関係者（知日派）が、「万世一系の天皇制」なる日本史を内心、〝偽造の歴史〟と認識していたことを示しています。アメリカが戦後の日本国憲法案で〝象徴天皇制〟という表現をとり、「万世一系の天皇制」といわなかった理由は、「万世一系の天皇制」なる日本史論を真実の日本史とは考えなかった、という背景の故だろうと推測します。

なお、ここで「国家神道」とグルーが言うものに関して、説明しておくことは是非必要なこともいます。この意味は不幸なことに、「戦後は遠くなりにけり」だからです。

今の日本では「国家神道なんて、とっくの昔に克服され、現在の日本の歴史学や社会の現実に関係ない」、と思っている人々が圧倒的と思います。しかし、実は国家神道は「どっこい、生きている」のです。神道とは言うまでもなく日本民族の原始時代以来の自然崇拝・祖先崇拝を土台に、穀物崇拝等が歴史的に加わった民族的宗教です。中村政則氏は当然ながらこの点を指摘され、さらに「グルーの神道解釈」（同書、五二頁）について、次のように述べておられます。

「しかしながら他方で神道には、日本を陽《ひ》出ずる国＝世界の中心であり、天皇は神の子であり、天皇は世界の全体を支配するべきであるという、日本中心観念が含まれていたことも事実である。とくに幕末の国際的抗争関係（西洋列強の開国の圧力）の中で、神道の後者の側面は国学や水戸史学によって、排外主義的ナショナリズムの思想へと改変されていった。そうして神道が明治国家によって国家公認の宗教（万世一系の天皇制は日本民族の固有の歴史と文化なる思想、および戦前の憲法第一条の「大日本帝国ハ万世一系ノ天皇之ヲ統治ス」という規定、つまり国家神道。引用者）として位置づけられていったとき、それは容易に大和民族の優越性を鼓舞するイデオロギーへと転化した。八紘一宇の思想が、神道のこの側面を核として組み立てられ、侵略と征服のイデオロギーにまで改竄されていったことは、一五年戦争の歴史が示すとおりである。……当時のアメリカ人一般が、神道は天皇崇拝と不可分であり、日本軍国主義の不可分のイデオロギーであると理解し、それに激しい敵愾心を抱いたのはそのためである。」（同書、五三頁、傍線は引用者）。

これを次に『国体體の本義』で、一瞥しておきたいと思います。そこに「……徳川幕府は朱子学を採用し、この学統から大日本史の編纂を中心とした水戸史学が生じ、又それが神道思想、愛国の赤心と結んでは、山崎闇斉の所謂崎門学派を生じたのである。……儒学方面における大義名分論と竝《なら》んで重視すべきものは、国学の成立とその発展とである。国学は、文献（万葉集、古事記、日本書紀等、引用者）による古史古学の研究に出発し、復古主義にたって古道・唯神《かみながら》の大道を力説して、国民精神の作興に寄与すること大であった。本居宣長の古事記傳の如きはその第一に挙ぐべきものである……。徳川末期に於いては、神道家、儒学者、国学者等の学統は志士の間に交錯し、尊皇思想は攘夷の説と相結んで、勤皇の志を奮起せしめた。実に国学は、我が国体を明徴《めいちょう》（明らか）にし、これを宣揚することに努め、明治維新の原動力となった。」（同書、七七頁。傍線は引用者）というものです。

したがって「神道」というからには、〃それは戦後の日本では克服された〃、というとすれば根本的な誤りです。なぜならば戦前の「大日本国憲法」第一条は、「大日本帝国ハ万世一系ノ天皇之ヲ統治ス」であって、天皇の権威の根源が「万世一系」におかれ、水戸史学も国学も「わが国、国体の本義」を、まさにここにおいているからです。

すなわち〃日本国民が天皇を崇める所以は、日本民族は国家開闢以来、「万世一系の天皇」を国家・民族の中心において、国家・社会を発展させてきた。〃という日本史論です。現に「国体の本義」では、「一　肇国」（国のはじめ）で、「大日本帝国は、万世一系の天皇、皇祖の神勅を奉じて永遠にこれを統治し給ふ。これ、我が万古不易（永遠不変）の国体である。而《しこう》（こう）してこの大義に基づき、一大家族国家として億兆（国民を指す）一心聖旨（天皇の意思＝実は政府の意志）を奉体（おしいただき）、克く忠孝（日本の儒教では〃孝〃はつけ足しで〃忠〃のみが絶対的で、ようするに〃お上の御威光に平伏し、命に代えて御奉公すること〃）の美徳を発揮する。これ、我が国体の精華とするところである。この国体は、我が国家永遠不変の大本であり、国史を貫いて炳《へい》（煌々）として輝いている。」。

これにかんして岩崎允胤氏は、「その基本思想は水戸史学におうところすくなくない。」（岩崎允胤氏著、『日本近世思想史序説・上』、新日本出版社、一九九七年、初版）とされています。しかし、同時に国学の日本史・日本文化論もまた同様の性格です。これこそが国家神道、すなわち「万世一系の天皇制」なる「日本史論」です。これを「国家神道とは天皇を神格化したもの」とか、「日本神話を歴史と称したもの」というのが、〃津田左右吉氏のいわゆる「記・紀」批判〃に立つ、戦後の〃実証主義的〃日本古代史です。

この「実証主義」の真の姿はすでに指摘しました。さらに後でも考察するとして津田左右吉氏は、「皇国史観」を天皇神格化論とか、造作神話歴史化論と称しながら、「二〇〇〇年の歴史を国民と共にせられた皇室を……その永遠性を確実にするのは、国民みずからの愛の力である。」（津田左右吉氏、「建国の事情と万世一系の思想」、雑誌『世界』・一九四六年四月号。傍線は引用者）と述べています。これは「皇国史観」となんの違いもないでしょう。それは一方で神話否定をかかげ、同時に他方では「皇室の永遠性」をいうのですから、「永遠性＝神性」を叫ぶという点で、本質的に「皇国史観」となんの違いもないわけです。こんな国家形成・発展史は、すでに指摘したとおり沖縄日本人をふくめて、世界に例がないわけです。だからこそグルー等は、この「神道日本史」を造作だというのです。

ロ　グルー等の「国家神道・資産論」

上記のように「国家神道」的日本論を、一方では「純粋にすべて人工的につくりだされたもの」としつつ、同時に他方では、この「ヤマト朝廷一元史とその史観」を、アメリカの対日政策上、きわめて大きな〝資産価値〟とも評価して、「国家神道」的日本史論を利用する政策を選択したのです。それが戦後憲法の「象徴天皇制」です。グルーは、当時のアメリカ国内のみならず国際的にも広範にあった、「天皇制の廃止」の世論に抗して、天皇制の存続を主張した理由を次のように述べています。

「わが国には神道を日本の諸悪の根源と信じている人がいるが、私はそれに同意できない。……神道には天皇崇拝も含まれている。日本が軍部によって支配されず、平和を求める為政者（平和的天皇）の保護のもとにおかれれば、神道のこの面は再建された国民の負債であるどころか、資産となりうるものだ。」（前掲書、四一頁。傍線は引用者）。ここに当時の米軍や米国政府等の知日派と称される人々の、天皇制利用論があるのです。

同時に「日本に民主主義を接ぎ木しようとしても、混乱に終わるだけでしょう。」（前掲書、四六頁）とか、「西洋的思考の尺度で、日本人の心理や性格をはかってはならない。既成の欧米的改革を日本におしつけるのではなく、日本の伝統に即して発展と変化を助長する……」（同書、三五頁）などと、わが国の「文明開化」論者に教訓を垂れるようなことも述べています。

つまり「ヤマト朝廷一元史観」とそのイデオロギーを、近代日本の支配層の国民支配正当化論であって、日本軍国主義のイデオロギーと同根として捉え得ず、これを人為的に「平和天皇」と好戦的日本の軍部とに分離するという、極めてプラグマチックな態度なのですが、その根底にアメリカの対日政策での、「万世一系の天皇制」の利用価値の重視という、視点があるとおもいます。

これは戦後、日本の保守的勢力が戦争責任をもっぱら「日本軍部」に背負わせて、昭和天皇の戦争責任を隠ぺいした理論・態度のお手本でもあります。中村氏の指摘によれば、グルーの他に天皇の利用論を強力に展開した人物の一人に、ヘレン・メアーズ女史がいます。彼女によれば「現今、アメリカにおいて、侵略的政治指導者仲間の一人として天皇をヒットラーと結び付けようとする傾向があるのは、天皇が重要であるだけに、きわめて不幸なことである。ひとたび日本の軍部を打ち負かしたならば、連合国軍は皇居に進撃し、天皇を逮捕しなければならない、という提言がしばしば行われているが、これは危険である。」、「日本国民の目に軍部の権威の失墜を映しだす方法は、天皇を退位させることではなく、天皇を利用することである。」(『象徴天皇制への道』、一六四頁)などというものです。また戦後、日本国憲法の「象徴天皇制」策定で、グルーとともに大きな役割をはたしたといわれる、マッカーサーの軍事秘書官兼・対日心理作戦部長のボナー・フエラーズ准将が、一九四五年一〇月二日にマッカーサーに提出した文章には、天皇の戦後的役割への期待が次のように述べられています。

「天皇にたいする日本国民の態度は概して理解されていない。キリスト教徒と異なり、日本国民には魂を通わせる神を持っていない。彼らの天皇は、祖先の美徳を伝える民族の生ける象徴である。天皇は、過ちも不正も侵すはずのない国家精神の化身である。天皇に対する忠誠は絶対的である。……(中略)……もしも天皇が戦争犯罪の廉《かど》により裁判に付されるならば、統治機構は崩壊し、全国的反乱が避けられないだろう。国民は、他のいかなる屈辱にも非を鳴らすことなく堪えるであろう。彼らが武装解除されるにせよ、混乱と流血が起こるであろう。何万人もの民事行政官とともに大規模な派遣軍を必要とするだろう。占領期間は延長され、そうなれば、日本国民を遠ざけてしまうことになろう。」。これに関して中村氏は、「このフエラーズ准将の日本人観・天皇観は、グルーのそれと瓜二つである。」(前掲書、一六八頁)とされています。

次は、戦後の対日政策で大きな役割をはたしたマッカーサーの、天皇への態度です。これが有名な米参謀総長アイゼンハワーあての、「機密電報」(一九四六年一月二五日付け)に示されています。そこに「もしも天皇を裁判に付そうというのであれば、占領計画に大きな変更をくわえなければならず、したがって実際に裁判を開始するに先立って、しかるべき準備を完了しておくべきである。

天皇を告発するならば、日本国民のあいだに必ずや大騒乱を引き起こし、その影響はどれほど過大視しても、しすぎることはなかろう。

天皇は日本国民統合の象徴であり、天皇を廃除するならば、日本は瓦解するであろう。（また、天皇を廃除するならば）占領軍の大幅増強は絶対不可欠となり、最小限に見積っても百万の軍隊が必要となり、無期限にこれを維持しなければならないであろう。」（同書、一六九頁。傍線は引用者）等というものです。マッカーサーのこの「秘密電報」の天皇にかかわる文言は、フエラーズ准将の天皇論のコピーであることは一目瞭然でしょう。

以上ですがアメリカは対日政策上、天皇制の利用策を選択したのです。その際アメリカは、「万世一系の天皇制」なる日本史論的言辞をさけて、〝象徴天皇制〟、すなわち日本人の宗教的観念としての天皇崇拝・天皇観なる、アメリカ語を考案したと考えます。

ハ　「知日派」の日本国民総抵抗説は非現実的

この「知日派」の天皇論自身、そもそも大きな問題がありますが、それにしても「天皇を戦争犯罪者として裁くならば、日本国民は総抵抗闘争にたちあがる」、などというのは〝本土決戦〟を叫ぶ一部の軍部や狂信的戦争論者はいざ知らず、日本国民一般の気持ちは、それとは違っていたと思います。

なによりも次々と繰り返される「玉砕」、広島・長崎での原爆被爆、東京大空襲等をはじめ全国的な米軍による無差別爆撃、沖縄の戦場化などによって、NHKの負けた戦争を〝勝った〟という「大本営発表」をはじめ、当時の日本のマスコミの政府追従の報道にもかかわらず、戦況の悪化をひしひしと国民は感じとっていました。同時に国民にとって切実な問題は食糧をはじめ、日常生活の必需品が極端に不足して、「配給制度」はただその逼迫を際立たせる程度のものでしかない、という状況に追いこまれていたことです。

政府・軍部の「欲しがりません。勝つまでは」の大宣伝にもかかわらず、財閥・軍部・役人の不正・腐敗にかんする噂話は、「ヒソヒソ」と国民の間に広がっておりました。善良な国民の食事は〝代用食〟といわれて、サツマイモの刻んだものと、麦、トウモロコシのひき割り等がいっぱいの飯、さては「メリケン粉で作った団子」が少々の他は、菜っ葉類のすいとん等は上等であって、米が数えるほど泳いでいる他はイモ類、菜っ葉類、高粱、トウモロコシが少々浮かんでいるお粥等々であって、その日その日の食糧難こそは国民の切実な問題でした。

しかも宝石・貴金属の類は「戦争勝利のため」と称して、〝供出〟すなわちタダで国家・政府が強制的に召し上げ、特に食糧難がひどかった都会の住民は、なけなしの持ち物、着物とか農民が喜びそうなものと米を交換(物々交換)するなどしていました。

これを「買い出し」といい、また別名「ヤミ米」というのです。政府は国民むけに「ヤミ米」取締りを強調し、主婦などが農村から少々の米を手に入れて帰途、駅などで警官が取締りの名目でそれを取り上げ、主婦が抗議の声をあげながらその場に泣き崩れるなどは日常茶飯事という日々でした。これが天皇絶対主義の日本軍国主義政府の、国民むけの政治の実態であったとおもいます。

しかも国民には本土決戦の危機が迫っていました。九州の私の田舎では大人たちがヒソヒソ声で、「沖縄はやられちょるばい。今度はいよいよ九州ちゅう話ばきくばい」。「おれん聞いたこつじゃ、アメリカな九十九里浜ばねろうちょるちゆうぞ。九十九里ん方が東京に近かとよ」、「それにしてん、いざちゅう時にゃ、女子・子供ばどげすっとか」。暗いくらーい話です。

なお、グルーら「知日派」の神道利用の考え方について、中村氏の次の指摘は重要と思います。「グルーの神道観は、……彼の天皇制利用論と結びついていた。」(前掲書、五四頁)。グルー等の天皇制利用論の誤りが鮮明に浮かびあがっているところは、グルーがかって、日本軍国主義にかんして自身で指摘していたことが、そのまま今日、現実となっているところとおもいます。「軍国主義的指導者は、日本国民の情緒に訴えることによって、また英霊(A級戦犯)崇拝を強調することによって、軍国主義と戦争(今日では憲法九条改変し、米軍とともに行う戦争)をする美徳を宣揚するのに、神道(靖国参拝等)を利用するだろう。」(同書、四二頁)。

三　憲法第九条は、第一条への〝安全保障〟

中村政則氏の『象徴天皇制への道』を読んで驚きとともに、ある意味で大変納得できたことは、天皇制利用条項である第一条への国際的賛同(アメリカ国民をふくむ)を得るために、第九条の「戦争放棄」条項がもうけられたという指摘です。

アメリカ流(イギリスの立憲王政も参考という)の「象徴天皇制」という、国政にかんする天皇の権限は存在しない型式で戦後の日本の国家体制に、天皇制を残存させる道を選択したアメリカが直面した困難は、その天皇制存続策に、特に国際的賛同が簡単には得られないという問題でした。天皇制残存それ自身が、「一九四五〜四六年当時の国際世論からすれば、きわめて危険なことと受け止められていた。なぜなら中国・フィリッピン・オーストラリア・ニュージーランドなど日本軍による過酷な軍事支配を経験した諸国は、天皇制を残せば日本がふたたび天皇を中心として、軍国主義を復活させ、世界支配の野望に立ち上がるかもしれないと危惧したからである。

この国際世論の不安を取り除くためには、日本がふたたび世界の安全と平和にとって脅威とならないような保証が必要であった。……そのために考案されたのが憲法第九条の戦争放棄の規定であった。いわば第一条と第九条はワンセットの関係にあった」（同書、二〇七頁）。これはきわめて重要な指摘であって、昨今の日本政治の動向をみれば、憲法第九条の廃止をめざす勢力は、同時に〝憲法改正〟で「天皇の元首化」を標榜し、あわせて集団自衛権の確立をすすめるなど、ふたたび天皇主義的日本軍国主義の復権に道を開きかねないものです。しかもそれは同時に第二次大戦という、膨大な犠牲を払って打ち立てられた戦後の世界的な平和的民主的な秩序の、反動的変更をめざすものとおもわれます。そこには〝極東裁判史観からの脱却〟なる要求が掲げられています。

しかも、重大な問題はこれらを主張する政治家等は、あの第二次大戦の悲惨を実際には体験したことのない世代が中心だ、ということです。こうして平和を願う諸国民の危惧が現実のものになる事態が進行しているわけです。しかも、この道は日本国民の生活と安全、その平和を根底から脅かす、きわめて危険な道でもあるとおもいます。

四　象徴天皇制を許したもの

同時に、注目すべきは「憲法九条擁護」を叫ぶ人々も、この「第九条」が第一条条項とワンセットである点にかんして、沈黙している奇妙な姿です。こうして戦前の「天皇制反対」を叫んだ人々が、しかし、「万世一系の天皇制」への批判を欠き、今日、「第九条擁護」というそれ自身は重要な課題ですが、しかし戦前同様に「象徴天皇制」なる、「万世一系の天皇制」への批判的見地は皆無であるという姿は、近代日本のもっとも重要な病巣への正当な認識をもたないという、非常に大きな問題を浮き彫りにしているように思えます。

それは戦前の「自由民権運動」以来の「天皇制反対論」の、いわば重大な弱点という問題です。戦前、日本の民主主義的な人々、そのマルクス主義的傾向をふくめ、多くの犠牲をだされながら、戦前の天皇制に反対し日本社会の民主主義的体制の確立をめざされました。これは近代日本史を飾る先進的日本人の誇りを、日本と世界の歴史に刻む虹彩ある一ページに違いはありません。

しかし、あの戦後、アメリカ国民を含む世界的な「天皇制廃止」の世論の高揚のなかで、なぜ天皇制の廃止を実現しえなかったのかを問えば、もちろんアメリカの対日政策という問題があるにせよ、その一つの要因に「万世一系の天皇制」なる日本史論への史的批判が、戦前から日本の公論の一角にあったならば「象徴天皇制」論を許さず、戦後日本社会の真の民主主義的発展をかちえたのではないか、という思いがあります。

しかし現実は、アメリカ政府とその知日派の「象徴天皇制」論を許し、天皇はその戦争責任の追及を免れました。その結果、米軍が主張したとおりに「軍部の一部」等だけが、その戦争責任を追及されるに止まって、「……特高警察も、軍部を助けて戦時経済を推進した経済官僚も、天皇と一体となって戦争への大号令をかけた宮内庁官僚も、戦争とファッシズムの責任を負うべき多くの人々が、戦後も何の罪にも問われることなく大手を振って歩いている。それだけではなく、彼らは企業・官庁・警察・自衛隊等に居残り入り込み、後継者を育てながら、国民を監視し、勤労者の運動を敵視して抑え込む活動を、戦後も精力的に進めている。……」(大木一訓氏著、「『内部留保』の膨張と、二一世紀日本資本主義」、『経済』NO二〇四、二〇一二年、九、二二頁、「注一二」、新日本出版社)という結果になりました。これは戦犯ナチスを国民的に徹底的に追求した、戦後のドイツ国民の姿とは正反対の結果となり、今日、ふたたび「天皇元首化」や、「国旗、国歌」崇拝強要論が生まれる、真の背景の大きな一要因はここにあると思います。

第四章 「万世一系」史観批判の系列と通説

一 古代中国正史類等の資料的性格

なぜ、「自由民権運動」以来の近代天皇制批判勢力は、「万世一系の天皇制」なる近世尊皇思想と理論を批判し得なかったのか、これを問えば近代日本の大きな思い違いという問題が、今日も厳然として存在しているのではないかとおもいます。それは一言でいえば古代以来の中国を中心とする東アジアの文明や思想を、ヨーロッパ文明にたいして著しく遅れたアジアの封建的ないしはアジア専制体制の、「百害あって一利なし」的な思想や文化と考えたことです。

しかも本来は、このアジア思想と文化の最悪の代表である、「近世尊皇日本史とその文化論」という、江戸時代に誕生した近世の日本独自の思想、すなわち幕末の「尊皇攘夷」の〝尊皇思想とその日本史・日本文化論〟への批判的検討という、本来、日本人独自の学問的課題が、「古代中国文明無価値論」および明治憲法第一条の「万世一系論」規定も大きな桎となって、みるべきものはほとんどなく、これへの批判が「自由民権」等の、欧米文化と政治制度礼讃という〝外来文化と政治制度礼讃〟という形になりました。

ここには肝心の欧米人が自分の中世キリスト教とその封建制度に、自然科学と古代ギリシャ・ローマ文化とその自由と民主主義を対置して、近代民主主義と科学的思想を発展させたという、自主的な発展に相当する部分がないのです。「近世尊皇思想と文化」は日本産の思想と文化であって、これへの批判はあたかも中世キリスト教への批判が、ヨーロッパ古代のギリシャ・ローマ文明の復権という姿をとったように、近世尊皇思想と文化の形成者が全身的に否定・攻撃した、古代以来の中国文化とそれの日本における自主的・批判的研究・評価と、その正当な継承・発展が必要であった、またあるのです。

ここを自覚せずに古代以来の東アジア文明の意義を認識しない、否むしろこれを否認さえする「文明開化」思想と気分の誤りを自覚していないところに、近代日本の「天皇制批判」の残念ながら大きな片手落ちがあると考えるものです。

日本古代史を代表する有名な問題に、「邪馬一（台）国論争」があります。この結論如何は日本古代史を、根本から変えるという性格がある以上、重視されるのは当然ですが、同時にこの問題には、古代中国文献をどう見るかという、日本古代史探究上の根本問題がかかわっているのです。これにかんして小林行雄氏の「邪馬一（台）国論争」をめぐる、『記・紀』と古代中国史料への見方・考え方にかんしては先にふれました。ここには期せずして「邪馬一（台）国」の探求の根底に、古代中国史料と『記・紀』の対立があることが示されていました。

そうして通説は結論としてストレートに、『記・紀』の史観の立場にたつ近畿説と、中国史料である『三国志』魏志・倭人伝の記載の一部を採用する、「九州説・ヤマト朝廷に滅ぼされた論」や、または「九州説・東遷論」に分かれるのですが、『三国志』魏志・倭人伝をはじめ古代中国・朝鮮史料の記載の真の姿は、この「近畿説」はもちろんこれらの「九州説」とも対立・否定の関係にあって、それは「倭国はヤマト朝廷ではない」こと、それが日本史の事実であることを示しているのです。

実にここに近世尊皇史学以来、古代中国および古代朝鮮諸国の正史類の対日交流記と、「万世一系論的日本古代史学」の根本的対立が横たわっているのです。しかも、近世尊皇史学、とくに明治以降の「万世一系の天皇論」を国是とする日本史は、この点を正直に国民に明らかにせず、その隠蔽・歪曲がおこなわれて、戦後において津田史学を基調とする「『邪馬台国』論争史学」、および「三角縁神獣鏡・魏鏡、卑弥呼授受説、巨大前方後円墳・ヤマト朝廷造営論」という、すでに指摘したような「文献不信・無視」の「万邦無比」の実証主義を生み出し、今日にいたっているのです。

つまりは古代中国・朝鮮史料の記載を正しく知ることは、日本古代史探究上で決定的意義をもっているということです。いうまでもなく古代中国は文字による歴史の記録でも、日本よりはるかに古い歴史をもっています。この史書・正史類の編纂の過程とその特質にかんして、坂本太郎氏は以下のように指摘されています。「中国では、歴代の天子の言動は、史官が克明に記録して、起居注《ききょちゅう》というものを作った。この起居注を基にして、その天子の没後、実録が書かれた。王朝がかわると、何代もの実録を基にして、先王朝の歴史（正史）が撰ばれる仕組みであった。」（坂本太郎氏著、『六国史』、三頁、吉川弘文館、一九九四年、新装版第一刷。引用文の（　）は引用者）。

ここには古代中国の「正史」と呼ばれる史書の作成過程と、その記録性がどんなものか鮮やかに示されています。それは古代中国の王の言動等が、史官によって〝克明に記録されたもの〟であり、とくに孔子の『春秋』を教師とした、司馬遷の『史記』の記録の精確さは有名です。しかもこの『史記』等によれば史官は、事実を記録することに命を懸けたといわれています。そのうえに「正史」の作成はその王朝を打倒した、後続王朝によるのが習わしというのですから、津田氏らが指摘するような、「大和朝廷が自己の支配を正当化する目的で史書をつくった」という、いわば自分で自分を美化するという心配は、全くないわけです。

すなわちその王朝にかかわる記事の記録性とともに、その王朝の歴史的評価につてもより第三者的であるということです。したがって古代中国正史類は歴史探究の史書としては、『古事記』『日本書紀』に比較して、より高い信頼性をもつということす。現に欧米では西域方面の歴史の探究では、圧倒的に古代中国史書が重視されています。

しかも古代中国文明には古代オリエント、インドはもちろん、古代ギリシャ・ローマ文明とも違う特色があります。それは巨大な神殿を首都・王宮に持たないという、注目すべき特質です。古代人は大なり小なり神々をもっています。古代中国人も微細にみれば、もちろん宗教的側面は当然ながらあります。

しかしその文化・文明の特質に、「子、怪・力・乱・神を語らず」（『論語』）があります。これは「聖人・孔子は、常を語って怪を語らない、徳を語って力を語らない、治を語って乱を語らない、人を語って神を語らない。」という意であって、怪奇は常道・日常・自然に反し、乱・力は徳治・人の理性・知性に反し、人間と社会のことは神には無関係という〝唯物論〟的見地です。これの日本古代史探究上での意味は次の点にあります。

「いったい中国の歴史の本は、孔子を教祖とする儒教の流れをくむ学者によって書かれたものである。『怪力と乱神』を語ることを好まなかったといわれる孔子は、人間以上の力をもった神のようなものがこの世に実在することを信じなかった。孔子が生きていた前六世紀ごろは、周王朝やその前の夏、殷などの古代王朝について、いくらか歴史の記録が残っていたから、それに信頼をおいていた。だがそれ以前の、たしかな歴史の材料のない時代のことについては、『疑わしきはこれを欠く』といって、しばらく真偽をおいて論じぬことにするという大変慎重な態度をとった……。

歴史をどこから書きはじめるべきであるか。人間の過去についての記憶のなかで、どこがたしかに事実とみとめられるか。そして、たしかに事実であるとみとめられないことはすてて、たしかなところから歴史をかきだすべきであると断言し、またそのとおりに実行した孔子は、近代の実証的な歴史学者と寸分ちがわぬ立場にたっている。」（貝塚茂樹氏著、『世界の歴史』「Ｉ　古代文明の発見」、五九頁、一九七四年、初版）という指摘です。

これは古代中国文明の核心部に「事実求是」という、古代ギリシャや近世以降のヨーロッパの科学的・民主主義的思考と、普遍性を共有する文化が横たわることを示すものです。したがって近世以降の日本人の中にも、『古事記・日本書紀』よりも古代中国正史類等を上位の史料とみる人々が、生まれてくるのは自然なことなのです。

二　通説の基礎・国学の世界観

この古代中国正史類の編纂の立場である「事実求是」に対して、「万世一系史観」絶対主義の日本史観を構築した近世尊皇思想、なかでもその中核をになっている国学の世界観は、中世キリスト教神学と同等の観念論、客観的事実を無視して、その上に人間の主観をおく考え方です。

本居宣長（一七三〇～一八〇一）はその終生の大著といわれる『古事記伝』の、序文にあたる「古事記伝一之巻」の「古記典等総論」で儒教（仏教も）を排撃し、その理由に中国の天子が、「万世一系でない」というその〝歴史〟をあげています。それは「天命論」（『孟子』、通俗的には中国の易姓革命をいう）を、「抑天命といふことは、彼ノ国にて古《いにしえ》に、君を滅ぼし国を奪ひし聖人の、己が罪をのがれむために、かまへ出る託言なり。……」（『古事記伝』（乾）五七頁、吉川弘文館、一九三五年）といい、社会・歴史の唯一・正常な姿を、「万世一系の王統・王朝」にあると称し、そうしてこれを唯一最高の正義・道理・人倫であると主張するのですが、それは以下のようなものです。

「そも此ノ道（万世一系の王統）はいかなる道ぞと尋ぬるに、天地おのずからなる道にもあらず、是をよく辨別《わきまえ》て、かの漢国《からくに》（＝中国）の老荘（老子、荘子）などが見《こころ》（＝考え方、儒教等をいう）と、ひとつにな思ひまがへそ（同じものと思い違いをするな）。

人の作れる道にも非ず、此の道はしも、可畏《かしこ》きや、高《たか》御《み》産《む》巣日神《すびのかみ》の御霊《みたま》によりて、世の中にあらゆる事も物も、皆悉《ことごと》くに此ノ大神のみたまより成れり。神祖・伊邪那岐大神、伊邪那美大神の始めたまひて、よのなかにあらゆる事も物も、此ノ二柱ノ大神よりはじまれり。」（前掲書、六一頁）というのです。聖書の「天地創造説話」と似たりよったりです。この本居宣長の『古事記伝』の日本史観こそは、先述のとおりに『国体の本義』で戦前の文部省が強調したように、当時、日本史観の根本と称されたものです。

これは神から日本史を考え説明するという点で、キリスト教等と同じ観念論であって、しかもキリスト教よりも劣る思考様式であることは、「天地おのずからなる道にもあらず」などと、人類社会・国家の生成・発展を神＝宇宙や自然との関連で考えない、したがって人間には、その社会的地位如何を問わずその前では平等であって、その前にひざまずくべき普遍的な価値、またはそうした普遍的な規準を認めない点がきわだつ特徴です。キリスト教的には「神の定める道・掟」、儒教的には「天の定める人倫＝人の道」です。しかし国学はこの存在を認めず、絶対的権威は天皇にあるという考え方です。この天皇の絶対性、ひいてはその身分の絶対性・不可侵性を日本史観の中心におくのです。それは明治憲法の「第三条、天皇は神聖にして侵すべからず」という規定に、いわば結実しているのです。

この天皇不可侵の理由は、「すべての物の理は、次第に本《もと》をおしきわむるときは、いかなるゆゑ（故）いかなる理と知るべきにあらねば、陰陽大極（儒教の陰陽五行思想）も不生不滅（仏教の教義）の弁も、畢竟《ひっきょう》（＝結局）は無益の弁にして、そのことわり（道理）あることとなし。ただ天地・世間は、人の智にていかなる理とも、いかなる故にしかるともはかり知るべきにあらず。ただ古の伝（『古事記』『日本書紀』）にしたがうべきこと也。」（『講後談』、傍線は引用者）というのです。つまりは、〝すべては神の御心によっており、その神の御心は『古事記・日本書紀』の記すところだ。〟と称して、『記・紀』の絶対化・神聖化をはかり、ここを日本史および日本社会考察の唯一絶対の基盤とするのです。その点では、あたかも中世キリスト教が〝世界は神が創造した、それは『聖書』に明瞭だ〟、としたのと瓜二つです。

また「……そもそも天地のことわりはしも、すべて神の御所為《おんしわざ》にして、いともいとも妙《たえ》に奇《くす》しき、霊《あやし》き物にしあれば、さらに人の限りある智《さと》りもては、測りがたきわざなるを、いかでか（どうして）よくきわめつくして知ることあらむ（知ることができようか。この後は〝陰陽五行説〟などの自然にたいする、古代中国人の唯物論的考察への罵倒が記されている）。」（『古事記伝』（乾）、五五頁。「直毘霊＝なほびのみたま」。

宣長は〝天地（自然）・人の世のことは人知では認識できないもの〟という、一種の「不可知論」の見地にたって、〝したがって人間は「古の伝」を信奉すべき〟というのですが、その「古の伝」には古代中国・朝鮮の「古の伝」は入らないのです。

理由はこれらの国の歴史が、〝「万世一系の王統」でないので尊敬する価値はない〟という、国籍による差別という反学問的見地からです。たとえば「外国（中国）には、萬《よろず》の事をみな天といふは、神代の正しき伝説えなくして、世の中の事はみな、神の御所為《みしょい》なることをえしらざるが故なり。」（『古事記伝（乾）』、一〇頁）とか、「異国（中国・朝鮮諸国をいう）は、本より主の定まれる（万世一系の王統をいう）がなければ、ただ人（普通の人）もたちまち王にもなり、王もたちまちただひとにもなり、亡びうせもする。古よりの風俗《ならわし》なり。さて国を取ラむと謀りて、えとらざる者をば、賊といひて賤《いや》しめにくみ、取り得たる者をば、聖人といひて尊び仰ぐめり。さればいわゆる聖人も、ただ賊の為《し》とげたる者にぞありける。」（前掲書、五九頁）などという、他国の歴史を「万世一系の王統でない」故をもって非難・排撃し、逆に「万世一系の王統」を神聖化する考え方であって、ここには事実の探求という真の学問の姿はまったくありません。その点でヒットラーとナチス・ドイツの、「ドイツ民族は世界に冠たり」式の主張に酷似したものとおもいます。

したがって「古書の重視」といっても、「万世一系」でない中国等の古書は無価値だという、事実上国家・民族の歴史と文化に客観的根拠のない、主観的差別をもってのぞむのです。以上のような中国文化への態度は古代中国正史類の対日交流記をふくめて、以下のようなものです。

(1)「がくもんして道をしらむ（日本史と日本文化の探求・研究をいう）とならば、まず漢意（からごころ、古代中国文献の重視）をきよくのぞきさるべし。から意の清くのぞこらぬほどは、いかに古書（『古事記・日本書紀』など）をよみても、古《いにしえ》のこころを知らでは、道はしりがたきわざなむありける。」（玉勝間）。

(2)「初学の輩、まず此漢意を清く濯ぎ去って、やまと魂を堅固《かた》くすべきことは、たとへばもののふの、職場（ママ）におもむくに、まず具足をよくし、身をかためて立出るがごとし。もし此身の固めをよくせずして、神典（かみのみふみ、『記、紀』）をよむときは、甲冑をも着ず、素膚にて戦ひて、たちまち敵のために、手を負ふごとく、かならずからごころに陥るべし。」（前掲書）

一読して明らかなように古代中国正史類を〝敵〟とし、『古事記、日本書紀』を〝神のみふみ〟という考え方にたつものです。しかもこれこそが明治憲法第一条規定の、日本古代史および日本史論の土台をなしているわけです。あたかも〝コーランは絶対である〟とか、〝『聖書』は神の御言葉、神聖にして絶対〟とし、古代ギリシャ・ローマ文明とその民主主義的思考と文化を、「不信心な悪魔の思想」として、これを徹底的に破壊（エドワード・ギボン著『ローマ帝国衰亡史・4』、中野好夫・朱牟田夏雄氏訳、筑摩書房、一九九六年、第二版）した古代末期、中世初期のキリスト教同然の超前近代的思考と同じです。

ではこの独善的主観主義的日本史論のいきつく先はどこかといえば、次のようなものです。「大御神の大命《おほみこと》にも、天皇悪《あし》く座《ま》しまさば、莫《な》まつろいそ（したがうな）とは詔《のり》たまはずあれば，善《よ》く座《ま》さむも、悪《あし》く座さむも、側《かたわら》よりうかがひはかり奉ることあたわず。

天地のあるきわみ（かぎり）、日月の照らすかぎりは、いく萬代を経ても動きまさぬ大君に座《ま》せり。故、古記《ふるごと》にも、当代の天皇をしも神と申して、実に神にしましませば、善悪《よきあし》き御うえ（政治）の論《あげつら》ひ（＝論評）をすてて、ひたぶるに畏《かしこ》み敬ひ奉仕《たてまつる》ぞ、まことの道には有りける。」（『古事記伝』（乾）、五九頁）というのです。

これは〃天皇は神であって、その政治の良しあしを臣下がかたわらから云々すべきではない。それがよかろうが悪かろうが、問うことなく、ただひたすらにつき従い奉仕することこそが臣下の道である〃という主張であって、先述の「国體の本義」のみならず、戦前の日本の憲法第三条の「天皇は神聖にして侵すべからず。」そのものであります。

この実際の政治上の意味にかんしていえば、宣長は、「あなかしこ、天皇の天ノ下しろしめす（おさめる）道を、下（国民）が下として、己《おの》がわたくしの物とせむことよ」（天皇の政治に口を挿むなどは天下のまつりごとに、私を対置する態度で許されない。）と述べています。〃なんと『国体の本義』と瓜二つではありませんか〃。さらに続けては、「下なる者は、かにもかくにもただ上の御おもむけ（上の者の考え）に従ひ居るこそ、道にはかなえれ（道にかなう）。たとへ神の道の行ひの、別にあらむにしても、其を教え学びて、別に行ひたらむは、上にしたがわぬ私事にならずや。（天皇の道に対して、別の「神」（主張）があって、これに従って天皇の政治に従わないのは、お上に従わない不届きな態度である、）」（前掲書、六三頁。括弧内は引用者）というのです。

要するに天皇とそれを国民にたいして掲げる者＝支配者に、下なる国民はその政治がよかろうが悪かろうが従うことこそが、人の道であるという、おおよそ世界で通用するはずもない支配者絶対主義の政治論・社会論です。これこそが戦前の「万世一系の天皇制」と「天皇は神聖にして侵すべからず」という、憲法規定の真の意味と姿であって、今日、憲法改変勢力がいう「美しい日本」に通じるものと考えます。

宣長は、この他にも「すべて下なる者は、よくても悪しくても、その時々のお上の掟のままに、従い行うぞ、即ち古の道の意には有ける。」(『うひやまぶみ』、傍線は引用者)とか、「今のおこなひ(政治)道にかなはざらむにも(人の道にそむくものでも)、下なる者の、改め行はむは、わたくし事にして、中々道のこころ(万世一系の天皇制の歴史と文化)にあらず。下なるものは、ただよくもあしくもあれ、上(お上、政府、支配者、上位の者)のおもむけにしたがいをるものにこそあれ。」(『玉勝間』、引用文の( )内は引用者)などと言っています。

この国民の天皇~目上への絶対服従論は、「道のこころ」すなわち「万世一系の天皇制は日本の歴史と文化」なる、しかし、そこになんの客観的根拠もその実証も存在しない、『古事記・日本書紀』への絶対盲信主義から、神がかり的に導き出された日本史論・日本社会論であって、ここに「万世一系の天皇制」礼賛の意味があるのです。現に宣長は先述のように、「ただ天地・世間は、人の智にていかなる理とも、いかなる故にしかるともはかり知るべきにあらず。ただ古の伝(『古事記』『日本書紀』)にしたがうべきこと也。」(『講後談』)としていますが、これが彼のいう「道」、すなわち「道のこころ」=『古事記・日本書紀』の〝万世一系の皇統絶対主義を盲信する日本史〟であり、ここから導き出された〝日本社会〟論なのです。

この神がかりの「万世一系の天皇制」なる日本史の論拠を、『古事記・日本書紀』への絶対的信仰におき、日本史探究の不可欠の要素である古代中国・朝鮮史料の重視を排撃する態度の重大な誤りを明らかにせず、「皇国史観」を「神話を歴史と称したもの」というに止める、戦後のいわゆる「皇国史観批判」は、近世尊皇思想とその史学への本質的批判を避けた〝表面的批判〟にすぎません。これは国学・近世尊皇思想が歴史評価の唯一無二の基準とした「万世一系の王統」なるもの、同時にそれを綴る『古事記・日本書紀』への科学的検証が基本という問題を、回避・隠蔽したものと言わねばなりません。

また重要なことは、本居宣長のこの世界の専制体制社会の典型、いまから数千年も前の古代エジプト・メソポタミア等の〝神権思想・神権政治〟の王朝も、たぶんおどろくほどの〝国民無権利思想と主張〟に対して、すでに江戸時代に当然ながら批判がおこなわれていました。

それは、「善悪の論を舍《すて》て、畏敬たて奉るは、ただ妾婦の道なり。」」という市川鶴鳴(『まがのひれ』=本居宣長批判)の痛烈な指摘です。つまりは〝善悪の区別・判断をすてて、ただ従えなどという主張は、金で囲われた妾婦(めかけ)の卑屈極まりない態度を道、すなわち〝人のあるべき姿〟と称するものだ〟という批判です。

こうした国学的日本史論と「人の道」論への正面からの批判を、〝自由民権運動〟以来の近代天皇制批判はとりあげた形跡がありません。近代天皇制批判を掲げた自由民権運動は、それ自身、大きな意義のあるものです。しかし、それは一方では古代以来の東アジア文明を「脱亜」と認識し、日本が欧米列強の一隅に入るという、福沢諭吉式「脱亜入欧」という誤った面と、フランス大革命やアメリカの独立宣言の民主主義賛美を含むもので、そこには戦前の文部省の『国体の本義』にみる国学的日本論、その中軸をなす「万世一系の天皇制」なる〝日本史論と日本社会論〟への批判を欠くという、〝日本における真の自由民権論〟の、もっとも重要な課題が欠落していたとおもいます。

この国学的・近世尊皇思想の記・紀絶対主義にたつ万世一系論的日本史論を、正面からの批判の対象にしえなかったのは、すでに指摘したように一方では「万世一系の天皇制」なる憲法規定と、他方では、この尊皇日本史論の批判的検討の要である古代中国・朝鮮史料と、それを生みだした古代以来の東アジアの文化を正しく認識・評価しえなかったという、近代日本の大きな思い違いがあるとおもいます。こうした古代中国文化等への全面的否定の見地は、結局は、東アジアの民族である日本民族が、欧米文化に接するはるか以前から確立している、日本社会の進歩の歴史とそれを担った思想・文化を正しく認識する道をも、自ら閉ざすものとおもいます。その上にたってどんなに欧米民主主義思想・文化を重視しても、それをもって近世～現代の尊皇思想が否定した、真の日本史とその進歩的文化と思想の代替物にはなり得ないのは、あまりにも当然のこととおもいます。

実に、ここに今日、日本古代史の真実の探求の意味があるのであって、次に述べるように近世以降の優れた日本の知性が、古代中国文明が創設した事実にもとづく歴史の記録をこそ、日本古代史探究の前提・土台とした姿は、まさにここにこそ真の日本の歴史と文化をしる道、「万世一系論的」日本論を歴史論として、真に批判する道があるのであって、これを理解せず軽視・無視しては、どんなに欧米の進歩的思想や社会制度を重視しても、日本においてその志を真に得にくいものとおもいます。

海外の思想・文化を正しく学ぶには正しく己を知ることが前提ですが、正しく己を知るには、日本人の場合、古代以来の東アジアの文明の意義を知ることが前提となるのです。

三　新井白石、広池千九郎氏等について

この古代中国正史等にたって記・紀の史観である、「万世一系論」的・通説の日本古代史観を徹底的に批判され、本土日本人も古代沖縄・日本人をふくむ世界の人々同様

に、複数的多元的国家・王朝の発展史という、人類共通の歴史のもちぬしであることを明らかにされたのは、古田武彦氏の先述の『「邪馬台国」はなかった』、『失われた九州王朝』（朝日新聞社、一九七三年、初版、現在ミネルヴァ書房刊）、『盗まれた神話』（朝日新聞社、一九七五年、初版、現在ミネルヴァ書房刊）、『古代は輝いていた』（三部作、朝日新聞社、初版、一九八四年〜一九八五年。現在ミネルヴァ書房刊）等々でした。

しかし古代中国正史類の性格に着目した研究の系譜は、江戸時代からあるのです。その第一は、新井白石（一六五七〜一七二五）の最晩年の、『大日本史』（水戸史学）への批判的見解です。

「水戸にて出来候本朝史などは、定《さだめ》て国史の訛りを御正し候事とこそ頼もしく存候に、水戸史館衆と往来し候て見候へば、むかしの事は日本紀（日本書紀）続日本紀等に打任せられ候体に候。それにては中々本朝の事実はふっと（まったく）すまぬ（解決しない）事、僻見にや候やらむ（ゆがんだ見方ではないか）と、老朽（老生）などは存じ候。

本朝にこそ書もすくなく候へども、後漢書以来、異朝（中国）の書に本朝の事しるし候事共、いかにもいかにも事実多く候。それをばこなた（日本側・水戸史学）不吟味にて、かく異朝の書の懸聞之誤り（見聞のあやまり）と申しやぶり、又は、三韓（朝鮮半島の諸国）は四百年余本朝の外藩（ヤマト朝廷とは異なる「倭国」への朝貢国）にて、よき見合せ（よい史料）候とも、右の如くやぶり捨て候。本朝国史々々（古事記・日本書紀）とのみ申す事に候。まずは本朝の始末、大かた夢中に夢を説き候やうの事に候。」（『新井白石全集』第五巻、「白石先生手簡、佐久間洞巌書」、五一八頁、印刷者・本間季男氏、明治二九年、引用文の（　）内と傍線は引用者）。

ここには日本古代史探究上での日中正史類の差という、基本的問題が正面からとりあげられています。すでに指摘したとおり世界の古代史探究では、文献史料は決定的な意義をもちますが、『古事記』『日本書紀』の「史料的信憑性」は、先述のとおりに通説でさえもが「低い」という他はない水準です。これからみても新井白石の右の指摘は当然であって、古代中国・朝鮮史料こそが日本古代史探究・解明上で、より上位の資料であることを指摘している点に大きな意義と、白石の先学としての慧眼があるのです。

つぎにこの中国正史や古代朝鮮史料の対日交流記にたてば、「ヤマト朝廷一元史観」は否定され、日本においても多元的複数的王朝史が生まれる、すなわちヤマト朝廷神聖化の歴史的根拠が失われることを、初めて明らかにされたのが明治時代、東京大学の法学部（東洋法制史）の広池千九郎氏編集の『日本史学新説』(一八九二年・明治二五年出版、国立国会図書館、「近代デジタル・ライブラリー」)。冨川ケイ子氏著、「九州年号・九州王朝説」、『古田史学会報』No.65)です。

ここには今泉定介氏著(東京大学)、「昔九州は独立国にして年号あり」、飯田武卿氏著(東京大学教授)、「倭と日本は二国たり、卑弥呼は神功皇后に非ず」という、「倭国・非大和朝廷論」が展開されています。まさに古田説の先駆的研究です。ここにも古代中国正史類の対日交流記を、『記・紀』よりも上位の史料とみる考え方が鮮明に示されています。しかしこの日本史観は、明治憲法第一条の「万世一系の天皇制」、さらには戦後の日本国憲法第一条の「象徴天皇制」の日本史観と対立します。

したがって戦前の「ヤマト朝廷一元史観」絶対主義の通説・日本古代史学が、広池千九郎氏等の画期的な研究を無視したのは、あたかも戦後の通説が古田武彦氏の研究を無視しているかの如し、です。しかも、近代天皇制批判を掲げられた自由民権運動以来の、近代日本の〝進歩・民主派〟に、先述のとおり古代以来の中国等の思想・文化への否定的の傾向がつよく、これが近代尊皇思想の古代中国史料への否定と、〝左右合体現象〟を引き起こし、この結果、新井白石等の偉大な見解を正当に評価しえない特質を、不幸にも形成したのではないかとおもいます。そうしてこれが近世～現代尊皇思想批判において、強力な自縄自縛の力となるのです。

四　古代中国正史類等への戦後史学の態度

この古代中国文明とその産物である歴史の記録への否定は、戦後の日本古代史学では反省・克服されたのかといえば、その正反対です。それは「古代以来の東アジアの文化・思想・無価値論、漢文無用論」という、津田左右吉氏に代表される〝超近視眼〟です。ここに津田氏の古代中国史料と、それを生み出した文化への本居宣長同然の考え方を、引用で示しておきたいとおいます。

「……シナ(中国をさす)思想そのものが深い思索から出たものでなく、シナ語シナ文が思索に適しないものであるといふことが、注意せられねばならぬ。シナ語シナ文によって表現せられてゐるシナ思想そのものが、人の思索を導きえない、その力を養い得ない性質のものである。」(津田左右吉氏著、『シナ思想と日本』、三九頁、岩波新書、一九七五年、第二〇版、初版は一九三八年)。

「或る人が来て、『君は支那が嫌ひだといふのに支那のことをやっている、可笑しいじゃないか』といった。そこで僕は説明してやった。糞や小便をうまそうだともよい香だとも思っては無いが、それでも毎日それを試験管のなかに入れたり、顕微鏡でのぞいている学者がいる。」（家永三郎氏著、『津田左右吉の思想史的研究』、二一六頁、岩波書店、一九七二年、第一刷、傍線は引用者）。こうした古代中国・東アジア文明の無価値論とその否定は、その動機がなんであれ日本史においては、「皇国史観の万世一系の天皇制」なる日本史論を、唯一の出口とする結果になるのです。ここに従来の〝日本的〟史的唯物論を云々する諸権威をふくめた、思い違いがあるのです。

欧米の思想家・哲学者等の本をいくら読んでも、日本古代史、日本民族の古代国家形成・誕生への直接的説明など、当然ありません。同時にこれは本来、日本民族の真の進歩思想の形成・発展の理解という点でも同様で、自分たちの真の古代史とその文化、それと不可分の古代以来の東アジア文明への正しい認識を確立しなければ、「文明開化」で欧米の価値ある文化・思想を学んでも、いったいそれを東アジア文明圏に由来する日本の歴史と、その文明のどこに接続するのか、しうるのか、でしょう。

津田氏の古代中国文化論は、四大人類文明創設の一角をになう古代中国文明そのものを、「人の思索を導きえない、その力を養い得ない性質のもの」、無価値なものといい、挙句の果てに中国人を「糞、小便」というのです。

しかし津田氏の場合、この古代中国文化論の背後に、本居宣長同然の、「万世一系の天皇制」絶対視が横たわっています。

しかも、この東アジアの古代以来の文明・無価値論は、「脱亜入欧」の福沢諭吉氏などによっても強調されています。福沢諭吉氏は「漢方医」を罵倒し、「いまに見ろ、あいつらを根絶やしにして息の音を止めてやるから」（福沢諭吉氏著、『福翁自伝』、「漢家を敵視す」、八一頁、慶応通信株式会社、一九五七年、初版）などといっています。

しかし、これは今日の世界と日本の現状にてらして如何でしょうか。この背後に目新しい西洋医学に驚愕して、その習得に全力を投入したと当時の日本人の気持ちがあるのでしょうが、だからと言って漢方医学を無価値なもの、「根絶やしにすべきもの」という考え方や、態度が正しかったか、ということになりますと、それは間違いだったことは今日では明白でしょう。

五　〝マルクス主義者〟石母田正氏

〝マルクス主義〟を標榜する石母田正氏は、しかし古代中国・朝鮮正史類と、それのもつ意義の〝完全無視と否定〟という点で通説と同様です。すでに指摘したとおりに、新井白石や広池千九郎氏等々の古代中国・朝鮮史料への正しい視点がありながらも、それは一考だにもされた形跡もありません。

石母田正氏は「この南鮮支配権確立以前の、初期ヤマト王権の形成過程は、記紀の説話的記事以外に史料がなく、朝鮮出兵の最小限の前提である吉備・北九州にたいする支配を獲得するにいたった過程、また、その政権の国家の性格等は、不分明の霧に覆われている。」（『岩波講座・日本歴史』「原始および古代Ⅰ」、一八頁、一九六二年。傍線は引用者）とされています。

氏は「初期ヤマト王権の形成過程は、……不分明の霧に覆われている。」という原因を、「記紀の説話的記事以外に史料がない……」結果としています。まさに日本古代史探究で不可欠の古代中国・朝鮮史料が、真っ先に無視・抹殺されているわけです。ここに氏の観点と方法の欠陥が集約されているとおもいます。また〃日本古代史〃、すなわち日本本土における国家の形成・発展を、氏は通説の戦後の一般的傾向に準じて「2　邪馬台国の時代——国家の起源——」とされ、ここでは『三国志』魏志・倭人伝への通説的解釈が羅列されて、しかもエンゲルスの『家族・私有財産・国家の起源』の「国家の指標」も強調されています。しかし肝心の初期国家形成の決定的過程とその特質、すなわち人類の古代都市国家は、その氏族社会的原始都市を基盤とし、一定の発展段階で住民の氏族的血縁的結合状態を、単なる居住区での結合に変革して誕生するという、すなわち表現をかえれば国家は最初から一個の氏族社会的原始都市、すなわち都城（日本の場合、吉野ケ里的木柵・環濠集落）・京師・首都を基盤に形成されるというモーガンの発見、ならびにマルクス・エンゲルスの研究も完全に無視されています。

すなわち国家は都城・京師を核として生まれ、都城・京師・首都のない国家・王朝などはあり得ないという根本を見ないのです。これは〃マルクス主義者〃石母田正氏によるマルクス・モーガンの、「史的唯物論」の「国家の形成・誕生論」にかんする考察の、決定的核心的部分の無視・蹂躙ではないのですか。

そうして「『二　古代国家の成立』への移行——王権の確立——」として、最初から、日本史を「……初期ヤマト王権の形成過程」と把握している点に、〃マルクス主義〃の国家形成論ならびに古代中国・朝鮮史料の一体的な無視と抹殺、およびその意味が鮮やかに示されているのです。それは日本民族の国家形成・発展の探求を、まさに『記・紀』絶対主義の立場で行うということ、すなわち日本民族の国家の誕生を、ヤマト朝廷の誕生と事実上、最初から同列視しているところです。この態度は国学・水戸史学・通説の国家神道思想の態度と、なんの違いもないものです。

言葉をかえれば「倭人、百余国」の歴史学的意味が、分かっていないということです。戦後の通説は〃この国家形成・発展の多元論〟までは認めてもいます。ただそれの真の意味、すなわち氏族・部族的定住集落形成の背景と、それの国家（都市国家）群への転換を見ないのです。すなわち『古事記・日本書紀』の神武〜天武にいたる、首都なし記載の意味を見ずに知らん顔をするのです。記・紀のここへの批判的検討を欠いた、〝マルクス主義の国家形成・発展論〟などありえません。

石母田式〝マルクス主義〟と「皇国史観」との違いは、〝神話〟のかわりにすでに指摘したような〝実証主義〟的探究をもちだす点です。それは「しかしヤマト王権と不可分の関係にある前方後円墳が、三世紀後半には畿内を中心として、近江・讃岐・吉備をふくむ地方につくられたこと、この副葬品の一つである三角縁神獣鏡の各種同笵鏡の分布は、これらの鏡が畿内勢力の首長によって一括して購入された後、各地の族長に分かち与えられたのではないかという考古学上の一仮説がたてられていることは、初期ヤマト王権を中心とした畿内・瀬戸内等の族長を結ぶ一個の服属または連合の体制……中略……が成立していることを暗示するものとみられる。」（前掲書、一八頁、傍線は引用者）と、今日の通説、とくに「邪馬一（台）国・近畿説」にたつ「前方後円墳・ヤマト朝廷造営論」、すなわち通説的主観主義的「実証主義」を、いわば先駆的に展開したところです。

しかし「ヤマト王権」の発生・発展の具体的姿にかんして、自ら「不分明の霧に覆われている。」とせざるを得ないものを、〝前方後円墳の主たる造営者〟と、いったいなにを根拠に断定できるのか、なのです。

ここにヨーロッパ中世以降、ルネッサンス期を経て今日、やっと決着がついたかに見えるヨーロッパでの「神の存在」をめぐる論争と似た、観念論と唯物論の戦いの日本版があるとおもいます。これにたいして〝神は昔もいまもその実在を現さないが、ヤマト朝廷は存在しているからそんな議論はあたらない〟、などと云えないのです。少なくともヤマト朝廷の発生・発展過程は、「不分明の霧に覆われている」というのは、その存在とその発展過程は具体的には不明ということでしょう。その「不分明の霧」が、どうして前方後円墳で晴れわたるのか、つまりはその具体的誕生も発展過程も、その特徴もわからないものが、どうして巨大前方後円墳を造営したとわかるのか、そう断定できるのか、これを問えば出てくるものは、「そんなことは常識だ。いったい日本の、しかも近畿地方を中心とする巨大前方後円墳を、ヤマト朝廷以外の誰が造営できるのか、馬鹿々々しい。」という「まずはじめにヤマト朝廷ありき」、つまり純粋の国家神道思想そのものでしょう。

これが石母田正氏の「歴史学」の正体でしょう。ただ

「皇国史観」は「ヤマト朝廷は神の子孫だ」といったのですが、石母田氏と戦後史学は、その形成過程もその特質も「不分明の霧に覆われ」、さらには「古墳時代に近畿地方に王宮等の痕跡は発見できない。」と明言しながらも、「前方後円墳があるから、ヤマト朝廷は実在したのだ。」というのです。

　まさに「皇国史観」が神をおいたところに、前方後円墳をおいたに過ぎないものでしょう。本来、その都城・京師の遺跡が発見される以外に、歴史学としては「ヤマト朝廷」、すなわち王朝・国家の存在の確認はできないはずです。戦後日本古代史学の「実証主義」の非科学性は、古代国家・王朝存在探究の常道である都城・京師の探求、確認を離れ、前方後円墳等でそれを代替するところです。これは国家・王朝存在の確認をごまかし、すりかえることです。こうしたものの先頭に驚くべきことに、マルクス主義を云々する者がたっているという近代～現代日本の光景です。

　石母田氏はエンゲルスの『家族・私有財産・国家の起源』の、〝国家の指標〟について先述のとおり麗々しく語りながら、肝心要の初期国家群は都市国家群として、すなわち氏族社会の原始都市を核として都城（日本では木柵・環濠集落）を中心に誕生するという、マルクス・エンゲルスの先述の指摘、しかも今日では日本本土を除いて、中国・インド・ヨーロッパ・中南米および沖縄で確認され、指摘されている事実について、一語も語らないのです。しかし、まさにこうした通説的石母田氏的日本古代史観と、その学問的観点と方法論を否定しているのが古代中国・朝鮮史料であって、これを「記紀の説話的記事以外に史料がない」と称して、日本古代史探究からまず真っ先に消去する態度は、歴史学において〝事実にたって真実を探求する〟という、弁証法的唯物論をまず真っ先に踏み破ったもの、という他はないものとおもいます。

　この〝マルクス主義者〟石母田正氏を、「二〇一三年・『岩波講座・日本歴史』、第一巻」は、「一　石母田正『日本の古代国家』」（同書、五頁）と中見出しまでつけて、「本書においては、そうした左翼的な研究（石母田氏の、引用者）よりはむしろ、対立していたはずの右派というべき実証主義的考証論文（？　小林行雄氏は国家の発生問題で史的唯物論風の見地を述べていますが……）が多く参照されて、戦後二五年余りで積み重ねられた実証主義的研究成果を見事に統合し、それに新たな意味を与えたという点でも、画期といえるだろう。」（同頁、括弧は引用者）などと高く評価しています。

　ここでの「実証主義」とは真の実証主義ではなく、国家神道的日本史論の戦後的〝すりかえ用具〟としての、「前方後円墳・ヤマト朝廷造営論」なる〝実証主義〟に過ぎません。〃マルクス主義者〃石母田氏は、その〃すりかえ用具〃を学問的体裁で飾るのに、熱心であり功績があったと褒められているわけです。マルクス・エンゲルスがこれを見たら、どんな顔をしたか知りたいところです。

六　通説、戦前・戦後の対立

――「邪馬台国論争」の正体

右のように日本古代史探究上での古代中国・朝鮮史料の対日交流記を、無視・否定・歪曲する点に戦前・戦後の日本古代史学の観点・方法論の基本がおかれているのです。こうなる所以は、古代中国正史類の対日交流記と『古事記』『日本書紀』の〃日本史〃が、一八〇度違っているからです。この点をだれの目にも一目瞭然にしめす例が、『古事記・日本書紀』にはヤマト朝廷自身のこととして、卑弥呼・「倭の五王」を明記する記事が一字もないという厳然たる事実です。

だからこそ戦後、「邪馬台国論争」が延々と続いているのです。卑弥呼等のことがヤマト朝廷のこととして、『古事記・日本書紀』に記されていれば、論争などありえないことは自明の理でしょう。実は、戦後日本古代史学の「邪馬台国論争」は、この古代中国・朝鮮史料の卑弥呼記載と、それが一語もない記・紀との矛盾を誤魔化すためのものです。

以下、その点を見ましょう。それは近世尊皇思想にたつ水戸史学・国学と、中国人を「糞・小便」という戦後の〃皇国史観批判の勇〃・津田左右吉氏を代表者とする通説との対立・矛盾という問題です。そもそも日本近世の尊皇日本史論の特質は、新井白石が「…本朝国史々とのみ申す事に候。まずは本朝の始末、大かた夢中に夢を説き候やうの事に候。」と指摘しているとおり、『古事記』『日本書紀』絶対主義であって、古代中国・朝鮮史料の対日交流記の全面的・絶対的否定、すなわち「申し破り、破り捨てる」と白石が指摘するような態度に終始するところです。

この主張と考え方は記・紀絶対主義の結果、記・紀にヤマト朝廷のこととしては一語の記載もない卑弥呼・「倭の五王」を、ヤマト朝廷という松下見林（一六三七～一七〇三、『異称日本伝』）の見地を拒否・否定するのです。この点で見林の見解にたつ戦後の通説・日本古代史学の、「卑弥呼・ヤマト朝廷の始祖・倭の五王＝ヤマト朝廷」論とは両立しないのです。したがって『古事記』『日本書紀』絶対主義の水戸史学や国学が、松下見林の〃卑弥呼、「倭の五王」・大和朝廷論〃を、正面から批判・否定するのは、〃記・紀絶対主義〃からは当たり前ということになります。

①水戸史学・『大日本史』・外国伝・序　「自隋以前、秦漢之裔、雖有帰化者、而未聞有通使者……」。(隋より以前、秦漢の裔、帰化の者ありといえども、未だ使者の有通するを聞かず。傍線は引用者)。

②国学　本居宣長　卑弥呼について「皇国の御使には非ず、筑紫の南のかたにていきほいある、熊襲のたぐいなりしもの……」(『馭戎概言』)

「倭の五王」について「天皇に、讃珍済興武などと申す御名あることなし…松下氏(松下見林)、此の天皇たちの御名々を、おのおのかの讃などいへる名共にあてたれど、……いささかも似つかぬしひごとなり。」(『馭戎概言』)

すなわち記・紀絶対主義の「皇国史観」のこの態度が示す重大な意味は、『古事記』『日本書紀』からは卑弥呼・「倭の五王」・ヤマト朝廷論は、日本以外の古代史探究上での文献重視の立場からは断じて成立もしなければ、また真の学問的態度でもないということです。ここに限れば「皇国史観」史学の方に道理がある、ということです。

イ「邪馬台国論争」の正体

ところが戦後の「皇国史観・批判」史学は、一方では、津田左右吉氏の神話造作論の「記・紀批判」にたち、他方では「皇国史観」の万世一系史観を継承しています。

実はここに戦後日本古代史学・通説の破綻の根源があるのです。一方では戦前の「皇国史観」の天皇の神格化を否定して、他方では「皇国史観」の核心部分である「万世一系史観」を維持する以上は、卑弥呼・「倭の五王」=ヤマト朝廷論という、「皇国史観」史学でさえもが区別をした、日・中・朝の正史類の記載の根本的な違いをさえも無視するという、いわば二重の文献無視を〝学問的基礎〟とするしかなくなるのです。それは水戸史学や国学の「記・紀」絶対主義という、一種の〝論理性・倫理性〟をさえもかなぐり捨てて、自説にとって好都合な部分を史料の性格を無視して寄せ集めるという、事実を探求する学問にはありえないご都合主義、主観主義的態度が、身上となる他はないものです。

すなわち卑弥呼・「倭の五王」は、そもそもヤマト朝廷とは無関係な王たちであり、王朝なのです。これが真実の〝日本古代史〟の姿なのです。津田左右吉氏の「記・紀批判」の一特徴は、「記・紀神話、造作論」ですが、しかし氏のこの「批判」の観点・方法には、通説に共通の文献批判上での根本的欠陥があるのです。それは『日本書紀』を一読すれば、七二〇年に成立のこの〝正史〟(古事記は七一二年)には、じつに多くの「一書に曰く」なる引用文があることは誰でも気づくことです。

この「一書」群が多くかかわるものが、いわゆる『記・

紀』神話です。ではこの「一書」とは何かです、この問題をはじめて正しく解明されたのは、古田武彦氏の『盗まれた神話』ですが、「一書」そのものの存在は通説でも当然、承知しているわけです。

たとえば坂本太郎氏も、「第三に一書の採択がきわめて多い。神代紀では『一書日』として、……その数は大八《おおや》州《しま》の国生みの条で十種類、四神出生の章で一一種もある。」（『六国史』、八一頁、吉川弘文館、一九九四年、新装版第一刷）等々と述べて、通説特有の〝ヤマト朝廷の異説・口伝論〟を云々されています。しかし、こうした一書群＝ヤマト朝廷の〝異説論・口伝説〟の問題点は、次の点にあります。「記・紀」は八世紀の成立で、それ以前に大和朝廷に一冊の文献もないことは、通説も認めているにもかかわらず、『日本書紀』の編者は間違いようもなく「一書に曰く」と、〝この部分はある文献から写したもの〟と明記し、しかもその際、その引用文献の表題等は記していないのです。そのうえに断じて「伝承に曰く」とか、「伝に曰く」と書いてはいないのです。

したがって古田氏がいわれるとおりに、この点にいっさい沈黙して、「一書群」を〝大和朝廷の口伝とか異説伝承〟というのは、史料考察での根本的な誤りを犯しているということになるのです。しかしこの点を見逃す点にこそ、戦後の日本古代史学の体質があるのです。それは「まず初めにヤマト朝廷ありき。」という日本史観です。

この意味は、大和朝廷がその書物の表題を明らかにしない「一書」とは、だれがいつ作った文献なのかということです。これが真の日本古代史の探求の課題の一つです。この問題はこの後で指摘するとおりに卑弥呼・「倭国」の文字使用が、三世紀であることを意味する「魏志」倭人伝の記載を見れば、自ずから明らかになるのです。

ここの考察を欠いた「記・紀神話・ヤマト朝廷による造作」なる主張には、そもそもまったく根拠がないということです。この問題は「水田稲作の展開」のところで、ふたたびとり上げます。こうして戦後の日本古代史学は、一方では真の日本民族の古代国家形成や、その古代文化発祥・形成論と深くかかわる「記・紀」神話を〝造作〟と称し、あたかも自分達こそが「皇国史観」の真の批判者であるかに装い、他方では「皇国史観」の「皇国史観たる由縁の万世一系の天皇制」という、「万邦無比の国体論」を継承するのです。

なお、この津田氏の〝日本神話造作論〟を、戦後には、〝真の科学的日本史の確立である〟と、戦前「天皇制批判」をされた人々をふくめて評価しました。しかしこの〝神話造作説〟は、天皇制の資産価値を重視したグルー等の主張と、次の点でみごとに一致したものでもあるのです。

「将来、軍国主義者によって支配されず、平和を求める統治者が皇位につけば、神道（万世一系の天皇制論、引用者）は、負債というよりも資産となりうると考えることは、私には常識のように思える。しかし私がこう言ったからといって、日本の天皇は神であるという神話を維持せよと主張しているわけでは決してない。……日本人の再教育を通じて、そのような偶像崇拝は破壊されなければならない。」（『象徴天皇制への道』、五三頁。傍線は引用者）。これを読めば「万世一系の天皇制」を高く掲げる津田氏の「記・紀」神話・造作論は、グルーを先頭とした「知日派」の〝天皇制・資産論〟および〝日本人再教育論〟にとって、絶好の日本古代史論と映ったとしても、まったく不思議はないとおもいます。

現に坂本太郎氏はその著『六国史』で、津田氏の「記・紀批判」にかんして、「発表の当時は時代の通念とあまりにかけはなれていたために、学界のうけいれる所とならなかったが、戦後に天皇制に対する批判の自由（連合軍・米軍の対日支配）となった勢いに乗じて、この説は俄かに学界を風靡し、いまは細部に異論はあっても、大局においては定説となった感がある。」（同書、一五五頁。傍線、（　）内は引用者）と述べておられます。こうして津田史学――神話造作論的「記・紀批判」にたつ、「邪馬一（台）国論争、前方後円墳・ヤマト朝廷造営論」なる通説の背後には、国民にたいして伏せられ語られない、こうした重大な問題が潜んでいるのです。

したがって井上光貞氏の「新憲法は、主権は国民にあり、天皇はその統合の象徴であると規定した。ここには、連合軍の指示もあったが、多くの自由主義者（日本の支配層を指す、引用者）の声にこたえたものであり、同時にまた、日本の古来の天皇の伝統……をうけついだもの」（『日本の歴史』「神話から歴史へ」、六頁、中公文庫、一九八八年、二四版）という指摘は、戦後の日本国憲法第一条と古代史の性格を的確に表現したものといえます。

それは「卑弥呼・倭の五王」の古代中国交流を記す古代中国正史類と、その記載がまったくない「記・紀」の根本的な違いという、歴史学にとって決定的な意味をもつ日・中・朝間の史料の違いという事実を無視し、『記・紀』絶対主義の立場から「卑弥呼・倭の五王＝非ヤマト朝廷論」にたつ、「皇国史観」の〝原則性〟をさえ投げ捨てるほどに無節操なものです。

すなわち戦後の通説の「卑弥呼・倭の五王＝ヤマト朝廷論」は、「アメリカ政府の日本神話否定」に足場をもつ「日本神話造作論」を「記・紀批判」と称し、その陰で日中間の史料の根本的違いという明白な事実をさえも、無視・隠蔽したものです。

それは人類の国家形成・発展史としてはありえない、「万世一系の天皇制」なる日本史を、「万邦無比」という口実で合理化しようとして、「天皇の神格化」をおこなった「皇国史観」の破綻をうけて、なお「万世一系」史観死守の見地に固執して、神話抜きで「万世一系論」日本史を構築するという不可能に執着した結果です。しかしそれは「皇国史観」の傷口を、これから指摘するとおりに、いっそう広げるだけのものなのです。

なぜならば「皇国史観」とは「万世一系の天皇制」、すなわち〝日本民族は国家開闢以来、唯一の王家であるヤマト朝廷を戴いてきた民族である〟、という日本民族論・国家形成・発展論をいうのであって、しかもこれは、「皇国史観」が言明したとおりに「万邦無比」、すなわち日本本土を除いては沖縄日本人をふくめて世界に例がない、社会・国家発展史なのです。これはそもそも神をもちだす以外に、説明不能なものなのです。

以上から言えることは、戦後・通説のうみだした「邪馬台国論争」は、「皇国史観」の破綻にもかかわらず、「万世一系・象徴天皇制」護持の都合で生みだされたものであって、国学・水戸史学がいうとおりに「卑弥呼・倭の五王は、ヤマト朝廷ではない」のです。同時に、卑弥呼・「倭の五王」はヤマト朝廷とは別個の王朝であって、水戸史学や国学もそこで根本から誤っているのです。以下、これを証明することが課題となります。

ロ『日本書紀』の卑弥呼記載について

『日本書紀』には、神功皇后紀に『三国志』魏志・倭人伝の、間違いだらけ（傍線部分）の引用文があるだけです。

(1)「（神功皇后紀の）三九年、……。魏志に云はく、明帝の景初三年の六月、倭の女王、大夫難斗米等を遣わして、郡に詣《いた》りて、天子に詣らむことを求めて朝献す。太守鄧夏、吏を遣わして将て送りて、京都（魏都・洛陽）に詣らしむ。」（『日本書紀』・上、三五一頁、傍線は引用者、以下同様）。

(2)「……四〇年、魏志に云はく、正始の元年に、建中校尉梯携等を遣して、詔書印綬を奉りて、倭国に詣らしむ（前掲書、同頁）。

(3)「……四三年、魏志に云はく、正始の四年、倭王、復《また》使大夫伊聲者掖耶約等八人を遣わして上献す。」（同書、三五二頁）。

以上ですが(1)の傍線部分の〝景初三年〟は「景初二年」、〝大夫難斗米等〟は「難升米等」、〝太守鄧夏〟は「太守劉夏」、(2)の〝建中尉梯携〟は「建中尉梯儁」、(3)の〝使大夫伊聲者掖耶約等〟は、「使大夫伊声耆・掖邪狗等」と「魏志」倭人伝と字が違っています。『日本書紀』の編者等が「魏志」倭人伝を写した際の誤写とおもいます。

これにかんして坂本太郎氏が、「……紀（日本書紀）の撰者が中国の史書の示す事実を参考にしようとした……」（『六国史』、七七頁）とされています。『日本書紀』の「引用文」が示すものは、卑弥呼がヤマト朝廷にぞくする人物ではないことの証明でしょう。したがって通説のように卑弥呼の第一回の魏朝への交流を、「景初二年は三年の間違い」というような態度は、この『日本書紀』の引用分部の「魏志」倭人伝との食い違いで、「魏志」より『日本書紀』が正しいという明確な根拠がない限り、学問的には正当性のない主張という他はないものとおもいます。

　そもそも卑弥呼は〝親魏倭王〟に任じられたばかりではなく、『三国史記』新羅本紀の巻二、「阿達等尼師今《あたらにさこむ》」に、「二〇年（一七三）五月、倭の女王、卑弥乎、使いを遣わして来聘す。」と記されてもいる人物です。この一七三年という年代は卑弥呼の生存年代としては、「魏志」倭人伝の卑弥呼入朝記事から推定して計算上、生存の可能な年齢の範囲です。卑弥呼は『北史』に、「正始中（二四〇～二四八年）卑弥呼死す。」とあり、しかも「倭人伝」には、「その（正始）八年（二四八）、……倭の女王卑弥呼、狗奴国王と……素より和せず……」と、卑弥呼が魏（郡）に使者派遣したという記事があります。つまり卑弥呼の死はこの年ということになります。

　二四八年から一七三年は七五年前です。卑弥呼は少女の頃に擁立されています。ここから推定しても『三国史記』新羅本紀のこの記事を、無条件に「造作」と否定する通説の主張には根拠はないのです。同時にこれらの魏や新羅の史書が物語る卑弥呼像は、この女王が二～三世紀の東アジア諸国で、非常に高名な女王であった、ということです。これほどの女王が、「ヤマト朝廷」の始祖というのであれば、大和朝廷の正史が、「魏志に曰く」と書くのは不可解なことです。大いにこの女王をほめ讃えた記述でなければならないとおもいます。

　しかも卑弥呼問題を考えるときには念頭におくべきは、通説の見解とは異なってこの時代の「倭国王朝」は、文字使用の段階にあったという問題があります。それは「魏志」倭人伝の、「正始元年、太守弓遵、建中校尉梯儁等を遣わし、詔書・印綬を奉じて、倭国に詣り、倭王に拝仮し、ならびに詔を齎《もたら》し、……倭王、使に因って上表し、詔恩を答謝す。」（傍線は引用者）とある、傍線分部に明確に示されています。この点にかんしては上田正昭氏もその著、『東アジアと海上の道』（明石書店、一九九七年、初版）で、「弥生時代後期の外交が『文章』によって行われていたことは、『三国志』東夷伝倭人の条に『文章・賜遺の物』による外交を記すのにも明らかである。」（同書、一五頁）とされています。ただし氏はこの文章の担い手を〝渡来人〟、つまりは帰化人とされています。

しかし、「倭人」の中国交流は『漢書』地理志に「百余国」とあるように、今から約三〇〇〇年前からです。通説はこれを〝紀元前一世紀ごろ〟としていますが、古田武彦氏が指摘（『古代は輝いていたI』）されているとおり、これらの記事は孔子（紀元前約五五一～四七九年）の〝東夷観〟を踏まえたものであって、この「倭人」の中国交流が孔子以前であることは明確だからです。

したがって卑弥呼時代、「倭人」は文字使段階に達していたのです。通説のように『漢書』地理志の「百余国」を前一世紀頃とし、〝卑弥呼・ヤマト朝廷の始祖論〟にたって、五世紀には「倭の五王」段階に達したという〝日本古代史〟は、全世界の古代国家発生・発展史にくらべて、その国家・社会発展の速度が異例の超スピードとなるのです。日本以外では最初の国家である都市国家群が形成され、それが統一勢力の時代になるまで、約二〇〇〇年前後を要してします。通説・日本古代史の「ヤマト国家」の形成期から、統一勢力の輪郭を現すまでの発展速度が、たかだか五～六〇〇年という説は、世界史のそれと比較すると極端に短いのです。

ここから見てもわが国の初期国家形成期を、古田氏の指摘どおり中国王朝の周初期時代とし、「倭国」の独自的存在を承認すれば、日本の国家形成・発展史の時間表も、世界史なみになるのです。しかしこうなりますとヤマト朝廷一元史は、考古学的にも成立しなくなるのです。現に通説は『三国史記』新羅本紀の〝一七三年の卑弥乎記事〟を、史実とは認めていません。この時代、近畿地方にヤマト朝廷の痕跡があったと、いえないからです。

しかし「倭国」とヤマト朝廷とは別国という、古代中国正史類の記載に立てば、日本民族の国家形成・発展史も人類史なみになるのです。しかも国家・王朝の存立の確認は、王宮・都城・首都の考古学的確認という見地をくわえれば、古代中国・朝鮮史料の記載にたって、「倭国」の都城・京師を後述するとおり明確に指摘できるのです。

以上の考察からは卑弥呼時代、「倭人・倭国」すなわち日本には文字文化があり、卑弥呼の東アジア外交も文章で行われていたのです。これがもし「ヤマト朝廷の始祖」ならば、その最初の正史・『日本書紀』に、自前の女王としての卑弥呼記載がないはずはなく、ましてや「魏志に曰く……」はないでしょう。

しかもヤマト朝廷の系譜には卑弥呼・壱与という女王も、さらには二代連続の女王の記載もありません。卑弥呼を神功皇后にあてて壱与については、沈黙をするという『日本書紀』の態度は、この史書が事実を記録したものではないことを物語るものであり、『日本書紀』にならって卑弥呼・神功皇后論等をかかげ、壱与を無視する態度は記録の事実を自己都合で無視する、ご都合主義というべきでしょう。以上の考察の帰結は、卑弥呼は「ヤマト朝廷」自身のこととしては、『古事記』『日本書紀』には一語も記載されていない、ということです。

第五章　古代中国史料等と「『邪馬台（一）国』論争」

「世界史的に古代史に共通する問題は、国家が成立するということである。」（『二〇一三年・『岩波講座・日本歴史』、第一巻」、三頁）とあるように、日本古代史の最大の課題は日本における最初の国家が、どこでいつごろ誕生したか、それは今日の日本社会の諸問題に如何にかかわるか、という問題です。「邪馬台国論争」が重視されるのは、まさにこの問題にかかわるからです。これを正しく解決する第一のカギは、『三国志』・魏志・倭人伝への正しい理解・解明です。

そもそもこれは言うまでもないことですが、「邪馬一（台）国」や卑弥呼のことは、日本史のこととしては、『古事記』『日本書紀』には一語の記載もなく、『三国史』という古代中国文献によって、われわれ日本人につたえられているのです。

この史書がなければ日本人は、卑弥呼も「倭国」も知りえないのです。日本古代史探究の基礎となる問題が、

自国のこととして『古事記』『日本書紀』に一語の記載もない、通説の日本史観の絶対的基盤をなす日本の一番古い史書に一語もない、という事実は、きわめて重い問題とおもいます。したがって日本における古代国家形成・発展問題の探求では、「魏志」倭人伝を正確に読み理解するということが基本問題となるのです。

だが通説は石母田正氏等の例で指摘したとおりに、まさにここを軽視・無視するのです。しかし真実の日本史を探求するものならば、あらためて『三国志』魏志・倭人伝の、正しい理解を重視するのは当然です。なおここで一言つけくわえる必要があるのは、通説は古代中国史料を遅れた文化の、当てにならない記録ででもあるかにいう例が目につきますが、日本古代史の解明に必要な古代中国文献の多くは、周から唐ぐらいまでの正史類が中心であって、この時代、中国は世界のなかで先進的位置にあったことは、遣唐使の例をあげるまでもないという

点です。

一　「邪馬一（台）国」首都の所在地

イ　それは北九州と「神功皇后紀」に

指摘してきたように古代国家形成・発展の探求で一番重要なことは、その国家・王朝の都城・首都を発見・確認・発掘することです。そうして『三国志』魏志・倭人伝は、その最初の一行から、文献的にこの問題を明記しているのです。

「倭人は帯方の東南大海中にあり、山島に依りて国邑をなす。」（傍線は引用者）。これが『三国志』魏志・倭人伝の冒頭記事です。これは卑弥呼の国家の「国邑」、すなわち首都・都城はどこか、これを「魏志」倭人伝はその冒頭においているのです。あまりにも当たり前のことでしょう。そうしてその地理的位置を、〝帯方郡治〟（今日のソウル付近）から見て、海のむこうのどの方角の島にあるか、を述べているのです。本来「邪馬一（台）国」探求で、基本となる決定的な一節です。

この記述に呼応した記事が、『日本書紀』神功皇后紀の次の一節です。それは『三国志』魏志・倭人伝のさきの一節と、その方角記載が明確に対応しているのです。しかし従来の「邪馬台国論争」では、これは一切無視されてきました。

「神功皇后紀」の史実性にかんしては、「仲哀紀」ともども通説においても、戦後は否定的にあつかわれる傾向があります。しかし北九州から新羅はどの方角に当たるかという問題や記述は、「神功皇后紀」が造作記事であるか否かには直接には無関係で、『日本書紀』編纂時の大和朝廷の史官が、この問題をどう認識していたか、ということを示すものです。こうした観点に立てば通説が「邪馬一（台）国論争」で、この「神功皇后紀」の当該記事を無視している事実は、きわめて大きな学問的意味をもつといえると思います。

その記事は以下のとおりですが大変興味深い事は、北九州にいるとされながら「仲哀紀」同様に新羅を〝西〟と、近畿地方から見る方角記載が「神功皇后紀」にもくりかえされながら、最終的には〝西〟が否定されて、北九州からは新羅は「西北」と「魏志」倭人伝のソウル付近から見て、「倭国」の都城は「東南」という記載に対応した訂正が行われているところです。

「夏四月の壬寅《みずのえとら》の朔《ついたち》甲辰《きのえたつのひ》に、北《きたのかた》、火前国の松浦縣に到りて、玉嶋里の小河の側に進食《みをし》（＝食事）す。……中略……『朕、西、財の国（新羅をさす）を求めんと欲《おもほ》す』……中略……秋九月の庚午《かのえうま》の朔《ついたち》　己卯《つちのとのうのひ》に、諸国に令して、船舶を集へて兵甲《つはもの》を練《ね》らふ。時に軍衆《いくさびとども》集ひ難《がた》し。皇后の曰く、『必ず神の心ならむ』とのたまひて、則《すなは》ち大三輪社を立てて、刀矛を奉りたまふ。軍衆《いくさびと》自づから聚《あつま》る。

是《ここ》に、吾瓮海人烏摩呂《あへのあまをまろ》といふをして、西海に出《いで》て、国有りやと察《み》しめたまふ。還りて曰《もう》さく、『国も見えず』とまうす。

また磯鹿《しか》（＝志賀島）の海人《あま》、名は草を遣わして視しむ。日を数《へ》て還りて曰《もうさ》く、『西北《いぬゐ》に山有り。帯雲《くもゐ》（＝雲がたなびく）にして、横に絚《わた》れり。蓋《けだ》し、国あらむか』とまうす。爰《ここ》に吉日を卜《うら》へて、臨発《たちたまは》むとす……」（『日本書紀』（上）、三三二頁。傍線は引用者）。

この記事の「火前国の松浦縣」にかんして、北九州の「肥前国松浦郡の地で、魏志・倭人伝の末蘆国のあったところであろう。」（前掲書、上段注二一、同書、三三三頁）と注釈されています。すなわち「火前国の松浦縣」、つまり「魏志・倭人伝の末蘆国」付近にいながらも神功皇后が、新羅の所在地を最初は「西」、つまりは近畿地方から朝鮮半島を見る方角と錯覚しその探索を命じ、使者は帰って「国も見えず」、すなわち「北九州の西方海上に国などありませんよ」と、当然の報告をしているわけです。

困った神功皇后は、「新羅はどこか、探してまいれ」ということになり、「北九州のはるか西北に島影があり、雲がたなびいています。これが新羅でしょう。」ということとなり、「それ、いよいよ出陣だ」となったという話です。しかもここでは引用しませんでしたが、この他にも自身は「火前国の松浦縣」にいながら、新羅を「西の国」と述べています。「邪馬台国・近畿説」の方角論と照応しています。そもそも北九州の人々は、はるかな昔から朝鮮半島と交流してきたことは、通説でさえもが認めているところです。この意味は、この地の「倭人」たちは、北九州から見て、新羅・朝鮮半島が「西北」の方向に当たるなどは、常識の範囲の問題です。

つまり「倭国」の都城・首都は、朝鮮半島・ソウル付近から見て「東南」であり、朝鮮半島は北九州からみて「西北」にあたるというのは、当たり前の方角認識です。そうして八世紀の『日本書紀』の編者である大和朝廷の史官が、この説話で最終的に北九州から新羅・朝鮮半島を西北とした点に、いわば「魏志」倭人伝の「倭都」は、帯方群治の「東南大海中の島」、すなわち北九州という記載の正当性が示されているのです。

ロ「近畿説」は、方角論からなりたたない

「邪馬一（台）国」の首都が、北九州という記載を事実と認めますと、通説の戦前・戦後の日本古代史は、これから述べるとおり根本的に否定されるのです。まさにグ

ルーらが指摘していたとおり、通説の日本古代史には日本民族の真実の歴史は存在していないことが、白日のもとにさらされるのです。これは近代日本社会の支配層にとって、その憲法体制にかかわる問題です。ここに通説の「魏志」倭人伝の意図的歪曲を常套手段とする、「邪馬台国論争」再生産の社会的根拠があるのです。

「魏志」倭人伝は卑弥呼の都城・首都を、北九州と最初に明記しているのです。それが八世紀初頭の『日本書紀』を編纂した、大和朝廷の史官によって方角論として は追認されているのです。つまりは卑弥呼の国家の首都は、北九州の一地点にあるということが、方角論として日中の史書に共に明記されているわけです。しかもソウル付近からみて北九州は〝東南〟、北九州からみてソウル方面は〝西北〟ということは、古代の東アジアの人類にとって当たり前のことであって、次の文章はそれを示唆するものでしょう。

それは福岡藩の儒学者・貝原益軒（一六三〇～一七一四年）の『筑前国続風土記』の次の一節で、卑弥呼の都城・首都の王宮のあった大宰府を眼下にみる、宝満山からの眺望を述べたものです、「此の山に登れば、一瞬の間に数百里の外までかえり見て……九州の内、近国は眼下一望の内にあり、西北に壱岐・対馬はるかに見えたり。秋天晴朗の時は、しらぬ新羅の山もほの見ゆ。」です（傍線は引用者）。

「邪馬一（台）国」近畿説は、こうした東アジアのはるかなる古代以来のソウル・北九州間を往来した人々の、地理的方角認識を無視する点に成立の根拠を求める見地で、世界の方角論からは到底〝学問〟とよべない性格の説です。「近畿説」が方角論として成り立たない事実を、二重三重に述べますが、まずは「近畿説」の「南」を「東」と読みかえる〝理論〟の検証からはじめましょう。その典型が直木孝次郎氏の方角論考です。

氏はその著『日本の歴史』「倭国の誕生」（小学館、一九八七年、第一刷）で、「……榎説が距離の問題について九州説に有利な解釈をうちだしたのに対し、方向の問題について畿内説に有利な材料を提起した……」（同書、二八三頁）とされて、「畿内説の立場にたつ地理学者室賀信夫氏の説」として、〝古代以来の中国人の日本本土への地理的認識〟なるものを、次のように述べておられます。

「室賀氏は、それは倭人伝の筆者が日本の地形を、北九州から畿内にかけて、北から南へ長くのびているように誤解していたのにもとづく、とするのである。

中国の地図には（には?）、明代や清のはじめごろの図でも、日本を実際よりはるかに南方に位置づけ、またときには南北の方向をもつ島形として描いたものが少なくない。もっともいちじるしい例は、明の建文四年（一四〇二）に朝鮮でつくられた（朝鮮でつくられた?）、「混一彊《こんいちきょう》理《り》歴代国都之図」（下段写真参照）である。これは元（一二七一〜一三六八）の「声教広被図《せいきょうこうひず》」と元末明初のころの「混一彊理図」とをあわせ、さらに朝鮮と日本とをあらたに増補したものといわれる（元・明?）。

　ここに描かれている日本の図形は、方位が転倒し、九州を北に東国を南にし、日本列島は北から南へのびた格好になっている。全体の位置もいちじるしく南に寄り、倭人伝に倭国への道里をはかるに、倭国は、『当《まさ》に会稽《かいけい》（揚子江の南、浙江省から江蘇州へかけて存在した郡名）東冶《とうや》（福建省にあった県名）の東に在るべし』と記されているのに、ちょうど適合する。

　室賀氏はこの事実からさかのぼって、いまは図の失われている（失われている!?）十二世紀南宋代の『石刻華夷《せっこくかい》図《ず》』および唐代の『海内華夷図』もまた、東国から奥州を南として、日本列島を北から南へのびているように描いていたと考えられる（考えられる?）ことを論じ、『海内華夷図』の原拠となったものは魏・晋《しん》につかえた地理学者裴秀《はいしゅう》のつくった『禹貢地域図』でなかったか、と推測（推測!?）している。」（引用文中の（　）内は引用者）とされています。

　まさに「畿内説」の本領発揮というにふさわしい記述です。そもそも直木氏のこの文には、三世紀時点の古代中国の測量・地図作成能力への、いかなる実証的研究もそれへの言及もなく、明の建文四年（一四〇二）に朝鮮でつくられた「混一彊理歴代国都之図」なるもの等が、これは三世紀以後の中国の作成した地図を下敷きにしたという、「畿内説の立場にたつ地理学者室賀信夫氏の、〝古代以来の中国人の日本本土への地理的認識〟」なる単なる推測・憶測が、学問的体裁で羅列されているだけです。

　しかも、そこで直木氏は「中国の地図には、明代や清のはじめごろの図でも、日本を実際よりはるかに南方に位置づけ、またときには南北の方向をもつ島形として描いたものが少なくない。」と、いかにも中国人は古来「西

混一彊理歴代国都之図

も東も判別できない水準の文化の持ち主」でもあるかに言っています。

あのヨーロッパ全域に匹敵するといわれる面積をもつ中国で、古来、日本もその影響下に古代文化を形づくっている、そうした文明を形成した古代中国人が、「西も東も分からない者」などと言うのは、通説・日本古代史の世界では通用しても、理性的にも世界的にも通用しないでしょう。

禹跡図

現に古代中国の数学や自然科学の研究者で、京都大学名誉教授・藪内清氏著の『中国の数学』（岩波新書、一九九一年、第二刷）では、直木氏らの「古代中国の地理作成能力論」は、まったく成り立たないことが次のように述べられています。

「劉徽《りゅうき》は三国魏の人であるが、……『晋書』律歴志によると、彼が『九章算術』（古代中国の有名な数学書で、日本の和算もこの影響下で成立という）に施した注釈は、景元四年（二六三）に書かれたという。いま残っている彼の業績は、『九章算術注』と『海島算経』であり、前者は『九章算術』と合刻されている。また『海島算経』は『九章算術』句股章の補遺として書かれ、……全体は九問より成り、その第一題は海を隔てた島への距離や高さを算出する測量上の問題で、すべてピタゴラスの定理（中国の方がピタゴラスより早く発見という）の応用で処理できる。したがって目新しいものはないが、しかし数学が測量技術と結びついて発達した一面は注目しなければならい。

精緻な地図を早くから作製していたことは、中国科学の大きな成果の一つであろう。軍事上および行政上の必要から、中国では早くから地図が作成されていたが、ほぼ精確なものが作られたのは劉徽とほぼ時代を同じくする晋の裴秀による。彼の地図は百里を一寸に縮尺し、百里ごとに縦横の線を引いて分割した方眼図であった。『海島算経』によるとわずか千歩を基線として、百里以上の距離にある地点を測量するこができた。裴秀のつくった地図は残っていないが、その伝統を受け、一一三七年に石に刻まれた『禹跡図』と呼ばれる地図が、現在も西安の碑林に保存されている。これを見ると中国の地形もよほど正確であり。中国の測量技術が早くから高次な発展を遂げていたことを知ることができる。

『海島算経』はこうした地図学の発展を裏付ける書物として注目されよう。……劉徽の業績の中心はいうまでもなく『九章算術注』にある。三上義夫氏は劉徽を激賞し「古今東西を通じて数学界の一大偉人であった。』とされた。」(同書、四三頁。傍線は引者)

以上ですが、直木孝次郎氏の古代中国地図作成能力論と、三世紀、すなわち『三国志』編纂時代の中国の、現実の地図作成能力との比較は如何でしょうか。これをもし「『禹跡図』は三世紀の地図ではない。一二世紀だ、といってみても、その作成技術と水準は藪内氏がいわれるとおり、三世紀の裴秀の地図作成の伝統によるものという点は動かず、さらには「一二世紀時点でこれを凌駕した地図が、西洋をふくめてあるのか」といえば、どうお答えになるのでしょうか。なお「魏志」倭人伝の「倭国」への地理的認識問題は、後述(二〇七頁下段)しますが、そこには畿内説にたつ室賀氏の説をふくめて、「近畿説」成立の余地など寸分もないことが示されています。

この問題の最後に直木氏らが、古代のみならず元・明・清にいたるまで、中国・朝鮮諸国には地理的認識能力がないかに言われていますので、一四四三年に朝鮮王朝の通信使の書状官として、わが国の当時の首都・京都をおとずれた申叔舟が、一四七一年に王命を奉じて編纂した日本と沖縄の姿を記録した書物の表題は、『海東諸国紀』であることを指摘しておきます。

自分たちは「東南」を「東」と歪曲しつつ、中国人・朝鮮人は地理的方向感覚も知識もない、というに等しい説を掲げるのはいかがなものでしょうか。ここに通説・なかでも「邪馬台国・近畿説」の、古代中国・朝鮮史料とその文明の水準への否定的評価という、本居宣長・津田左右吉氏、石母田正氏らの国家神道直系の日本史観と、古代中国文化罵倒の見地が示されているとおもいます。

そもそも古代中国人等を「西も東も分からない人種」とでもあるかにいう、この種の発言や見解は、「文明開化」期以降の日本人以外に世界で通用するでしょうか。少なくとも羅針盤を発明したのは中國人であり、一四一五年に帰国した有名な鄭和艦隊は、ペルシャ湾口のホルムズに至り、翌年帰国した分遣隊は東アフリカに達し、中国にキリンをもち帰っています。例のコロンブスのアメリカ新大陸発見は、一四九二年ですので約八〇年、羅針盤による航海術は中国が早いわけです。こうした事実を軽視・無視して、主観主義的見解に固執する近代尊皇日本史論を批判しえないとすれば、第二次大戦での日本大敗の悲惨は、くりかえされる危険があるのではないでしょうか。

私はこうした「邪馬国一・近畿説」の姿に、戦前の日本軍国主義の「中国一撃論」(中国などは一撃くわえれば崩壊する)と同質の、極端な主観主義を見るのです。それは日本に第二次大戦の敗北をもたらしたものですが、それが戦後もまったく認識されていないことは、おそるべきものとおもいます。

ハ　「倭人伝」の里程記事、〃近畿説の崩壊〃

次の問題は、卑弥呼の都城・首都がソウル付近からみて「東南の島」、すなわち北九州であれば、「魏志」倭人伝の道程記事によって、それが説明・証明されなければなりません。この問題をみごとに解決されたのが、古田武彦氏の『「邪馬台国」はなかった』です。しかし通説は一致して、古田氏のこの研究とその成果を無視しています。以下、古田氏の研究を通説、とりわけ「近畿説」の主張をも念頭に私なりに述べます。

「近畿説」によれば、「『魏志倭人伝』の記載について、そのまま信用すれば日本列島内に位置づけることができない。この点は衆目の一致するところである。しかしながら、畿内説・九州説が前提とする里程・方位論は、先述したように、その要素のうち一部を修正し、その一部を信用する議論である。こうした『文献に現実を合わせるやり方』は、『内藤・白鳥の亡霊』だとする藤間生大は、そこからの止揚・解放を主張した。」(二〇一三年・『岩波講座・日本歴史』、第一巻」、一四二頁)といい、『魏志』倭人伝の史料価値の全面的否定をさえ主張しています。

しかし通説は一方では、「歴史学は史料を読みこむことで成立する。」(前掲書、一八頁)ともいうのです。歴史学、とくに古代史の探求では、文献・史料の正しい探究は決定的で、ヨーロッパにおける例は先述しました。にもかかわらず方角論で指摘したように、史料に偏見と予断をもってのぞみ、その予断・主観と史料が一致しないと、「文献に現実を合わせるやり方」というのです。これでは客観的事実の探求という学問は終焉して、神や妄想に現実を合わせる「国家神道」の素顔、本居宣長・津田左右吉・石母田正氏式こそが唯一の〃日本古代史〃になります。すなわち「戦後的皇国史観」と、極端な主観主義的観念論への屈服とその讃美です。

さて「魏志」倭人伝の道里記事は、はたして近畿論者や通説がいうような「文献に現実を合わせる」必要のあるものか、確かめたいとおもいます。そのために「魏志」倭人伝の道里・方角記事にかんする分部を全文ここに列挙して、通説が故意に無視する古田武彦氏の『「邪馬台国」はなかった』を踏まえて、「近畿説」の主張を検証します。なお、引用文の頭につけた番号①～⑬は、「魏志」倭人伝の道里・方角記載分部の全文に、引用者が順次、記述の都合でつけた番号であることを断っておきます。

①倭人は帯方の東南大海の中にあり、山島に依りて国邑をなす。旧百余国。漢の時朝見する者あり。今、使訳通じる所三十国。

②郡より倭に至るには、海岸に循《したが》って水行し、韓国を歴《へ》に、乍《たちま》ち南し、乍ち東し（練り歩き、韓国民への威示行進をいう。古田説）、その（倭国の）北岸狗邪韓国に到る七千余里。

③始めて一海を度《わた》る千余里、対馬国（対馬）に至る。その大官を卑狗といい、副を卑奴母離という。居る所絶島、方四百余里ばかり。土地は山険しく、深林多く、道路は禽鹿の径の如し。千余戸あり、良田なく、海物を食して自活し、船に乗りて南北に市糴《してき》す。

④また南一海を渡る千余里、名づけて瀚海という。一大国（壱岐）に至る。官をまた卑狗といい、副を卑奴母離という。方三百里ばかり。竹木・叢林多く、三千ばかりの家あり。やや田地あり。田を耕せどもなお食するに足らず、また南北に市糴す。

⑤また一海を渡る千余里。末盧国（唐津とする）に至る。四千余戸あり。山海に浜《そ》うて居る。草木茂盛し、行くに前人を見ず。好んで魚鰒《ぎょふく》を捕え、水深浅となく、皆沈没してこれを取る。

⑥東南陸行五百里にして、伊都国に到る。官を爾支といい、副を泄謨觚・柄渠觚という。千余戸あり。世々王あるも、皆女王国に統属す。郡使の往来常に駐《とど》まる所なり。

⑦東南奴国に至る百里。官を兕馬觚といい、副を卑奴母離という。二万余戸あり。

⑧東行不弥国に至る百里。官を多模といい、副を卑奴母離という。千余家あり。

⑨南、投馬国に至る水行二十日。官を弥弥といい、副を弥弥那利という。五万余戸ばかり。

⑩南、邪馬壱（一）国に至る。女王の都する所、水行十日陸行一月。官に伊支馬あり、次を弥馬升といい、次を弥馬獲支といい、次を奴佳鞮という。七万余戸ばかり。

⑪女王国より以北（朝鮮半島内の倭国領をも含む）、その戸数・道里は得て略載すべきも、その余の旁国は遠絶にして得て詳らかにすべからず。

⑫次に斯馬国あり、次に己百支国あり、次に伊邪国あり、次に都（郡）支国あり、次に弥奴国あり、次に古好

都国あり、次に不呼国あり、次に姐奴国あり、次に対蘇国あり、次に蘇奴国あり、次に呼邑国あり、次に華奴蘇奴国あり、次に鬼国あり、次に為吾国あり、次に鬼奴国あり、次に邪馬国あり、次に躬臣国あり、次に巴利国あり、次に支惟国あり、次に烏奴国あり、次に奴国あり。これ女王の境界の尽くる所なり。

⑬その南に狗奴国あり、男子を王となす。その官に狗古智卑狗あり。女王に属せず。郡より女王国に至る万二千余里（引用文中の傍線は引用者）。

以上が「魏志」倭人伝の帯方郡治から、卑弥呼の都城・首都への道行文の全部です。なおここで一語しておきたい点は、「その北岸・狗邪韓国」についてです。この「その北岸」とは「倭国の北岸」を指すことは、九州・朝鮮半島間の地図を念頭におけば、自ずから明らかでしょう。北九州から朝鮮半島は西北ですが東西南北でいえば北でしょう。

現に一五世紀に朝鮮王朝の碩学・申舟叔が、王命で撰した沖縄と日本に関する記録書『海東諸国紀』（田中健夫氏訳注、岩波書店、一九九一年、第一刷）の、「熊川薺浦之図」（同書、三九二頁）、「東莱富山浦之図」（同書、三九三頁）には、「倭館」が記され、しかも今日「プサン」と発音されている釜山は、「東莱富山浦之図」には〝富山〟とあります。ここをはじめ朝鮮半島南岸地方は、三世紀はもちろん、かつては「倭地」であったのです。これを理解しないことは真の日本古代史を、理解する前提を欠くことになるのです。すなわち「倭国史」が理解できなくなるのです。とはいえ今日、これをもって日韓間の領土問題を云々するのは論外です。

二　「倭人伝」の一里は何メートルか

『三国志』魏志・倭人伝の道里記事を理解する上で、「倭人伝」の一里は何メートルにあたるかという問題は、きわめて重要な問題とおもいます。この問題を古田武彦氏は、『「邪馬台国」はなかった』で的確に解明されました。通説は、古田氏のこの業績を意図的に無視・沈黙しています。「万世一系論」が根本的に崩壊するからです。

ここでは私なりにこの問題に取り組み、古田説を正しいとする根拠を示したいと思います。そもそも「倭人伝」の道里記事はさきに示したとおり、魏の使者らが帯方郡（「郡治は今日のソウル付近」、石原道博氏編訳、『魏志倭人伝・後漢書倭伝・宋書倭国伝・隋書倭国伝』＊注（2）、同書、三九頁、岩波文庫、二〇一一年）から出発して、末盧国、すなわち唐津付近に上陸し、その間が「一万余里」と書かれているのですから、この一里は何メートルに当たるか、おおよその見当はつく問題です。もちろん魏の使者が帯方郡治から、狗邪韓国等々のどの道を進んだかわからなければ、正確な里数はわからない、とも言えます。しかし概算は可能です。科学的探究では仮説は、真実の探求での不可欠の学問的方法です。こうした視点に立てば、魏使の「倭国」への直接的出発点は、今日のソウル付近とされているのですから仮定としてソウルとし、上陸地点を末盧国＝唐津として、今日の世界地図でその間の直線距離を測るという方法をとれば、おおよその推定は可能です。

〝まぼろしの邪馬台国〟などと故意に、〝どこにあったかわからない〟かのように言う必要はなく、今日のソウル〜唐津間の直線距離から、第一に「倭人伝」の一里は何メートルか、概算は可能です。三世紀と今日と、ソウル〜唐津間の距離の変化は地球科学からは、あるいは少々はあるかもしれませんが、歴史の科学的な探究では問題にするほどの、変化があるとも考えられません。したがってソウルから唐津までの直線距離を〝世界地図〟（平凡社、『世界大地図帳』、一九八五年、第七刷）、「朝鮮半島」（平凡社地図帳「013」、一：二五〇キロ）で概算しますと、およそ五三〇キロ程度です。暗算しやすいように六〇〇キロとしても、この間が「倭人伝」の移動距離記載では「一万余里」ですから、一里約六〇メートルという数値になります。

現に今日、釜山港から博多港までが約二〇〇キロで、「倭人伝」では狗邪韓国（釜山？）〜末盧国まで『三千余里』ですから、ここからも約六〇メートルという数値が、荒唐無稽なものでないことがうかがわれます。古田武彦氏は先の著書でこの問題に取り組まれ、『三国志』の「韓伝」の「韓は帯方の南にあり。東西は、海を以て限りとなし、南、倭に接す。方四千里なるべし。」という記載にたたれて、今日の朝鮮半島南岸の東西の実測値（三〇〇〜三六〇キロメートル）にもとづいて、一里を「七五〜九〇メートルで、七五メートルに近い数値」（『「邪馬台国」はなかった』、二五七頁、角川文庫、一九八〇年）とされました。しごく当然の数値とおもいます。

通説の諸大家は、なぜソウル〜唐津間等の実測値等の検討に思いたらなかったのでしょうか。これは断じて偶然ではなく、「倭人伝」の記載にもとづく科学的な探究は、通説の〝日本古代史観〟の否定へと導くものです。なお古田氏は『三国志』の里単位が「短里制」（『「邪馬台国」はなかった』、「三国志をつらぬく短里」）とされています。

ホ　「倭人伝」の里程記事の読み方

古田武彦氏の『「邪馬台国」はなかった』で非常に重要なところは、右とともに先に引用した「倭人伝」（九二頁参照）の、②〜⑬までをどう読み、理解すべきか、『三国志』をはじめ古代中国正史類等の記述の先例等をふまえて、明らかにされたところです。

通説の大家諸氏はこの点でも、『三国志』全体やそれに先んじる中国古典の研究にたって、「魏志」倭人伝を探求するという当然の労を省かれたのです。氏は『「邪馬台国」はなかった』で、「魏志」倭人伝を一字も原文改竄することなしに、これを立派に解読できることを強調されています。そうして「第四章　邪馬壹国の探求」で、解読上の重要な諸点を示され、なかでも「Ⅱ　倭人伝の用語と理論」の、「道行き読法」「四至と傍線行路」「里程表示法」「行の問題」「『至』の全用例」「最終行程0の理論」「島めぐり読法」「陳列の算法」等々でそれを解明され、みごとに解読を達成されています。

ヘ　唐津～「女王の都」は「六百里」（約四五キロ）

さてまず「島めぐり読法」から述べます。それは対海国（対馬）の「方四百里ばかり」と、「一大国」（壱岐）の「方三百里ばかり」という記事ですが、これは、以下の理由で帯方郡治から末廬国（唐津）までの、「一万余里」に加算されるという〝読み方〟、ならびに里程記事の計算方法です。つまり「方四百」「方三百」という数は、島や国の面積の表示方法で、この数字は魏使たちが対馬と壱岐に関して、その面積の概算的な算出を前提にある地点で上陸して、次の乗船地点まで徒歩で進む方法がとられたことを示すものという指摘です。

ここには先に藪内清氏が述べた、「古今東西を通じて数学界の一大偉人であった。」と三上義夫氏が激賞したという、劉徽の『海島算経』などに示される高度の地図作成能力があった、三世紀当時の魏の地図・測量図作成の水準の一端が示されているといえましょう。つまり「帯方郡・治」から「卑弥呼の都」までの総距離数一二〇〇〇余里のうち、「対馬国」（対馬）の上陸地点から乗船地点までの〝四〇〇里×二で八〇〇里〟、「一大国」は〝三〇〇里×二で六〇〇里〟、合計一四〇〇里は〝陸行〟の数値として、帯方郡～唐津間の「一万余里」に加算しなければならない、という算法なのです。これは通説の「まぼろしの邪馬台国」とか、「（「魏志」倭人伝の道里記事を）そのまま信用すれば日本列島内に位置づけることができない。」などの意図的な議論に、〝壊滅的な批判〟となるのです。

なぜならばこの計算では、帯方郡から唐津までの「一万余里」に一四〇〇里を加算するからです。その意味は帯方郡から「女王の都する所」まで、「一万二千余里」（引用文⑬）とありますから、そこから「一一四〇〇里」を差し引けば、残りは、わずか六〇〇余里に過ぎないという点にあるのです。すなわち「女王の都する所」は、唐津からわずか六〇〇里、つまりは六〇〇里×七五メートルは約四五キロ、日本里換算では約一一里程度の地点に当たる、ということになるのです。

さて次にいよいよ通説の「近畿説」諸氏が、「日本本土におさまらない」等々という、「倭人伝」の先の引用文の⑥～⑩の道程記事と里数をどう読むか、という問題です。これは古田氏の著書の先の指摘（第四章）の、「II倭人伝の用語と理論」を念頭におけば、すらすらと理解できるのです。

通説の近畿論者は、人間があるまったく未知の国を訪れた場合、その国について可能な限り観察し、それを自国の政府や国民に知らせようとするものという、言わば人間の普遍的性格をそもそも「倭人伝」の研究で、最初から無視した立場に固執しているように思えます。たとえば一五世紀に、朝鮮王国の通信使として京都を訪れた、申舟叔の『海東諸国紀』でも当時の日本と琉球の地理、政治体制、風俗、言語などが詳細に記されています。

またはイギリスの最初の駐日公使のオール・コックも、その著『大君の都』（山口光朔日氏訳、上中下三分冊、岩波文庫、一九六二年、第一刷）で幕末の日本社会を非常に詳しく述べています。これは人間の本性にもとづくものでしょう。

三世紀に「倭国」を訪問した魏使も同様であって、「女王の都する所」に、魏王朝から卑弥呼への答礼品を間違いなく届けるという使命を担いつつも、その範囲内で「倭国」の地理・その諸国の姿、風土・産物等を知ろう、記録しようとするのは当然のことです。したがって魏使は対馬、壱岐の面積、戸数、産業上の特徴はもちろん、古田氏が指摘されるとおり上陸地点の唐津から、「女王の都」を目指して進みつつも、その幹線およびその周辺・東西等にどんな特徴の国があるか、できるだけ記録し帰朝報告に記すのは、こうした場合の国家的常識の範囲のことと思います。

すなわちこの「倭人伝」の道行き文には、進行しつつある幹線と、その周辺の諸国、その特質が記されているのであって、それが古田氏が指摘されている「四至と傍線行程」です。今日のわれわれにわかりやすい例でいえば、観光バスや遊覧船の場合と同じで進行する本線の他に、周辺説明があるということです。

しかも本線と周辺説明が、きちんと書き分けられているのです。これらが古田武彦氏の「倭人伝」解読の画期的な研究の一頂点とおもいます。言われてみればあまりにも当然な指摘ですが、往々私たちはそれに思いいたらない場合が多いのではないでしょうか。あたかも古代ギリシャの有名な『オデッセー』『イリアス』を、史実の記載と考えたシュリーマンと、そうは考えなかった当時のヨーロッパの、古代史学の大家たちの対立のようにです。

シュリーマンはトロイ等で黄金仮面等を発掘して、地下からの出土物という成果（実証）がありましたが、それでも当時、ヨーロッパで民主主義の発展が最も遅れていた、シュリーマンの祖国ドイツの社会と学者は、シュリーマンを「素人のくせに……」というわけで、最後までその功績を認めなかった、といわれています。にもかかわらずシュリーマンが発見物等をイギリス政府に寄贈しようとしたら、それには反対したそうです。民主主義後進国の褒められない姿とおもいます。

さてもとに戻って「女王の都」への幹線道路と、観光バス等の周辺説明にあたる記述の区別という問題です。これは古田氏が解明されたものですが、幹線道路の進行の場合には「主語＋動詞＋至（到）＋里数」が記され、「四至」や遊覧船や観光バス同様の周辺説明の場合、動詞なく「至」が記されているという点です。ただしこの例の場合、文脈上、先行動詞がはぶかれている場合があり、十二分に注意する必要があると古田氏は指摘されています。

ここに立てば「倭人伝」は、みごとに解読されるのです。それを先の「倭人伝」の引用番号順に検証しましょう。なお以下の引用文の「動詞」「至・到」部分には傍線、「里数」には点線をします。

◎郡より倭に至るには、海岸に循って水行し、韓国を歴て、（の中を通って）……その北岸狗邪韓国に到る七千余里……「動詞・水行、歴て～到…七千里」

◎始めて一海を度る千余里、対馬国に至る……「動詞・度る～至る…千里」

◎（対海国・島内陸行）・「方四百余里ばかり」・「動詞・島内陸行、里数は四百余里×二の八百里」

◎また南一海を渡る千余里……一大国に至る。「動詞・渡る～至る…千里」

◎（一大国・島内陸行）・「方三百里ばかり」・「動詞・島内陸行、里数は三百余里×二の六百里」

◎また一海を渡る千余里。末盧国に至る。……「動詞・渡～至…千里」

◎東南陸行五百里にして、伊都国に到る……「動詞・陸行～到…五百里」

◎東南奴国に至る百里………（先行動詞がない。）

◎東行不弥国に至る百里………「動詞・東行～至…百里」。

◎南、投馬国に至る水行二十日………（先行動詞がない。）

◎南、邪馬壱（一）国に至る。女王の都する所、水行十日陸行一月。………（先行動詞がない。）

しかしこの文章は、「郡より倭に至には……」全文を受けたものですから、〝先行動詞あり〟の形式であることは明白です。なお「水行十日、陸行一か月」とは、帯方郡治から「倭国の女王の都」まで、「水行」期間が十日、陸行期間が一か月と明記しているわけです。つまりソウル付近から「倭都」まで片道、四〇日間の旅だと明記しているのです。

以上、動詞＋至＋里数の里数部分（引用文の点線部分および対馬・壱岐は方里数の倍数）を順次、合算・合計すれば、⑬の「その南に狗奴国あり、……女王に属せず．郡より女王国に至る万二千余里。」とあるとおりに、郡から「女王の都」まで一万二千余里にピッタリでしょう。

この結論は「東南奴国」と「南、投馬国」は、「女王の都する所」への幹線行程ではなく、この幹線をすすみつつ観光バスや遊覧船の周辺説明同様に、「東南には奴国という国があります。南には、水行二十日ほどで投馬国という国に至ります」といっているのです。なんの不思議もないわかりやすい文章です。

ではこの「東南奴国に至る。……二万余戸」とか、「南、投馬国に至る。水行二十日……五万余戸」という記載は、何のためかということになります。

古田氏は先の著書で「東南奴国」や「投馬国」記載が、この戸数とかかわることを指摘されています。卑弥呼の都城「邪馬一国」は「七万余戸」とあります。すなわちその戸数が「邪馬一国」についで多いのが、投馬国、東南奴国なのです。

これが古田武彦氏が『「邪馬台国」はなかった』で解明された、「魏志」倭人伝の道行文の読み方、ないしは陳寿の「倭国」および「倭都」（女王の都する所）への地理的記載であるわけです。みごとな陳寿の記載であるとともに、これを正しく明らかにされた古田武彦氏の探求は、当然、日本古代史解明上での一大画期という他はないとおもいます。

ところが通説、とくに近畿論者は「倭人伝」がまったく読めず、「動詞＋至（到）と里数」という記載の意味も、さらには動詞なしの「至（到）」記載との区別も認識できず、「水行十日、陸行一月（一か月）」も、「投馬国、水行二〇日」および「東南奴国」の意味もわからず、ついには支離滅裂の錯乱に陥りながら、「倭人伝」に八つ当たりして、「『魏志倭人伝』の記載について、〝そのまま信用すれば日本列島内に位置づけることができない。この点は衆目の一致するところである。〟などと、自己の不明を学者風に飾りたてて天下に公言するまでになっているのです。

この背景には古田氏の解明を認めると、通説・近畿説が学問的に根本的に否定され、さらにそれに止まらない大きな問題があるからです。つぎにその点を具体的に述べます。

二 「邪馬台国論争」・一元史観の終焉

イ 通説・九州説も否定される

近畿説の論者によると、「『三国志』の『魏志・倭人伝』は対比できる史料が存在しないという意味で独立史料であり、史料批判が難しい。」（「二〇一三年・『岩波講座・日本歴史』、第一巻」、一四三頁）というのです。もっともこれは「魏志」倭人伝と比較検討できる同時代の史料という意味とされ、「『古事記』『日本書紀』も当該期を論じる有力な史料になりえない。」（同書、同頁）とされています。

しかしこの主張には学問的根拠はない、というべきでしょう。なぜならば同時代史料だけが「対比できる史料」ではなく、とくに歴史学は時間系列もきわめて重要な要素であって、その見地にたてば次に示すとおり、裕福な史料群があるのです。それをその史料があつかった時代順に、「倭国」の首都の地理的記載という点で列挙すれば、次のとおりです。

●『後漢書』倭伝　「倭は韓の東南大海中にあり、山島に依りて居をなす。」

●『三国志』魏志・倭人伝……略

●『宋書』倭国伝　「倭国は高驪の東南大海の中にあり。世々貢職を修む。……」

●『隋書』俀国伝　「俀国は、百済・新羅の東南にあり。水陸三千里、大海の中において、山島に依って居る。……魏より斉・梁に至り、代々中国と相通ず。……明年（六〇八）上、文林郎裴清を遣わして俀国に使せしむ。」

●『旧唐書』倭国伝　「倭国は古の倭奴国なり。……新羅東南の大海の中にあり、山島に依って居る。世々中国と通ず。貞観五年（六三一）……また新州の刺使（刺史＝長官）高表仁を遣わし……二十二年（貞観、六四八年）に至り、また新羅に附し表を奉りて、以て起居を通ず。」

（引用文の傍線は引用者）

以上ですが、一世紀の「倭」をあつかった『後漢書』から、七世紀の「倭国」（注意！　いいですか、七世紀の倭国です）を記した、『旧唐書』倭国伝にいたるまで例外なく、「倭国」の首都を朝鮮半島の〝東南の大海中の島にある〟、としています。

つまりは「倭国」の首都は、文献上、紀元一世紀から七世紀の半ばまで約七〇〇年間、一貫して北九州の一地点にあると記されているのです。しかも三世紀のみならず、七世紀にも『隋書』と『旧唐書』という隋・唐の正史に、中国側から「倭国」に使者派遣がおこなわれた、と記されているのです。この意味は、「倭都」の所在地を朝鮮半島の「東南・大海中の島」としている記述が、事実の記載であることを示すものです。
これを否定するものは〝中国人は北も南もわからない人間だ〟という、先の直木孝次郎氏式の見地に立つ以外にはありませんが、これはもはや自らを学問・理性の世界から、妄想の世界にうつすことであって、まさに「夢中に夢を説き候よう」の主張ということになるとおもいます。

つまりは「倭国」は文献上だけも、一世紀から七世紀の半ばまで少なくとも七〇〇年間も、北九州の一角に首都をおいて古代中国・朝鮮諸国に、日本を代表する国家・王朝として存在していたわけです。これは「邪馬台国・近畿説」のみならず、九州説——①三世紀末前後にヤマト朝廷に滅ぼされた論、津田左右吉氏・『日本古典の研究』(岩波書店)。②——九州説・東遷論、井上光貞氏の『日本国家の起源』(岩波新書)。水野裕氏著、『日本古代の国家形成』(講談社現代新書等)など——もすべて否定されることを意味しています。つまりは通説の「邪馬台国論争」史学の終焉です。しかもこれらの文献史料は、今から約一〇〇〇年以上前に記されたものです。これをその史料の成立年代および編者名で見ていけば、次のようです。

史料名	王朝名	撰者	年代	
『漢書』地理志	後漢	班固	(三二～九二)	
『後漢書』倭伝	南朝宋	范曄	(三九八～四四五)	
『三国志』魏志	西晋	陳寿	(二三三～二九七)	
『宋書』倭国伝	南朝梁	沈約	(四四一～五一三)	魏より倭国に使者派遣
『隋書』俀国伝	唐	魏徴	(五八〇～六四三)	隋より倭国に使者派遣
『旧唐書』倭国伝	五代晋	劉昫	(八八七～九四六)	唐より倭国に使者派遣

なお右の史料はすべて「倭国」側の、中国・当該王朝への使者派遣が記されています。以上の連綿とした人的交流のうえに記されているのが、本書がいう古代中国史料です。

これらの史料名は日本古代史を多少とも知っている人ならば、だれでも知っていると思われる史料ですが、古代国家の探求は首都の発見・確認という、通説以外の世界と沖縄の古代史学の当たり前の考え方で見れば、「倭国」は北九州に七〇〇年以上も首都をおいた、ヤマト朝廷とは全く別個の王朝であるということが、いわばとっくの昔に記録されていたのです。

明治時代の広池千九郎氏編の『日本史学新説』以後、この点を、いっそう徹底的体系的に厳密に明らかにされたのが、古田武彦氏の『「邪馬台国」はなかった』、『失われた九州王朝』であり、この古代「倭国」文化とその背景を掘り下げ、さらには記・紀の神話は、「倭国」神話を着服したものという点を明らかにされたのが、『盗まれた神話』です。

とくに『三国志』魏志・倭人伝の正しい解読を達成され、ここにたって北九州（大宰府付近）を「倭国」の首都とされ、これを「九州王朝」と命名されて、〝倭国王朝〟の存在を明らかにされた点、まさにガリレオや、ダーウインが果たした役割を、日本史の解明において果たされた方とおもいます。通説はこの古代中国正史類等の正しい理解にたつ日本古代史像が、「ヤマト朝廷一元史とその史観」を否定するが故に、古田氏の研究と見解を無視・否定しているのだとおもいます。

ここにヨーロッパ近世以降の社会が、その絶対性を誇った中世以降の『聖書』の観念に立ち向かった、ガリレオやダーウインの研究を、擁護・発展させた姿とはまったく対照的な、「ヤマト朝廷一元史観」に固執する近代日本社会の極度に後進的な姿があるとおもいます。戦後の通説がかかげる「前方後円墳」等の〝実証主義〟の、真の姿にかんしては指摘しました。これに「史的唯物論に立つ」と称する学者らが、旗振り役の一端を担っているのは近代日本の学問の大きな歪みを反映したものとして、やはり注目されます。

本書はこれにたいして文献への実証主義的検証という視点にたって、北九州に右の古代中国正史類が記す巨大都城が実際に存在した事実を、古田武彦氏の探求をふまえて指摘します。これこそが歴史学における〝真の実証主義〟と考えます。

ロ　『後漢書』倭伝と「委奴国」の位置

通説の大きなゆがみは、『三国志』魏志・倭人伝を読解しえなかったにとどまらず、そもそも『後漢書』倭伝をも正しく読めない、歴史的史料として正しく位置づけ得なかったという歪みがあるとおもいます。

『後漢書』倭伝でとくに注目されるものは当然ながら、「倭は韓の東南大海中にあり、山島に依りて居をなす。」ですが、それとともに「建武中元二年（西暦五七）、倭奴国、奉貢朝賀す。使人自ら大夫と称す。倭国の極南界なり。光武、賜うに印綬を持ってす。」とある、その「委奴国王印」（金印）が、「韓の東南大海中」の志賀島から出土しているわけです。つまりは文献の地理的記載が、金印の出土によって実証されているわけです。

正常な学問であればこの『後漢書』倭伝の記載で、「邪馬台国」の首都の所在地は明快であって、「邪馬台国論争」などの余地は本来はありえない性格のものです。つまりこの「金印」の国家の首都はどこか、という問題です。通説は、この金印の国名を「漢の委奴国王」と正しく読むことを否定する、明治時代の三宅米吉氏（「漢委奴国王印考」）の「漢の委《わ》の奴の国王」という、〝三段細切れ読法〟（古田武彦氏、『失われた九州王朝』、二九頁）を採用し、この国家を今日の博多湾に面した北九州の地域にあった「小国」としていることは周知のことです。

ここでの第一の問題は、『後漢書』倭伝の「倭は韓の東南大海中にあり、山島に依りて居をなす。」というその首都の地理的位置の記載を、一方で「奴国の位置はさきにもふれたように、博多湾に面した平野地域であろう。」（直木孝次郎氏著、『日本の歴史』（I「倭国の誕生」、二一五頁、小学館、一九八七年、初版第一一刷。）とされながらも、他方で同様の地理的記載の『三国志』魏志・倭人伝んかんしては、「邪馬一国・近畿説」を云うのは、学問的一貫性を欠くものではないか、ということです。

この背後に「ヤマト朝廷一元史観」があるわけです。これが「委奴国」を古代中国の国家間の印制を無視して、「漢の委の奴国」と恣意的に読み理解する通説の『後漢書』倭伝「理解」、すなわち歪曲の根源をなしているのです。

古田武彦氏のみならず明治時代には稲葉君山氏（「漢委奴国王印考」、明治四四年等）をふくめて、国家間の印制は、与える国家ともらう国家の二国関係であって、しかも金印は、あれこれの小国家に与えるものではなく、中心国家に与えるものという正当な指摘をされて、この国家名を「委奴国」とされています。

しかしこの理解にたてば、一～二世紀に「倭は韓の東南大海中にあり、山島に依りて居をなす。」という日本本土の一角、すなわち通説が『後漢書』倭伝にかんしては、一致していう「北九州の那の津」あたりに首都をおき、後漢から大国に贈られる金印を授与された「委奴国」という、大国があったことを認めることになります。これは近畿中心主義のヤマト朝廷一元史観にとって、壊滅的な「日本史」となるでしょう。

だから通説では、たとえば直木孝次郎氏は、『後漢書』倭伝の「安帝の永初元年、倭国王・師升等、生口一六〇人を献じ、請見を願う。」をめぐっていろいろ論じられて、「…しかし北九州の倭人の小国が、未熟ながら連合国を形成していたことは、……私も同感である。」（直木孝次郎氏著、『日本の歴史』、「1倭国の誕生」、二三一頁、傍線は引用者）とされて、同様の見地が通説を形成していることは言うまでもないこととおもいます。

この直木氏の「委奴国・小国」論は、本居宣長（『馭戎概言』）や石母田正氏（『岩波講座・日本歴史』「原始および古代」、一一頁、一九六二年）等と共通です。この通説が正しいためには一～二世紀に近畿大和地方に、「奴国」を凌駕した「委＝倭」なる政治勢力、すなわちヤマト朝廷が実在したという不動の根拠を、〝実証主義的〟に示さなければばなりません。

しかし六九四年の藤原京まで首都がないと、自らその正史に明記するヤマト朝廷が、一～二世紀に北九州の「委奴国＝倭国」を凌駕して存在したという実証は、皆無です。しかしこの日本民族の動かない歴史の事実を承認することは、「万世一系の天皇制」「象徴天皇制」なる戦前・戦後の日本国憲法第一条の否定となります。もっと言えば『古事記』『日本書紀』の記す日本史観の否定、国家神道の日本史観の否定となります。

ここに通説が一致して、金印を授与された国を〝弱小勢力〟と主張する背景があるとおもいます。これは戦後日本古代史学の〝皇国史観批判とその実証主義〟という、「衣の下の鎧」（万世一系史観・国家神道主義）です。

ハ　「委奴国」は小国か　『三国史記』の証言

そもそも「委奴国」が「小国」でなどありえないことは、後漢がこの国に大国に授与する金印を与えている事実に照らせば、本来は云々の余地はありません。しかし通説の史観にたてば、それは〝認められない〟ことなのです。あたかも地動説に対するに天動説をもってするが如し、です。

しかしこうした「委奴国小国」という〝学問〟が成立しうるか、さいわいにもわれわれには『後漢書』倭伝を検証しうる、もう一つの文献史料をもっているのです。『三国史記』新羅本紀です。この文献には紀元前五〇年以降、連綿として「倭人・倭国来襲記事」が記されています。そのごく一部を挙げても次のようです。

①（紀元前五〇年）「倭人、兵を行《つら》ねて辺（国境）を侵さんとす（以下、略）

②（紀元後一四年）「倭人、兵船百余艘を遣わし、海辺の民戸を掠む。六部の勁兵（強兵）を発して、以て之を禦ぐ。」

③（後一二三年）「倭国と和を講ず。」

④（後一七三年）「倭の女王卑弥乎、使を遣わし来聘す。」

⑤（後二三二年）「倭人、猝《にわ》かに至りて金城（新羅の首都）を囲む……」

ご覧のとおり紀元前五〇年には、「兵を連ねて（新羅の）国境を侵そう」とし、紀元一四年には「兵船百余艘」で侵攻し、三世紀には新羅の都城「金城を包囲攻撃する」とあります。これらは断じて「北九州の倭人の小国が、未熟ながら連合国を形成していた……」という水準の話ではないでしょう。

ここで『後漢書』倭伝と『三国史記』新羅本紀の記事とを、比較しましょう。

①『三国史記』――西暦一四年「倭人、兵船百余艘を遣わし、海辺の民戸を掠む。六部の勁兵を発して、以て

之を禦ぐ。」

②『後漢書』——西暦五七年「建武中元二年、倭奴国、奉献朝賀す。使人自ら大夫と称す。倭国の極南界なり。光武、賜うに印授を以てす。」

③『後漢書』——西暦一〇七年「安帝の永初元年、倭国王・師升等、生口一六〇人を献上し、請見を願う。」

③『三国史記』——西暦一二三年「倭国と和を講ず」

（傍線は引用者）

以上の比較をみても西暦五七年に後漢から金印を送られた「倭奴国」が、博多湾付近の「小国」や「小国連合」であるはずはなく、『三国史記』では西暦一四年には兵船百余艘を連ねて新羅を襲った勢力と記され、西暦一二三年には「和を講じる」相手とされ、さきに引用した『三国史記』新羅本紀では、一七三年条に「卑弥呼」が「卑弥乎」と記されて登場し、しかも、この年代は卑弥呼生存期間と整合性があることは述べました。すなわち従来の通説の『後漢書』倭伝にかんする「定説」的見解は、『三国史記』新羅本紀のここに記した記事に照らせばなりたたないのです。

そもそも『三国史記』新羅本紀は、敬順王（在位九二七〜九三五）まで記され、おおむね「倭国」滅亡の「白村江の決戦」（六六三）を境に、国名を「倭」と「日本」にわけて連綿として日本本土側から侵攻記事が続き、『三国史記』の後の時代には「倭寇」の悲惨というべき侵入記事が連綿とつづくのです。『三国史記』新羅本紀の「倭」関係記事は五九カ条、「日本」関係が一四カ条、『三国遺事』の「倭」関係記事は二四カ条、「日本」関係が八カ条、その総計は「倭国」が八三カ条、「日本」が二二カ条、総計一〇五カ条にものぼるのです。

日本人が韓国人等の対日感情をもっぱら、明治以降の日本の侵略と植民地支配からだけ云々する態度は、それがたとえ日本側の侵略への反省に立つものであっても、歴史的認識としては正確ではないのです。この背後に「ヤマト朝廷一元史観」が横たわり、「倭国」以来の連綿たる朝鮮半島侵入問題と、なぜそれが「倭人」によって執拗に繰り返されたのか、という、いわば「倭人側の言い分」もまた、通説・日本古代史学によって抹殺されてきた、という問題があるのです。正しい歴史に立たないということは、一国民を誤りに導くものなのです。

しかも、『三国史記』五〇巻（金富軾《きんふしょく》撰、一四四五年）、および『三国遺事』五巻（僧一然撰、一三世紀末）の史料的信憑性は、「記・紀」よりは高いという指摘があります。それは「『三国史記』と『三国遺事』は著しく遅れて書となり、その史料的価値は、同時代史の性格を持つ中国の史籍と同列に論じることはできない。しかし、日本の史籍の『記・紀』と比較すると信頼性は高くなる。金富軾、僧一然がこの書を編集したのは、当時残っていた朝鮮の古籍に依拠しただけではなく中国の史書をも参考にしたものでる。」（沈仁安氏著、『中国からみた日本の古代』、二三頁、藤田友治・藤田美代子氏訳、ミネルヴァ書房、二〇〇三年、初版。傍線は引用者）です。

ところが通説のこれらの倭人侵攻記事等にかんする「理解」は、佐伯有清氏著、『三国史記倭人伝』（岩波文庫、一九八八年、第三版）の「解説」によれば、「『三国史記』新羅本紀のこれら倭人の侵攻記事の大半は、造作されたもので信憑性に欠けるとするもの、あるいは史料的に利用できるものは、四世紀後半の奈勿《なもつ》麻立干（三五六〜四〇一）ころの記事とするもの、そこに記載される倭は、のちの日本（ヤマト朝廷、引用者）のこととみなすのが大勢であった」（同書、一六頁）とされています。

さらにはこの他として、「（紀元六六五年以後の記事の）倭国は、のちの日本（ヤマト朝廷・引用者）のことであるが、それ以前の始祖赫居世居西干八年（前五〇年）から炤知麻立干（五〇〇年）四月条までの記事に見える倭人・倭兵・倭国は、いずれも大和政権とは無関係で、新羅の陸続きの加羅を指したもの」（前掲書、一七頁）という説とその変種です。佐伯氏はさらに多々検討されて「苦肉の策」として、「倭の実体は、大和を中心とする諸王共同体（どこにその共通の議会堂があったのですか。近畿大和にそんな恒常的で巨大な議会場跡などありません）、もしくは連合国家であったとみなすのである。」（同書、二一頁）とされています。

ご覧のように通説は『三国史記』等の〝四世紀後半〟以前の「倭人・倭国・倭王」を、「ヤマト朝廷」とはさすがに言えず、「造作」とか「朝鮮半島南部の人間が称した倭」とか、実際は北九州人と認めつつも、「ヤマト連合国家の一部」とか、所詮は「ヤマト朝廷一元史観」に、この史料を閉じ込めようとするのです。

ここで「倭・南朝鮮諸国」論の不誠実さを指摘しておきたいとおもいます。理由は、その態度があまりにもひどいからです。なぜならば『三国史記』新羅本紀の「第二、儒礼尼師今一二年（二九五）春条」に、「倭が朝鮮南部」などではあり得ないことが、次のように明言されているからです。「王、臣下に謂って曰く。倭人、屡々《しばしば》わが城邑（首都をふくむ国土）を犯す。百姓、安居するを得ず。吾れ百済と謀りて、一時に、海に浮かびて、入りてその国を撃たんと欲す。如何にと。……」（傍線は引用者）。これに対して臣下が「吾人、水戦に習れず、険を冒して遠征せば、恐らくは不測の危きことあらん。……」と反対しています。ここにある〝海中〟の船の操縦・戦闘に習熟した「倭人」とは、われわれ日本人の祖先「倭人」であって、「水田稲作の東進」で述べるように「志賀島の海神社」を共通の氏神とする安曇族です。彼らは古代広く東シナ海等を駆け回った海人であって、瀬戸内海の「村上水軍」も、この祖先に比べれば「あんよは上手」とあやされる水準の、後述するとおり元からさえもその航海術では崇められた人々です。この人々が日本から消えた由来は近世の鎖国でしょう。つまり『三国史記』新羅本紀の、「倭人・倭国・卑弥乎」とは志賀島の海神社を戴く、安曇族です。

しかも紀元前の時代に、軍船百艘で新羅を襲撃する力が近畿大和地方にないことは、以下の点に照らして明確です。日本における国家形成上での決定的遺跡群、「階級分化の遺跡」は北九州地方にしかなく、近畿大和地方にはないということは邪馬台国・近畿論者自身が、それを承認せざるを得ない点に示されています。

二 階級分化の遺跡・近畿地方になし

今日、国家は階級的差別がない氏族社会から生まれるという考え方は、日本をふくめて世界的に共通です。したがって日本においても、国家の発生にむけて階級的差異のない社会から、一部の者に富と力が集中し始めている遺跡がなければならないわけです。通説のように日本は国家形成の時から「ヤマト朝廷」が、日本社会の中心的存在であったかにいうのであれば、近畿大和地方に無階級社会から一部の富めるもの、力があるものが誕生しつつある痕跡が、墓等の遺跡から発見されなければならないはずです。だが近畿地方には「それはない」、というのが通説の諸権威の見解です。

①北九州の場合、「弥生時代に階級の成立することをたびたび述べたが、その証拠の一つは、りっぱな副葬品を持つ墳墓がこの時代にあらわれることでる。弥生時代の墓がたくさん発見されているのは、北九州を中心とした西日本であるが、とくに九州は大形の甕《かめ》に死者をいれて葬ったものが多い。……中略……

さてこれらの墳墓は、めぼしい副葬品をともなわないものが多いが、なかには入手が容易でない鏡・剣・矛・釧《くしろ》などの青銅器や、各種の鉄器、玉類、貝製その他の装身具などを豊富に副葬しているものがある。富裕な人々、したがって、特権をも人々の出現をしめすものであることは、いうまでもない。階級社会が成立したのである。」(直木孝次郎氏著、『日本の歴史』、「1倭国の誕生」、一七四頁)

②近畿地方「……堺市四ツ池、東大阪市瓜生堂、茨木市東奈良遺跡などの多数の方形周溝墓(北九州原産、石野博信氏編、『大和・纏向遺跡』・増補新版、四四頁、学生社、二〇〇八年。引用者)の群在の様子からみると、これは、弥生社会(農業共同体)を構成する単位集団(世帯共同体=氏族社会・引用者)の有力家長層の墓であって、王・首長の墓とまではみなすわけにはゆかないものばかりである。

……中略……弥生時代中期段階では、まだ畿内の経済的・政治的・国際的力量が、北九州に一歩を譲っていたことはたしかだ。」（直木孝次郎氏編、『古代をかんがえる難波』、三八頁、吉川弘文館、一九九三年、第一刷。は引用者）。

③近畿地方　「この世の社会の相が、墓の営みに反映する北九州では血縁的共同体（氏族社会、引用者）の共同墓地から、特定の集団に富が集中していることを示す特定墓の出現……が解明されている。畿内では、副葬品を埋める習俗が見られず、社会の変遷について弥生時代の墓は多くを語らない。」（金関恕、佐原真氏編集、『弥生文化の研究・9』、九頁、雄山閣、一九九六年、第二版。傍線は引用者）。

にもかかわらず通説は周知のとおり「古墳時代に近畿地方にヤマト朝廷が成立した。」と、例の「前方後円墳」等を頭上高くかかげて一致していうわけです。しかし、その説が成立するためには、弥生時代に国家の出現・成立をしめす、北九州同然の共同体の墳墓等の階級分化の遺跡が不可欠です。にもかかわらずそれがない、という歴史の事実が物語るものは、近畿地方に前方後円墳を構築した勢力は、北九州〜九州から来たものたちという単純な事実を示しているのです。

ホ「委奴国」、製鉄技術の優位性

「方形周溝墓群」が北九州原産という説が先述のとおりでており、「弥生時代〜古墳時代初期」にかけて、北九州の鉄器製造技術の圧倒的優位性もまた、明らかにされています。「（弥生時代中期末葉）奴国（委奴国）を支えた須玖遺跡群には青銅器・ガラス生産も含めたコンビナートと評価される生産遺跡群があり、……鉄器生産に関しては鉄戈を含む長大な武器類、多種多様な農工具をすべて生産していたとみられる。とくに鉄戈を含む鉄製武器類の生産は奴国（委奴国）の王権に付随したものと考えられる。権力差配による鉄器生産としては日本列島で最初の例である。」（村上恭通氏著、『古代国家形成過程と鉄器生産』、三六頁、青木書店、二〇〇七年、第一版。（　）内は引用者）という指摘があります。

いったい青銅器やガラス製造コンビナートを備え、鉄製武器、しかも長大な鉄戈等の製造を国家・王権管理で行うほどの社会・国家が、「倭人の小国が、未熟ながら連合国」段階であるといえましょうか。しかもこの少し前の時代の近畿地方の鉄器製造水準にかんしていえば、「（弥生中期初頭の時代）九州以外の西日本諸地域で、ようやく舶載鋳造鉄器やその破片の再加工品が使用され始める段階」（前掲書、三四頁）とされ、製鉄鍛冶や鉄器製造鍛冶はおろか、朝鮮半島あたりで鋳造された鉄器片に、やっと多少の加工をする段階というのです。

近畿地方はこの時代、当時の日本文化の中心地である北九州からみて、〝西日本諸地域の東端〟（「毛人の国」＝倭王武の上表の一節）であるわけです。ここに後代に大和朝廷が成立する過程は、通説の「前方後円墳・ヤマト朝廷造営論」とは、まったく異なる歴史的過程と内容が考えられます。しかもそれは「邪馬一（台）国・九州説（山門）・東遷説」とはまったく異なる歴史過程です。

ただし「九州・東遷説」の、「近畿説」に対する優位性は、水田稲作という日本文化の土台をはじめ、近畿地方のすべての文化が、北九州・九州文化の東進によって形成されたという点です。こうして『後漢書』倭伝と『三国史記』新羅本紀の記す、「倭人」「倭奴国」「倭国」の真の姿は、通説の弱小国家説とは正反対に金印に相当する強大な国家であって、その首都は「韓の東南の島」・北九州のちの卑弥呼の都城の地です。

へ「魏志」倭人伝と「倭国」の都城

さきに通説の「弥生都市」を引用しました。ところが三世紀の「魏志」倭人伝には、みごとな「弥生都市論」というよりは都市国家から、さらに地域国家へと発展しつつある姿が示されています。

①「女王国より以北には、一大率を置き、諸国（朝鮮半島南部をふくむ）を検察せしむ。……常に伊都国に治す。」

②「租賦を収む。邸閣あり、国々市あり。有無を交易し、使大倭これを監す。」

③「訴訟少なし。その法を犯すや……」

④「国中において刺史（地方の長官）の如きあり。」

⑤「南、邪馬壱国（原文名）に至る。女王の都する所、水行一月……（官名・略）……七万戸ばかり。」

まず以上の記述からは「一大率」という軍隊〜警察が存在し、徴税、司法、行政組織が整備され、完全に国家の水準であることが窺えます。それは「今、使訳通じる所三〇国」もこれに準じるものとおもわれます。ただこの卑弥呼の国家・「邪馬壱（一）国」が、その他の国家と違うところは第一に「一大率」があり、もう一つはその人口規模が「七万戸」と、「奴国の二万戸」「投馬国の五万戸」を超えていることです。これは当時の三〇国のなかでも最大規模の国家であったことを示すものでしょう。

しかも、その王宮の姿も記されていて、それによっても卑弥呼の国家が、天皇の治世の交代ごとに転々としている「宮」とは、全く異なる点も鮮やかに示されています。

①「宮室、楼観、城柵、厳かに設け、常に人有り、兵（武器）を持して守衛す。」

②「……乃《すなは》ち一女子を立てて王となす。名づけて卑弥

呼という。鬼道に事《つか》え、能《よ》く衆を惑わす。年已長大なるも、夫婿なく、男弟あり、佐《たす》けて国を治む。王となりしより以来、見るあるもの少なく、婢千人を以て自ら侍らすむ。」（傍線は引用者）。

以上が「倭国」の王宮の記述です。ここで注目すべき点は「婢千人を以て自ら侍らしむ。」という部分です。まずこの婢は〝端女・下女〟ではなく、その全部か否かはべつにして、古代琉球王朝の女性神官群と似た人々ではないかと考えています。卑弥呼は琉球王朝の「聞得大君」と似た、宗教的女王の古形ではないかと思います。国家に宗教的要素のない中国の魏使が、勘違いして卑弥呼を「鬼道に事《つか》え云々」とし、さらには卑弥呼に使える女性神官群を、「婢」としたのではないかとおもいます。

なお、これと同様の記事が『隋書』俀国伝にあります。この記事によっても『日本書紀』推古紀の、〝遣隋使記事〟の造作性が明らかになるのです。後述します。さてこの卑弥呼の女性千人をふくむ王宮組織とその王宮の規模は、〝天皇〟の治世の交代ごとに転々とする個人的な「宮」とは、まったく異質なものであることは明らかではないでしょうか。さきの通説の「弥生都市論」では、人口一〇〇〇人を大規模な「弥生都市」（卑弥呼の国家・邪馬一国は七万余戸）としていた点に照らせば、その王宮の規模のおおきさは明らかでしょう。しかも人間一〇〇〇人が生活する空間だけを考えても、それは決して小さいとはいえないでしょう。つまりは「魏志」倭人伝に記すこの卑弥呼の王宮と、『古事記』『日本書紀』が記す、天皇一代の治世ごとに変わる「宮」とは、根本的に違うということです。

三　「倭の五王」の都城——太宰府

卑弥呼に次いで中国史料に登場するのが、『宋書』倭国伝記載の「讃・珍・斉・興・武」という五人の倭王です。この史料の注目すべきところは、この「倭国・倭王」の都城・京師の朝鮮半島からの地理的方角記載とともに、この「倭王」たちの「倭都」を明示しているところです。それをこの史料は次のように記しています。

「讃死して弟珍立つ。使を遣わして貢献す。自ら使持節都督倭・百済・新羅・任那・秦韓・慕韓六国諸軍事、安東大将軍・倭国王と称す。」がそれです。井上光貞氏は、四世紀高句麗が中国北方の鮮卑族の王朝・前燕に朝貢して、征東大将軍営州刺史楽浪公に封じられ、また百済も東晋に入朝（三七二年）し、鎮東将軍楽浪太守をおくられた、さらに四一六年には、使持節都督百済諸軍事鎮東将軍百済王に封じられたとされ、「これら諸国の朝貢と冊封は、決して儀礼的なものではなかった。中国王朝の秩序体制に参加することによって、かれらが実力で得た地位とその領土とを、あらためて中国王朝から権威づけてもらおうとしたのである。」（『日本の歴史・1』、三六七頁、中公文庫、一九八八年、二四版。傍線は引用者）とされています。しかも「倭王」たちの中国南朝交流は四一三年、東晋の安帝の時に「倭王・讃」が朝貢して以来、五〇二年に梁の武帝が「倭王・武を征東将軍とす。」まで、約百年間にわたって連綿と継続していることは、いまさら一々書くこともないでしょう。

『宋書』倭国伝で探究すべきは、この当時の極東の国際的秩序の中での、「倭国」の位置と力を示す「使持節都督倭・百済・新羅・任那・秦韓・慕韓六国諸軍事、安東大将軍・倭国王」府の遺跡はどこかです。すなわち「都督府」古跡です。これは今日、福岡県太宰府市の〝大宰府政庁跡〟と称されている遺跡に、「都督府古跡」と明記した石碑（写真）がたっていることによって明確です。

この石碑の重要な点は、「大宰府古跡」ではなく、「都督府古跡」と明記されている点です。しかもこの地は、古代中国正史類の対日交流記が一致して、「新羅、東南の大海中の島」と記す地点に最もピッタリです。この石碑にかんして田村円澄氏の『古代を考える　大宰府』（吉川弘文館、一九八七年、第一刷）にも、「『都督府古跡』の文字を刻んだ石碑」という記述で指摘（同書、四頁）はされています。しかし「都督府古跡」とは何かという点の説明はないのが通説の姿です。

この「都督府」は、「倭の五王」の〝使持節都督倭・百済・新羅・任那・秦韓・慕韓六国諸軍事、安東大将軍・倭国王府〟をさすものです。しかもその規模は「当時の中国・南朝の首都・建康（今日の南京）に次ぐ、極東第二の大都市であって、またそれは当時、「倭国」への朝貢国とされている新羅、百済の都城・京師を凌駕した規模であり、同時にそれは、「倭国の首都」であったはずだ、ということです。

石碑　都督府古跡（太宰府政庁跡）

「倭の五王・ヤマト朝廷」論が真実であれば、そうした都城・「都督府」の壮大な遺跡が、近畿地方になければならないのです。これが真実の歴史学的実証主義のあり方とおもいます。しかしそれは近畿地方には影も形もないのです。この点、通説が「倭の五王」にあてる、仁徳・履中・反正・允恭・安康・雄略の六人の天皇を見ても、この六人に首都はなく治世の交代ごとの、しかも所在不明ないしは推定の個人的「宮」しかない、というのが通説の研究です。参考までに通説の研究をここに略記しておきます。

	在位年数	年齢	
仁徳	八七年	八三歳（記）	難波の高津宮　宮の所在地不明
履中	六年	七〇歳	磐余の稚桜宮　奈良県桜井市付近
反正	五年	六〇歳（記）	柴籬宮　大阪府羽曳野市
允恭	四二年	七八歳	遠つ飛鳥宮　奈良県明日香村・不明
安康	三年	五六歳（記）	石上の穴穂宮　天理市田町という
雄略	二三年	一二四歳（記）	泊瀬の朝倉宮　諸説あって不明

こうして「倭の五王」に通説があてる天皇には、『記・紀』の記述では都城がないのです。しかもこれは通説の考古学によっても確認されているのは、さきにあげた通説の古墳時代に都城がないという見解にも明かです。しかもそれは「倭の五王」時代の直近の四世紀でさえも、近畿地方では「城壁、都城址など望みようもなく……」（北条芳隆、溝口孝司、村上恭通氏著、『古墳時代像を見なおす』、四頁）という具合です。

これにたいして卑弥呼の王朝を継承している「倭の五王」には、都督府という当時、中国・南朝につぎ、新羅・百済の都城を凌駕した都城があったということを、『宋書』倭国伝の記述は伝えているのです。しかもこの大宰府こそは古代日本の首都であった点、すでに内倉武久氏がその著『大宰府は日本の首都だった』（ミネルヴァ書房刊、二〇〇〇年、第一刷）で指摘されています。

そもそも通説の「倭の五王・ヤマト朝廷論」は、戦後の「皇国史観」史学批判にあわせて、急遽『古事記・日本書紀』の記述を無視して、松下見林の『異偁日本伝』などをもちだして、「あらためて主張され始めた」ものです。これの明治時代の提唱者である那珂通世氏は、その著で「讃・仁徳説」を述べるにあたって、「倭の五王」の中国交流にかんして、「コレラノ貢献除授等ノ事ハ、国史ニ聊カモ見エザルノミナラズ、畏クモ我ガ天皇タチノ、支那付近ノ諸小蕃ト等シナミニ、都督将軍ナド云ヘル官爵ヲ受ケ給フベクモアラザレバ、倭王ノ使ト云ヘルモ、皇朝ノ御使ニハ非ザリシコト論ナシ。」(『外交繹史』、五四五頁、岩波書店、一九五八年)と、「皇国史観」(本居宣長)への忠誠表明があって、その陰で仁徳を讃にあてる私見を展開されているのです。

ここから那珂氏の「讃・仁徳説」は、自ら否定した見地をその舌の根もかわかぬうちに持ち出したものということになるのです。にもかかわらず戦後の通説は、これを権威として掲げているわけです。『日本書紀』『古事記』には、那珂氏自身が「国史ニ聊カモ見エザルノミナラズ」というとおりに、五世紀、ヤマト朝廷の中国との交流記事は一語もないことは先述しました。

さらには三世紀の中国・呉の国を「貢奉る」と、応神・仁徳・雄略紀に繰り返して記すなど、〃荒唐無稽な記事〃が羅列されています。したがって国学、すなわち「皇国史観」史学ですが、この代表の本居宣長は、その著『馭戎概言』で『宋書』の「倭の五王」記事を、〃任那日本府のヤマト朝廷の役人の、私的行為〃と称したのです。

しかし国家は都城・首都を核とするという当たり前の考え方で見れば、太宰府の政庁跡にたつ「都督府古跡」の石碑が語るものは、この〃大宰府および政庁跡〃こそは、卑弥呼・倭の五王の「王宮」であり、太宰府天満宮をふくむ地域こそは、「倭国の王宮」であって、まさに「倭人は帯方の東南大海中にあり、山島に依りて国邑をなす。」といわれてきた、日本本土の一点という他はないと考えます。本書はまず中国・南朝および新羅、百済の当時の都城の姿とともに、この太宰府の「都督府古跡」の真の姿を考察します。

イ 中国(南朝)新羅等の首都とその規模

建康(南京)「建康は、いまの江蘇省の西南部、揚子江南岸の南京である。……二二九年に孫権が呉国の都にしてから大発展をして、江南の政治文化の中心になった。呉では建業といわれたが、三一八年東晋の都となり宋、斉、梁、陳の都としてひきつがれていった時代には、建康とよばれた……中略……梁の時代には、建康城中二八万戸といわれている。官吏や兵士を除いた口数だけでも、おそらく一〇〇万人を優に突破する大都会であったことが認められているのである。」(塚本善隆氏責任編集、『世界の歴史4』、二三二頁、中公文庫、一九八五年、一四刷)とあります。

なお建康が梁の時代(六世紀)には〃城内〃、すなわち都城内の戸数が二八万戸、これにたいして三世紀の卑弥呼の国家・「邪馬一国」が七万戸ですから、卑弥呼の首都・都城が当時、日本本土内でいかに大きかったかという点も、ここから推測されます。

新羅　『三国史記』によれば建国以来、新羅滅亡の九三五年、敬順王まで約一〇〇〇年間、「一貫して慶州を都城とした。」（中尾芳治氏・佐藤興治氏・小笠吾好彦氏著、『古代日本と朝鮮の都城』、二五八頁、ミネルヴァ書房、二〇〇七年、第一刷）とあります。

「新羅ははじめ金城に王宮を置き、一〇一年には月城を築いて王宮を移したという（『三国史記』）。……慶州の王京については、京都に坊里の名を定める（四九八年）というように王京内に方格地割による都市計画を行い、市を設ける（四九〇年）など、都市の拡充と整備を進め、六世紀中ごろには三国のなかで最も中国の都城に近い都市を完成させ、盛時には京中に一七万戸があったという……」（前掲書、同頁）。

百済　建国以来、「慰礼城」「漢城」「熊津」と遷都しており、四泚が最後の都城です。百済の都城探究は長期期間にわたって、錯綜している印象を受けます。

しかし、「倭の五王」時代に該当するものとしては、かの有名な高句麗の広開土王時代の都城と思われます。周知のとおりに「高句麗の広開土王が即位（三九一年）すると百済を攻め、四七五年には高句麗の長寿王が率いる三万の軍によって首都漢城は陥落。（百済の）文周王は、南の熊津（公州）に移都」（前掲書、二四四頁。傍線は引用者）したといわれています。

この「漢城は……土城としては風納土城、夢村土城、三成洞土城があり、山城には二聖山城、南漢山城、北漢山城、阿旦一山城などがある。……中略……一九九七年に高層アパート工事現場の地下四メートルで遺物包含層がみつかったのを契機に四件の緊急調査が行われた結果、紀元前一世紀ごろからの環濠初期百済時代の大形建物址、住居址などの遺構と硬質無文土器をはじめとする原三国時代から初期百済時代の各種遺物が確認され、続いて一九九九年には東面土城の調査によって、幅四三メートル、現在高一一メートルの巨大版築土城壁が確認され、少なくとも三世紀には完成していたことがわかった。

この一連の調査で夢村土城よりも数世紀さかのぼり、かつ大規模な施設をともなう風納土城こそが、漢城百済の王城・慰礼城であろうという結論にいたった。」（前掲書、二四三頁〜二四七頁。傍線は引用者）とされています。

つまりは「倭の五王」時代の百済の都城・京師「漢城」は、古代以来の百済の勢力形成のいわば原点のうえに、「幅四三メートル、現在高一一メートルの巨大築土壁」を備えた王城・「慰礼城」と、それを取り巻く山城をいくつか備えたものであったわけです。

これは「倭の五王」時代の都城・京師・「都督府」を

考えるうえで決定的な要素でしょう。というのは五世紀の中国・南朝、新羅、百済の都城の記録とその遺跡からは、当時のこれらの国家の姿・力が目に見えるように浮かんでくるとおもいます。

重要な点は「倭の五王」の都城・太宰府、すなわち「使持節都督倭・百済・新羅・任那・秦韓・慕韓六国諸軍事、安東大将軍・倭国王」府は、これら新羅・百済の都城・京師を凌駕していたといことでしょう。通説の「卑弥呼・邪馬一（台）国、倭の五王論」は、この首都問題を、意識的にか無意識にか、無視してきたのです。

ロ『記・紀』・通説の太宰府論は成立しない

通説の大宰府論は、『日本書紀』の記載を史実とする立場です。そうして六六三年の白村江での決戦で、唐・新羅連合軍に「日本側」は大敗し、壱岐、対馬、筑紫に防人と烽《すすみ》（のろし台）をおき、筑紫には大堤を築いて水を蓄えた、これを水城という、さらにはこの他に、大野城と基肄城を築いたなどという『日本書紀』の記述にそい、「……いずれにせよ大宰府政庁を中心にこれらの軍事拠点を配置し、全体として本土防衛の中核拠点と位置づけられたとみることができよう。」（『大宰府政庁跡』、一五頁、編集・発行、九州歴史資料観、吉川弘文館、二〇〇二年）という「ヤマト朝廷」中心主義による理解となっています。はたしてこれが真の実証主義から成立しうるか、という問題です。まず通説が筑紫および本土防衛のために造営したという、太宰府防衛の諸施設とその規模から眺めましょう。

水城および土塁群

① 大水城

全長　約一・二キロ

外堀・全長　約一・二キロ

外堀・深さ　約四メートル

土塁の高さ　約一三メートル

外堀・幅　約六〇メートル

土塁の基底部幅　約八〇メートル

（土塁部分、田村円澄氏編、『古代を考える太宰府』、四八頁、「外堀」、一三三頁）

② その他の水城・土塁類

1 上大利土塁（福岡県大野市）、2 大土居土塁（福岡県春日市）、3 天神山土塁（福岡県春日市）、4 基山築堤土塁（佐賀県三養基山町）、5 上津土塁（福岡県久留米市、水城の可能性あり）

③大野城と基肄城

「都督府」はその北に大野城、南には基肄城という「朝鮮式山城」を構えて、大水城とともに、大野城は博多湾方面からの攻撃に備え、基肄城は有明海方面からの侵入にも備えたとされています。その二つの山城の規模・内容です。

「大野城は、約六・五キロの土塁をめぐらし、河水の流水部は石畳を作り、両端は石垣となっている。北側の百間石垣がある宇美口、および何辺の大宰府口、坂本口、水城口の四個所に、城門の遺跡がある。また場内の八箇所から七〇棟の遺構が確認された。」（田村円澄氏著、『大宰府探究』、四五頁、吉川弘文館、一九九〇年、第一刷）。

基肄城については「約三・八キロの土塁を持ち、石塁・石垣が各所に残存している。城門跡といて確認できるのは二箇所である。場内の建物は約四〇棟あったと推定される。」（前掲書、同頁）。

④日本最初の条坊都市　東西二・四キロ、南北二・二キロの条坊都市

太宰府は〝日本最初の条坊都市〟と考えられます。「郭内は一町（約一〇〇メートル）を単位として、正方形の碁盤目状に街路が走り、左郭、右郭それぞれ一二坊、南北二二条となる。中央北端に方四町の府庁（大宰府政庁、田村氏注、本来は都督府、草野）がおかれ、その東に方二町の学校院、さらにその東に観世音寺が方三町の寺域を占めている。」（『古代を考える大宰府』、一一〇頁）。

⑤造営年代とその労働力

以上が太宰府・都督府とその防衛施設です。だが、ここに通説がいっさい口にしない大きな問題があります。『日本書紀』と通説によれば、これらの施設の造営は「倭軍」（通説は日本軍という）が、六六三年に唐・新羅連合軍に白村江で大敗し、唐・新羅連合軍の北九州上陸の危機が目前に迫っているという情勢のもとで、太宰府という北九州の一角で行われたものとされています。しかし、この時代に敗戦でごったがえす北九州の一角で、これだけの巨大工事を行える労働力等の力があるのか、という問題です。時は七世紀の中ごろです。しかも当のヤマト朝廷自身には首都・都城はないのです。

⑥「大水城」一か所の造営労力

ここでそれを考えるうえで非常に参考になる指摘をあげます。これは内倉武久氏がその著、『太宰府は日本の首都だった』で言及されている重要な考察、または研究（通説が取り上げない）の一つですが、大水城一か所の造営労力の試算です。

1「土塁　三八万四〇〇〇立方メートル。一〇トン積みダンプカー六万四〇〇〇台

2作業人員　延べ約一一〇万人以上

（沢村仁・元九州芸術工科大学教授の試算、前掲書、一九〇頁）

です。

この大水城一カ所の造営労働力を考えただけでも、白村江大敗直後の混乱期にこれだけの巨大工事を北九州の一角で、行うなどは不可能であることは明らかといえましょう。この大水城をはじめ通説がいう「大宰府政庁跡」、すなわち「都督府」は、その名称が示すとおりに五世紀、「倭の五王」時代からあったというのが、日本史の事実と考えます。

ハ　大水城の造営年代

それを実証するのが大水城をはじめ太宰府関連施設が五世紀には存在いていたという、放射性炭素14C年代測定値です。

①「大水城」の測定値——西暦四三〇±三〇年（九州大学理学部・放射性同位元素総合実験室、『一九七四年、年代測定結果集』、測定者、坂田武彦氏、『太宰府は日本の首都だった』、一九二頁）

②「大宰府政庁跡」——西暦四三五～六一〇年（焼け落ちたII期の瓦を破棄した土壌の焼土）（「大宰府政庁正殿跡における放射性炭素年代測定値」、『大宰府政庁跡』、三五三頁、九州歴史資料館、二〇〇二年）

以上の自然科学的年代測定値にしたがえば、「大水城」や「太宰府政庁」（都督府正殿?、草野）は、「倭の五王」時代には存在したことになります。この理化学的年代測定値が示すものは、通説がいう「大宰府政庁跡」すなわち「都督府」は白村江の大敗以前、つまりは天智天皇のはるか昔、「倭の五王」の時から太宰府の地にあったことを意味します。

なお、放射性炭素14C年代測定法とその測定値にかんして、日本でも縄文時代以前の探求では正当に評価され採用されていながらも、弥生時代になると急に、これを否定・疑問視する傾向が顕著になるという、不可解な現象があります。後述（一八三頁上段参照）します。

ただここで指摘しておくべきは、弥生時代～古墳時代を通説が、「ヤマト朝廷形成・発展期」とみなしているために、その年代観は後述するとおりに通説の「ヤマト朝廷一元史観」の成否を左右するという性格をもつのです。こうして通説はいたるところで〝事実から出発するのではなく、「資本（自説）にとって有利か不利か、好都合か不都合か」〟（マルクス、『資本論』第二版後記）を基準とするのです。そもそも藤原京以前には「ヤマト朝廷」には、都城・京師がありません。こんな「ヤマト朝廷」が自分

国家神道の観念以外にはなにもないでしょう。「まずはじめにヤマト朝廷ありき」という、でしょうか。れる北九州で、短時日に作りうるという主張の根拠は何にはない巨大な太宰府の諸施設を、敗戦後の危機感あふ

国家神道の観念以外にはなにもないでしょう。

二　虚構『記・紀』の九州支配記事

以上、「大宰府政庁跡」は、実は五世紀の「倭の五王」の都督府、すなわち「使持節都督倭・百済・新羅……・六国諸軍事・安東大将軍・倭国王」府です。まさに卑弥呼の首都でもあります。これは古代中国正史類の対日交流記が、事実の記載であることを示すものです。それは同時に『古事記』『日本書紀』の記す藤原京成立以前、とくに六六三年の白村江での「倭国」大敗以前の「日本史」には、日本史の事実はないどころか、真実の日本史を隠ぺい・歪曲したものということを如実に示すものです。

これを『古事記』『日本書紀』の九州関連記載でいえば、「景行記・紀」の「熊襲・関東討伐記事」、「仲哀・神功皇后」の「新羅・熊襲討伐記事」、「継体記・紀」の「磐井の乱」や、「安閑紀」の「筑紫・豊国」等への屯倉の設置記事、「宣化紀」の「那津官家の設置」等の記事は、八世紀の大和朝廷の日本史造作の説話に過ぎないということです。

たとえば継体天皇の「磐井の乱」討伐記事は、「倭の五王」以来の巨大都城、新羅・百済の都城を凌駕し、中国・南朝の百万都市建康構に次ぐ「都督府」を大宰府に構える「磐井」＝「倭国」を、その生涯に「宮」を転々とさせている継体が〝成敗〟したというお話です。『日本書紀・下』への注（「継体紀」、上段注一〇）では、「継体天皇は即位後、数か所に都を遷し、二〇数年後に初めて大和にはいった……」（同書、三四頁）とあります。したがって継体の「磐井の乱」鎮圧記事を、古代国家・王朝の存在を都城の実在で確認するという、世界の歴史学の当たり前の見地からいえば、「夢中に夢を説き候よう」のお話でしかないことは明かでしょう

四　『隋書』俀国伝と『日本書紀』

「日出ずる国」の国書で有名な『隋書』東夷伝の国名は、「俀国伝」（タイコク伝）です。通説は戦前から「俀国」名であることを国民に明示も説明もせずに、これを「倭国伝」と原文改竄をして『日本書紀』推古紀の「遣隋使」記事と称してきました。

そうして『日本書紀』には一字の記載もない、「日出ずる処の天子、書を日没する処の天子に致す。恙なきや、云々」という国書を、聖徳太子の起草などとしてきました。『日本書紀』にあるのは「東の天皇、敬《つつし》みて西の皇帝

に白《まう》す。使人鴻臚寺の掌客裴世清等至りて、久しき憶、方《みざかり》に解けぬ……」という、自分を中国では皇帝より一段低い地位の「天皇」とよぶ、非常に〃謙虚〃な挨拶文です。

そもそも通説のように『隋書』俀国伝を、『日本書紀』推古紀の遣隋使記事と同一視することは不可能です。それは先述のとおり『隋書』は、多利思北孤の国都を「俀国は百済・新羅の東南にあり。水陸三千里、大海の中において、山島に依って居る。魏の時、訳を中国に通じるもの三十余国」と記している点にも示されています。

しかも裴清（『紀』は裴世清と記す）が俀国を訪問しているのですから、この首都の地理的位置の記載は、こうした人的交流にたったものという点で、『三国志』魏志・倭人伝同様に事実の記載です。これを疑うことはできません。敢えて通説のようにこれを否定するものは、本居宣長の「からごころを捨てよ」とか、津田左右吉氏を師として、「シナ語・シナ文は人の思考を導きえない、糞・小便」などという、理性の世界では通用しない、また羅針盤を世界で最初に発明したなど、西側諸国で評価されているにもかかわらず、この西側諸国の前で、津田氏的〃中国人評〃を公言すれば、日本人ははたして褒められるか、一度、実験してみては如何でしょうか、というようなものでしょう。

つまりは『隋書』俀国伝の記載が示すものは、「俀国」が太宰府に都をおく卑弥呼・倭の五王の後継王朝であって、断じてヤマト朝廷ではないということです。これは「魏より斉・梁に至り、世々中国と相通ず。」ともあることからも明確なことです。さらには先述のとおりに「後宮に女六、七百人あり。」と、「魏志」倭人伝の「婢千人を以て自ら侍せしむ。」を継承している記述にも、それは示されています。それとも「女帝」である推古天皇に、女性六〇〇～七〇〇人規模の〃後宮〃があったというのですか。

イ　隋使・裴清の訪問目的の地

そもそも以上の方角記事にたつ『隋書』俀国伝が、裴清の訪問先を「筑紫」以外に記すはずがありません。『日本書紀』推古紀には裴清一行は、難波津で「飾船三〇艘をもって盛大に出迎えられた」と書かれていますが、「俀国伝」では肝心の「難波津」等の近畿地方の地名などは、一字もなく筑紫だけが記されています。

「明年、上、文林郎裴清を遣わして俀国に使せしむ。百済を度《わた》り、行きて竹島（不明、引用者）に至り、南に聃羅国（済州島という）を望み、都斯麻国（対馬）を経、迥《はる》かに大海の中にあり。また東して一支国（壱岐）に至り、また竹斯国（筑紫）に至る。また東して秦王国に至る。その人華夏（中国人）に同じ、以て夷洲（台湾）となすも、疑うらくは、明らかにする能わざるなり。また十余国を経て海岸に達す。竹斯国（筑紫国）より以東は、皆俀に附庸す。」とあるだけです。

この文章では最終目的地は竹斯（筑紫）であって、秦王国はその住人が中国人というので、中国人である裴清は関心を示したのですが、筑紫の東側が台湾というのはどうも分からない、といっているのです。最後の「十余国を経て海岸に達す」は、上陸した筑紫から反対方向の海岸まで十余国ほどある、ということとおもいます。

この「十余国」記載は、「魏志」倭人伝の「斯馬国」以下に、二一カ国が記載されていますが、このうちかなりが九州内の〝国〟とおもわれます。ここから「十余国」記載には根拠があるとおもわれます。いずれにせよ海岸が目的地ではないことは明確であって、これらの記事から裴清の訪問先の地名を探せば、筑紫（竹斯国）しか残らないでしょう。

現に引用のとおり、「竹斯国より以東は、皆俀に附庸す。」として、〝筑紫より東の諸国は、みな筑紫（太宰府）に都する俀国に従っている〟としています。〝附庸〟とは大修館書店の『漢語新辞典』（二〇〇一年）では、「大諸侯の支配下にある小国」とあります。したがって「皆俀に附庸す。」とは、「筑紫国以東のすべての小国が、俀国につき従っている。」という、はなはだ通説とは違う、しかし文章としては明確な記述です。

近畿ヤマト地方は〝附庸〟勢力と明言されているのです。しかも、あとでとりあげる唐の正史・『旧唐書』日本国伝では、遣唐使の粟田真人等が、七世紀以前の「日本（大和朝廷）は、旧《もと》小国」と明言しているのです。もちろん後述します。したがて「竹斯国（筑紫）より以東は、皆俀に附庸す。」とは、当時の日本本土の正しい姿の記録です。

裴清が訪ねた国は、〝太宰府に都する「俀国」であった〟ということを、さらに決定づける記載が阿蘇山記事です。これは古田氏が強調されているところです。

「阿蘇山あり。その石、故なくして火起こり天に接する者、俗以て異となし、因って禱祭を行う。如意宝珠あり。その色青く、大いさ鶏卵の如く、夜は則ち光ありという。魚の眼精（目）なり。」です。

『日本書紀』推古紀の裴清来日記事は、裴清の筑紫到着以降、不思議な記述となっています。「（推古）一六年、夏四月、小野妹子、大唐より至る。……即ち大唐の使人裴世清、下客一二人、妹子に従ひて、筑紫に至る。難波吉士雄成を遣して、大唐の客裴世清等を召す。唐の客の為に、更新《またにひ》しき、館を難波の高麗館の上に造る。」（『日本書紀・下』、一九〇頁。傍線は引用者）です。

裴清が小野妹子にしたがって筑紫に来たのは、〃一元史観〃にたつ『紀』の記載では、近畿大和訪問以外の目的などあり得ないはずです。ならば何故、「妹子に従ひて」筑紫に着いた裴清にたいして、あらためて「難波吉士雄成を遣して、大唐の客裴世清等を召す。」必要があったのでしょうか。これは『日本書紀』の編者等が、〃思わず〃当時の日本社会の真実を漏らしたところでしょう。

裴清の筑紫訪問は「俀国」を訪問するためで、この機会に〃ぜひ我が方にもおいでください〃というのが、『紀』の記載の真の意味と思います。そうでなければ筑紫から近畿大和への旅は船であって、このわずかの日数で高麗館のうえに新館を作っても、鶏小屋に毛のはえた程度の新館にしかならないでしょう。

つまり裴清はかなりの時間を「俀国」で費やしているのです。この期間内に近畿大和中心史観からは想像だにもできない、しかし首都・太宰府からはさして遠くもない、阿蘇山を見に行っているわけです。通説の「推古紀」の「遣隋使記事」理解では、『隋書』俀国伝のこれらの記載を説明できないばかりか、通説的〃日本古代史〃では、これらの点をとりあげていないでしょう。しかし、これは原書の記載の事実の無視という点で、学問のイロハとは両立しない態度とおもいます。

ロ　国書「日出ずる国」と「邪馬台国」

指摘したように「日出ずる処」で有名な国書は、『日本書紀』には一字もありません。したがって自国を「日出ずる処（国）」と呼んだのは、卑弥呼・倭の五王の後継王朝である「俀国」の王・多利思北孤自身であるということになります。なお通説はこの王名の多利思北孤の「北」を根拠なく「比」に変更して、〃タリシヒコ〃に改竄しています。それは天皇に「ホコ」という名がないためと、古田武彦氏はその著『失われた九州王朝』で指摘されています。

「俀国」とは何か、どうして「倭国」ではないのか、実はこの問題こそが「日出ずる処」という国書の背景なのです。「俀国」とは古田氏の指摘にしたがえば、タリシホコが名乗った「大委国《タイイコク》」に反発した隋が、ほぼ同音ながら「弱い」を意味する「俀《タイ》」を故意にあてたもの、とされています。真実と考えます。

問題は、なぜ「倭国のタリシホコ」は、隋に「大委国」を名乗ったのかです。この背後には卑弥呼の国名の「邪馬壹（一）国」を、五世紀以降の中国側が一方的に「邪馬臺（台）国」と称したという問題があって、この中国側の態度を不満としたタリシホコは、一方では「大委国」と称し、他方では自国を中国にたいして「日出ずる処

(国)」、すなわち「日の本」(日本) としたと考える、これが本書の立場です。

　その根拠は以下のとおりです。通説ではヤマト朝廷がいつから、なぜ「日本」を称したのか、実際は不明であり曖昧です。それは日本史の真実を隠蔽・蹂躙する結果です（二六七頁参照）。

ハ「邪馬臺（台）国」とは

　卑弥呼時代の国名は「邪馬壹（一）国」です。これが「魏志」倭人伝の記載です。古田武彦氏の名著『「邪馬台国」はなかった』でいわれているとおり、「邪馬台国」などという国名は、三世紀の日本には存在しないのです。五世紀の人、范曄の『後漢書』倭伝では、「国、皆王を称し、世々統を伝う。その大倭王は、邪馬臺国に居る。」(傍線は引用者)とした後に注を入れて、そこに「案今名邪摩惟音之訛也」と記しているのです(左参照)。

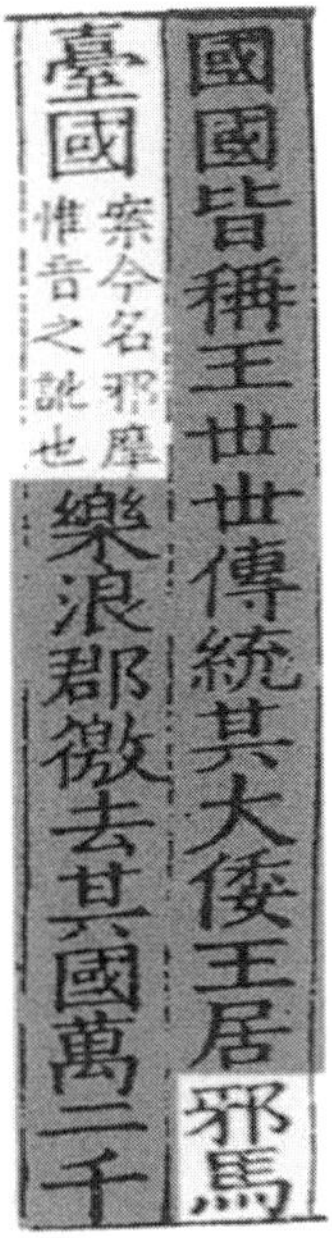
國國皆稱王世世傳統其大倭王居邪馬臺國 案今名邪摩惟音之訛也 樂浪郡徼去其國萬二千

　ところが通説は例によって例の如く、このきわめて重要な原文注を、無視するのです。理由は、この原文注を正しく国民に伝えれば、卑弥呼の国家名は「邪馬壹（一）国」であって、それは逆立ちしても「ヤマト」とは読めず、ましてや「邪馬台国・近畿説」は不可能になるからだとおもいます。通説は「邪馬台国」読みの根拠を、松下見林の『異称日本伝』の「邪馬壹之壹當作臺」(邪馬壱(一)の壱は、まさに臺（台）に作るべし）」を権威とし、「邪馬臺（台）国とはヤマトの音を写したもの」というのです。
　こうして通説的近代日本古代史学は、その第一歩から誤っているのです。そもそも『後漢書』倭伝の本文の肝心の注を無視して、この史料を云々する態度自身が、学問のあり方としてその是非を問われる問題でしょう。この本文注は「案じるに今の名（邪馬臺国名）は、邪摩惟《やまい》(=邪馬壱)の音の訛れるなり。」、すなわち〝五世紀の「邪馬台国」名は、三世紀の卑弥呼の国家の名である「邪馬壱（一）国」が、訛ったものである〟という意味です。
　いったい「訛る」とはどういう意味でしょうか。つまりは「壹」が本来形で「臺」は「訛ったもの」ということです。まず漢字の「壹」と「臺」は、古田氏が先の著書で指摘されたとおりに字形がよく似ています。しかし、意味は正反対の場合があります。「壹」は一の他に一番、一位という意もあります。これに反して「臺」には、「最下位、ビリ」という意味があるのです。

「天には（甲より癸までの）十日ある如く、人にも十級ございます。……十級とは、王の下には公、公の下には大夫、大夫の下には士、士の下には皁《そう》、皁の下には輿《よ》、輿の下には隷、隷の下には僚、僚の下には僕、僕の下には臺。」（小倉芳彦氏訳、『春秋左氏伝・下』、九七頁、「照公七年（紀元前五三五年）、岩波文庫、二〇〇七年）。『春秋』は古代中国の誉れたかい古典です。古代中国の知識層や史官が、これに通じていたことはいうまでもないでしょう。

ニ「倭国」最下位論の理由は

この問題で重要なところは「邪馬臺（台）国」名（以後、「邪馬台国」と記す）が登場する文献は、いずれも五世紀以降だ、ということです。したがって『三国志』魏志・倭人伝で「邪馬壹（一）国」とあるものを、「邪馬臺（台）国」と称するのは、文献的に正当な根拠がないのです。この点で古田武彦氏の『「邪馬台国」はなかった』での指摘は正しいのです。卑弥呼の国家の正式名は「邪馬壹（一）国」（以後、邪馬一国と記す）です。

　したがって問題は五世紀に、なぜ中国側で「邪馬一国」という「一」がつく国号が、「邪馬台国」という「台」、すなわち「ビリ、最低」という意のある語に変えられたのか、です。ここに目をそそぐならば三世紀にはなかった日中関係が、五世紀には惹起されていたことに気づきます。それは「倭の五王」の中国・南朝との交流と、その間の両者の意思の不一致問題です。ただこの問題にふれるにあたって、若干の留意点があります。

　それは「邪馬台国」という一種の蔑称――ジャップと似た――を考察するに、これを最初から〝中華思想からの蔑称〟というのは、単純すぎるということです。それは大和朝廷が『記・紀』編纂時に、「倭国」文献の徹底破棄という、あまり世界に例がない歴史の記録の破壊・歴史の改ざんを行ったという問題があって、今日、当時の「倭国」と中国の関係の考察には、史料的に大きな制約があるという点です。

ホ「倭国」文献の徹底的破棄

(一)『続日本紀一』の元明天皇の慶雲四年（七〇七）七月条に、「山沢に亡命し、軍器を挟蔵し、百日首《まう》さぬ（自首しない）は、復罪《またつみな》ふこと初の如くせよ。」（『続日本紀一』、一二三頁、新日本古典文学大系、岩波書店、二〇〇五年）という、不思議な記事があります。また、次のような文章もあります。

(二)「同書・元明天皇紀」の「和銅元年正月（七〇八）条」の、「山沢に亡命し、禁書を挟蔵し、百日首さぬは、復罪ふこと初の如くせよ。」（前掲書、一二九頁）です。

　この七〇七年、七〇八年は『古事記』成立（七一二年）

の五〜四年前（日本書紀成立は七二〇年）です。しかも「亡命罪」とは「律令」では〝国家反逆罪〟であって、刑は死罪です。こうした重罪に「禁書を隠しもって、山野に亡命している勢力」が問われているのですが、これはいったいどんな勢力でしょうか。通説はこの重大な問題に〝完全黙秘〟です。

この答えは例の「一書に曰く」の「一書」群（七八頁上段参照）が暗示するものでしょう。つまりは「倭国文献」です。これの保持・所蔵が死罪対象の第一候補であったと思われるのです。この文献史料が残れば『記・紀』の価値は失われること、大和朝廷の「万世一系論」は暗転すること、これは間違いないところでしょう。この背後に『日本書紀』編纂の真の動機は何かという問題があるのです（一三五頁参照）。

こうした重大な問題に口を閉ざして、通説的日本古代史を学ぶことは、日本の将来にとってどんな意味をもつのでしょうか。したがってこうした大和朝廷に先行して存在した「倭国」の、重要な史料・文献が意図的に破棄されているという、他民族には例がない深いふかい傷が日本史にある以上、歴史の復元に大きな障害がつきまとうのは避けられません。日本民族の歴史に残る深いふかい、決して消えることのない傷跡です。歴史的に先行する文化の破壊ということ自身は、古代末期のヨーロッパにも、中国の秦の始皇帝の「焚書坑儒」の例もあります。しかし、それらはそれ以前の歴史の消去を意味したものではないのです。

さて以上からは「邪馬台国」名の由来にかんする考察は、今日のところかなり限られた制約のなかでの考察ということにならざるを得ません。この限定された史料的条件からかんがえますと、「倭の五王」の中国・南朝への交流において、「使持節都督」の権限の範囲をめぐって、「倭国」と南朝・劉宋等との間に食い違いがあることが浮かびあがってきます。それは例えば『宋書』倭国伝では次の通りです。

1「太祖の元嘉二年（四二五）、讃、また司馬曹達を遣わして表を奉り方物を献ず。讃死して弟珍立つ。使を遣わして貢献し、自ら使持節都督倭・百済・新羅・任那・秦官・慕韓六国諸軍事、安東大将軍、倭国王と称し、表して除正せられんこと求む。詔して安東将軍・倭国王に除す。」（傍線は引用者）

2「二十年（四四三）、倭国王済、使を遣わして奉献す。また以て安東将軍・倭国王とす。」

3「二十八年（四五一）、使持節都督倭・新羅・任那・加羅・秦韓、慕韓六国諸軍事を加え、安東将軍は故《もと》の如く、……」

4「興死して弟武立ち、自ら使持節都督倭・百済・新羅・任那・加羅・秦韓・慕韓七国諸軍事、安東大将軍と称す。」。これにたいして南朝側は、「詔して武を使持節都督倭・新羅・任那・加羅・秦韓・慕韓六国諸軍事、安東大将軍・倭国王に除す。」です。

すなわち南朝劉宋側と「倭国」との間には、「倭国」の権益をめぐって最初から、大きな食い違いがあったということです。その中心は、倭国側が百済への権益の承認を求めているのに反して、南朝側は、これを一貫して拒否していることです。百済は先に指摘（一〇九頁下段参照）したとおりに、四一六年に〝使持節都督百済諸軍事鎮東将軍百済王〟に封じている結果とおもいます。したがって「太祖の元嘉二年（四二五）、讃のあとの珍が「六国諸軍事、安東大将軍、倭国王」を自称して承認を求めても南朝側は、「安東将軍・倭国王に除す。」で、しかもその後も「以下同様」という姿です。最後の武も「七国諸軍事、安東大将軍と称した」にもかかわらず、百済は認められず「六国諸軍事」に止まっています。

こうしてここに中国南朝との対立という問題があり、「倭国」を消去しながらもその史料を按配していると考えられる、『記・紀』の記載から推測して「倭国」は、中国南朝からは承認されなかったにもかかわらず、百済にたいして上位の存在として臨み、度々問題を起こした可能性が考えられるということです。こうした若干の史料から浮かび上がってくる当時の「倭国」は、中国・南朝に臣下の礼をとりながらも、一種の問題児という面があり、当時の中国等から「邪馬一国」などというが、「ビリ・最低の国」（邪馬台国）という方が似つかわしいなどと、いわれていた可能性はあるとおもいます。

へ　『隋書』俀国伝の証言

「邪馬一国・俀国」と「邪馬台国」という国名問題をめぐって、この推測を裏付けるものが『隋書』俀国伝の、「邪靡堆に都す。則ち『魏志』のいわゆる邪馬台なる者なり。」という一節です。この一節の注目点は「邪靡堆」です。通説は『北史』の「邪摩堆」をとって、『隋書』俀国伝の「邪靡堆」を「邪摩堆」と訂正して、これを「ヤマト」との音を写したものとするのです。

しかし、「邪摩堆」「邪靡堆」の〝堆〟は「惟」の誤写であって、両者はともに「邪摩惟」「邪靡惟」（ヤマイ）、すなわち「邪馬一国」というのが正しいとおもいます。通説のように「邪靡堆」を「邪摩堆」と解するならば、「邪靡堆に都す。『魏志』のいわゆる邪馬台なる者なり。」は、「邪靡堆《やまだい》に都す。『魏志』のいわゆる邪馬台なる者なり。」と、〝同音・同義の反復〟つまりは無意味なくりかえしに過ぎなくなります。

しかし真の意味は、「『俀国』は『邪靡惟』（邪馬惟＝邪馬一）に都している。これは例の『魏志』倭人伝の『邪馬一国』、中国ではいわゆる『邪馬台』と称されているところだ。」と記している、というのが真意と考えます。

ト 「日出ずる国」、国号〝日本〟の由来

以上の考察にたてば、「日出ずる処の天子、日没する処の天子に書を致す……」という国書の気分は、理解できるでしょう。「倭国」の首都・太宰府を「邪馬台国」（ビリ国・最低の国）などという中国に、タリシホコは一方では「大委国」と称し、自国の首都を「日出ずる国」（日の本）として、「邪馬台国」呼ばわりの隋を「日没する処」と、断固たる反撃に出ているわけです。これに隋の煬帝は激昂し、「蛮夷の書、無礼なる者あり、復《ま》た以て聞するなかれ。」と言ったとあります。つまり〝無礼な野蛮人の国書だ。こんなものは一々報告する必要はないぞ〟、とでもいうものでしょうか。

したがって国号日本の由来は〝ここにある〟、というのが日本民族の歴史の真実とおもいます。つまり、国号・日本とは、五世紀以降の中国側が「邪馬一国」という卑弥呼の都城のある国の名を「邪馬台国」、すなわち「ビリ国～最低の国」と称したことへの、「倭国」とタリシホコの抗議と反撃であって、国号『日本』は卑弥呼の王朝・国家＝「倭国」が、最初に称した国号ということと考えます。この「日本」はすでに五世紀にあったとおもわれます。ここを明らかにせず国号・日本を、「ヤマト朝廷」の称したものというのは、真実の日本民族の歴史を歪曲・隠蔽・否定したものになります。

これでは真の〝愛国心〟の否定であることは明白です。〝愛国心〟は重要です。しかしそれは真実の日本民族の歴史への、愛着・尊敬でなければなりません。

したがって真の「日本史」には、古田武彦氏が『「邪馬台国」は無かった」』で指摘されたとおりに、「邪馬台国」などという名称のつくものは存在しないのです。また「君が代」についても同様の問題があります。『旧唐書』の日本本土二国併記問題のところでとりあげます。

チ 『推古紀』の遣隋使記事の奇妙

① 男帝と女帝という矛盾

『隋書』俀国伝の王タリシホコは男性であり、しかも裴清と面談したことが明記されています。『隋書』俀国伝では、「その王、清と相見《あいまみ》え、大いに悦んでいわく、『我れ聞く、海西に大隋礼儀の国ありと。』……」と記されています。さらには「王の妻は雞弥と号す。」とあります。ところが推古は女帝です。これは古田武彦氏が『失われた九州王朝』で、指摘されていることです。

つまりは王の性別という問題です。〝男性と女性〟、こ

れは絶対的矛盾です。しかも「俀国王・タリシホコ」には正常にも、「姓」があります。『隋書』では「開皇二〇年、俀王あり、姓は阿毎《あめ》、字《あざな》は多利思北孤、阿輩雞弥と号す。」とあります。これに反してヤマト朝廷には姓がありません。たとえば『宋史』日本伝では、日本僧・奝《ちょう》然《ねん》（東大寺の僧、九八三年に渡宋）が、「国王は王を以て姓となし」と述べています。これは男と女の矛盾同様に、姓があるものとないものという絶対的矛盾です。

通説はいろいろとこの矛盾をヤマト朝廷一元史観にたって、弥縫策的な説明をしています。たとえば男女の違いにかんしては、裴清に対応したのは聖徳太子であるが、裴清はこれを天皇と間違えたという当時の中国と中国人を、子供の類ででもあるかにいう弁明説です。

おおよそ真面目な検討の名に値しない、いわゆる遁辞＝逃げ口上です。この通説の説明が成り立つためには、まず国交開始を要求して隋に派遣された小野妹子は、隋で何をしていたのか、ということになりましょう。つまり当時の中国人を半人前あつかいにする前に、自国の使者の出来映えが問われることになるということです。〝通説〟の小野妹子は、ヤマト朝廷側の使者として初めて中国を訪れて、国交を要求するに際して自国の王の名や性別等を相手側に伝えなかったのか、という問題です。これは外交の初歩的な常道でしょう。

② 隋使との対面記事がない

しかも非常に注目されるのは『推古紀』の隋使歓迎の記事には、対隋外交の発案・推進者とされる聖徳太子やまた推古天皇自身の、隋使との直接面談記事がまったく一言もないという奇妙なところです。当方から国交を要請し、それにこたえて当時大陸から海を渡って日本にくることは、文字通りの命がけの旅ですが、この隋使・裴清にヤマト朝廷側の外交責任者や天皇が、いっさい面談していない、日本訪問への答礼、歓迎の言葉さえ直接言っていないのは奇々怪々なことでしょう。

『日本書紀』推古紀には、裴清歓迎の場面に「是《こ》の時に、皇子《みこ》、諸王、諸臣、悉《ことごとく》に金《こがね》の髻花《うず》（＝冠にさす飾り）以て頭《かしら》に着《き》せり。亦衣服に皆錦・紫・繍《ぬひもの》・及び五色の綾羅《あやうすはた》を用ゐる。一に云はく、服《きぬ》の色は、皆冠の色を用ゐるといふ。丙辰《ひのえたつのひ》に、唐（隋ではなく、唐ですよ、引用者）の客等を朝に饗《あへ》たまふ。」と、当時の「ヤマト朝廷」の「皇子、諸王、諸臣、悉」が、着飾って歓迎したと書いてきますが、肝心の聖徳太子や推古天皇の隋使歓迎の言葉と面談の場面はまったく記されていません。不可解です。

こんなことは古代といえども、国家と国家の交流で断じてあり得ないことでしょう。このあり得ないことが堂々と記されているところに、この『日本書紀』の遣隋使記事の性格・本質があると考えます。そうして『日本書紀』には、この隋使への天皇の対応として奇妙なことが書いてあります。それは裴清の帰途に際して、「爰《ここ》に天皇、唐（いいですか、隋ではなく唐？　です）の帝を聘《とぶら》ふ。」として、「その辞に曰はく、『東の天皇、敬《つつ》しみて西の皇帝に白《まう》す。」で始まる、タリシホコの国書とはどこにも共通点がない、〃つつしみ深い〃挨拶文が記されています。この「聘ふ」とは、古代中国の都市国家同士が、「大夫」を使者にたてて交流する習慣を模した用法で、使者を通じて挨拶文を渡すということでしょう。

そうではなくて隋使・裴清に推古自身が直接述べたというのであれば、裴清は推古が女帝であることを知っていたということになり、通説のように『隋書』俀国伝を「ヤマト朝廷訪問記」というとすれば、その王「タリシホコ」（この名も推古とは異なりますが）を〃男帝〃としている「俀国伝」と矛盾します。

しかも先述のとおり歓迎式典では隋使の裴清と、対面・答礼記事がまったくなく、隋使の帰途に人をやって挨拶するというのは、如何にも不自然・不可解です。ここにこの『日本書紀』の遺隋使記事の、真の性格が露呈しているとすべきでしょう。すなわち『日本書紀』推古紀の隋使訪日記事は、造作記事だということです。しかもこの点、遣唐使自身が唐朝で自ら述べた〃日本史〃によって露呈されています（一三二頁参照）。

③ 隋使派遣記事の虚構性

以上の考察は『日本書紀』推古紀の「遣隋使記事」は、ヤマト朝廷の事実ではないのではないか、という疑念を呼びおこします。そもそも推古時代、都城もないヤマト朝廷が国家・王朝として存在しえたかこそが問題です。しかも、この遣隋使記事を疑う根拠には、さきの男帝と女帝という矛盾の他にも、隋を唐と呼ぶ奇妙な記事が一貫している点にも示されています。例えば『日本書紀』の遣隋使記事は次のようです。

1「推古一五年、秋七月……大礼小野臣妹子を大唐に遣わす。」

2「一六年の夏四月、小野臣妹子、大唐より至る。」

3「即ち大唐の使人裴世清・下客一二人、妹子臣に従ひて、筑紫に至る。難波吉士雄成を遣わして、大唐の客裴世清を召す。」といった具合です。

なぜ隋ではなく大唐なのでしょうか。しかも『日本書紀』では、ヤマト朝廷の対中国外交の最初は隋です。つまりは『日本書紀』によれば日本の国家開闢以来、初めての中国交流なのです。これほどの意義ある相手国の隋朝名を一切記さずに、大唐というのはやはり奇妙でしょう。こうして『日本書紀』の遣隋使記事を全体としてみれば、自然さがまったくありません。

先に指摘したとおりに裴清一行が筑紫に着いたと記した後で、「難波吉士雄成を遣わして、大唐の客裴世清を召す。」とある奇妙を含めてです。『日本書紀』や通説の見地からは裴清ら一行が筑紫に着いたのは、近畿ヤマト訪問のためと決まりきったものでしょう。

歓迎・案内の使者ならばまた別ですが、新たに「召す・招く」ための使者を送るのは、如何にも奇妙で不自然でしょう。「召す・招く」という日本語の意味は、「呼び寄せる。」ことでしょう。これはついうっかりと当時の日本国家の中心が、筑紫にあったことを漏らしてしまったところでしょう。こうした全体を見ます『日本書紀』の遣隋使記事は、きわめて不自然であって造作記事というのが正当と思えます。

④『隋書』帝紀の「俀国入朝」記事

ところが『隋書』帝紀部分に「俀国入朝」記事が、二か所にわたってあるわけです。

1「大業四年（六〇八）年三月、壬戌・百済・倭・赤土・迦羅舎国並遣使貢方物」

2「大業六年（六一〇）年春正月、倭国遣使貢方物」

です。

そもそも『隋書』は東夷伝で「俀国」と書き、『帝紀』では「倭」としているのですから、「俀国」とこの「倭国」とは別国家とみなす他はありません。これが『推古紀』の遣隋使記事を示すものではないか、というわけにはいかないのです。これは通説がいう「年次の齟齬」問題があるからです。

「遣隋使記事を巡っては、隋書俀国伝（俀国伝のこと）は、六〇〇年、六〇七年、六〇八年の三回、『隋書』帝紀は六〇八年、六一〇年、日本書紀は六〇七年、六〇八年、六一四年の三回とし、諸記録の年次に齟齬がある。」（『講座・日本古代史』、「原始・古代1」、二八頁、歴史研究会・日本史研究会編集、東京大学出版会、一九八八年）。

しかしこの「年次の齟齬問題」は、『日本書紀』を造作と断じれば、日本から「俀国」の他に「倭国」を名乗った勢力が、隋に交流していたことを示すものとなります。この「倭国とは何か、どんな勢力か、これが推古紀の遣隋使ではないか」というわけにはいかないのです。実はわたくしはこの『隋書』帝紀の「倭国」こそは、巨大前方後円墳造営勢力の一つの中心的勢力ではないか、と考えています。しかも、この角度から『日本書紀』を眺めますと、通説の「ヤマト朝廷一元史観」よりは、藤原京以前の時代の近畿地方をより合理的に理解できるとおもうのです。当然、後述します。

五『旧唐書』の日本の二国併記と「倭国」の滅亡

唐朝の正史『旧唐書』東夷伝に、「倭国伝」および「日本国伝」という、七世紀～九世紀前半の日本本土を〝二国併記〟した、日本古代史探究上での決定的な史料があるのですが、おどろくべきことに江戸時代の近世尊皇史学以来、通説的日本古代史学では、これが国民に全面的に伏せられているという問題があるのです。

ここに近世以降の通説的日本古代史学の〝学問的性格〟が、端的に露呈しているわけです。こんな史料に沈黙して〝日本古代史の探求〟といっても、それはあたかも第二次大戦と日本の敗北を消去して、〝日本現代史〟と称するようなものです。いまここに「倭国伝」と「日本国伝」の重要部分を記載して、読者のみなさまの参考に供したいとおもいます。

イ「倭国伝」

倭国は古の倭奴国なり。京師(長安)を去ること一万四千里、新羅東南の大海の中にあり。山島に依って居る。東西は五月行、南北は三月行。世々、中国と通ず。その国、居るに城郭なく、木を以て柵を為《つく》り、草を以て屋を為る。四面に小島、五〇余国あり、皆焉《こ》れに附属す。その王、姓は阿毎《あめ》氏なり。一大率を置きて諸国を検察し、皆これに畏附す。官を設くる一二等あり。……中略……衣服の制はすこぶる新羅に類す。

貞観五年(六三一)、使を遣わして方物を献ず。太宗その道の遠きを矜《あわ》れみ、所司に勅して歳ごとに貢せしむることなし。また新州の刺史高表仁を遣わし、節を持して往いてこれを撫せしむ。表仁、綏遠《すいえん》(=外交)の才なく、王子と礼を争い、朝命を宣《の》べずして還《かえ》る。二十二年(六四八)に至り、また新羅に表を附して、以て起居を通ず。(以上。傍線は引用者)

ロ「日本国伝」

日本国は倭国の別種なり。その国、日辺にあるを以て、故に日本を以て名となす。あるいはいう、倭国自らその名の雅ならざるを悪《にく》み、改めて日本となすと。あるいはいう、日本は旧《もと》小国、倭国の地を併せたりと。その人、入朝する者、多く自ら矜大、実を以て対《こた》えず、故に中国焉《これ》を疑う。

またいう、その国の界《さかい》、東西南北各々、数千里あり、西界南界は咸《みな》大海の至り、東界北界は大山ありて限りをなし、山外は即ち毛人の国なりと。

長安三年(七〇三)その大臣朝臣真人(粟田真人)、来

たりて方物を貢す。……中略……真人好んで経史（中国古典文献）を読み、文を属するを解し（文章を読み理解することができる）、……則天（女王）これを麟徳殿に宴し、司膳卿（唐朝の役職）を授け……中略……得る所の錫賚（唐からもらった物）、尽《ことごと》く文籍を市《か》い、海に泛《うか》んで還る（以下略。傍線は引用者）。以上ですが通説は戦前から、この『旧唐書』・倭国伝と日本国伝をヤマト朝廷と称してきたのです。

この『旧唐書』倭国伝ではその首都の地理的位置と、その様子が記されています。それは歴代「倭国」に一貫している「新羅東南大海中の島」記載に続いて、首都に城郭がなく木柵がめぐらされ、建物は茅ぶきらしい描写までであります。しかもこの首都描写は、唐の使者・高表仁の六三一年（貞観五年）の倭国訪問のうえに記されたもので、この記録が信頼に足るものであることは明らかです。さらには「世々、中国と通ず」と、「倭国」と中国との連綿とした交流が簡素に指摘されています。

①「日本国伝」にかんして

これと対照的なのが「日本国伝」です。この日本国伝には「倭国」の滅亡と大和朝廷の台頭という日本古代史最大の問題が、大和朝廷の遣唐使（以後、遣唐使という）の唐朝への〝説明〟として記されています。同時に多くの遣唐使の「ヤマト朝廷一元史観」にたつ〝日本史の説明〟への、唐・中国側の痛烈な批判も記されており、この『旧唐書』の「倭国伝」「日本国伝」の〝二国併記〟と、その意味を無視した日本古代史学は、実際のところ日本民族の真実の歴史を否定する、国家神道の立場を絶対とするものとおもいます。この史料を一連の古代中国・朝鮮史料との関連のなかで、取り上げられたのが、古田武彦氏の『失われた九州王朝』です。したがってこの著の出版時以降、この著を無視した〝日本古代史〟は、本来、その学問的価値はないというのが正しい学問論、学問のあり方論とおもいます。さて「日本国伝」です。

②「日本国は倭国の別種」

「日本国伝」では、大和朝廷の最初の遣唐使を、「長安三年（七〇三）その大臣朝臣真人、来たりて方物を貢す。」と記して、粟田真人としています。しかもその際、〝朝臣〟という大和朝廷特有の用語をそのまま記録しています。つまり大和朝廷の最初の遣唐使は、『日本書紀』の〝遣唐使派遣記事〟とちがって、長安三年・西暦七〇三年の粟田真人です。すなわち唐・中国の記録では大和朝廷の、中国との交流の最初は唐であり年代は七〇三年です。それは大和朝廷の最初の都城、藤原京成立の六九四年から数えて一〇年後です。

すなわち大和朝廷は国家成立後、早々に中国との国交に及んだというわけです。この粟田真人は「日本国伝」に、「中国の風を慕ってやまず、唐に帰化した」と、記されてる阿倍仲麻呂（唐名、朝衡）とともに絶賛されている点は、遣唐使一般が「その人、入朝する者、多く自ら矜大（尊大）、実（真実）を以て対《こた》えず、故に中国焉《これ》を疑う。」とされている点に照らして、きわめて対照的です。

この「日本国伝」の冒頭は、「日本国は倭国の別種なり。」です。つまりは「日本国」は、「倭国」とは別の国家である、という意味です。この別種とは、「日本国は倭人の国家であるが、倭国とは別の国家である。」という意味です。すなわち『旧唐書』日本国伝は、その最初の一行で『古事記・日本書紀』の日本史を、唐・中国の見解として真っ向から否定しているのです。この重要な一節に続いて唐・中国側と大和朝廷、およびその遣唐使同士の間の「倭国史」と大和朝廷形成史、すなわち真の日本古代史をめぐる、見解の対立が示されています。

それが「その国、日辺にあるを以て、故に日本を以て名と成す。あるいはいう、倭国自らその名の雅ならざるを悪《にく》み、改めて日本となすと。あるいはいう、日本は旧《もと》小国、倭国の地を併せたりと。」です。

最初の「その国日辺にあるをもって……」という「日本史」の意味は、「われわれ日本国は、日辺・東にある国だから日本を国号にした。」というだけの説明です。しかし後の方は、「日本という国号を最初に使用したのは倭国である。今日、日本がその国号を使う所以は、ヤマト朝廷国家はもとは一小国に過ぎなかったが、ついに倭国を併合し、その際、倭国が称していた国号日本を、いただいた（無断借用）のである。」という説明です。

現に『旧唐書』の後の唐の正史の『唐書』日本伝には、「日本使者自言……日本乃小国、倭所并故冒其號」（日本の使者自ら言う……日本は乃《すなわ》ち小国、倭の所《倭国》を并《あわ》す。故に其の號を冒《おか》す。」）とあります。こうしてここに大和朝廷の遣唐使内部で、日本史＝ヤマト朝廷史をめぐって、相反する二つの「歴史」が語られていることが記録さているのです。しかも「その人、入朝する者、多く自ら矜大（尊大）、実（真実）を以て対《こた》えず、故に中国焉《これ》を疑う。」と、唐朝が「真の日本史とは違う。倭国が消去されている」と正面から批判的に否定した、多くの遣唐使が述べた〝日本史〟の実態は、あとの正史・『唐書』日本伝に詳細に記されています。

それは「自ら言う。初主を天の御中主と号す。彦瀲《ひこれん》（＝うがやふきあえずの尊）より凡そ三二世は、皆尊を以て号となし筑紫城に居る。彦瀲の子、神武更に立って天皇を以て号となし、徙《うつ》りて大和州に治す。次に曰く綏靖、次安寧、次懿徳、次孝昭…」（傍線は引用者）という形式で九世紀後半の、五八代の光孝天皇までを列挙した〝日本史〟です。しかもこの〝日本史〟には『隋書』俀国伝や、『旧唐書』倭国伝の一部が盗用されているのです。

たとえば「次に用明、亦曰う、目多利思比孤（多利思北孤を誤ったもの）隋の開皇の末に当たる。始めて中国と通ず。」（傍線は引用者）とあるのが一例です。これはまず第一に、今日の通説の「卑弥呼・倭の五王＝大和朝廷論」を、八〜九世紀の大和朝廷の遣唐使自らが、真向から否定している点が重要です。〝古代大和朝廷が中国と外交関係を結んだ最初は隋だ。〟と、遣唐使が明言しているのですから……。

有名大学の戦後の著名な教授諸氏が、いくら「邪馬台国・近畿説、卑弥呼ヤマト朝廷の始祖論」や「倭の五王・ヤマト朝廷論」を言っても、八〜九世紀の大和朝廷とその中国大使等より、今日の学者の方が古代史に通じているという証拠を示さなければ、戦後の日本古代史の通説は日本史を歪め・偽造したもの、といわれても弁解の余地はないでしょう。卑弥呼・「倭の五王」はヤマト朝廷とは無縁の、それとは別の独立した王であり王朝なのです。これが『日本書紀・古事記』に卑弥呼等のことが、一語も記載されていない真の理由です。これにかんする限り「皇国史観」史学の、「卑弥呼・倭の五王・非ヤマト朝廷論」に正当性があり、今日、通説が権威とする松下見林の『異称日本伝』は、この点では間違ったものということになるのです。

同時に、「次に用明、亦曰う、目多利思比孤、隋の開皇の末に当たる。……」と遣唐使がいう〝日本史〟は、『隋書』俀国伝をヤマト朝廷に取り込もうとし、まんまと失敗していながら、その失敗をさえ自覚していないほど、ひどいものだ、という点です。

そもそも『日本書紀』によれば、隋に使者派遣（小野妹子）をしたのは、推古天皇であって用明天皇ではなく、『隋書』俀国伝の王名は多利思北孤《たりしほこ》であって、「目多利思比孤」ではありません。さらには『日本書紀』の小野妹子の最初の隋派遣の年は、「推古一五年」（六〇七）であって、隋の年号・開皇に該当するのは、『隋書』俀国伝の「開皇二〇年（六〇〇）、俀王あり、姓は阿毎、字は多利思北孤、阿輩雞弥と号す。使を遣わして闕に詣る。」です。この食い違いは大和朝廷とその使者が、『隋書』俀国伝を〝取り込もうとして〟、みごとに失敗している、いわば〝現場〟です。

同時にそれは『日本書紀』推古紀の遣隋使記事もまた、造作記事であるという舞台裏をもさらけ出しているのです。そもそもここにあるとおり遣隋使記事が、ヤマト朝廷にとって「始めての中国交流」であれば、その隋・中国交流はヤマト朝廷にとって、〝国家はじまって以来の国家的な外交上の大事件〃のはずです。そうであればその壮挙を敢行した天皇の名を間違え、その隋交流の最初の年代を忘れるなどということは、断じてあり得ないといっても誰からも、批判されることはないでしょう。

　これらを中国側の記録の誤りと遁辞を構えることはできないでしょう。中国側が「用明天皇」の名を知るはずはないからです。すなわちこの記録に照らせば、推古紀の遣隋使記事もまた造作記事であることは歴然たるものでしょう。一々は述べませんが、この『唐書』日本伝に記されている日本史は、「倭国」を取り込もうとしてあちこちで、いわば馬脚をあらわしています。こうした日本古代史の真実にかかわる記録を、いっさい国民に明らかにしない態度は、真の学問とはもちろんいえないと考えます。

　これらの事実が示すものは戦前・戦後の通説が、国民に真実を語ることを基本とした近代の民主主義的社会の学問では断じてないということです。あわせて重視すべきことは、日本古代史探究の文献を作成した古代中国史の探求には、欧米の学者が中国の学者とともに参加しているという事実です。

　こうした古代中国の歴史と文化が生み出した歴史の記録を、通説は完全に無視・歪曲しているわけです。あたかも日本軍国主義の中国・朝鮮侵略は〃なかった〃、かに言いたがる傾向に似てというより、これがその先達でしょう。これを知らず、また指摘されても認めないとすれば、歴史の事実を無視するという点で、今日、日本軍国主義のアジア侵略の否認の土壌を形成する一端に通じるものとも言えましょう。

　『旧唐書』日本国伝は、「倭国」の存在を否認した〃日本史〃を述べた、〃多くの遣唐使〃を評して、「多く自ら矜大、実を以て対えず。故に中国、焉を疑う。」と述べています。つまりは「大和朝廷とその多くの遣唐使は、中国・唐が大和朝廷に先行して『倭国』と、古代以来連綿と交流を重ねてきたという歴史の事実を、尊大にも認めようとしない。したがってわれわれ中国・唐朝は、大和朝廷のいう〃日本史を疑う〃」と、その「万世一系のヤマト朝廷一元史観」に断を下しているのです。

　しかもこの遣唐使の多くは自分らが唐朝に述べた、肝心の日中の交流史にかんして、右の「次に用明」などのような間違いを、当該中国王朝の面前で平然と述べたてているのであってみれば、この姿を「実を以て対えず。故に中国、焉を疑う。」という方が当たり前でしょう。

③「日本は旧《もと》小国」

　以上、遣唐使の多くが述べた「一元史観の日本史論」たいして、先の「倭国自らその名の雅ならざるを悪《にく》み、改めて日本となすと。あるいはいう、日本は旧《もと》小国、倭国の地を併せたりと。」というのは、「倭国」を中国交流の先行国家・王朝という歴史認識に立つ唐・中国に対して、それを承認しその立場から、〝日本史〟を補足説明した遣唐使の言葉です。

この「倭国自らその名の雅ならざるを悪《にく》み、改めて日本となす。」というのは、まさに『隋書』俀国伝の検討で説明したとおりに、「邪馬台国」という中国側の蔑称を嫌って「倭国」自身が称したものである、ということです。さらにはその国号日本を僭称している大和朝廷は、〝実のところもとは「単なる一小国」に過ぎないものでしたが、「倭国」を併合した〟と説明しているのです。こうしてここに同じ遣唐使ながらも、「万世一系論」の立場に固執した者と、歴史の事実を認めた者との相異なる「ヤマト朝廷史・日本史」が、コントラストを以て簡明に記されているのです。

なお興味深いのは近世尊皇日本史論の先駆者のひとりで、戦後の通説が最大の権威と仰ぐ松下見林は、その著『異称日本伝』でこの「日本は旧小国、倭国の地を併せたり……」を今日の通説のように無視をせず、次のような解釈を述べているところです。

「此日本者似指日向国。倭国実指大和国。大和国旧日倭国。後改為大和国。神武天皇始在日向国。後平倭国。故日日本併倭国之地。」(『異称日本伝』、四七頁、発行兼印刷所、近藤活版所、明治三四年、一九〇一)です、つまりは「この日本は日向国を指すが似《ごと》し。倭国は実は大和国を指す。大和国は旧《もと》倭国と云う。後に改めて大和国となす。神武天皇、始め日向国に在り。後に倭国を平らぐ。故に曰く、『日本は倭国の地を併せたり』と。」。

これを『旧唐書』倭国伝ならびに日本国伝と対照しますと、通説的「万世一系論」の破綻が、その直接の先達によって鮮やかに示されているわけです。まず、この『旧唐書』の倭国伝と日本国伝があつかう時代は七〜九世紀であって、「神武の東征」時代とはまったく違っています。また日向国が日本と称されていたとか、昔近畿大和地方は倭国といったとかいう事実もないわけです。しかし重大な点は、八〜九世紀に遣唐使の一部が「日本」、すなわちここでは大和朝廷は、倭国が存在した時代(七世紀以前)には、「一小国」的勢力に過ぎなかった、と認める発言をしているわけです。

まさに「竹斯国より以東は、皆な俀(竹斯国)に附庸す。」と記した、『隋書』俀国伝中の〝近畿地方、小国論〟が、八世紀初頭の大和朝廷の遣唐使によって、同様に述べられているのです。そうした記載を松下見林は「神武の東征」説話をもちだし、すり替えながらも「日本国伝」の「旧小国」記載そのものは、無視しなかったわけです。

したがって戦前・戦後の通説が、この「ヤマト朝廷一小国」記載を平然と無視・否認する姿は、まさに白石が指摘するとおりに、「申しやぶり、破り捨てそうろう。」という姿・態度だということです。

④『日本書紀』の本質、唐への自己正当化

以上から『日本書紀』の編纂が七二〇年である意味も、明らかになるとおもいます。それは対唐朝・中国対策です。大和朝廷のいう〝日本史〟を、「その人、入朝する者、多く自ら矜大、実を以て対えず、故に中国焉を疑う。」と明言し、不信感を正面から表明している唐朝にたいして、全力をあげて自己正当化を急ぐ必要があったことは、当時の大和朝廷が唐・中国文化の吸収を、切実に必要としていた状況を考えれば、自ずから明らかでしょう。

ここでいう唐・中国文化吸収の切実性とは、律令作成云々ではありません。この点、「倭国」が先行国家であることも古田武彦氏が、『失われた九州王朝』ですでに明らかにされています。通説が愛好する〝帰化人〟も、ほとんどは本来「倭国」の知識人とおもわれます。それは「倭国」人には倭名とともに、唐名を称する風習があったらしいことは『日本書紀』孝徳紀の、「白雉五年」の遣唐使、高向史《ふびと》玄理にかんする記事から窺えます。そこに「倭国人」（後述）の「伊吉博得《いきのはかとこ》曰く」という分注があります。

その分注に「別に倭種・韓智興・趙元寶、今年、使人と共に帰れりという」（『日本書紀・下』、三二二頁）と奇妙な文章があります。すなわちヤマト朝廷の遣唐使とともに、「別に倭種、韓智興・趙元寶が共に帰った」というのです。この「倭種」とは「倭国人」でしょう。だから帰るべき国は、ヤマト朝廷の遣唐使と同じ船で海を渡る所＝国（北九州）となります。

実は古代琉球の支配層には、古くは唐名を名乗る風習があったことが指摘されています。同様に紀元前約一千年前から古代中国と交流したというにとどまらず、このはるかなる故郷が、中国大陸であるという新たな事実も明らかになり、「倭国人」の唐名問題はあらためて検討される必要がある、という問題も生まれています。この「倭人」の故郷問題は、水田稲作問題のところでふれます。

さて当時の大和朝廷が、唐・中国文化の習得を切実なものとしていた真の要因は、「倭国」を併合しても当時の大和朝廷とその官僚は、読み書きや東アジア的行政上の知識がきわめて不十分であったと考えられることです。それを示す例は『旧唐書』日本国伝に、次のように明確に記されてます。「真人、好んで経史を読み、文を属するを解し」、「得る所の錫賚《しらい》（＝中国人からの引き出物）、こ

とごとく文籍（書物）を市《か》い、海に泛《うか》んで還《かえ》る。」等です。この「経史を読み」という記事自身が、「こんど日本という新しい国から来た粟田真人という使者は、中国の史書や古典を読むことが好きらしい。しかも「文を属するを解し」とは、ひらたくいえば「読み書きができ、文章がわかるらしいぞ」という意味です。

「倭国」はすでに『三国志』魏志・倭人伝に、国書という高度の政治的文書の読み書きができる、とあったのですから、「日本国」と「倭国」の文化的差異は、雲泥の差というべきでしょう。しかも大和朝廷の使者は、中国での各種の引き出物等を、ことごとく書籍に変えて、「海に泛んで還える。」、すなわち書籍を船いっぱい積み込んで帰った、というのです。

歴代「倭国伝」にはまったく見られない、中国の書籍の収集に熱中する行為を、物珍しげに記述しています。まるで欧米文物に熱中する「文明開化」期の日本人と似た感じですが、その文明の落差の真の比較の対象は、中国よりは「倭国」なのです。「邪馬台国・近畿論者」等が、近畿地方は日本文化の中心というのですが、しかし、真の歴史の記録はそれとは正反対なのです。今日の近畿地方の古代文化遺産の多くは、大和朝廷成立以降のものであって、通説の近畿中心論はそれを『記・紀』で脚色し、観念論で「古代に遡及した」ものです。

したがって『日本書紀』編纂の動機と目的が、唐朝の説得と大和朝廷国家の歴史論的正当化にあり、『日本書紀』が全文漢文である理由の大きな動機も、やはりここにあるとおもいます。『古事記』はその準備であり、この過程で「倭国」史等の「倭国」文献の抹殺は、古代大和朝廷にとって必須の処置であることも判明します。もしそれが唐朝の手に渡れば、大和朝廷は苦境にたつことは明白です。先述のとおりに唐から、その「歴史」を疑われているのですから……。あわせて没落した「倭国」の知識人の買収、脅迫等がひろく横行したとみられます。

ハ　『日本書紀』の勉強会という怪

『日本書紀』の成立後、大和朝廷は『日本書紀』の勉強会、すなわち貴族相手に〝講書〟を、弘仁（八一〇年〜）から承和・元慶・延喜・承平・康保（その最後の年は九六七年）まで、約一五〇年間に何回も開催しています。

奇々怪々でしょう。真に大和朝廷が日本の唯一の統一王朝というのであれば、天皇家を支えて統一国家形成のために奮闘してきた貴族たちは、その過程を熟知していたはずです。そもそもそれほど古い歴史が事実というのであれば、七一二年成立の『古事記』や七二〇年成立の『日本書紀』以前に、正史も史書もないこと自身が不可解ですが、それにしても「万世一系論」が正しいのであれば、その貴族たちはその時代までの「万世一系の日本史」を、熟知していたはずです。

　それが一々集められて「万世一系の日本史」を学習する、さてはノートすなわち「私記」（弘仁私記が特に有名）まで綴って、それを勉強するという姿は、文字通り奇々怪々、きわめて不自然とおもいます。この謎が解けるのは『日本書紀』の日本史が、時の貴族たちには〝初耳〟のお話で、唐・中国等との交流の国家的見地から、今後、『日本書紀』を当家・本邦の今日に至る姿とすると言明され、貴族たちはその立場から熱心にノートなどをとって、約一五〇〇年間にわたって勉強したというのが、その真の姿とおもいます。したがって「平安時代等の古文書」式の文献は、それらの断片的遺物であって日本古代史探究の文献としては、基本的には信じるに足りません。

二『日本書紀』にみる「倭国」併合の痕跡

『旧唐書』日本国伝の「日本は旧《もと》小国、倭国の地を併せたり」という記述の奇妙さは、「旧小国が大国・倭国を併合した」というだけで、どういう風に併合したのか、「倭国」に内乱が起こり、その一部が大和朝廷と連合したとか、何かがなければ、「一小国」が当時、極東の大国であった「倭国」を併合できる道理がありません。

　ところがこの問題では古田武彦氏が『失われて九州王朝』等で、唐・新羅連合軍と百済問題で「倭国」が軍事対決の道をとり、ついに白村江の決戦で「倭軍大敗」から北九州への唐・新羅軍の上陸、倭国占領という事態に発展し、この中で「旧小国」の大和朝廷勢力が唐・新羅と通じたという点を指摘されています。まさにその通りであって、これをヤマト朝廷内部の争いに脚色したものが、いわゆる「壬申の乱」でしょう。

①「倭国」、白村江の大敗

　ここで「白村江の決戦」での「倭軍」大敗からその後の経過を、『日本書紀』『三国史記』等で一瞥して、古田氏の指摘の正当性を指摘したいとおもいます。まずは「白村江での倭軍大敗」です。

　1「倭船千艘、停《とど》まりて白沙（『紀』は白村江）に在り。」（佐伯有清氏編訳、『三国史記倭人伝』、新羅本紀、五〇頁。以下同様）。

　2「倭人と白江口に遭い、四戦して皆克ち、其の舟四百艘を焚く。煙炎、天を灼き、海水、丹《あか》く為《な》れり。」（前掲書、五八頁、『百済本紀』。『旧唐書』・劉仁軌伝に、同趣旨の記事あり）。

　3「天智二年（六六三）秋八月己酉（二八日）…大唐、便《すなは》ち左右より船（倭の軍船、引用者）を夾《はさ》みて繞《かこ》み戦う。須《と》臾《きのま》之際に、官軍（倭軍）敗続《やぶ》れぬ。水に赴きて溺れ死ぬ

る者衆《おお》し。艪《へ》舳《とも》廻《めぐら》施すこと得ず。」（『日本書紀・下』、三五九頁）

② 敗北以降

1 大敗の翌年（六六四）「天智三年、春二月……天皇、大皇弟《ひつぎのみこ》に命《みことのり》して、冠位の階名《しなな》を増し換えること、及び氏上・民部・家部等の事を宣《のたま》ふ。」（同書、三六〇頁）

2 天智三年（六六四）五月、唐の百済占領軍総司令格の劉仁願が、朝散大夫・郭務綜を日本に派遣。「表函と献物とを進《たてまつ》る。」（同書、三六一頁）。

3 天智三年（六六四）、一〇月に郭務綜帰国準備。「是の日に中臣内臣（鎌足）、沙門智祥を遣わして、物を郭務綜に賜ふ。戊寅に、郭務綜等に饗賜ふ。」（同書、三六一頁）

4 六六四年（天智三年）二月、「是歳、対馬嶋・壱岐嶋・筑紫国に、防《さきもり》と烽《すすみ》を置く。又筑紫に、大堤を築きて水を貯えしむ。名けて水城と曰ふ。」（同書、三六二頁）

右の記事は非常に不可解なものです。大敗の日を『日本書紀』にしたがって「天智二年（六六三）八月」とすれば、ヤマト朝廷がこの時代、真に日本の王朝ならば寸暇を惜しんで北九州方面をはじめ、本土の防衛策を急がねばならないはずです。現に、通説は無視していますが、『日本書紀』天智・天武紀の記事として北九州は、唐軍によって占領されています。「倭国」の滅亡にかんして述べるところで示します。

古代中国・朝鮮史料はおろか、大和朝廷の正史の記載までも「万世一系論」に都合が悪るければ無視するわけです。まさに「万世一系論」が危ぶまれるところでは、「申し破り、破り捨て候」という態度が、平然と採用されているとおもいます。本来『日本書紀』天智・天武紀にあるように、唐・新羅連合軍の北九州侵攻は、「倭国大敗」以後の必然的なり行きで、当然予測されたはずですから本当に当時、ヤマト朝廷が日本の政府であったならば、自己防衛のためにも緊急の北九州方面の防衛策がとられていなければなりません。

しかし、肝心の『日本書紀』天智紀は大敗の日から約一年半後（天智三年二月）に、のんびりと「是歳、対馬嶋・壱岐嶋・筑紫国に、防と烽を置く。又筑紫に、大堤を築きて水を貯えしむ。」というのです。

しかもそれは大水城一ヶ所だけで百万人に相当する労働力がいる、とされているものです。自分の首都一つないものが、敗戦の混乱と危機感あふれる北九州の一角で、「対馬嶋・壱岐嶋・筑紫国に、防と烽を置く。又筑紫に、大堤を築く」などなどの力、数百万の人々を動員する力など、どこにあるのでしょうか。

そのうえに『日本書紀』の記述の実際は、戦後、真っ先にとられるべき本土防衛策は何もいなく、措置の第一号は、「冠位の階名を増し換えること……」というのです。「国破れて山河あり」とは聞きますが、「国破れて祝賀あり。」とは聞いたことがありません。この記述そのものが当時の対唐・新羅軍との対決者が「倭国」であって、ヤマト朝廷はこの戦争で、唐・新羅に責任を追及される立場にはおらず、「倭国」滅亡を如何に自己にとって好都なものにするかに、全神経を集中させる立場にいたとすれば、2，3の郭務綜との約半年にわたる交渉記事や、その帰途には贈り物をし別れの宴まではっている記事の、現実的な意味合いが濃厚に浮かびあがってきます。

③「倭国」滅亡と郭務綜・筑紫～近畿往復記事

「日本は旧小国、倭国の地を併せたり」という、遣唐使の言葉の意味をもっともよく推測できるのは、まさにこの『天智紀』の先に引用した「冠位の階名」増設記事と、「郭務綜等に饗賜ふ。」分部の記載とおもいます。しかもこの記事の他に、当時の状況をさらに推測させる記録があります。それは『日本書紀』斉明紀の「五年、秋七月」の、「遣唐使派遣記事」にかかわる「伊吉連博徳書」への注（前掲書、三三八頁）として、『日本書紀』（岩波・日本古典文学大系本）の校註者があげる史料です。

それは相国寺の瑞渓周鳳が文明二年（一四七〇年）に著した、『善隣国宝記』（上巻、外交史）に記載されている文章で、「海外国記」と呼ばれているものです。この文章は『日本書紀』の校註者の説明からみても、これは逸文でその原著者という「春文」も事実上不明という、しかし、「その内容は詳細で、よるべき原史料が天平の頃にはまだ残っていたと思われる。」（『日本書紀・下』、五七七頁）とされている文章です。

これは実際は「倭国」文献と思われます。そもそも「伊吉連博徳書」の遣唐使は、「倭国」の遣唐使にかかわる記事であって、「倭国」文献からの『日本書紀』の撰者による盗作文と考えられます。これを確定するものは、まさにこの「海外国記」の次の内容です。

「海外国記曰、天智天皇三年四月、大唐客来朝。大使朝散大夫上柱国郭務悰等卅人、百済佐平禰軍等百余人、到対馬島、遣大山中釆女通信侶、僧智弁等来、喚客於別館、於是智弁問曰、『有表書并献物以不』。使人答曰、『有将軍牒書一函并献物』。乃授牒書一函於智弁等、而奉上。但献物検看而不将也。九月、大山中津守連吉祥・大乙中伊岐史博徳、僧智弁等、称筑紫太宰辞、実是勅旨、告客等、『今見客等来状者、非是天子使人、百済鎮将私使。……是以使人（不が脱落）得入国』」云々です。

つまり、対馬に天智三年四月にきた唐軍の使者郭務悰と新羅軍の代表にたいして、大山中釆女通信侶、僧智弁等が派遣されて、唐の使者等を別館に招き、国書と献物の有無を問い、唐・新羅の使者が「将軍からの公文書と献物がある」旨を伝え、その献物は「検看されなかった」が、その「公文書とその入れ物」は智弁等に渡された。

その後九月に、大山中津守連吉祥、大乙中伊岐史博徳・僧智弁等が、唐と新羅の使者に筑紫太宰の言葉として、「客等は唐の天子の使者ではなく百済占領軍の一介の将軍の私的使者に過ぎない」として、「倭国への入国は許されない」と告げているのです。

この「海外国記」は、非常に興味深いもので、本来「倭国」の文章であって、文中の「天智天皇三年」等は、後代の大和朝廷時代の原文改竄の挿入文とおもいます。

そもそも郭務悰等に対する態度が毅然としている点で、『日本書紀』天智紀のそれとはまったく別です。しかも「倭国」側の使者に〝大乙中伊岐史博徳〟の名があることです。『日本書紀』では「伊吉連博徳」と記されていますが、「伊岐史」の姓の「史」が「連」にかえられ、伊岐も伊吉にされていますが、この人物はそもそも「倭国」の人と思います。

この推測の是非はこの文章と、『天智紀』の先の郭務悰等の記事とを比較すれば、自ずから明らとおもいます。

それはこの「海外国記」の記事と、『日本書紀』天智紀の先の郭務悰の来朝記事とを月日ごとに並べると、二国併記になっているという点です。

1「天智三年四月に、郭務悰等、対馬嶋に到る。」、客等を別館に呼び文章を受け取る。(海外国記)

2「天智三年五月、(近畿大和に)郭務悰等着、「表函と献物とを進める。」(日本書紀)

3「天智三年九月、郭務悰等、筑紫到着、大山中津守連吉祥・大乙中伊岐史博徳、僧智弁等が派遣され、筑紫太宰(実は倭国)の辞として、「四月に客等が提出した書状を見るに客等は、唐の天子の使者ではなく、百済鎮将の私的な使者に過ぎない。」として、「入国拒否」を告げる。(海外国記)

4「天智三年、冬一〇月に郭務綜帰国準備。「是の日に中臣内臣(鎌足)、沙門智祥を遣わして、物を郭務綜に賜ふ。戊寅に、郭務綜に饗えたまふ。」(『日本書紀』、傍線は引用者)

以上ですが郭務悰等は筑紫と近畿大和とを、行ったり来たりしていることは一目瞭然でしょう。これが「天智三年(六六四)」時点での、「日本本土の二国併記」であることは否定の余地はないでしょう。このような『旧唐書』の日本本土の二国併記という、重大な記録を無視するのみならず『日本書紀』や「海外国記」という、〝日本の文献〟をさえも平然と無視して、「日本古代史」を語る神経を、どう考えればいいのでしょうか。

④唐の北九州占領支配

しかし、これだけではないのです。『日本書紀』天智紀の「六年（六六七）、一一月の丁巳の朔乙丑に、百済の鎮将劉仁願、熊津都督府熊山の県令上柱国・司馬法聡等を遣わして、大山下境部連石積等を筑紫都督府に送る。」（三六六頁）という、日本史にとって重大極まる一文があります。この意味は読んで字の如く「百済支配の総司令官の劉仁願が、熊津の都督府で熊山の県令上柱国の司馬法聡等を遣わして、白村江の決戦等で捕虜となった、山下境部連石積等を筑紫都督府に送りかえしてきた。」と云うものです。ところが『日本書紀』の校註者はこれに次のような注釈を加えています。

まずは「熊津の都督府」についてです。「唐が百済統治のために熊津に置いた行政府」（同書、三六六頁、上段の注一六）としています。正当な注釈です。ところが「筑紫都督府」にかんしては、「筑紫太宰府をさす。原史料にあった修飾がそのまま残ったもの」（同書、三六七頁、上段注二一）というのです。これは注釈ではなく肝心要の所で思考を停止し、真実を認めることを拒否するもの、という他はない態度ではないでしょうか。

通説の態度は、『旧唐書』の日本本土の二国併記や、「旧小国のヤマト朝廷が、倭国を併合した」と記されてもこれを無視し、驚くなかれ六六七年以降の「筑紫都督府」、すなわち唐が北九州を占領支配したことを示す用語ですが、字が読める者ならば間違い得ないように記されている、しかも大和朝廷の正史の記述をさえも平然と無視し、公然と「原史料にあった修飾がそのまま残ったもの」と、いわば〝とぼけて〟みせる姿を見れば、毎度みなれた光景とはいえ、その無責任な態度にあきれるおもいです。

⑤それは天武天皇承認で

この唐軍の北九州支配という日本史上での重大問題は、『日本書紀』天智紀の一片の記事に過ぎない、というわけには断じていかないのです。それを示すものが『日本書紀』天武紀の次の一節です。

「一二月に天命開分《あめのみことひらかすわけ》天皇（＝天智）崩《かむあが》りましぬ。元年（六七二）の春三月……・に、内小七位阿曇連稲敷を筑紫に遣わして、天皇の喪を郭務悰等に告げしむ。是に、郭務悰等、咸《ことごとく》に喪服《あさのころも》を着て、三遍挙哀《みたびみねたてまつ》る（声をあげて弔意を示すこと、三回が礼儀）。東に向ひて稽首《おが》む。……夏五月の辛卯《かのとのう》の朔《ついたち》壬寅《みずのえとらのひ》に、甲冑《よろいかぶと》弓矢を以て、郭務悰等に賜ふ。是の日に、郭務悰等に賜ふ物は、総合《すべ》て、絁《ふとぎぬ》一千六百七十三匹《むら》、布二千八百五十二端《むら》、綿六百六十六斤《はかり》。」（前掲書、三八四頁）。

これもまた日本史にとって重大な記事ではないでしょうか。天武元年（六七三）とは「白村江」での「倭国」

大敗から十年目です。なのになぜ、何のために唐の郭務悰等が、筑紫にいるのでしょうか。これが第一です。次は天智がなくなったと、〝使者・内小七位阿曇連稲敷を筑紫に派遣し知らせた〟ということは、「白村江の決戦」以降の大和朝廷は、郭務悰等の唐軍が筑紫に進駐、駐留している事実を承知していた、ということでしょう。いったいなんのための駐留であり、〝日本の国王・大和朝廷〟は、その長期の外国軍の筑紫進駐をなぜ、容認していたのでしょうか。まるで〝安保条約〟のようではありませんか。これが第二です。最後が、天武天皇の郭務悰等への「賜りものの莫大さ」という問題です。『記・紀』では朝鮮諸国はいうまでもなく、三世紀の呉をさえも「貢奉る」と書く尊大さです。それがこの郭務悰等への贈答記事は、破格におもえます。

この三点を見れば、郭務悰等の筑紫進駐・駐留目的は、第一に「倭国」権力の解体であり、これは第二に「天智と唐軍・郭務悰等間の確認事項」であり、それが達成されつつあることへの感謝の表明が、この莫大な贈答記事と思われるのです。つまりは「日本は旧小国、倭国の地を併せたり。」という、『旧唐書』日本国伝の、八世紀初頭以降の遣唐使の一部が公言している内容こそは、日本史の事実であることを、『日本書紀』天智・天武紀が記しているわけです。こうした日中の一致した「倭国」の滅亡と、大和朝廷の台頭という重大な記事を無視して、「日本古代史」と銘うっても、それは明治以降の憲法規定に合致しても、事実を探求する学問と同列におくことは不可能でしょう。

「倭国・非大和朝廷論、白村江の決戦による滅亡」という見地は、古田武彦氏の『「邪馬台国」はなかった』を内容的に継承している、『失われた九州王朝』によって先駆的に提出された見解ですが、それは日中史料によって明確に指摘しうる、いわば文献的事実です。古田氏の提唱以来約四〇年間が経過しても、氏の偉大な見解は野ざらしという姿とおもいます。しかし、これは古田武彦氏が悲しむべきことか、それとも日本の知性の不名誉かを問えば如何でしょうか。しかも昨今、ふたたび国家神道の復権の動きが強まっている時にです。

六　八世紀　〝日本の国境〟

さきに述べた『旧唐書』日本国伝に、「またいう、その国の界《さかい》、東西南北各々数千里あり、西界南界は咸《みな》大海に至り、東界北界は大山ありて限りをなし、山外は即ち毛人の国なりと。」とありました。これは八世紀初頭に唐朝にたいして、大和朝廷の遣唐使が述べた「日本の国界（国境）」です。つまりは近畿地方にたって南と西の方面は大海にいたるまで、すべて大和朝廷の領域だという前半にたいして、北と東には大山がありその向うは「毛人の国」、すなわち非支配地だという意味です。この遣唐使の言は、南と西は「倭国」の滅亡によって確認できます。しかし北と東にかんしては、今日の「万世一系史観」の通説的日本史とはまったく異なっています。

そもそも北と東の大山とはどこでしょうか。北は日本アルプス、東は箱根でしょう。八世紀初頭において近畿大和の、〝北の大山と東のそれの外側は、大和朝廷の支配の領域ではない〟というのです。もちろん通説は言下に否定するでしょう。ところがこの記事を考えるのに実に参考になる、通説の権威である二人の学者の研究と、この他にこの記述を立証する考古学的出土物があるのです。

欧米・中国等の考古学では文献記載が考古学的出土物等によって実証されれば、その文献記載は事実を記したものとされています。これこそが歴史学における真の科学的実証主義でしょう。あまりにも当然の事ですが、これが日本古代史学においてはまったく通用しない点、これまで縷々指摘してきました。

さて、まず二人の学者の研究です。その一つは、上田正昭氏の『日本古代国家成立史の研究』（青木書店、一九八二年、初版）の、「五世紀の縣《あがた》および縣主の全国的分布表」（同書、一三七頁、下図1）です。二つは青木和夫氏（『日本の歴史・3』、中公文庫、一九八六年、二二版、掲載）の、「十世紀の人口分布図」（同書、一八頁、次頁図2）です。まず「十世紀の人口分布図」ですが、これは「平安初期の弘仁式や延喜式に規定されている各国別の出挙稲《すいことう》、つまり稲の強制貸し付け額をもとにして、その額にみあう各国別の人口を推計したもの」とされています。

「十世紀の人口分布図」を見ますと、「陸奥・奥羽・飛

図１　上田正昭氏作成図
五世紀の縣および縣主の全国分布図

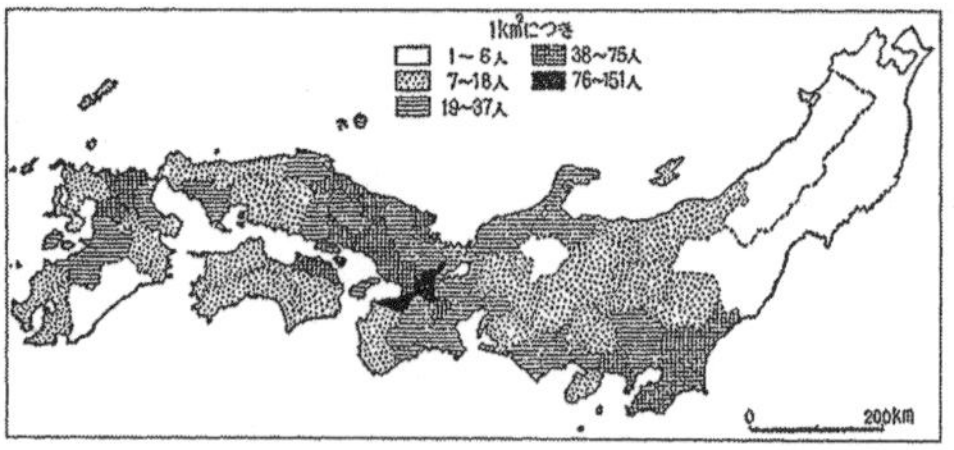

図2　青木和夫氏作成図　十世紀の人口分布図

驛・日向」の人口が空白です。青木氏はこれについて、「蝦夷、隼人が……中略……久しく大和の朝廷に抵抗した。」（前掲書、一九頁）とされています。ここから八世紀はおろか十世紀に至っても、東北地方は広く〝毛人の国〟だったことがわかります。次に上田正昭氏の「五世紀の縣および縣主の全国分布図」です。

上田氏は同書の「縣の範囲と内容」で、「『延喜式』までの古文書にみる縣ないしは縣主から見つめよう。」と、『記・紀』『続日本紀』『三代実録』等の諸文献に登場する縣を「倭・畿内」（畿内を倭というところに氏の日本史観がある）、「東海道」「東山道」「山陰道」「北陸道」「山陽道」「西海道」「その他」に分類して、その地域の「縣」数を示されています。その第一位は九州・西海道で二三、次の畿内は『神武紀』さえも計算にいれて一八で、九州が畿内を圧倒しています。氏は縣および縣主の分布状況にかんして、「東限を尾張・美濃より北陸道の三国までとし、西日本に濃密にみられる。」（前掲書、一三六頁。傍線は引用者）とされ、その理由を、「東国経営が五世紀に入ってよりさかんになるのに対して、西日本に集中するのは、五世紀以前のヤマト王権の拡大経過を反映したと思われる」としています。

氏のこの縣・縣主分布の研究は意義あるものと思われますが、この分布の真の日本史的意味は、この分布範囲は七世紀までの「倭国」の領域を示すものと考えます。八世紀の大和朝廷はこの「倭国」の領域を、〝たなぼた〟式に頂戴しただけであって、したがって「近畿地方」の〝北と東の大山の向う側〟は、「毛人の国」であったのです。そうして〝東の大山〟とは箱根と考えます。すなわち箱根以東は七世紀以前には、「倭国」には属さない広く独自の世界であったのです。

埼玉県武蔵稲荷山古墳・鉄剣銘文と通説

これを実証するものが、一九六八年、埼玉県教育委員会の調査団によって武蔵稲荷山古墳から発掘された鉄剣と、それに刻まれていた一一五の黄金文字の発見（奈良県・元興寺文化財研究所）です。この発見は発掘以降、約一〇年後の一九七八年です。

この鉄剣の真の姿を明らかにされたのが古田武彦氏（『古代は輝いていた・Ⅱ』、第六部、「第一章、稲荷山鉄剣銘をめぐって」、朝日新聞社、一九八五年、第一刷）です。しかも氏の見解は『旧唐書』日本国伝の〝国界〟記事と完全に一致するばかりか、皮肉なことに上田正昭氏の先の図を、氏らの史観や時代観を超えて実証する結果となっています。

この黄金銘文は鉄剣の表裏に記され、その表に「辛亥の年、七月中に記す」とあり、これにかんして四七一年説と五三一年説があります。通説はこの鉄剣を雄略天皇に捧げられたものとして、五世紀説をとっています。しかし干支なので通説の時代観に、根拠はないというべきとおもいます。しかしまずここでは、この剣は雄略天皇に捧げられたという通説の主張の無根拠ぶりを、古田氏の指摘にしたがって述べます。

この鉄剣の裏面に記される記載を通説は、「……其の児の名、ヲノワケノオミ、世々、杖刀人《じょうとうじん》の首《かしら》と為《なり》て、事《つか》へ奉り来たりて、今に至る。獲加多支鹵《ワカタケル》大王の寺（役所）、斯鬼宮《しきのみや》に在る時、吾、天下を佐治す。この百錬の利刀を作らしめ、吾、記し奉事する□□なり。（□は未解読）」と読んで、大王名を「ワカタケル」として、これを五世紀の雄略天皇（諱、〝おおはつせのわかたけ〟）にあて、「大王の寺、斯鬼宮に在る時……」を近畿大和の磯城とするのです。しかしこうした通説の見解は、それを決定づける根拠が皆無であるばかりか、それへの決定的反証はぞろぞろ出てくるという性格のものなのです。

そもそも鉄剣には「辛亥年七月中記す」とあり、これを四七一年、または五三一年とする通説の立場を採用すれば、この銘文は『記・紀』の成立よりは、はるかに古い時代の文字の記録（金石文）であって、『古事記』『日本書紀』に勝る、まさに「歴史は書きかえられる」というにふさわしい考古学的出土物ということになります。したがってこれによって『記・紀』を検証しえても、『記・紀』によってこれを解釈するなどは、真の実証主義的歴史学のあからさまな否定となる、という性格の出土物です。

さてこの鉄剣銘文ですが、まずはこの剣をささげた「乎獲居臣《おのわけのおみ》は、鉄剣に「吾、天下を佐治す。」という大変な文言を刻んでいます。人間、こうした埋葬用の鉄剣にウソを刻む者はいないと思われます。この「佐治天下」とは、たとえば『三国志』魏志・倭人伝に、「有男弟、佐治国」（男弟有り、佐《たす》けて国を治む。）とあるとおりに、〝王にかわって天下を治める〟という意味です。古田氏が指摘されるように『雄略記・紀』に、「雄略に代わって天下を治めた人物がいた」とか、関東の人物に天下を治めさせたなどの記述はないでしょう。つまりこれは、この鉄剣をささげた「乎獲意臣」という人物は、ヤマト朝廷とは無関係の人物であり、その剣をささげられた「大王」もまた、ヤマト朝廷とは別の存在だということです。

こうして関東から、ヤマト朝廷とは別に「大王」と明記されている者が存在していたことを示す出土物、すなわち通説の「ヤマト朝廷一元史観」を完全に葬る、物的証拠が出土しているわけです。しかし通説は、それを一致して歪曲・否定し、そのために『記・紀』の記載自身をさえ、無視・歪曲するのです。毎度のこととはいえ恐れ入ります。以下その点を検証しましょう。

先ずはじめに鉄剣銘文解読にあたっての、通説の日本語文法無視という問題をとりあげます。これも古田氏が先の著書で指摘されていることですが、通説は平然としてその無視を続けています。通説は鉄剣の王名を「ワカタケル大王」と読んで、雄略天皇に当てるわけです。しかし問題は、「ワカタケル」は人名ではないという点です。古田氏がいわれるとおりに、「ワカタケル」とは、「若い」と「猛・武」(強者、英雄)をくっつけたものに過ぎず、「若い英雄・強者」では、名ではないでしょう。

武家時代の言葉でいえば「若殿」、商人の言葉では「若旦那」と同じ性格の言葉です。日本語文法では、これが人名や特定の人物を示すためには、「タケル」の前に、部族や地域を特定する言葉が必要です。例えば「クマソのタケル、イズモのタケル」です。雄略天皇の諱は「オオハツセノワカタケ」(大泊瀬幼武)であって、きちんと「大泊瀬」という地名がついているわけです。人間、埋葬用の剣の銘文に正規の人名を記さないとか、「ワカタケル」の上の部分を忘れるなどということは、あり得ないというべきです。したがって鉄剣銘文で王名を「ワカタケル」と読むことは、〝読みになっていない読み方〟だ、ということです。古田氏は大王名、〝カタシロ〟を提案しておられます。

最後が、銘文の「大王の寺(役所)、斯鬼宮に在る時を獲て……」の「斯鬼宮」を、通説は〝大和の磯城〟と称するのですが、これも成立しないという点です。通説は国民に専門家の肩書きで、〝本当らしく見えること〟を並べているのですが、そもそもヤマト朝廷の天皇個々の「宮」に〝磯城宮〟という名の「宮」はなく、磯城に宮があっても、〝磯城の○○宮〟という形式になっています。例えば二八頁上段記載のとおり崇神天皇は「磯城の瑞離宮」、欽明天皇は「磯城嶋の金刺宮」です。しかも通説があてる雄略天皇の「宮」は、「泊瀬《はつせ》の朝倉宮(『紀』)」「長谷《はつせ》の朝倉宮(『記』)」であって、「磯城宮(斯鬼宮)」ではないわけです。

そのうえに通説にとってまったく困ったことに、関東にも「シキ」という地名はあるという事実と、この古墳から約二〇キロのところに、古田氏の調査によって「シキミヤ」があることが指摘されています。それは栃木県藤岡町大前神社で、その境内には「『大前神社、其の先、磯城宮と号す』という一文をふくむ、明治一二年建碑の石碑が現存する。」（『古代は輝いていたII』、二九八頁）とあります。

その後、何者かがこの石碑の撤去をしようとしたということも聞こえてきました。事実であれば「ヤマト朝廷一元史観死守」の見地から、その客観的証明になりかねない物（事実）そのものを、〝消去〟しようということです。それは民族の歴史の事実をさえも無視・蹂躙して憚らない、おそるべきものです。

こうして『旧唐書』日本国伝での、八世紀の大和朝廷の遣唐使がいう、「東界北界、大山ありて限りをなし、山外すなわち毛人のくになりと。」とあるのは事実の日本史だ、ということです。中国での遣唐使のこうした重大な発言記録があり、現に右の稲荷山古墳からの鉄剣銘文に〝関東の大王〟の存在を示す、考古学的出土物という実証がありながらも、これを故意に無視して『古事記』『日本書紀』の史観に固執し、これを〝学問的基準とする〟態度は、到底、事実にたって真実を探求する学問とは、異なるものという他はないとおもいます。

第六章　〝日の丸・君が代〟の真実

さて指摘したように国号・日本を最初に称したのは、ヤマト朝廷ではなく「倭国」であって、その動機は、五世紀以降の中国人が卑弥呼の首都・「邪馬一国」名を、最低を意味する「邪馬台国」と称したことへの抗議と反撃としてでした。

大和朝廷が称した「日本」は、さきに指摘した『唐書』日本伝に、「日本使者自言、国近日所出以為名、或云日本乃小国為倭所并、故冒其號」（日本の使者自ら言う。国日出る所に近し、以て名と為《な》す。あるいは云う。日本はすなわち小国、倭の所を併せる。故に其の號（日本）を冒す。）とあるように、〝「倭国」が最初に号した国号を、「倭国」併合後に、自ら称したに過ぎないもの〟です。問題はここを明らかにせず国号「日本」をかかげ、「日の丸」掲揚でこれへの〝愛国心と誇り〟を強要する態度は、日本民族の真実の歴史の否定だ、という点です。またここを明らかにせずに「おしつけ反対」を云うだけでは、〝理が通らない態度〟といわれても仕方がないでしょう。

一　〝九州年号〟をともなう国号「日本」

古代中国文献につづいて〝日本の文献〟をとりあげます。『八幡宇佐宮御託宣集』（重松明久氏、校注訓訳、現代思想社、一九八六年、以後『御託宣集』という）という史料です。これは宇佐神宮の祠官で辛島氏についで古いといわれる、大神氏の出という神吽《じんうん》（一二三一～一三一四）が、約二四年の歳月をかけてその死の前年（一三一三・正和二年）に、校了したという文献です。

源平合戦に際して豊後の武士緒方惟栄・惟隆らにより宇佐神宮焼き討ちが行われ、古文献も奪取されたといわれ、これを神吽が復元を図ったものといわれています。その際「倭国」とヤマト朝廷との〝習合〟をはかったとみえ、『風土記』風に説話の冒頭に、一々天皇の治世年代・

○○年などと記している史料でもあります。

この史料の重みにかんして一語すれば、『記・紀』の神武紀に一回だけ登場する宇佐神宮ですが、「日本の神社で、天満宮と共に八幡宮ほど信仰を集めた神社はなく、とりわけ八幡は全国一一万社中四万余社があるとみられ、最大の分社をもつ神社である。」と、中野幡能氏は、その著『宇佐宮』(一頁、吉川弘文館、一九九六年、新装版第一刷)で指摘されているところです。同様の指摘は、この他に島田裕己氏著の『なぜ八幡神社が日本でいちばん多いのか』(幻冬舎新書新刊、二〇一三年、第一刷)の表題にも見られます。この八幡神社は天満宮(太宰府)とともに、その創祀の地は九州で八幡神社の本社は大分県宇佐市(宇佐神宮)です。おおよそ通説の日本古代史学では重視されない土地柄です。

しかし、ここは「倭国」時代の首都圏です。宇佐神宮は今日、応神天皇や神功皇后と関係づけられていますが、これは大和朝廷確立後の姿であって、最大の問題は北九州に本社をもつ神社は「倭国」時代以来の存在で、後述する水田稲作の東進＝「倭国」の東進のなかで広く信仰を集めていていたが故に、今日も宇佐神宮は日本一、天神社(太宰府天満宮)が伊勢信仰に次ぎ全国第三位、お稲荷さまが第四位で、この他に住吉神社、これらを合計すれば「倭国」が本社または発祥地の神社が、神社信仰で断然、日本一という状況です。

この点『なぜ八幡神社が日本でいちばん多いのか』の表紙に記される、日本全国「最強一一神社」のうち、「倭国」関係が四神社(八幡、天神、稲荷、住吉)、これに準じるものが出雲で、その他の諏訪・白山を除けば、大和朝廷関係が伊勢、春日、祇園の三つですから、「倭国」関係が圧倒的な信仰を集めていることがわかります。しかも伊勢・春日・祇園も「ひも解けば倭国の影がさす」存在であることは、水田稲作の〝東進〟でふれます。これは当たり前のこととおもいます。古代日本文化を形成・推進したのは、「倭国」だからです。

さて前置きがながくなりましたが、この『御託宣集』に、「香椎宮の縁起に云く、善紀元年、大唐より八幡大菩薩日本に還り給ふて見廻り給ふに、人知らざるの間、御《おん》住所《すみか》を求め給ふて筑前国香椎に居住し給ふ。その後、新羅国の悪賊発《おこ》り来って、日本を打取らんと為《す》る日、乍《たちまち》に胎《はら》に入り奉る四所の公達、当月に満ち給ふに依って、白石を取り給ふて、御裳の腰に指し給ふて云く、若し是の石験《しるし》有らば、我が胎《はらめ》る子、今七日の間生まれ給はざれと。

我が石神に祈誓し奉り給ふて合戦し給ふに、既に戦い勝って還り給ふ。石に験有って、七日を過ぎて四所の公達生れ給ふて、穂浪郡(福岡県嘉穂郡大分村)の山辺に集り住み給ひて後、各の御住所を求め給ふて移住し給ふ。故に大分宮と、名づく。件《くだん》の白石の御正体は、尚《なお》大分宮に留め給ふ。是の如き間、聖母大帯姫並びに四所の公達、併《なら》びて日本我が朝を領掌し給ふ。……」（同書、八六頁。傍線は引用者）という記事があります。なお大分八幡宮は、古来、肥前千栗宮、肥後藤崎宮、薩摩新田宮、大隅正八幡宮とともに、日本五所別宮、古くは太宰府の役人が祭祀を司ったといわれます。

イ　年号〝善紀〟と日本・大帯姫

ここには通説が〝私年号〟とよぶ、大和朝廷には存在していない年号〝善紀〟とともに、〝日本〟が繰り返され、「日本我が朝を領掌し給ふ。」という不思議な記述があります。しかもその八幡大菩薩とともに、〝大帯姫《おほたらしひめ》〟とあり、その子供は四人と記されています。まず〝年号・善紀〟から見ていきます。

通説が私年号と称する大和朝廷にないこの年号に関して、先に述べた申叔舟の『海東諸国紀』には、国家年号として「継体天皇・応神五世の孫なり。名は彦主人《ひこうし》なり。元年は丁亥《ていがい》。一六年壬寅《じんいん》、初めて年号を立てて善化となす。五年丙午《へいご》、正和と改元す。六年辛亥、発倒《はっとう》と改元す。」（田中健夫氏訳注、『海東諸国紀』、六三頁、岩波文庫、一九九一年、第一刷、傍線は引用者）と明記されています。しかも、以後連綿と年号が記されて、「大長」、すなわち文武天皇五年の「大宝元年」の直前まで、連綿と指摘されているのです。興味深いのはこの「大長」の前に「大和」があることです。

これは通説の大和朝廷の年号とは、まったく違っています。通説では「日本の年号」は「大化」（孝徳天皇の元年・六四五年）が最初で、その後は白雉（孝徳）、朱鳥（天武）があり、一貫した年号制の確立は、文武天皇の〝大宝元年（七〇一年）〟からということです。

ところが、『海東諸国紀』ではこれはまったく違っているのです。一国の首相格の人物の申叔舟が、根拠もない〝私年号〟を羅列するでしょうか。この大和朝廷にはない年号問題を、あらためてとり上げられたのが、古田武彦氏の『失われた九州王朝』です。そこには明治政府確立以前、江戸時代には、この年号研究も大変盛んだったこと、そうして本居宣長の弟子の鶴峯戊申《つるみねしげのぶ》の、『襲国偽僭考』（「熊襲が王朝を僭称した」の意。こうした形で「倭国」の存在を承認）という著書で、「九州年号」を考察して「今本文に引所は、九州年号と題したる古写本によるものなり。」としている点をあげられ、「九州年号」という概念が、江戸時代、あるいはそれ以前からのものであることを、指摘されています。

まさに明治以降に「消された年号」でしょう。古田氏は同書で丹念に探究されて、この「九州年号」は実は、「倭国」年号であるとされました。古田氏の探求の正当性をまさに証明しているものが、ここに引用した『御託宣集』の先の一文でしょう。この〝善紀〟は、重松氏の本文上段注「九」（同書、八六頁）によれば、「継体天皇壬寅（五二二年）を善紀元年とする説（濫觴抄）……がある。」とありますので、『海東諸国紀』では「善化」とあったものが、日本側の諸文書には「善紀」としたものがあった、ということとおもいます。

ロ 大帯姫《おほたらしひめ》と気長足《おきながたらし》姫《ひ》尊《め》

さてこの五二二年、善紀（化）年号に八幡大菩薩・「大《おほ》帯姫《たらしひめ》」が登場しています。『御託宣集』の八三頁に「大帯姫——八幡」として、「八幡は吉住を父となし、香椎を母と為《な》す。」とあります。つまりこの八幡は北九州産です。すでに引用で述べたように、この大帯姫《おほたらしひめ》は新羅と戦うにあたって、石で腰を締めつけてその出産をのばし、勝利したのちに四人の子供（公達）を出産したとあります。

これを読めば『日本書紀』神功皇后紀をいやでも思い出すでしょう。その諱は「おきながたらしひめ」です。すなわち「おおたらしひめ」と「オキナガたらしひめ」です。

『日本書紀』の「オキナガたらしひめ（神功皇后紀）」には、その新羅遠征に際して「時に、適《たまたま》皇后の開胎《うむがつき》に当たれり。皇后、則ち石を取りて腰に挿《さしはさ》みて、祈りたまひて曰《まお》したまはく、『事竟《ことを》へて還《かへ》らむ日に、茲《ここ》に産《ほとり》れたまへ』とまおしたまふ。其の石は、今伊都県の道の辺《ほとり》に在り。……中略……一二月の戊戌《つちのえいぬ》の朔《ついたち》辛亥《かのとのゐのひ》に誉田天皇を筑紫に生《あ》れたまふ。」（『日本書紀』上、三三六頁）とあります。

まさに両者は同じ話です。ではこの話の発生源はどちらでしょうか。今日、通説でも「仲哀・神功皇后紀」の史実性を、否定する傾向があります。しかしきわめて興味深いことに、この『神功皇后紀』のさきの引用文に続いて、「新羅の王、遙かに望《おせ》りて以為《おも》へらく……中略……『吾聞く、東に神国あり。日本と謂ふ』（『吾聞、東有神国。謂日本』）……」（『日本書紀・上』、三三八頁。括弧内の漢文は『日本書紀』原文、傍線は引用者）という文言があります。

これにかんして『日本書紀』の校註者は、「補注１６‐九」（『日本書紀』・下、五四〇頁）で、長々と注釈をのべていますが、朝鮮史料に登場する「日本、日本貴国、日本天皇」という文字表現を、要はこれらの百済関係の史書の成立が、「七世紀になってからという証拠があり、また書紀がこれらの史書を原文のまま引用したか否かの疑いも濃い。」とし、さらには「欽明二年四月条以後、しばしば日本府の文字を使い、日本（府）執事、日本府卿・日本府臣の語もあらわれる。しかし、末松保和によれば、この日本府の文字も、ヤマトノミコトモチの誤字に過ぎず、当時実際に用いられたものでないと考える。」（同書）とし、注釈して「けだし日本という国号は大化以降に定まったものと考えられる。」としています。なお、引用の「……東に神国あり……」の東は、『日本書紀』の編者等の方角変更記載と考えます。

さてしかし、「倭国」が大和朝廷に先行して存在し、そこに「倭国」年号、すなわち「九州年号」が存在し、また宇佐神宮が「倭国」の大社の一つであれば、その伝承の書に「倭国」年号〝善紀〟（善化）をともなう記事が存在しても、いささかの不思議も不自然もありません。そうして「倭国」の実在を証明するのが、さきの説話それ自身です。

ハ　〝日本〟は「倭国」の国号

先の宇佐八幡の大帯姫にかんする説話の歴史的な意味は、この説話は北九州を舞台にしたもので、しかも引用文に見るように九州を一歩も出ていないという点です。その第一は、八幡大菩薩の「日本帰国」後の住家が、「筑前国香椎」と明記されていること、第二に新羅との戦勝後に、四子を出産した場所は「穂浪郡」、それは「福岡県嘉穂郡大分村」とあって、その後、それぞれの住家に分散したとあり、一子は箱崎、一子は大分村、一子は香椎、一子は穂浪郡の多宝塔の分身（同書、八七頁）と記されています。すなわち大帯姫もその四人の子供も、九州を一歩も出ていないわけです。にもかかわらず「聖母大帯姫並びに四所の君達《きんだち》、併《なら》びて（一緒に）日本我朝を領掌し給ふ。」と書いています。

この「日本我朝」とは、明かに今日の日本ではなく、その首都を北九州におく日本、すなわち「倭国」でしょう。したがって古田氏が正当にも指摘（『失われた九州王朝』等）されているとおり、百済関係史料等に登場する「日本・貴国・日本天皇」とは、「倭国」の王朝をさす語です。文字通り「倭国自らその名の雅ならざるを悪み、改めて日本となすと。」（『旧唐書』日本国伝）とある「日本」です。したがって「神功皇后紀」の先の引用文の、「吾聞、東有神国。謂日本。」は、本来「吾聞、東南（ないしは南）有神国。謂日本。」が本来型とおもいます。なおこの百済関係史料の「日本、貴国」にかんしては、あらためて後述（二六八頁参照）します。

以上の考察からは重視すべきは、『古事記』『日本書紀』の「神功皇后」記・紀が、「倭国」文献を利用して〝創作〟されているという点です。これは「仲哀記・紀」をはじめ、天智の前以前の記事についても、同様と推測されます。しかも、この『御託宣集』には、「応神天皇は女帝」と明記されています。驚くべき記事です（後述・二四九頁下段～二五〇頁上段参照）。

以上からは国号・日本は「倭国」が初めて称したものであって、「日の丸」の真の由来もここにあるということです。ここを伏せた「日の丸」論は、日本民族の真の歴史を伏せたもので、真の愛国心に反する「日の丸論」ということです。

二 「君が代」について

「君が代」の歌詞は、「倭国」王朝賛歌であるということを明らかにされたのも、古田武彦氏（『君が代は九州王朝の賛歌』《「市民の古代・別巻2」、新泉社、一九九〇年、第一刷》）です。「王朝賛歌」などといいますと、なかには眉をひそめる人もいますが、それは「ヤマト朝廷一元史観」で教育されてきた結果でしょう。正常な〝多元史観〟にたてば多くの部族的国家や、日本全国を支配するには至らない、複数の国家的勢力が併存する時代、あたかも戦国時代の武家が〝わが殿〟をたたえるように、〝王賛歌〟があるのは当たり前のことです。ヨーロッパや古代中国はもちろん、琉球王朝が出現する以前の沖縄は、琉球全域を支配する段階に至らない、三つの王国、北から「北山・中山・南山王国」の時代であって、その時代の琉球歌をあつめた沖縄の『万葉集』といわれる、『おもろそうし』を見れば実に多くの「王賛歌」が記されています。

それはそもそも国家とは、部族に基礎をおく原始都市を土台に都市国家群として誕生し、それらの各部族間の集合・対立を経て、成長するものである以上、優れた統率者がその国民から敬愛・尊敬をもって迎えられるのは、当たり前のことです。

ただしそうした背景を持たない大和朝廷に、部族民的＝国民的王賛歌などあり得ないのは、その〝歴史〟のしからしめるところです。『万葉集』には「倭国・九州王朝」時代の詩歌が収録されている点にかんしても、古田武彦氏の貴重な研究があることを述べておきます。以上にたって古田氏の『君が代は九州王朝の賛歌』を、正当と考える根拠にかんして私なりに述べます。

古田氏は「君が代」の歌詞の本籍は、志賀島の海神社の社祭の「第四部・山ほめ祭り」の神楽歌にある「君が代」で、これが今日の国歌の「君が代」の元歌とされています。

さて是非簡略にでも指摘しておきたい点は、この志賀島・海神社の祭のあらましです。古田氏によればそれは「第一部～第四部」まであり、第一部は大祓の祝詞で、これは筑紫がいわば原産地と古田氏は指摘されています。第二部は「八乙女の舞い」で、舞手八人は祖先代々一定の家に限られているといいます。私見では古代巫女の家系で、卑弥呼に仕えた〝婢女千名〟(「魏志」倭人伝)のうちの、上流家系の系統かとも思います。第三部は「今宮社の〝闇のお祭り〟」で、かって日本中にあった「夜の祭」の源流かといわれています。次がいよいよ「第四部、山ほめ祭り」です。ここに「君が代は、千代に八千代に、さざれいしのいわおとなりて、こけのむすまで。あれはやあれこそ我君御めしの御舟かや。」等々という、神楽歌が登場するのです。

イ　歌詞「君が代」は、「倭国」文化の結晶

古田氏はこの「君が代」を「倭国王賛歌」とされ、今日の「君が代」の歌詞のそもそもとされました。その根拠として歌詞「君が代」は、博多・糸島郡などの地域の遙かなる古代文化から、形成・誕生したものであるとされて、次の諸点をあげておられます。

それは「君が代」を形成する基本的な歌詞、すなわち「千代」、「さざれ石」「巌」「苔むす」に対応する地名と神社群が、この地に集中して存在していること、第二にこの歌詞がきわめて古いことです。

これに対して二松学舎大学教授(教育学部)の溝口貞彦氏が、「『君が代』九州王朝賛歌説批判——志賀海神社の神楽歌に寄せて」(『新・古代学』、第七集、「新・古代学」編集委員会、新泉社、二〇〇四年)を発表されて、古田説を「大胆な仮説と脆弱な論拠」とされました。溝口氏の古田説批判の中心は二点です。

その一つは、「八千代」の語は「九州王朝時代には存在しなかった」という視点(『新・古代史学』、五四頁)からの、古田説への否定的批判です。氏は「『万葉集』と『古今集』とでは、用語や歌い方が違っていることは広く知られている。『君が代』の歌はどう見ても、万葉集より後の作と思われる。古い時代のものとして提示された本で、その時代に使われていないはずの用語がつかわれていれば、その本は偽書とみなされる。私は前に、『万葉集』で『八千代』の語がつかわれているかどうかを調べたが、用例が見つからなかった。『千代に』とか、『萬代に』の語は多用されていたが、『八千代に』の語は語られなかった。それは『八千代に』の語は、『古今集』になって出現した新しい用語であることが分かった。古田氏は、『君が代』が九州王朝時代、さらには三世紀以前から使われていたというが、そのような古い時代に「八千代」の語は使われていたとはとうてい考えられない。

この一点だけでも、古田『君が代』九州王朝讃美説は、偽説であると断定しうる性質のものである。」(前掲書、五七頁)というものです。これへの批判的検討を「批判一」とします。その第二は、「さざれ石の巌となって」という

歌詞への、溝口貞彦氏独自の見解からの古田説批判です。これへの批判的検討を「批判二」とします。

ロ「古田説批判・その一」への批判

さて溝口氏は、「地名・神社の祭神・君が代歌詞構成説」の古田説を批判されて、「それは奈良に仏教寺院が多いから、仏教は奈良で発生したというに等しいもので、話にならない。」と、いわば一刀両断の勢いです。しかし、この勢は氏の次の言葉でたちまち座礁するのです。曰く「千代＝地名説では、こうした『君が代は、千代に八千代に』の解釈が、できなくなってしまうのではないだろうか。」（前掲書、五五頁）。

しかし溝口氏自身が、「志賀海神社の祭神安曇磯良とその神楽は、西田長男氏が『神楽歌の源流――安曇磯良を中心として』の論文にとりあげて以来、広く知られるようになった」（前掲書、五七頁）といわれています。であればそこにある「筑前国香椎宮志賀白水郎ノ風俗ノ歌」を、溝口氏はご存知のはずでしょう。

西田長男氏によればそれは次のようです。「しからば、香椎廟宮の神前において毎年春秋の祭日に奏せられた志賀嶋の白水郎男十人、女十人の風俗楽とはなんであろうか。思うに、それは、栗田博士の『古謡集』にあげられている以下のごとき、『筑前国香椎宮志賀白水郎ノ風俗ノ歌』なるものに他ならないであろう。

志賀ノ浜、長キヲ見ヨ、幾世フルラン、幾世フルラン、香椎路ノ、アノ向ナル、吹上ノ浜ニ、チヨニチヨマテ。山ハ高シ、木葉ハ繁シ、山彦ノ声カ、鹿ノ声カト、聞分タリトモ覚ヱス、カキ苞ニ、包シ種ヲ、島ノ田ニ植テ、茂ランカヤ、包ミノ種ヨ。

アラ嬉シ、アラ楽シキヨ、其御酒ノ、初穂ハ神ニ、参ラセラレシナラン。榊ノ舞ノ歌、真木ハヤ、真幸ノ葛、色増ルラン、恵毘良矢、美多良羅ノ歌、志賀ノ浜、長サヲ見ヨ、幾世ヘヌラン、香椎路ノ、アノ向ナル、吹上ゲノ浜ニ、チヨニチヨマテ、今宵ノ夜中ニ、着給ヒタル御舟、ハヤ、誰カ御舟ナリ、ケアヨ……。ユルカヤユルカ、塩浜ノ、ユルカ……。君カヨハ、チヨニヤチヨニ、サザレイシノ、イハホト成テ、アレハヤ、我君御召ノ御舟カヤ、ウツゝラカセ、ミカヱニ、命ハ千歳ト云、花コソ咲タレ、沖ノ御津ノ、塩ハシニ、ハシタラン、ツル釣ノヲニ、クサハム鯛ハ、沖ノ群鯛、ツヒホチ、磯良カ崎ニ、鯛釣翁、幾代カ釣、イヨセテソ釣（本文読ミカタキ所々アレド、スベテハ本ノマゝ也。）」（西田長男氏著、『古代文学の周辺』、「第二節、神楽歌の源流」、三八一頁、南雲堂桜楓社、一九六四年、初版、傍線は引用者）。

ご覧のとおり「志賀島の白水郎ノ風俗ノ歌」には、「志賀ノ浜、長キヲ見ヨ、幾世フルラン、幾世フルラン、香椎路ノ、アノ向ナル、吹上ノ浜ニ、チヨニチヨマテ。」があります。これは「志賀の浜」の長さと、「千代に千代まで」という「代・世」の長さが掛け合わされた表現でしょう。したがってこの福岡市の「千代」という地名は、単なる〝地名〟ではなく、海の中道の長さをしめす語であるとともに、その志賀島がいつの時代からあったものかという、古代人の想いが込められた地名でしょう。

こんにちわが国では「一元史観」の日本史論のままで、「地名変更」が行政によって行われ、国民も「地名」のもつ意味・歴史を知らされず、知らせる歴史学もなく単なる名称ぐらいに考え、歴史的名称が軽々と扱われ、失われているのではないかと危惧します。

こうした現代日本で教育学者の溝口氏は、自身が古田説批判の論文でとり上げた、西田長男氏の「神楽歌の源流――安曇磯良を中心として」に掲載されている、「志賀島の白水郎ノ風俗ノ歌」を、肝心な時に忘れるとは驚きです。つまり「君が代」の歌詞にある「千代」は、地名の「千代」であるとともに、時間的な「千代」を意味したものでもあることは、明らかと思われます。古代人の「海の中道」の長さと、それがいつの世からあったのかと、その感慨を示す語であって、しかも志賀島からは例の『後漢書』の金印が出土しています。今日、「ヤマト朝廷一元史観」の教育を受けているわれわれには、志賀島や「海の中道」の意味も、実際にはピンとこず京都・奈良というと、日本古代文明発祥の地・日本文化の原点というように、いわば躾けられているわけですが真の日本古代文化からは、ここそが原点なのです。ここがわからないで「君が代」の真の姿・意味は、分からないわけです。

ハ　「八千代・『古今集』以後論」について

つぎに〝筑紫・日本古代文明発祥の地〟論をも念頭に、溝口貞彦氏の「八千代・『古今集』以後論」の検討に進みます。氏は先述のとおりに「八千代」の言葉・文字は『古今集』以降であって、それ以前に日本文明には「八千代」という言葉・文字は存在しないと断言され、それ以前から「八千代」はあった」という古田説を、「この一点だけでも、古田『君が代』九州王朝讃美説は、偽説であると断定しうる性質のものである。」と断言されたわけです。

①「志賀島海神社の神楽歌」の古さ

これはさいわいに文献に記録されています。『三代実録』貞観一八年（八七六）正月の条に、「先是、貞観一六年（八七四）、大宰府言、香椎廟宮、毎年春秋祭日、志賀嶋白水郎男十人、女十人奏風俗楽。所著衣装、去宝亀十一年（西暦七八〇年、引用者）、大弐正四位上佐伯宿禰今毛人所造也。年代久遠、不中服用。請以府庫物造充之。至是太政官処分，依請焉』（この先、貞観一六（八七四）年、大宰府が言うには、香椎廟宮は毎年・春秋の祭日に、志賀島の白水郎男十人、女十人が風俗楽を奏しています。著けるところの衣装は、去る宝年十一年（七八〇）、大弐正四位上の佐伯宿禰今毛人が造るところです。造られて以来、年代久遠（あまりに古いの意）、服、用いるにかなわないほど古くなりました。そこで府庫の物（費用）を当てて、之を造ることを申請します。）」（『新訂増補・国史大系・日本三代実録・後編』、三六九頁、編輯者、黒板勝美氏・国史大系編修会、吉川弘文館、一九八三年）とあります。

これを読みますと志賀海神社のこの祭とその神楽舞は大変、古いといっても間違いではないでしょう。最初の衣装は西暦七八〇年に、大弐正四位上の佐伯宿禰今毛人が造ったものと云うのです。第一、これほどの古い祭やその「語り」が、今日まで残っていること自身、驚くべきものではないでしょうか。しかも金印『漢の委奴国王印』が出土した志賀島の海神社が舞台です。この海神社は、「倭国年号」とともに国号「日本」を語る史料をとどめる宇佐神宮同様に、北九州の著名な神社であるわけです。

第二は、その古さのみならず、その年代の日本史的意味です。『日本三代実録』の記録に照らしても、この祭りや舞は七八〇年、すなわち「倭国」滅亡から考えて、わずかに百年内外、逆にいえば大和朝廷の確立以来、わずかの百年内外の時点で存在していたものです。従来のすべての論者は「倭国」の存在などは、そもそも念頭にない「歴史学」の中にいる人々です。したがってこの神楽歌の実際は、「倭国」時代のものということを否定しうるものなどなにもなく、「倭国」時代以来のものと考える方が自然だということです。

問題は、この「君が代」を日本最古のものと認めないのが、通説の立場だということです。西田長男氏は『古代文学の周辺』で、「こうした『山人』の歌が、志賀の海人の固有のそれであるとは、どうしても考えられないのである。尤も、これが歌われた、あるいは語られた『狩り漁《すなど》りの御祭』は、一名『山ほめ祭』というように、『扠《さて》またみつの山は、此神山のみつ嶺の、左りのかたはきぬかさ山、後ろはかつ山、右に三笠山」（謡曲、『わたつみ志賀島』）の山の幸の豊穣を祈る祭りでもあったから、必ずしも志賀の海人の固有のものでないとは断定し得られないのである。が、それはなお確証を欠き、結局はいつの頃かに通行の神楽歌から取り入れられたものと解するほかはなかろう。

さらに、『君カヨハ、チヨニ、ヤチヨニ……』の如きも亦、同様の事情において取り入れられたものと考えるほかはあるまい。」（同書、三八九頁）とされています。なお、ここの「通行」とは、近畿地方を日本文化の中心と考え、その文化が地方に広がった、広がるという考え方を現す言葉です。こうした見方は「万世一系の天皇制」を、日本史とする歴史観と表裏一体の日本文化史観とおもいます。

溝口貞彦氏はこの西田長男氏の「通行論」を、正しいという見地であるわけです。しかし溝口氏と西田長男氏とでは違いもあるのです。この点を溝口氏批判の前に指摘しておきます。それは西田氏も、たしかに「山ほめ祭り」の「君ガヨハ」を、「通行からの影響」と述べてはいますが、しかし、その前に「必ずしも志賀の海人の固有のものでないとは断定し得られないのである。が、……」という、冷静さはありました。

なお、『新・古代学』(第七集)には、「『君が代』は九州王朝の賛歌」をめぐって、古田武彦氏、溝口貞彦氏、ならびに東京学芸大教授の西村俊一氏による鼎談が掲載されていいます。この鼎談で『古今集』以前に、『八千代』という文句は存在しないという溝口氏に、古田氏から『日本書紀』に「八千戈」や、「八雲立つ、出雲八重垣、妻ごみに、八重垣作る、その八重垣を」という歌があると指摘されて、溝口説に反論されています。

②溝口説批判　「八千代」問題

ここでは『古事記』の雄略記の「天語歌」問題を指摘したいと思います。次田真幸氏全訳注の『古事記・下』(講談社学術文庫、一九八四年、第一刷)の注では、「天語歌とは、宮中で謡われた歌曲の名称である。似たものとして、八千矛神の神語歌があって、それが元来は、海人族の語部《かたりべ》によって新嘗祭の宴席で謡われたもの……で、天語歌の性格も神語歌に準じて考えてよいだろう。……中略……天語《あまがたり》とは海人語《あまがたり》の意であろう。」(同書、一四三頁。傍線は引用者)とあります。

また、「神語歌には、海人《あま》集団の生活や体験に関係の深い歌詞が多くもちられている。」(次田真幸氏全訳注の『古事記』《上、「大国主神」、「八千矛神の妻問物語」、一三四頁》)とあります。この〝海人族〟とは、またの名安曇族です。次田真幸氏はこれを「難波から淡路島にかけての、瀬戸内海東部の海人族」(前掲書、『古事記』(下)、一四三頁)とされています。ただし次田真幸氏は当然ながら一元史観の方ですので、その安曇族への理解は私とは違いますので、それにかかわる氏の指摘はここでは省略します。

しかし、「海人語り」が「天語歌」として、「神代記」や五世紀には存在したことが指摘されているわけです。つまりは志賀海神祭社を戴く「海人族」の歌が、「八千矛神の天語歌」とも言われ、きわめて古いものであることが指摘されているわけです。こうして溝口氏は『古今集』

以前には、〝「八千代」という表現・言葉はない〟という見地を古田説批判の根底におかれていますが、「出雲神話」には、「八重雲」「八重垣」「八千矛」の他に「八百万《やおよろず》の神」「八十神」「百八十神《ももやそがみ》」「八十坰手《やそくまで》」、「八十平瓮《やそひらか》」（＝多数の平たい皿）など、「八」の字がつく言葉が、いわば頻出しています。ここから見て「八」の字は「多くの」という意味でしょう。確かに「八千代」はありませんが、これだけ「八」が氾濫している以上、「八千代」は『古今集』以前には、日本語としては存在しない、という断言は、成り立たないというべきでしょう。

　さてつぎに西田長男氏がいわれるとおり、志賀島の海神社を部族神と仰ぐ人々こそが、水田稲作を日本本土に展開した「倭人」、すなわち安曇族です。したがってその歌にも「八千矛神の神語歌」があるのですから、志賀島の海神社の歌に「八千代はない」という溝口氏の主張は、いささか探究不足でしょう。

　なおここで西田氏の安曇族にかんする考察をも、参考までに引用しておきます。とはいえ氏の日本史考察は、『記・紀』中心史観であることは言うまでもありません。

「安曇族の故郷・本貫が、和名抄に『糠屋郡、香椎・志珂（志賀島）』に続けて『阿曇（郷）』とある、志賀島の対岸の地であったとされるよりも、安曇連《あずみむらじ》は、神功皇后の三韓征伐（実際は、『宇佐八幡御託宣集』記載の〝オホタラシヒメ、「倭国」の著名な神話的女王？〟の新羅との戦争、引用者注）以前の、いつともしれぬ早い頃おいから、既に『志賀乃白水郎』などの、伴造であったのではなかろうか。……それは何れにしても、この志賀の海人・海部は、夙くより本部を離れて、我が本土の津々浦々に蕃衍した。……中略……今、試みに平安中期以前の資料にしたがって志賀の海部の蕃衍した主なところを挙ぐるに、筑前並びに対馬、壱岐はもとより、豊後、隠岐、伯耆・播磨・讃岐・阿波・淡路・摂津・河内・山城・近江・美濃・三河・信濃などの国々を指摘し得られ、彼らはただ海岸沿いのみならず、更に内陸深くまでも移住して、その所々に確固とした地盤を築くに到った様子を察することができる。」（『古代文学の周辺』、三〇六頁）です。

　西田氏の指摘は、後述する日本における水田稲作民の東進という事実と合致し、この東進が通説でも「遠賀川式土器」を指標として、考察されていることは周知のことです。ただし東進の時代は、通説や西田氏の認識する時代よりも、はるかに古い時代であることは、水田稲作問題のところで述べます。

　以上の諸点への考察からでてくる結論は、志賀島の海神社を氏神と仰ぐ安曇族、すなわち「倭人」こそが、日本古代文明の担い手であって、溝口氏をはじめ一般に通説の学者が、近畿中心論で日本古代文化を考察する誤りを明らかにするものです。

こんにちの日本古代文化の基礎は、いうまでもなく水田稲作の確立と展開が土台です。同時にもう一つの指標は、製鉄鍛冶・鉄器製造鍛冶の発生・発展の問題です。これも北九州こそがその発生・発展の中心地であって、これが後に安曇族の移動によって、近畿地方に普及されたのです。さきに『後漢書』倭伝の例の金印と、「委奴国の実態」を述べてところで、村上恭通氏著の『古代国家成立過程と鉄器生産』から、製鉄鍛冶等の北九州・「委奴国」の圧倒的な早さにかんする研究を引用しました。さらには太宰府天満宮、「お稲荷」(後述)、住吉神社や宇佐八幡神宮など福岡県や大分県(北部)など北九州の神社が、今日も全国的に圧倒的な信仰を集めている事実も、安曇族・「倭人」の東進が土台で、それのはるかなる遺制と考えます。

溝口氏の『万葉集』『古今集』絶対主義の日本文化観は、伝統的な憲法第一条式の、「一元史観」からの日本古代文化論ですが、詳細に見れば『古事記』等に氏等が崇拝・信奉する近畿中心主義を、自ら否定する記事が厳然として存在(「神武の東征」も実に安曇族の水田稲作東進の一コマ・後述)し、また西田氏のように、その史観において溝口氏と共通ながらも、その個々の考察を見れば、『記・紀』史観重視の間から、真実の日本史への道が顔をのぞかせているのも、やはり誠実な探究者なればこそとおもいます。すなわち溝口氏の『万葉集』『古今集』だけからの「八千代論」は、成立の基盤を日本古代社会と、その文明の真の成立過程に持たない、氏の「ヤマト朝廷一元史観」によるもの、ということになります。

以上からの結論は、国号・日本も歌詞「君が代」も「倭国」とその文化の産物であって、断じてヤマト朝廷の歴史と文化が創造したものではない点です.したがって「倭国史」とそれの日本史における位置づけ役割を語らず、これを「ヤマト朝廷一元史観」にたって無視し、しかもその上に、「日の丸」「君が代」を国民に強要することは、真実の日本民族の歴史を意図的に無視する、真の愛国心に反する見地と態度だといわざるを得ません。

三　サザレイシ・イワナガヒメ神社とは

溝口氏は大上段に古田説批判をかかげられるのですが、しかし、「サザレイシ」の理解をめぐって古田説のみならず、「一元史観」の立場の「君が代」理解をも、同時に否定されるのには驚きました。「君が代は千代に八千代に、さざれ石の巌となって」とは、一般には「天皇の御世は千代に八千代にわたり、さざれ石が大きな巌となって、苔が生えるまでながく長くつづきますように。」と解されているのではありませんか。

それが戦後になって万葉学者らの間で、「千代に八千代に」の解釈をめぐって、「天皇の治める御世」と解するのではなく、「代」を「齢」と解する人々が出てきて、溝口氏もそのお一人で、例の「古田説批判」論文で「君が代」を、「天皇の治める治世」と解する沢潟《おもだか》久孝説にかんして、「その後沢潟説を踏襲する見解がなかったために、『君が代』の解釈については、ほぼ決着がついたといえる。」（同書、五六頁）とされています。ここには真理の基準が事実ではなく、「多数決」という奇妙な姿があります。

溝口氏は「千代に八千代は、あなたの齢という意味」といわれています。これは「千代に八千代に」の正論を主張すると、〝戦後民主主義の日本社会〟の手前、都合が悪いから解釈変更という手口で、「一元史観的君が代」論の保身をはかっただけのこととおもいます。それで多数派にたったから〝僕は正し〟などというのは、真の学問からは〝お話にならない〟態度でしょう。

ではこの溝口氏の「千代に八千代に、〝年齢論〟」は成立するかです。古田武彦氏はこの「さざれ石の巌なって」にかんして、「本源の姿をもつ、大自然の石（細石、古田氏によれば「細い」は古代人の神聖観念の表現という）が、ながい間、外気にさらされ、風雨がしみて『巌《いわを》』となる、さらにそれから時を経るうちに、その上にビッシリと苔が生える。古代人は、長年月の中で石の変遷を、右のように考えたのではあるまいか。」（『「君が代」は九州王朝の賛歌』、一一八頁）といわれています。

これに対して溝口氏は、「『岩が崩れて小石となるというならわかるが、なぜ、〝さざれ石の巌となりて〟というのか』ということは、多くの人の『君が代』に抱く、最も一般的かつ基本的な疑問であろう。」（溝口貞彦氏著、『「君が代」考』。『「君が代」の起源』、七六頁、藤田友治・歴史・哲学研究所編、明石書店、二〇〇五年、第一刷）といわれ、縷々考察され従来の「一元論的・君が代」研究者を総なで斬りにして、驚くべきことに「さざれ石の巌となりて」という言葉は、「……『塵も積もれば山となる』と同じく、小なるものが累積して巨大なものが形成されることを表している。」（同書、八二頁）とされています。これでは「君が代」の理解も、「あなたの齢はいつまでも、塵も積もれば山となる」となって意味不明となります。よく解釈しても、せいぜい〝生活習慣病などに気をつけて、一日一日頑張って、いつまでもお元気で〟というような、現代的なものになりますが、こうした「君が代」解釈を、そのまま国歌と呼ぶのは「万世一系論者」でも反対するのではないでしょうか。

四　沖縄〜古代北九州文化が語る古代人の信仰

しかも溝口氏は沖縄の霊石信仰という問題にふれた、折口信夫氏の沖縄神道（平敷令治氏著、『沖縄の祭祀と信仰』、第一書房、一九九〇年）に触れながらも、ご自身では沖縄の古代文化の考察はされなかったようです。

だが「さざれ石が巌になる」という信仰が、古代以来の沖縄〜北九州にあるのです。その意味で古田氏の「さざれ石」考の方が、溝口氏の「さざれ石」考よりも、日本民族の歴史の事実に照応しているのです。すなわち溝口氏の「君が代考」と「さざれ石考」に功績があるとすれば、それは〝古代大和朝廷〟の文化に「さざれ石が巌になる」という、思想・文化がないことをあぶりだす結果になった点にあるのかも知れません。

さて沖縄の「細石信仰」です。それは「沖縄学の父」と呼ばれる伊波普猷氏の『伊波普猷全集』第五巻（平凡社、一九七四年、初版、第一刷）収録の、「をなり神の島」の「成長する石」（同書、一四〇頁）です。沖縄方言はわれわれ本土日本人には、一見わかりにくいのですが伊波普猷氏の論文を読みますと、本土との結びつきが明瞭とおもえます。例えば、ここで〝問題の石〟にかかわる沖縄方言を見れば、本土との結びつきは次のようです。

「成長する石の一種である『ヒシ』」という語は、伊波氏によれば「『大隅風土記』に、『海中洲者隼人俗語必至（志）』（海中の洲は隼人の俗語で必至《ヒシ》と云う）とある必至も、『古事記』中に神武天皇の御歌としてある、『神風の伊勢の海の意斐志《イヒシ》に、蔓延廻《はひもとほ》ふ細螺《しただみ》の云々』も、これと同語であろう。」（同書、一四二頁）とされています。この『古事記』の〝意斐志〟は、倉野憲司校註『古事記』の現代文では〝大石〟とされていますが、『古事記』原文では「意斐志」です。したがって「ヒシ」は本土・九州と沖縄で本来、共通の語であることがわかります。

「南の島々が出現してから今日に至る迄、目に見えぬ珊瑚虫は、絶えず造化の国土拡張の事業に参与してゐるが、彼等が創造したヒシは至る所の渚や沖にあって、その風光に一入の美観を添へている。ヒシもだんだん隆起して、海水に浸らないようになると、陸地の一部に繰り込まれたり、小島に繋がったりして、もうヒシとはいはれなくなるが、沖ツ小島には海水には少しも浸らないのに、何々ヒシという固有名詞になって、昔の名残を留めてゐるものがある。……中略……以上述べた中で、海の石についての説明は、生物学者の目から見たら、間違っているかも知れないが、私はただ常識的（当時の沖縄社会の。引用者）に述べたまでだから、その積もりで見て頂きたい。それは兎に角、外に主な理由があるかも知れぬが、石は成長するといふ、南島人の考え方は、これが多分に影響したと考えて差し支えなく、この『石の国』では、子供ばかりではなく、年取った人までがそう信じている。……しかも樹木を戴いているウフシ（大石）に生命があると思ってゐるのは無理もない。……中略……

きこゑせのきみが（国王を守護する王の姉妹……卑弥呼と同じ）

おれてふるまえば（託遊されれば＝祈られれば）

すへながく世そろへてちやうわれ（わが国王は、久しくわが世を治めたまへ）

とよもむせのきみぎや（名高き王の守護神たる女君が）

おれてふるまへば（王のために祈られれば）

あがなざいきよあじおそい（わが大君よ）

ねいしの天におゑづくぎゃめ（岩根の天に生繁《おい》し《＝とどく》まで）、

てだなざいきよあじおそい（輝く日の御子よ）

まいしのあめにもいづくぎゃめ（巌の天にもいづく＝「とどく」まで）」（同書、一四二頁）。

この「オモロ」には引用のとおり、「ねいし＝根石＝本土の岩根」「まいし＝真石＝本土の巌」は、「天におゑづく」「あめにもいづく」とあるとおり、〃成長する石・巌〃とされています。伊波氏はこれに関して「これは単なる比喩ではなく、根石・真石は実際成長すると考えて、国王がそれにあやかって長寿するのを祈ったものであろう。」（同書、一四五頁）とされ、さらに「根石・ここではスィー（ヒシからかき取った石）」三個を椀にいれて、「魂を落としそうな状況の子供の魂をつなぎとめる」（マブイ「魂」グミー「込める」という）民間祈祷があるといわれています。

要するに「石から魂代を受けると長寿となるという考え方」ですが、これを表現した「オモロ」を伊波氏はここでも引用されています。一々は引用しませんが、「王が老境に這入って、生命力が薄らいだので、今一度小石の神人に祝福させて、『島が生命』『国が生命』を献ぜしめ、更に『石の生命』『金が生命』『玉生命』をも献せしめて、領土を治める新たな威力を生じせしめようとしたのである。これは『遊離魂を籠める』風習と同じ思想である。」（同書一四七頁）とされています。こうして沖縄には「石は成長し」、「根石からかきとった小石には、命をよみがえられる力がある。」「巌には命を長らえさせる力がある。」という、信仰があったことが示されています。

五「魏志」倭人伝・倭人の風習と信仰

以上、伊波普猷氏の沖縄の「成長する石」を見てきました。これを読むとこの「小石と巌」に関する沖縄人の考え方・風習は、単に沖縄の〝土俗信仰〟などではなく、古代「倭人」の風俗・習慣に根ざした、「さざれ石・巌」への観念でもあったといえるとおもいます。伊波氏の「成長する石」の注目すべき所は、「ヒシ」というサンゴ礁と石・岩への観念です。しかもこの「ヒシ」は『古事記』や『風土記』にも登場する、古代日本語と共通性が指摘されていました。すなわち海・石・岩・成長という、「倭人」の歴史と日本国土の特徴と結びついた観念です。

ここで浮かんでくるのが「魏志」倭人伝の次の記事です。「男子は大小となく、皆黥面文身す。……夏后少康の子、会稽に封ぜらる。断髪分身、以て蛟竜の害を避く。今倭の水人、好んで沈没して魚蛤を捕え、文身し以て大魚・水禽を厭う。」です。この記事の意味するものは、「倭人」が海人だ、そういう風習の民族だということでしょう。黥面文身の習慣は海を生活の場とし、幾世代にわたって伝えてきた風習・伝統をしめすものでしょう。したがて「倭人」と志賀島の海神社とは、本質的な結びつきをもつものであって、この「倭人」が「ヒシ」を成長する石と考えていても、何の不思議もないでしょう。

今日、日本本土は戦後の経済成長政策で、日本本土本来の明治期の欧米人が絶賛した豊かな自然、日本人の自然と溶け合った生活が維持した、すなわち農業国日本が保持した美しさは、川はコンクリートの直線的護岸、海も埋め立てて工場・ビル群が海岸線まで並ぶなど、見る影もなくなりました。かっては福岡市等々でも海岸線は、まだ「ヒシ」が残り、今日この地方を「ツクシ」といいますが、古田氏が指摘されるとおり「チクシ」が本来の音であって、千のクシの歯に例えられる海岸線が大小の岬をなし、汐の干満によって海面から顔をだし幾世代をへてそれが成長・隆起したという例も見聞していたでしょう。

こうした「倭人」――現代日本人の直接的源流――が同祖の沖縄人同様に「成長する石」という観念をもつのはあまりにも当然でしょう。しかも古田氏が指摘されるように、日本人を含めて全世界の人間、すなわち人類は今日の鉄器時代の前は〝石器時代〟でしょう。北九州と近畿地方とでは鉄器時代にはいる時差は、北九州が数百年程度早いでしょうが、それでもこの地に「イワナガヒメ、別名コケムスメノヒメカミ」を祭る桜谷神社があり、小石を意味する「サザレイシ神社」がある事実は、この地に「成長する石」信仰があったことを示す証拠とおもいます。

なお、『記・紀』神話にも、巌は人に長寿をもたらすという、多分・石器時代の人々が考えていた巌・石にたいする観念が、美しい神話として記されています。それが

「磐長姫尊」と「木花開耶姫」の説話です。これは「アマ下り説話」に続いて登場します。この「アマ下り神話」の「アマ下り先」は、筑紫・筑前の地であることは、水田稲作の発祥の地を検討するところで指摘します。

したがって「アマ下った」直後のニニギが、美人コノハナサクヤヒメと巡り合ったのは筑前の地となります。ところがこのコノハナサキヤヒメには、醜いイワナガヒメという姉がいて、この姉妹の父親の大山津見神はニニギに、姉妹両方と結婚するように言いますが、ニニギは美人のコノハナサクヤヒメのみと結婚をしました。これにかんして姉妹の父は「イワナガヒメとコノハナサキヤヒメを奉った理由は、姉のイワナガヒメは巌のようにその命を長くたもち、コノハナサキヤヒメの方は咲く花のように栄える故だ。だが姉を返された以上、その子孫の命は短命となる。」と述べています。ここには「巌」には命を長らえる力が宿るという信仰があることが示されています。問題は、この姉妹を祭る神社がこの筑紫の地に連綿と存在していることです。こうした「巌信仰」と「サザレイシ信仰」があり、「サザレイシ神社」もあるわけです。

こうして日本本土最初の水田稲作誕生の地、古代日本文化発祥の地で「アマ下りの地」である筑紫に、姉妹にかかわる神社群が連綿として存在し、「千代」という地名があり、しかも「倭の水人、好んで沈没して魚蛤を捕え、文身し以て大魚・水禽を厭う。」という、海人の習性を特徴とする「倭人」が、志賀島の海神社（この社には鹿の角を数十頭分納めた建物がある。かっては鹿の内蔵をくり抜いて皮を浮き袋にしたという説もある）を神聖視し、部族の氏神としているのですから、この神社の神楽歌が日本本土の古代文明のなかでも、非常に古いものであると考えることに根拠があると考えます。こうした歴史的背景を考えるとき、この地が「君が代」の歌詞の誕生の地であると考えることには、十二分の根拠があるとおもいます。

なお、有名なマルコポーロの『東方見聞録』（愛宕松男氏訳、平凡社、一九八四年、第一刷）の「第六章　ジャパング島（元寇の役）」に、日本兵の細石信仰が次のように記されています。『腕の内側の皮膚の下、肉の上に一個の石を挿入し、外部から分からないように身につけていた者は、剣で首が切れなかった……』（同書、九八頁）。

もちろんこれは事実とは思えませんが、しかし、マルコポーロが感銘を受けた細石信仰が、当時の北九州を中心とした地方にあったことを示すものでしょう。それが北九州地方の古墳から出土する〝勾玉〟と関連するのではないかとおもいます。溝口氏の〝古田説批判〟は、竜頭蛇尾に終わったようです。

第七章　通説の「古墳時代・近畿先進論」の批判

今日、石母田正氏等の近畿地方の巨大前方後円墳はヤマト朝廷が造営し、あわせて大和朝廷を頂点とする「前方後円墳体制の確立」を示すものという日本古代史観は、〝常識〟の観があります。しかし指摘したように日本民族の真の歴史では、通説の〝弥生時代〟の一世紀には、後漢が大国に授与する金印を与えられるほどの大国・「委奴国」が、「韓の東南大海の中」＝玄界灘沿岸に都城・京師を確立し、『三国史記』・新羅本記の「二世紀の卑弥乎」にみる新羅との交流記に示されるように、強大な勢力・国家を北九州を中心に成立・発展させていたのです。

さらには五世紀には当時の南朝・宋・斉等の都城である、「一〇〇万都市・建康」につぐ「都督府」を太宰府に確立しています。これらは古代中国・朝鮮史料の記載のみならず志賀島出土の金印の出土や、太宰府の「都督府古跡」の石碑によって〝実証〟されています。何人もこの文献記載とその物証を否定しえないものです。ここにこそ歴史学における真の実証主義・科学的な実証主義がある、というのが本書の立場です。

以下、この観点にたって通説の「古墳時代論」への批判的検討を行います。

古墳時代――「九州・後進地帯に転落論」の批判

ここでは小林行雄氏の〝九州論〟をとりあげます。氏は古墳時代の到来を「貴族階級の発生」にもとめられています（『古墳時代の研究』、六二頁）。「たとえ、縄文時代には、階級の分化はまだみられないと考えられているにしても、弥生時代になると、少なくとも北九州地方では、墓地を共同に使用する点では平等であるが、そのなかに、とくに大石を上部におきすえた甕棺があったり、大石下の甕棺からも豊富な副葬品を発見した事実があって、財物の量において、また大石の使用において、一応、階級の発生を考慮せしむるのである。……もし北九州の弥生時代の埋葬に認められる不平等性が、階級存在の証拠になるならば、逆に他の地方では、なお無階級の状態にあったことを、想定せざるをえないのである。

社会の発展が、無階級社会から階級社会を生じたことを認める立場からいえば、先行性とみられる北九州地方の、弥生時代におけるこのような特殊性は、この地がわが国と大陸との接触面に位置し、現実に彼我のあいだに交通の行われた事実の存する以上、その原因が内部における機運の成熟の結果によるものではなく、多くを外部からの誘発に負うところのものであったことは十分に察知せられるのである。さらにまた、これを古墳時代の現象と比較するとき、墓地の共同使用の事実のごとき超越性の欠如は、階級支配の確立というよりむしろ、族長的権威の拡大をしめすものとして、まさに階級発生の準備期にあったとものと考えうるのである。」（同書、六二頁。傍線は引用者）。

ここにも氏の一見、北九州の先進性を指摘しているかの文言の中に、それを正当に評価しえない歪み・近畿中心主義の歪みが見られ、これが近畿地方の古墳の意味を歪める要素となっているとおもいます。それは北九州の先進性を、「その原因が内部における機運の成熟の結果によるものではなく、多くを外部からの誘発に負うところのものであったことは、十分に察知せられるのである。」とされているところです。

これを読むと「卵は温めるとヒヨコになるが、小石は温めてもヒヨコにならない。」という言葉を思いうかべるのです。いくら「外部からの要因」があっても、無階級社会から階級社会を誕生させるには、そのものの内部にその変化を必然とする、主体的条件がなければ、そうした社会の本質的変化を惹起しえないことは、本来、論じるまでもないこととおもいます。

さらに小林氏の説を拝聴しましょう。「北九州において、弥生時代にすでに、小規模ではあるが、墳墓に封土の発生をみるにいたっているほか、竪穴式石室の前身とみるべきものさえおこなわれていたことは、さきに記したが、鏡鑑の輸入ならびにその副葬も、他の地域に先んじておこなわれていた。さらに玉壁製腕飾類の原形とみられる貝輪の使用や、勾玉や・管玉等の着装においても、弥生時代にその伝統の古さを濃厚にしめし、現存する遺物の量からいえば、鉄剣類の入手の機会にも恵まれていたのである。このような、古墳時代文化の前段階をしめす現象に富む点において、北九州地方が、弥生時代文化圏のなかで、もっとも有利な状態を示していることは、疑いを入れないところである。

ところが、ひとたび古墳時代にはいると、この地域は、その新しい文化体制に浴することがきわめて浅く、その初期においては、ほとんど、古墳文化の圏外に放置せられてきた観がある。」（同書、六五頁。傍線は引用者）などとされています。

イ　沖の島の遺物について

小林氏をはじめ通説の古墳時代論、すなわち前方後円墳が近畿地方にあらわれる時代には、北九州をはじめこの地方は近畿地方に比較して、見るべき文化の痕跡がない地域である、という主張は第一に、国家の形成・発展を都城・京師で考えるのではなく、〝墓〟だけで考えるという、世界に類例のない〝実証主義〟の結果なのです。

しかし実際の日本古代史では、指摘したとおりに「倭国」が、七世紀の後半まで大宰府に都をおいていたのです。ここにたって通説がいう前方後円墳時代、「北九州には、見るべき文化なし」という見解の真偽の検証として、第一に「沖の島」の莫大な遺物をあげるべきでしょう。通説ではいうまでもなくこの莫大な奉納品の提供者を、「ヤマト朝廷」としていますが、北九州に当時の中国南朝の都城、一〇〇万人都市の建康に次ぐ首都・太宰府をおく倭国が存在している以上、沖の島の遺物は「倭国王朝」の奉納品であることは、否定の余地のないものです。

いまこの奉納品について、これをヤマト朝廷唯一史観の立場から述べておられる、井上光貞氏の実地調査にたった文章によって、見ていきたいとおもいます。「祭祀の跡は巨岩の蔭にあった。古墳のように土中に埋もれておらず、まるで昨日そこに置き去ったように銅鏡や金銅製品が輝いていた。沖の島への奉納品は、古墳、とくに中期や後期の品物が多いが、調査の対象になったものだけでも、銅鏡四二面、鉄刀二四一本をはじめ装身具や馬具など、当時の大古墳の副葬品にも劣らないものが数万点も発見されている。」（井上光貞氏著、『日本の歴史』「神話から歴史へ」、四〇〇頁、中公文庫、中央公論社、一九八五年、二四刷。傍線は引用者）。

もちろん井上氏はこれを、「この多数の、また優秀な奉納品は、大和政権の海外進出にともなった国家的規模の大祭祀でなければとうてい考えられない。……中略……沖の島は五〜六世紀の大和朝廷の朝鮮経営を物語る貴重な遺跡である。」（同書、同頁）とされています。しかし、「倭国」が太宰府を首都に存在している以上は、この「当時の大古墳の副葬品にも劣らないものが数万点」といわれる奉納品は、「倭国」・北九州を中心とした九州等で生産されたものでしょう。しかも、「数万点」という量は、近畿地方の大古墳の奉納品の総数量を上回る規模でしょう。本来のあるべき日本古代史学は、この膨大な遺品を製作した場所等を、北九州を中心に探求すべきものでしょう。

ロ〝九州年号〟と法隆寺の釈迦三尊像

九州年号については、「国号・日本」にかんする考察でとり上げました。ここでの問題は、通説が聖徳太子関連の製作と称し今日、国宝とされている「法隆寺の釈迦三尊像」の光背銘文に、この〝九州年号の法興元〟がその冒頭に刻まれている、という問題です。

この問題を最初に指摘されたのも古田武彦氏（『古代は輝いていた』Ⅲ、二二八頁「第一章　釈迦三尊の光背銘」、朝日新聞社、一九八五年、第二刷）です。

問題は、銘文の冒頭の「法興元卅一年　歳次辛巳（六二一）一二月、鬼前太后崩ず。」とある年号の「法興元」です（左写真）。

この年号がヤマト朝廷にないことは言うまでもありません。しかもこの年号は、有名な〝道後温泉本館〟の宣伝文に「法興六年（五九六）、聖徳太子が云々」と記されてもいます。

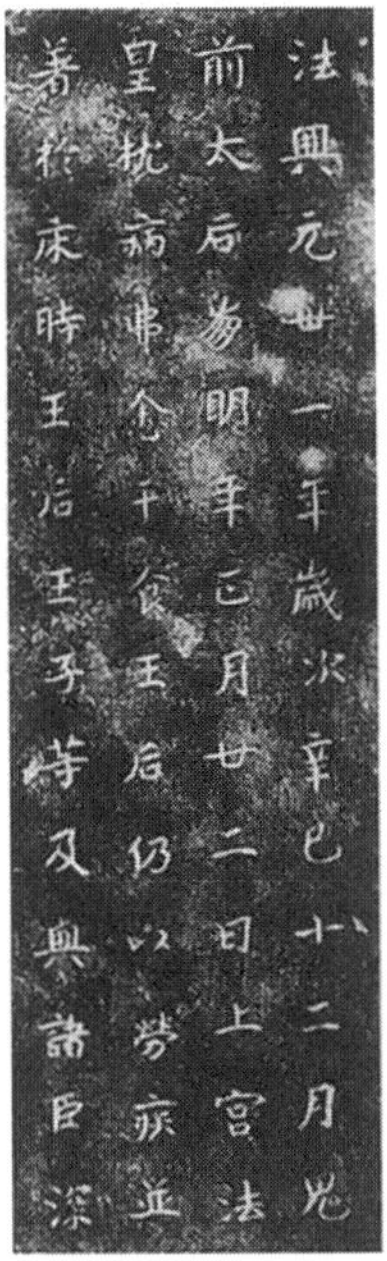

法隆寺、釈迦三尊像の後背碑文冒頭に「法興元」年号

この年号は「倭国」の年号であることを古田武彦氏は『失われた九州王朝』、ならびに先述の著書で明らかにされています。「九州年号」といわれるものは、今日も西日本を中心に広く残っているのです。したがって法隆寺・「釈迦三尊像」の銘文の示すところは、この「仏像」はヤマト朝廷にかかわるものではなく、「倭国」の領域で「倭国王」のために製作されたものであるということです。

ここでは次の点を強調しておきたいとおもいます。まずは「法興元」という年号はヤマト朝廷にはないもので、先のように善紀を〝私年号〟と呼ぶのであれば、法興元をも私年号と呼ばなければならない性格の年号だということです。

問題は古田氏がこのことを提起されて今日まで、約三〇年が経過していますが、この古田氏の指摘・問題提起に正面から答えた通説の権威は、誰ひとりとしておられないということです。自分たちで「法隆寺の釈迦三尊像は、大和朝廷の飛鳥時代を代表する傑作である。」、というような説を一斉に主張宣伝されながら、「この年号・法興元は、ヤマト朝廷にはないのですが、どこの年号ですか」という問いに、知らん顔であるというこの姿を「学問的」と、どうして言えるのでしょうか。

ヨーロッパには「沈黙は承認のしるし」という諺がありますが、古田氏の問に約三〇年間〝答えナシ〟という姿は、マルクスの言葉を借りていえば、「答えを今日まで借りっぱなしにしている」という、すなわち〝答えられない〟のでダンマリをきめこむという態度です。

ハ　法隆寺、五重の塔も

〝世界で最古、日本（ヤマト朝廷文化）が世界に誇る木造建築の傑作〟というようにいわれる法隆寺の五重塔も、通説でさえもが実際は「謎だらけ」としていることは、次の事実にてらして明かでしょう。

その一つは五重の塔の心柱の伐採年代が五九四年と確定された点です。「今回、光谷拓実さんは京都大学木質科学研究所に保管されていた心柱を、ソフトX線で撮影し、新たに樹皮に続く辺材を見つけた（年輪年代法と文化財）。この研究調査が画期的な意義をもつ。なぜなら、この辺材が発見されたことにより、伐採年を確定することが可能になったからである。その研究成果によると、残存するもっとも外側の年輪の測定年代は五九四年であった。」（吉村武彦氏著、『聖徳太子』、一四五頁、岩波新書、二〇〇二年、第四刷）。

つづいて吉村氏は「どのような理由で、再建された法隆寺の心柱に古い木材が利用されたのだろうか。ここに新たな『謎』が生じることとなった。……中略……他の寺院の部材を転用したと考えた場合、五重塔の心柱は太いため、どの寺院の心柱でも使えるということにならないだろう。この太さの心柱を使っていたのは特定の大寺院となる。……中略……『書紀』の記述どおり斑鳩寺が全焼したのであれば、法隆寺の心柱（五重塔、引用者）は他の寺院の心柱を再利用した可能性が強い。しかし、『書紀』の記事に疑問をはさめば斑鳩寺の心柱であった可能性も否定できない。ここでは、これ以上の推測は慎んでおきたい。」（前掲書、一四六頁。傍線は引用者）。

しかし若草伽藍の心柱の礎石は、「基礎には上面に心柱をすえるための掘りこみがある。それで心柱は径約七〇センチの八角形であったことがわかる。現在の五重の塔（法隆寺）の心柱は八〇センチだから、それより少し小さい。」（直木孝次郎氏著、『日本の歴史』「2・古代国家の成立」、一二九頁、中公文庫）とあります。こうして心柱一本とっても、何がなにやら推測・憶測以外には、なにもわからないことが多いのです。

ニ　五重の塔　その他の問題

しかも法隆寺の解体修理にあたって功績があったと評価の高い、浅野清氏著の『古寺解体』（学生社、一九九〇年、重版）には、五重の塔の解体修復にあたって、次のような記述があります。「まず初層内部の壁の上塗を静かにはがすと、壁画の描かれた痕跡をのこす旧壁画が顕われた。その壁面は上塗をよくするため、傷が一面にいれられていて、絵具もまったく残らず、ただ絵具の剥落した部分がやや調子が違って、画像がうっすら見えたのであった。」（同書、一五二頁）。

一体、これはどういう意味でしょうか。「初層内部の壁の上塗りをはがした」下に、壁画があり、それはこの上に壁を重ね塗りするために、一面に傷がつけられている」、とあります。しかし、浅野氏は最初の壁画を塗り込めた工事がいつおこなわれたのか、まったく無言です。本来、現在の場所で五重の塔が新築され、その時点で壁画が描かれていたとすれば、その後の修復工事でその壁画に傷をつけて、その上に壁を塗るなどということは、一般的には考えにくいとおもいます。

しかも浅野氏は、これに続けて「壁画のみでなく、雲肘木の線にしても、天井の文様にしても、同じように受け取られたのであった。この天井板にも楽書があり、それは『奈尓波都』で、『六月肺出』（肺は彗星）など文字に興味のあるものが出た。」とあり、大島正二氏著の『漢字伝来』（岩波新書、二〇〇六年、第四刷）によれば、「奈尓波都」は、「なにはずにさくやこのはな……」という歌の文句のはじめで、『手習いのはじめにされた歌』と、『古今和歌集』の仮名序にある。」（同書、四七頁）と指摘されています。

さらに不思議な報告が続きます。「須弥山の方は、慶長頃に補修されたと思われるところがあちこちにあり、さらにはもっと古い繕いも少々見られたが、だいたい元のままと考えられたのに比べ、仏壇の方ははがしていくと前面に入り込みがあって、何か彫刻のようなものでもはめこまれていたらしい形跡が現れた。しかし意外にも、彫刻家を煩わせて須弥山を切りとり、解体をすすめてみると、その裏にもっと小さい別の仏壇が出てきた。……中略……こうなると仏壇と朔壁がまったく築きなおされていることになる。では、現在のように築き直したときはいつかという問題になる。ここに安置されている多数の仏像はとうていもとの小さい仏壇にはのりきらないので、これが和銅四年（七一一）につくられたとすれば、今の仏壇もその時同時につくられたとしなければならない。ところがそうなると、いまの須弥山の乗る仏壇の下に、心柱に喰いこむようにおかれている凝灰岩の石組もその時にいれたものとなる。そうとすればすでに心柱が腐りかかっていたか、少なくとも腐ることを予想して、この石を心柱にかきこんで挿入したのかもしれない（この石は後から挿入することは不可能である）。」（傍線は引用者。同書一五三頁）。

浅野氏の文のここは、一般的には理解に苦しむところではないでしょうか。第一には、「新築のはずの五重の塔の新しいはずの心柱が、腐りかかっていた」とか、「それを予想して石を心柱の下に入れた可能性」などという話は、到底一般的には理解できないものでしょう。ところが浅野氏はさらに奇妙な、ないしは興味深いことを続けて記されています。

「また解体をすすめていくと、壁や窓材、戸口材で固くおおわれていた柱面が、かなりひどく風蝕していることに気づいた（とりつけのとき一部けずったところは、まったく風蝕していなかった）。これも建物の主体が組み立てられてから、これらの雑作を施すまでの年月がずいぶん長かったことを示すのであって、以上は五重の塔の工期が意外に長引いたことを示唆した。

そうなると、すべての点で五重の塔よりオリジナルと考えられる金堂の造立されはじめた時と、和銅四年（七一一）に塑像を安置して完成に近づいた五重の塔の竣工との間に、かなりの年数を想定しなくてはならないことになる。したがって金堂の着工を可及的に天智九年（六七〇）の焼失時に近づけて考える必要がある。」（同書、一五四頁）。

こうした五重塔の解体でのおおわれ傷つけられた壁画の発見や、同様の「小さい仏壇」「新築のはずの心柱の腐食」や「柱面の風蝕」の発見こそは、光背銘文の〝九州年号〟と呼応した重要な意味をもつものではないか、とおもいます。

ホ　浅野氏の「発見」と、釈迦三尊像・「九州年号」問題

つまりは法隆寺と今日呼ばれている寺院は、実は、ヤマト朝廷の文化ではなく「倭国」の文化の、〝無断近畿大和搬入〟の可能性が濃厚だ、という問題です。少なくとも「国宝・釈迦三尊像」は、「倭国」年号の〝法興元〟という年号が記されているのです。

ここに目を注げば本来、北九州・太宰府付近にあった〝現法隆寺を解体〟し、今日の場所に移動・再建したもののであって、その際、「倭国」時代の造作をあらたに覆ったりしたが、その心柱はすでに古く、しかも、解体・搬送・再建の期間も相当に時間がかかったというのが、歴史の事実という可能性が、強烈に浮かびあがってくるという問題です。

へ　仏教受容は九州・「倭国」が早い

「仏教受容は九州『倭国』が早い」。こうした記述は通説からは相手にされません。しかし『日本書紀』用明紀に、明確に仏教の受容は「倭国」がヤマト朝廷より早い、

という意味の記載が厳然としてあるのであってみれば、この記載を根拠も示さず一斉に無視する通説に、道理があるか根底から問われます。通説は自説に不利とみれば、大和朝廷の正史の記事さえも、根拠なく無視・否定するのです。おおよそ学問というものとは断じて違う性格を、特質としているという他はありません、

さて九州・「倭国」がヤマト朝廷よりも、仏教受容において早いことを示す記事とは、次の例です。「『用明二年、朕、三寶に帰らむと思ふ。卿等議《はか》れ』とのたまふ。」、という仏教受容をめぐって物部守屋大連・中臣勝海連と、蘇我馬子との対立なる場面に、「是に、皇弟皇子《すめいろどのみこ》……穴穂部皇子……。豊国法師　名を闕《もら》せり。を引（ゐ）て、内裏に入る。物部守屋大連、邪睨《にら》みて、大いに怒る。」（『日本書紀』(下)、一五八頁）。という記事の〝豊国法師〟です。

この〝豊国法師〟にかんして、『日本書紀』本文の上段の注一六には、「伝不詳。法師の号の初見。欽明一三年条の仏教伝来記事以降、蘇我氏をめぐる朝廷と仏教の関係の記事は、元興寺縁起にあるが、この豊国法師の話は全くそれに見えない……」（同書一五八頁。傍線は引用者）とあります。

しかし「倭国」が太宰府を首都に、七世紀末ごろまで存在している事実に照らせば、その中国交流の古さに照らして、仏教受容もヤマト朝廷にはるかに先んじたことは、本来、云々するまでもないこととおもいます。これにかんしては後にさらに詳細に述べます（二六一頁参照）。

事実はどんなに隠しても、先の法隆寺の「釈迦三尊像の倭国年号」や、『日本書紀』用明紀の〝豊国法師〟の記述に、ポロポロと〝真の日本史〟の片鱗が、いわば露呈してくるのです。本書は、まだまだこれを指摘していきますが、まずここでは豊国法師にかんして若干のことを述べておきたいとおもいます。この法師の名は〝豊国〟と明確です。云わずと知れた宇佐神宮のある豊国、今日の大分県です。しかも大和朝廷の正史に、通説でさえもが「法師の号の初見」という、日本史最初の法師の名が明記されているのです。もっとも『日本書紀』自身が「名を闕せり」と隠蔽工作はしていますが……。

しかもこの豊国（大分県）と福岡県の境にある、英彦山の『彦山流記』写本の末尾には、「当山之立始教到元年辛亥」とあります。年号〝教到〟は「九州年号」の一つで、「五三一〜から五三五年」に当たるといわれています。仏教とともに修験道も北九州発祥を物語るものです。

さて豊国法師の〝故郷〟ですが、今日、宇佐神宮を中心に大分県の国東半島一帯に、「六郷満山寺」群、これは一三三七年時点で、「本山」「中山」「末山」全体で合計八八寺院を数えたと指摘されるほどの、一大仏教遺跡が形成されており、今日に伝えられています。

また「熊野磨崖仏」をはじめ、三〇か所が国東半島に集中しています。

今日、これらの一大仏教遺跡群は、ヤマト朝廷成立以後のものとされています。しかし、これは明らかに〝政治的配慮のたまもの〟で、大宰府都督府＝「都府楼」・「倭国の都城の中心の王宮」を、菅原道真説話で換骨奪胎して〝太宰府天満宮〟と称するところと、軌を一にしたものとおもいます。

「真木大堂と呼ばれる伝乗寺跡には、阿弥陀如来坐像をはじめ、不動明王像や大威徳明王像などの六郷山を代表する優れた仏像群が、地域の人々の篤い信仰心に支えられ守り伝えられています。」（『宇佐・くにさきの歴史と文化財』、五九頁、監修、大分県教育委員会、二〇〇二年）とあります。

私は仏教遺跡とその美術にかんしては、専門外ですので云々はできません。しかし、私見ではこれらの仏像等はきわめて優れた作品で、優に国宝に値するように思えます。にもかかわらず現実は、「地域の人々の篤い信仰心に支えられ守り伝えられている」とあるように、一千三百年以上にわたって、いわば農家の物置を多少立派にしたようなところで、それを守る人々の熱い思いと誠実さが、ひしひしと伝わってくるような保存の姿でした。

しかし、これらは本来、第一級の国宝級のものではないか、という思いと、「平家に非ずんば、人に非ず」同然に、「ヤマト朝廷とその関連に非ずんば、真の民族的文化に非ず」式の、「一元史観」の歪みをひしひしと感じました。

豊国法師とはまさにこの宇佐・くにさき半島一帯の、巨大というべき仏教遺跡・「倭国」仏教遺跡群につながる歴史的人物であって、逆にいえばこの人物がヤマト朝廷の仏教受容以前の段階で、ついうっかりとではありましょうが、その正史に記されている事実そのものが、「倭国」およびこの宇佐・くにさき半島一帯の仏教遺跡の真の意味、また「九州年号」をともなう仏像や、英彦山縁起の真の意味を明らかにしていると考えます。

ト　五世紀「倭国」の文化水準

最後に五世紀、「倭の五王」の南朝劉宋への上表文の一節をここに引用して、「北九州・古墳時代、見るべき文化なし」という通説への批判のしめくくりとします。それは『宋書』倭国伝に記される「倭王武の上表」文の一節です。

「封国は偏遠にして、藩を外に作《な》す。昔より祖禰《そでい》（＝祖先）躬から甲冑を擐《つらぬ》き、山川を跋渉し、寧処に遑《いとま》あらず、東は毛人を征すること五十五国、西は衆夷を服すること六十六国、渡りて海北を平ぐること九十五国。

王道融泰にして、土を廓《ひら》き畿を遐《はるか》にす。累葉朝宗にして歳に愆《あやま》らず。臣、下愚なりといえども、忝《かたじけ》なくも先緒を胤《つ》ぎ、統ぶる所を駆率し、天極に帰崇し、道百済を遙《へ》て、船舫を装治す。

しかるに句驪無道にして、図りて見呑を欲し、辺隷《へんれい》を掠抄し、虔劉《けんりゅう》して已まず。毎《つね》に稽滞を致し、以て良風を失い、路に進というといえども、あるいは通じあるいは不《しか》らず。臣が亡考《ぼうこう》済、実に寇讐《こうしゅう》の天路を壅塞《ようそく》するを忿《いか》り、控弦《こうげん》百万、義声に感激し、方《まさ》に大挙せんと欲《ほ》っせしも、奄《にわ》かに父兄を喪い、垂成《すいせい》の功をして一簣《き》を獲ざらしむ。居《むな》しく諒闇にあり。兵甲を動かさず。これを以て、偃息《えんそく》して未だ捷《かたざ》りき。今に至りて、甲を練り兵を治め、父兄の志をのべんと欲す。義志虎賁《こほん》文武功を効《いた》し、白刃前に交わるともまた顧みざる所なり。……」（傍線は引用者）。

まず「倭王・武」はすでに古田武彦氏が指摘（『失われた九州王朝』）されたように、自己の都城の地理的位置を「東、毛人……五五国。西……衆夷……六六国、渡りて海北……九五国」と記して、太宰府にあることを明記しています。朝鮮半島は北九州からは「東西南北」で表示すれば、「渡りて海北」です。近畿からは断じて「渡りて海北」でないことは、論じるまでもありません。ここにたてばこの「倭王・武」がいう「東西」とは、筑紫・太宰府を原点にした方位であって、近畿地方は「毛人の国」にあたることはだれにでもわかることでしょう。

ところが通説はこうした明確な方角記載さえも、平然と無視して「倭の五王・ヤマト朝廷論」を、一元史観の先輩の「皇国史観」史学の「卑弥呼・倭の五王・非ヤマト朝廷論」をさえも蹂躙して主張するわけです。しかもこの「倭王・武」の「上表文」は、大島正二氏著の『漢字伝来』では「見事な漢文」と見出しをされて、「二三六字からなるこの手紙は駢文《べんぶん》（四字と六字の対句を並べ、音調を重んじる文章。中国六朝時代に流行）調の技巧的な文章である。あまりに見事すぎるので、『宋書』の編者で、音韻の研究書『四声譜』を著わしたことでもしられる沈約が潤色しているかもしれないとの指摘もある……」（同書、三一頁）というほどの「名文」の誉たかいものです。

もちろん大島正二氏は、「倭の五王・ヤマト朝廷論」にたって考察されています。しかし、ここで確認すべき第一の点は、古田武彦氏もすでに『失われた九州王朝』で指摘されているとおりに、この「倭王　武の上表」（対中国外交文章）の漢文は、高度の水準のものだ、という点が第一点です。大島氏が指摘されるとおり「本格的漢文」という水準なのです。

通説は、これを「ヤマト朝廷」が当時、帰化人などにたよって書いたなどというのが通例ですが、だとすればなぜヤマト朝廷には、八世紀の『古事記』『日本書紀』まで、一冊の正史も文献もないのか、説明がつかないでしょう。しかもこの「上表」には、「奄かに父兄を喪い」と、「父兄の突然の死」が記されていますとが、「倭の五王」に該当させられている天皇や、「倭王・武」に比定されている雄略天皇にかかわる、『記・紀』の記載にはそんな記事はいっさいありません。

ところがこの上表のこの部分に該当するものは、後述（二六八頁上段参照）の『日本書紀』継体紀の継体の死亡年にかかわる、日本書紀の編者等自らが引用する『百済本記』の、「日本天皇・太子……」等の突然の死にかかわる不思議な記載と関連しているのです。ここにも『古事記』『日本書紀』の日本史偽造の真の姿が露呈していることは、後述します。

以上、小林氏をはじめ「古墳時代・九州に見るべき文化なし」という通説の見解は、中国文献の「倭国」の都城の地理的記載も、記・紀に「卑弥呼・倭の五王」にかんする記載もない現実を無視する、戦後の、「ヤマト朝廷一元史観」構築の都合を第一とする見地からの主張に過ぎません。その本質は、戦後の〝実証主義の装いを凝らした国家神道主義〟の日本史論とおもいます。

第八章　巨大前方後円墳造営勢力の探求

一　水田稲作と〝日本神話〟

日本古代史、すなわち日本における古代国家の形成、発展の考察の基礎・土台は、実にそれをささえる農業、日本においては水田稲作が、日本本土のどこでその最初が展開され、それがいつ、どんな条件のもとで日本本土全体に広がったのか、この探求が基礎だと考えます。

この問題を正しく視野におきますと、なぜ日本の最初の国家形成が北九州で開始され、統一勢力の基盤が近畿地方におかれ、関東勢の台頭が古代末期になるのかという問題が、小林行雄氏等の「古墳時代」論とはまったく違ったものとして、浮かびあがってくるのです。またこの他に近畿地方、とくに大阪方面の古代的地勢が今日とは大きく異なり、この方面の農地の形成が大事業であって、近畿地方の巨大前方後円墳の形成は、従来の明治以降の憲法第一条的日本古代史学が、まったくその視野におかなかった諸問題ともからむ可能性があるのではないかなど、新たな問題が浮上してくるのです。

イ　水田稲作発祥の地と「天下り」神話

日本古代史、すなわち日本古代国家・文化の確立の基礎は、水田稲作の始源と展開の歴史に依存しています。ここを軽視しては日本古代史の探求は、事実上ゆがみます。そもそも『古事記』『日本書紀』でさえもが、「ヤマト朝廷」成立の発端に、「豊葦原の千秋長五百秋《ちあきのながいほあき》の水穂国は、我が御子、正勝《まさかつ》吾《あ》勝勝速《かつかつはや》日《ひ》天忍穂《おしほ》耳命《みみのみこと》の知らす国ぞ」と記しています。「皇国史観」に有名な「天下り《あまくだり》神話」の冒頭分部です。『日本書紀』でも「葦原の中国」と記されて登場しています。つまりは水田稲作の始源と展開という問題は、「クニの初め」そのものの問題なのです。

なお『記・紀』神話に「天国《あまつくに》」とあるのは、「アメ氏族の土地・国」の意と考えます。断じて「天上にある国」の意味ではありません。すなわち『隋書』俀国伝に記載される「姓は阿毎、字は多利思北孤」の「阿毎」です。「アメ〜アマ」とはそもそもは海人族にかかわる氏族〜部族名が根元で、漢字使用後にこれに「天」の字をあてたものでしょう。

ロ「アマ下り先・豊葦原中国」は北九州

『記・紀』の「アマ下り神話」が史実か、または単なる〝神話〟かという問題は、日本史の二つの根本問題とかかわっています。その一つは日本で水田稲作を展開した人々が「渡来人だ」という、今日、通説でも云々している問題の、「神話」的表現ではないかという点です。その二つは、あたかも『聖書』の神話が単なる〝神話〟か、あるいは〝事実〟をある程度反映したものかという問題と似た側面を持っているという点です。それは、すでに指摘したとおりに『聖書』の神話とされてきたものが、メソポタミア地方の古い歴史の史実や文化であったことは、キリスト教と『聖書』にとって大きな打撃となったと、指摘されている問題と似た問題です。

すなわち『記・紀』神話の真実の姿を明らかにすることは、「ヤマト朝廷一元史観」にとって、否定的な意味となるという問題です。これはこの「天くだり神話」がそもそも水田稲作の適地をめぐる、氏・部族間の争奪戦の神話形式の伝承であって、その「天下り先」が日本本土での水田稲作発祥の地、すなわち北九州の地を指したものという点にあります。

この「天下り」先が宮崎県ではなく、筑前の地であることを解明されたのも、古田武彦氏（『盗まれた神話』）です。本書では古田氏が明かにされた「日本神話」への考察を基本とします。しかしここでは「国生みの記」の〝国〟の表示が、どんな考え方・原則にのっとっているかという重要な問題に、立ち入る紙面がありません。ここでは本居宣長を先頭に従来の「日本神話」考が、そもそも「日本神話」の考察にあたって、こうした基本的概念の一つさえも、まともに検討されていなかったという、古田氏の指摘を述べるにとどめます。

氏は『盗まれた神話』で、「天下りの地」である『古事記』の、「筑紫の日向の高千穂の久士布流多気《くしふるだけ》」、『日本書紀』の第一・一書の「筑紫の日向の高千穂の……槵触之《くしふるの》峯《みね》」の〝筑紫〟は、九州全体をさしたものではなく、筑前の地を指すものであることを、『記・紀』の「国生みの記・紀」から論証され、さらにその地を以下に述べるように特定されました。

古田氏は「日向」という地名が宮崎県の他に、筑前・筑後の両方にあることを示されています（『盗まれた神話』、二〇一頁、角川文庫、一九八〇年、第四刷)。さらに「日向山とくしふる山」を、福岡県地理全誌抜粋目録、怡土郡之部、大正二年五月発行、『怡土志摩郡地理全誌』・東京糸島会発行所収文書、およびここに記される「黒田長政文章」にたって、筑前と特定されています。

さて『怡土志摩郡地理全誌』の当該部分の記載です。

「高祖村、椚、二十四戸、慶長の頃、黒田長政、村の南の野地を開き、田地とすべしと手塚水雪に命じられし書状、今も農民、田中が家にあり。其の書に、五郎丸の内、日向山に新村押立とあらば、椚村は此時立ちしなるべし。民家の後にあるを、くしふる山と云。……」(『盗まれた神話』、二〇一頁、傍線は引用者)がそれです。

さらに古田氏は、「『慶長郷村帳』には、高祖村のうち、三雲村、高上村、宇田河原村と記せり、すべて五郎丸村とも称せり。(原田氏、享禄中の書にも、三雲五郎丸とあり)。

つまり、糸島郡の有名な遺跡、『三雲遺跡』の近辺が『五郎丸』だ。高祖村中の三雲・高上・宇田河原の総称だというのである。それゆえ、ここにあらわれた『日向山』とは、高祖山のあたりの山をさすこととなろう。また、椚村の裏手に『くしふる山』がある。これこそ特色ある山名だ。」(同書、二〇二頁)とされています。さらには、

「筑紫の日向の高千穂の槵触之峯《くしふる》」(『日本書紀・上』、一五四頁)。

「日向の襲の高千穂の槵日《くしひ》の二上峯」(『日本書紀・上』、一五六頁)。

ここにあらわれる『くしふる』『くしひ』だ。ことに後者の場合、『二上峯』となっているが、ここ高祖山は、まさに隣の山と両々相並び、まさに「二上峯」の観を呈している。

なお、一言吟味をそえよう。読者の中には、〝『和妙抄』ならともかく、大正の郡県誌では話にならん〟と言われる人があるかもしれない。一応その通りだ。だが、『くしふる山』といった特色ある地名は、後代の地名ではない。その上、〝この地帯が天孫降臨の地だ〟という認識が大正以前に存在した様子はないから、〝記紀の記事にあわせて後代に造られた〟とは、考えにくいのである。右の郡県誌の筆者にも、全くそのような議論はない。この点、たとえば宮崎県の『日向』とちがう。ここは、長らく『天孫降臨』の地、と信じられてきたから、〝ここがそれだ〟、〝いや、わたしの方がそれだ〟と、真剣な比定地争いまで発生しているのである。」(同書、二〇二頁)とされています。

古田氏のこの考察の正当性を証明するものは、他ならぬ、この筑前・北九州こそが、日本最初の水田稲作発祥の地である、という不動の事実それ自身です。ここに歴

史学における真の実証主義、すなわち文献記載と歴史的事実の一致をこそ、歴史探究の要にするという見地とその意味があるのです。しかし古田氏の探求はいかされず、今日でもＮＨＫなどは宮崎説を平然と掲げていますが、この地は日本の稲作発祥の地ではないのです。

そもそも「天孫降臨」説話の核心部分は、「葦原中国を平らげる」(『古事記』、六四頁)、「遂に、皇孫《すめみま》天津《あまつ》彦彦《ひこひこ》火《ほの》瓊《に》瓊杵尊《にぎのみこと》を立てて、葦原中国の主とせむと欲す。」(『日本書紀・上』、一三四頁)とあるように、「豊葦原中国」、すなわち水田の最良の適地の、部族的争奪戦という歴史の事実の、神話的伝承です。その意味で従来の「皇国史観」の「天下り」神話論は、「記・紀」神話をまったく理解していないものといえるのです。然るを況や、戦後の「神話造作論」においておや、です。

『古事記』では、この地が日本本土のどこにあったかまで明記されています。この点を古田武彦氏が『盗まれた神話』(「解けたニニギの秘密」、二一〇頁)で明らかにされています。それは『古事記』の「アマ下り説話」の最終分部に、次のように記されているのです。

「此地は、韓国《からくに》に向ひ、笠沙《かささ》の御前を真来通りて、朝日の直刺《たださ》す国、夕日の日照る国也。故、此処は甚吉地《いとよき》」。ところが国学以来、これが読めず、すなわち理解できず、『古事記』理解の難所とされてきたといいます。古田氏はこれを解読されています。「コロンブスの卵」です。

氏の指摘によれば、これは「漢字六字ずつの四行の対句型」(前掲書、二一二頁)の「四至」(同書、二一八頁)とされ、次のように読まれています。

1 向韓国真来通　北は韓国に向かって大道が通り抜け。

2 笠沙之御前而　南は笠沙の地(御笠川流域)の前面に当たっている。

3 朝日之直刺国　東は朝日の直に照りつける国

4 夕日之日照国　西からは夕日の照る国だ

故此処甚吉地　ゆえにこの地ははなはだ良き地

(同書、二一九頁)

以上からこの地が韓国を北と認識できる日本本土の一点となります。すなわち北九州の地です。しかも御笠川を南とみる地点です。以上から明らかなように北九州、この水田稲作の日本における発祥の地こそが、「豊葦原の千秋長五百秋の水穂国」と神話がよんだところ、すなわち「筑紫の日向の高千穂の久士布流多気」がある地であってみれば、この神話は日本古代史のもっとも重要な問題、すなわち水田稲作展開の適地をめぐる、部族的所有権の争いの伝承であることは否定しえないものでしょう。

今日、これを「神話」と称して否定することは、真の〝実証主義〟に反する結果となるのです。だがしかし、いったんこの神話の史実性を認めると、『記・紀』の神話は「倭国」神話であることを認めることになり、今日でも地方などに行けば、それぞれの家庭の神棚などに祭られている天照大神（一般的には天照大御神）は、「倭国・卑弥呼」直系の神であって、ヤマト朝廷をその直系とすることはできないことになるわけです。

これは「万世一系の天皇制」とか、「象徴天皇制」なる「ヤマト朝廷一元史観」にとって、大きな打撃となることあたかも『聖書』神話が、メソポタミア古代史とその伝承であることが、判明したが如しなのです。古田氏の『盗まれた神話』（のみならずですが）は、真面目に日本古代史を考える人々にとって、いわば必読の書というべきものと思います。

なお「日本神話や神武の東征説話」造作論は、アメリカ政府の戦後の対日政策にのっとるものという他に、この「造作神話」論は民族の歴史や文化のうえに、いわば〝俗流唯物論〟とでもいうべき、近代人の思い上がりをおくものに見えます。それは自分たちの祖先、この国を形成した祖先を見下す態度ではないか、とおもいます。

ヨーロッパでは〝神話の背後に歴史の事実がある〟とされてるにもかかわらず、「文明開化」の日本では、これは否定されるというのは異様な姿です。同時にこの神話を「ヤマト朝廷一元史観」の〝神聖化〟の具にするものも、厳しく批判されなければなりません。

二　水田稲作・始源と展開

水田稲作の開始こそは日本古代国家形成・発展の、土台をつくりだすものという点で、いわゆる〝縄文農業〟とは本質的に異なるものです。したがって北九州における水田稲作がいつ開始されたのか、それはどのように北九州にもちこまれたのか、そうしてそれは何時ごろ、どんな条件のもとで本州に展開され、北九州地方から近畿地方への普及は、どれほどの時間がかかったのか、その時差を生んだ要因はなにか、関東・東北方面の状況はどうだったのか、実は、これこそが日本古代国家・文化形成の土台の問題なのです。

イ　通説の態度、特に「近畿説」

二〇〇三年五月、国立歴史民俗博物館（以後、歴博という）による北九州等の従来の「弥生時代」、その早期等の土器への放射性炭素14C年代測定値が発表される以前の、通説の「水田稲作」の始源と展開論は次のようでした。

弥生時代（紀元前三〇〇〜紀元後三〇〇年）以前、通説の言葉では「縄文時代晩期」に、北九州・板付遺跡などで水田稲作は開始され、北九州〜近畿間の伝搬速度にかんしては、学者によって多少の見解の差はあれ、たとえば直木孝次郎氏は、「……水稲農業を主要な生産手段とする弥生文化が生まれる。その文化は東南アジアを原産地とする、イネを受けいれるのにもっとも便利の多い北九州でまずおこり、百年未満の短期間のうちに伊勢湾岸を東限とする西日本一帯にひろがり、それから東への進行はややスピードが鈍るが、二、三百年のあいだに東日本の大部分も、弥生文化の圏内に入ってしまう。」(直木孝次郎氏著、『日本の歴史』「1倭国の誕生」一一六頁、小学館、一九八七年、初版第一一刷、傍線は引用者)というような考え方が、通説を代表する水田稲作の日本受容の理解でした。

小林行雄氏も「弥生時代にはじまった農耕(水田稲作)は、比較的はやく日本の大部分に普及した……」(『古墳時代の研究』、三五頁)という立場です。これらに共通の考え方は、北九州で開始された水田稲作は〝百年もたたずに近畿地方にひろがった〟という点です。これの歴史学的意味は、九州〜近畿間の水田稲作開始の時差を〝短い〟とみなすことによって、国家形成問題での北九州の先進性・重要性を否定し、むしろ近畿重視を主張・導入する道を開く水田稲作受容論だという点です。氏等はともに「邪馬一国・近畿論者」であるわけです。

したがって水田稲作の受容と展開、北九州・九州と近畿地方の時差という問題は、日本古代史・日本古代国家形成・発展史を左右する重要問題であって、ここを無視・曖昧にするとすれば、日本古代史学はその第一歩から誤った道をすすむことを意味するのです。

こうした背景からか、弥生時代以降をあつかう〝日本古代史学〟の世界では、過去の年代を測定するものとして「土器編年」が、「世界に冠たる土器編年」と称されて絶対的な権威をもってきたといえるでしょう。

現に、直木孝次郎氏は先の著書で、放射性炭素年代測定法に関して、三点にわたって「疑問」を提起され、「このようにいろいろ問題があって、放射性炭素による方法はきわめて科学的であるかにみえるが、万能ではない。」とされ、その後に「しかし問題点があることを心得たうえで、他の研究法(どんな? 引用者)と合わせて用いるならば、やはり有益な年代測定法といってよいだろう。」(前掲書、四五頁)とされています。

しかし、世界の歴史的年代測定法の主流は、放射性炭素14C年代測定法です。ここにも「万世一系の天皇制」史観と、人類の国家形成発展の「多元性」という普遍性との、対立・矛盾が露呈しているとおもいます。現に通説の放射性炭素14C年代測定法否認の傾向に、「いつまでも理化学的な年代測定に拒否反応を続けていては、世界に通用しない学問になってしまいます。」と、九州大学理学部名誉教授の北村秦一氏が指摘（内倉武久氏著、『大宰府は日本の首都立った』、二五頁）されていることを、述べておきたいとおもいます。もっとも「万世一系・ヤマト朝廷一元史観」という歴史観は、本質的に〝世界とともに天をいただけない〟歴史観ではあるのですが……。

ロ　縄文史学と放射性炭素14C年代測定法

しかも興味深いことにわが国においても縄文史学では、「土器編年」は否定されたという点です。それを今村啓爾氏著の『縄文の実像を求めて』（吉川弘文館、一九九九年、第一刷）を引用して、長くなるのですが見ていきましょう。

「この年代測定法（放射性炭素年14C年代測定法）は、まもなく日本の考古遺物にも適用され、大きな論争をまきおこすことになった。千葉県姥山貝塚の縄文中期に四五一三BP（BPというのは、この方法が開発された一九五〇年から数えて何年前かをしめす記号であるが、今から何年前という意味にとっても本書の内容を理解するのに支障はない）、岡山県黄島《きしま》貝塚の縄文早期に八四〇〇BPという年代を与え、さらに神奈川県夏島貝塚の夏島式土器出土層に九四五〇BPと九二四〇BPという云う年代を与えた。ところがこの年代は当時知られていた土器の年代としては、世界のどの土器よりも古い。『縄文土器は世界最古？』という新聞記事に、考古学者たちの間に大きな衝撃が走り、やがてその年代の当否をめぐり学界の意見は二分されることになる。

ところがこの夏島貝塚資料の測定が行われた一九五九年の数年後には、もっと古い土器があることが地層の重なりから確実になった。そうしてそれらについても年代測定が行われ、長崎県福井洞穴の隆起線文土器の時期に一二七〇〇BP、愛媛県上黒岩《かみくろいわ》岩陰の隆起線文土器に、一二一六五BPという測定値が出されたのである。

従来の考古学の方法による土器編年の順序と測定年代の順序は一致している。ただその数字が恐ろしいほどの古さなのだ。」（傍線は引用者）。

さらに続けて縷々その他の例を列挙されて今村氏は、

「したがって放射性炭素年代が正しいとすると、土器だけでなく磨製石器も日本のものが世界最古となってしまう。

ここに至って放射性炭素年代に対して猛然と疑義を唱えたのが山内清男である。世界の先史時代を画する二大発明である磨製石器と土器が、ともに日本で世界に先駆けて出現するなどということはあるはずがない。そのようなとんでもない年代を出す放射性炭素年代測定法には根本的な欠陥があるにちがいないと山内は決めつけ、『（このような年代に従うなら）事ごとに日本における文化要素が、世界で最も古いことを強弁しなければならなくなるだろう』(「日本先史時代概説」『日本原始美術』、一九六四年)と警告した。……

山内清男は名実ともに『日本先史考古学の父』(佐藤達夫)である。土器形式による縦横の編年網を組み立て、そのなかで文化の変遷過程を読み取る秩序ある先史考古学の方法を、旧世代との論争の中で確立し、その方針にもとづく学界の指導者であった。

縄文文化と弥生文化との基本的違いを明らかにした業績も偉大である。そんな彼が放射性炭素年代をめぐる論争で主張したのは、年代が何年前かという数字の問題以上に、考古学研究の主体性であった。考古学の根幹である文化どうしの年代関係を、科学者の御託宣にまかせ、そのお告げ(放射性炭素14年代測定法とその測定値をさす。引用者)にしたがって位置づける安易な姿勢は、数え切れない遺跡を発掘し、層位と土器形式を組みあげ、血のにじむような努力で縄文編年(土器編年、引用者)を築いてきた山内にはとうてい容認できない方法であった。

そうしてまた日本の誰よりも世界の先史文化の大勢を学び、理解している山内にとって、このような古さの主張は『世界に顔向けできない』暴論であり、日本考古学の恥であった。……中略……山内・佐藤説(佐藤達夫氏、山内説の後継者)は考古学の範囲内では整合性のとれた、当時の世界先史文化研究の大勢からいっても妥当な説であった。……しかし先史時代も地球を舞台として展開した歴史の一部である。考古学の純粋の方法論でないからと、地球上でおこった自然の変化を切り離して考古学独自の世界を鎖国することは許されない。

放射性炭素年代に従う第一の道、道具の比較によって大陸文化との年代関係を考える第二の道のほかに、縄文時代の年代を考えるための第三の道として、当時の自然環境はどちらの説に適合するかを見る方法がある。そうしてこの方法によるならば明らかに前者の年代が支持される。第一に『無土器文化時代』の地層であるローム層の時代がはっきりとした寒冷気候であったことが、遺跡に埋没した植物の保存体や同じ時代に堆積した沼などの地層の中の花粉から明らかにされた。この寒冷な気候は、別名氷河時代とも呼ばれる更新世以外には考えられないのである。

第二に関東ローム層上部の立川ローム層が東京湾の沖積世の下に潜り込み、海面下二~三〇メートルあるいはそれ以下に迄のびているこが、ボーリング調査で確認された。『無土器時代』の石器を含む地層が、海面の非常に低い時期――氷河時代――に堆積したことを物語るものである。第三に縄文時代の前半に進行していた急激な海面上昇を多くの地理学者が指摘した。とくに後述する愛知県先刈《まずがり》貝塚は、縄文早期の貝塚自体が海面上昇によって海面下深く没した例である。これは地球の温暖化にともなって起った現象の日本における地質学的記録であり、放射性炭素年代が日本と日本の外で大きなずれがないことを保証する。これらの諸現象は縄文時代に先行する無土器の時代が更新世に属し、縄文時代の始まりが更新世～完新世の移行期にあることを示すものである。

自然科学ばかりではない。考古学の分野でも山内・佐藤説に不利な証拠があげられていったが、もっとも決定的だったのは、日本の『無土器文化』末期の細石器文化に見られるクサビ形細石核という非常に特殊な技術で作られた石器と荒屋型彫器と呼ばれるこれまた特殊な溝切り用石器の組み合わせである。同じ石器の組み合わせが北中国や東ロシアにも広く分布する。日本と大陸がこれほどはっきりとした証拠によって結びつけられることは、次は弥生時代までないほどであるが、このクサビ形細石核の文化が中国やロシアでも旧石器時代の末期に位置づけられている。これに従うかぎり、日本の『無土器時代』は旧石器時代である。

そうして文化大革命の混乱から抜け出した中国考古学における目覚ましい新発見と放射性炭素年代測定の開始は、中国農耕文化が八〇〇〇年以上前に独自に形成されたことを明らかにし、中国の農耕が西アジアから伝来したという旧説を否定し、一万年の古さに達する土器の存在が明らかにされた。日本の土器ばかりが飛び抜けて古いわけではなくなった。後述するように、最近では、東ロシアのいくつかの遺跡で、一万三〇〇〇年BPという縄文土器に匹敵、あるいはそれを超えるほどの古さの土器の発見が報じられている。

これらはみな従来の考古学の常識を覆す発見であった。もはや年代の問題にとどまらず世界の先史文化全体が、従来の枠組み――ヨーロッパ・西アジアで組み立てられた枠組み――の延長線上にはとうてい収まらないことがわかってきたのである。

世界の考古学の常識に反するとして山内・佐藤が猛反対した縄文土器の年代も、日本の旧石器時代に磨製石器が存在したことも、事実として認めざるをえなくなった。山内・佐藤が議論の出発点とした世界の考古学の常識のほうこそ撤回せざるをえなくなった。」（前掲書、九頁。傍線は引用者）。

大変長い引用になりましたが、今村啓爾氏のこの引用文は、放射性炭素14C年代測定法の評価をめぐって重要な指摘を含んでいるとおもいます。同時にわが国の縄文先史考古学と、弥生時代の考古学を含むいわゆる日本古代史学の質的違いという問題も、また鮮明に浮かび上がってくるとおもいます。

これをまず先にいえば、縄文先史考古学はそれ自身、日本における国家の起源を直接的には考察の対象にはしていないので、「ヤマト朝廷一元史観」にたいする態度という問題に、直接かかわらない結果、日本の縄文先史考古学を世界的視野でとらえるなど、〝日本古代史学〟よりは学問的性格をもつ、すなわち事実にたって、しかも世界的視野・人類史の普遍性にたって思考する態度があるように思えます。すなわち戦前・戦後の日本国憲法第一条規定には、直接的にはかかわらない学問分野です。

　また批判の対象にされている山内清男氏や佐藤達夫氏にかんしても、日本古代史学の「邪馬一国・近畿説」等の憲法第一条守護という、政治的イデオロギー第一主義ではなく、縄文先史考古学の発展過程の時代的制約、〝時代的限界〟という人類の学問的発展の過程にありうる、研究の不幸な代表者の観なきにしも非ずとおもえます。

　これに反して弥生時代以降をあつかう日本古代史学は、戦前の言葉でいえば「万邦無比の国体」と称された、「ヤマト朝廷一元史観」絶対主義がその根幹ですから、第一に古代国家の形成・発展上での、日本本土以外の国家発展過程によこたわる、いわば全人類史的普遍性――都市国家群がその都市＝都城・首都を核に、多元的に成立・発展する――の無視をこそその身上とするわけです。

　したがって「万世一系の天皇制・ヤマト朝廷一元史観」にとって、いささかでも不都合なものは、それが事実であれ、文献であれ、正論であれ、放射性炭素14C年代測定法であれ、すべてを否定・無視し、言い逃れ、換骨奪胎、同じことですが牽強付会等々、それらの長いながい行列こそが、通説・日本古代史学の真の姿といえるとおもいます。

ハ　「歴博」の「実年代」と「花粉分析学」

　通説の一角をしめる歴博が先述のとおり、「九州北部の弥生早・前期の土器である、夜臼Ⅱ式と板付Ⅰ式の煮炊き用土器に付着していた煮焦やふきこぼれなどの炭化物を、AMSによる炭素14年代測定法によって測定し、得られた炭素14年代を年輪年代法にもとづいた国際標準のデーターベースを使って歴年代に転換したところ、一一点の試料のうち一〇点が前九〇〇～七五〇年に集中する結果になった。」(歴博特別講演会、「弥生時代の開始年代」、二〇〇三年七月二五日、津田ホール)とあり、これは歴博によって二〇〇三年五月一九日に発表され、北九州地方の〝水田稲作〟の開始年代は、紀元前約九五〇年(約三〇〇〇年前)とされ、従来の〝土器編年測定値〟より「約五〇〇年古くなった」と報道されました。

　これにたいして通説・とりわけ「邪馬一国・近畿説」は、放射性炭素年代測定値の発表以来一〇年を経過しても、「……考古学が遺物の配列(土器編年)によって相対年代を決定してから、実年代を推定するという手続きを重視している以上、安易に炭素14に依りかかることをさけ、まず型式学的研究を進めるのが筋だろう。」(「二〇一三年・『岩波講座・日本歴史』、第一巻」、七八頁)と、旧態依然とした通説的立場に固執し、放射性炭素14C年代測定法否定・無視の立場を強調しています。これでは日本古代史学は世界に通用しません。しかし同時に忘れてはならない点は、歴博もまた歴とした通説的一元史観にたつ所だ、という点です。

この一元史観にたつ国立の機関が文部科学省などとともに、熱烈な「一元史観」の学者のもうれつな抵抗を押し切って、なぜ放射性炭素14C年代測定法を採用しているのかを問えば、こうしなければ日本古代史学は国際的に孤立するという危機感からとおもいます。

こうした理化学的年代測定法の採用は、その動機がなんであれ一歩前進であって、大いに評価すべきこととおもいます。同時に、歴博が「一元史観」にたつ国の一機関であることも、断じて忘れることはできないわけです。

その点を示すものは、歴博の発表に先駆けること二三年前の一九八一年に、高知大学の名誉教授中村純氏(花粉分析学)が発表された、北九州での水田稲作の始源にかんする14C年代測定値を無視していることです。中村氏は「花粉から分かる稲作の苦闘」(『朝日科学』、四一号、一九八一年)で、北九州の水田稲作の開始がきわめて古いことを、次のように明らかにされていたのでいます。

①福岡県の「板付遺跡」の「J‐23地点」と、「福岡県遠賀川沿いの鞍手地区は14C年代測定値で三四〇〇年前」(前掲書、四五頁)

②「板付遺跡」の「G‐7A地点」は、イネ花粉が他の植物の花粉中、三〇パーセント以上(これは中村氏の水田稲作地比定の指標とされています)で、高い集約度で稲作が行われていたらしい。……この地層からは夜臼式土器が出土し、その年代は放射性炭素濃度によると二九〇〇年前となる。」(前掲書、同頁)。

通説は、中村氏のこの研究が一九八一年に公表されているにもかかわらず、いっさい無視してきたことは、先の直木氏や小林氏の著書の水田稲作の始源にかんする、年代観(土器編年値)を見れば明かでしょう。しかも、②の「板付遺跡・G‐7A地点」の、「放射性炭素14C年代測定値・二九〇〇年前」という数値は、二〇〇三年の五月に発表された、歴博の放射性年代測定値(AMS法)の測定値と同じです。今日、通説は後述するとおり嫌々ながら、この紀元前約九〇〇年という数字だけを議論していますが、中村氏が提示された「J‐23地点」と「福岡県遠賀川沿いの鞍手地区の、14C年代で「三四〇〇年前」という測定値は、依然として無視しています。

ところが歴博館長の藤尾慎一郎氏著の『弥生文化像の新構築』(吉川弘文館、二〇一三年、第一刷)によれば、氏は一方では北九州での水田稲作の始源を、歴博の14C測定値にしたがって、「紀元前十世紀」と強調されながら、不思議なことに次のようにも記されているのです。「……さらに一九八〇年(中村純氏の先の論文は一九八一年)になって、弥生稲作がはじまる一〇〇〇年以上も前にコメが伝わっていた可能性が籾痕土器によって推定されるようになると、なぜ縄文人は一〇〇〇年以上も本格的なコメ作りに取り組もうとしなかったのだろうか、という疑問がつよくなってきた。その背後に人は農業を知るとすぐ飛びついて採用するという印象がある。

そこに弥生長期編年の発表である。北九州北部の縄文人がコメを知って弥生稲作が始まるまで一五〇〇年、そこから西日本全体(伊勢湾を東限とする範囲?)に広がるのにさらに五〇〇年もかかっていることが明かになるにつれ、これまで考えられていたより、はるかに長い時間ががかかっていることが認識されるようになったのである。

どうしてこんなに時間がかかったのだろうか、という問題は主観に過ぎないが、少なくとも人々が水田稲作に本格的に取り組むきっかけとなった理由は何だったのだろうか。」(同書、七三頁。傍線は引用者)とあるのです。

この尾藤氏の引用文には、通説の「水田稲作渡来論」の弱点が、そのまま露呈しています。水田稲作農耕と原始的焼き畑農耕や畑作農耕との質的違い、ならびにそれに起因する水田農耕伝搬に固有の法則的傾向、さらには農耕伝搬と気象問題などが、その視野にないなどの諸点です。この点にかんしてはこの後の記述でふれていきます。それにしても北九州での水田稲作の開始にかかわる、従来の「土器編年値」はもちろん、歴博の紀元前一〇世紀という〝測定値〟も絶対的ではなく、さらに北九州～近畿地方への伝搬速度も従来の通説に比較して大幅に伸びている点など、一歩前進という点は評価できるでしょう。

こうして中村純氏の研究は、無条件に無視・否定されていいようなものではないことが、藤尾氏の記述からさえも浮かびあがってくるのです。しかも花粉分析学とは、地中に残存する古代植物の花粉の年代、分布等の調査から古代の気象や植物相等を調べる、世界的な自然科学の一分野で、先の今村啓爾氏の縄文史学においても、地球的年代測定上の要素として重視されていることが指摘されていました。

なおここで改革開放後の中国の、「花粉分析学」の状況を一語のべておきます。理由は日本古代史学での花粉分析学の位置づけが非常に低いため、その科学的役割とその威力にかんして、認識が低いのではないかと感じるからです。同時に、今日水田稲作の始源と展開の問題は、中国の改革開放以降の研究の飛躍的発展を無視しては、語れないというのも実状と思われるからです。

「中国における古環境の研究は、主に花粉分析をもとに一九五〇年代末から進められた。八〇年代になると中国全土にわたる分析資料の蓄積を見ることができ、これの資料を使って、古環境の復元が活発に行われている。研究対象地域が華北にやや偏りがちであるものの、近年、揚子江以南についても多くの資料が提出されている。」(武光誠・山岸良二氏編、『古代日本の稲作』、十頁、雄山閣出版、一九九四年)。中国ではこの調査によって、「中国の自然地理区画について数多くの説が提案されてきた」とあり、「ここでは一九八五年に発行された『中国自然地理総論』の自然地理区画案に準拠しよう。」と記されています。それによれば「中国の自然地理は、三大区、七自然地区、三三自然区に分割された。」とあります。これらは中国の古代史探求の、重要な資料を構成するものとして重視されているわけです。

二　花粉分析学による水田跡の発見

したがって一般論としては中村氏の水田稲作の始原への花粉分析研究は、重視されるべきものとおもいます。同時に、この研究をこれから通説の主張と対照して、検証するという視点をも重視したいとおもいます。

中村氏は北九州地方の水田が「豊あし原」に成立したとされながら、次のように述べられています。「またイネ花粉がどのような植物群と共に出現するかを知れば、その出現時代を判断することもできる。各地の遺跡やその周辺の堆積物を調べると、ヨシやガマ、時にはハンノキなどの湿地性草木本類が急に姿を消すと同時に、イネ花粉が現れまもなく三〇%を超す比率を示す。これはまさに湿地が水田化された証拠で、このような例は非常に多い。」(前掲書、四五頁)とされています。しかも、ここには「豊あし原」という湿地に突然、イネ花粉が現れるように述べられている点も、後述するとおり重要な記述とおもいます。

こうした自然科学の方法によって、中村氏が二〇〇三年の歴博の発表の二三年前に、三つの地区の水田稲作のはじめの年代が「三四〇〇年前」と、「二九〇〇年前」という測定値を明らかにされ、歴博が二三年後にその数値の一方を確認する結果となったということは、中村氏の「三四〇〇年前」の測定値にも根拠があり、無視すべきではないということとおもいます。ところが通説はもちろん歴博もまた、先述のとおりに中村純氏の研究とその報告は完全無視です。

この背後にやはり北九州と、近畿・とくに大阪・奈良との水田稲作開始の時差という、古代国家形成・発展の土台にかんする水田稲作のもつ、決定的なかかわりという問題があって、北九州~奈良の時差が五〇〇年という歴博の「実年代」だけでも、「邪馬一国近畿説」派は、非常な危機感をもっていると推測されます。

しかし、実際は約一〇〇〇年に近い時差というのが、日本史の事実とおもいます。現に中村氏の「福岡県の「板付遺跡」の「J-23地点」と「福岡県遠賀川沿いの鞍手地区の放射性炭素14C年代測定が、約三四〇〇年前という数値は、近畿（奈良）地方との時差では約一〇〇〇年弱の開きがあることになります。

ホ　水田稲作——なぜ関東はおくれたか

きわめて興味深い図表があります。図3は日本考古学協会が一九八六年に発表したものです。図4は中村純氏が、日本の古代気象学者の研究を踏まえて明らかにされた、約三〇〇〇年前の世界的寒冷化現象の、日本本土の水田稲作への影響を示す図です。

この「図3」は一九八六年一〇月一八日、青森県八戸市で開催された日本考古学協会の大会基調報告で示された、「遠賀川系（弥生前期）土器の分布」で、〃「土器編年」弥生時代の水田稲作展開図〃（同年一〇月一九日付け、「日本経済新聞」）です。

図3「遠賀川系（弥生前期）土器の分布」

これを見ますと関東一円が水田稲作の空白となっています。しかしこの日本経済新聞の記事には、「東北の稲作が西日本とほぼ同時期に始まっている可能性が極めて強いことが一八日、青森県八戸市で開かれた日本考古学界大会の基調講演で報告された。」とあるばかりで、〃関東の空白〃の理由にかんしては、一語の説明もありません。

ヘ　関東人はやる気がなかった⁉

ところが関東方面の水田稲作の開始の大幅な遅れという問題にかんして、「二〇一三年・『岩波講座・日本歴史』、

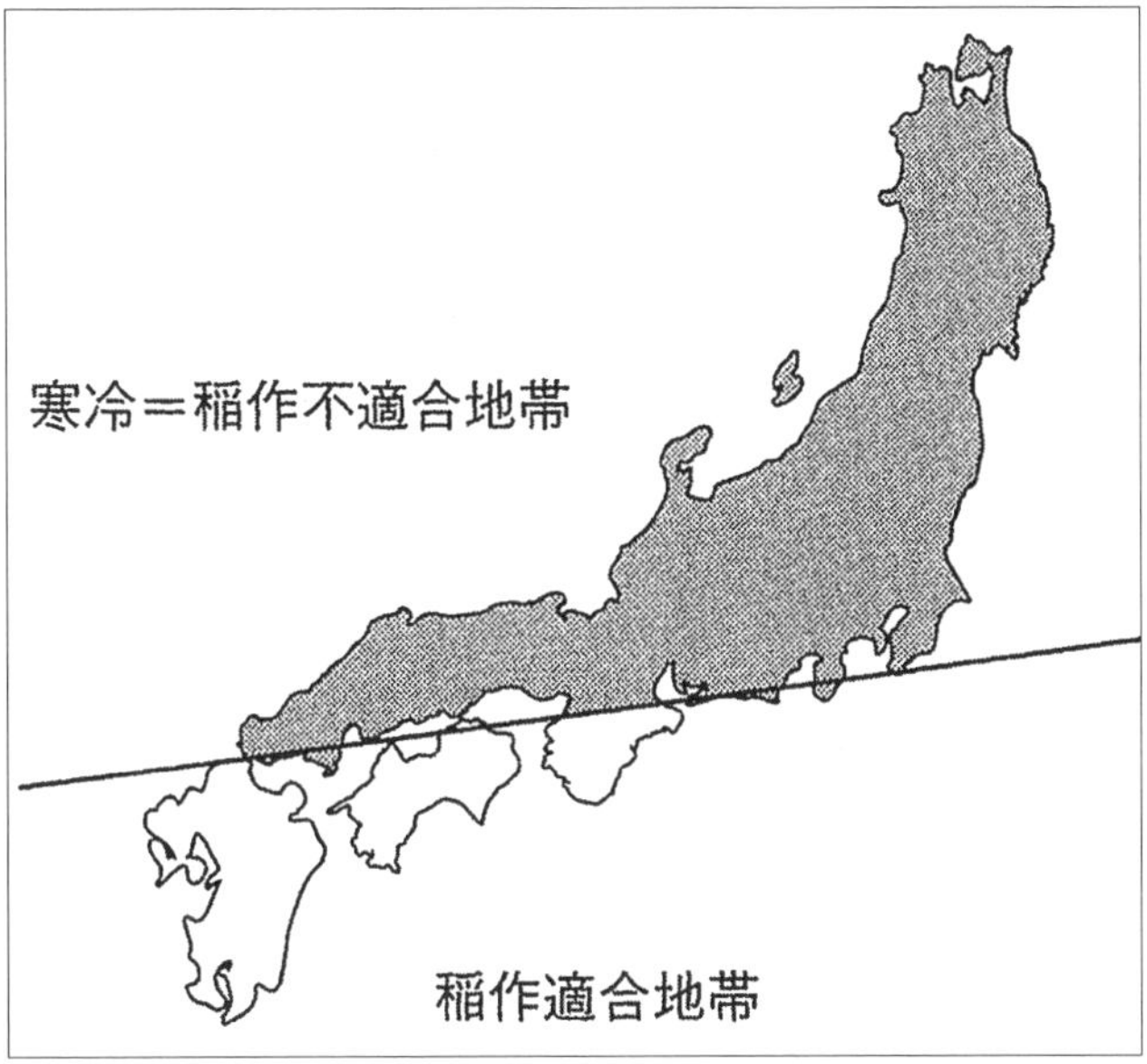

図４　中村純氏、「北九州～浜名湖線」

第一巻」（七四頁）に、驚くべき記載があります。

曰く、「東北地方北部を弥生文化の範疇からはずす意見もあるが、水田をはじめとする稲作志向が関東地方よりも強く（？）、拡大再生産も企画した状況からすれば、弥生文化の範疇で理解するのが適切である。弥生後期に寒冷化の影響を受けて縄文文化に包摂されたのは、イネの生態上不可避のことであって、曲りなりにも数百年間は稲作志向の農耕文化形成の動きがあったことを評価すべきであろう。」という記述です。（傍線・（　）内はは引用者）

こうして水田稲作の本土への展開で、第一に〝関東は空白〟で、通説から「東北よりも稲作志向が弱い……」と、〝やる気がない〟と云わんがばかりの言い方をされ、東北地方は、「関東よりも水田稲作志向がつよく、拡大再生産も企画したから、弥生文化に入れるべきだ。気候問題は仕方がない」というような、まるで企業の業績・人事評価まがいの、〝エッ⁉　これが歴史学？〟とびっくりするような文言が、第一級の学者諸氏によって日本を代表する出版社の、折り紙つきの出版物に登場しています。

ト　花粉分析学からの報告

だが関東も東北も実は古代気象の影響で、水田稲作は大幅に遅れざるを得なかったという、中村純氏の古代気象にかかわる研究が一九八一年の、「花粉から分かる稲作

の苦闘」に発表されているのです。それが「図4」の「北九州〜浜名湖線」です。

この「北九州〜浜名湖線」とは、「三〇〇〇年前は、一時的植生破壊期(地球的規模の一時的な寒冷化をいう)で、北九州から中国側瀬戸内海、奈良盆地を経て浜名湖にいたる線の南側の地点では、一時的植生破壊期がおわるとほとんど時を同じくして稲作がはじまる。つまり北九州で稲作が始まってから一時的植生破壊期をふくむ、数百年の間に稲作が始まった地点は、発見されていないのである。」(中村純氏著、「花粉から分かる稲作の苦闘」、『朝日科学』四一号、四五頁、一九八一年)。

そうして「また九州〜浜名湖線の北側に位置する地域では、明らかに弥生時代(通説の「土器編年」の弥生時代、引用者)以降に稲作が始まり、南側に比べて数百年の遅れがある。……中略……筑波大の吉野正敏教授、足利工大の漆原和子講師(一九七七年)によると、三〇〇〇〜二〇〇〇年前は気候悪化期で中国側瀬戸内沿岸部と浜名湖線を結ぶ線より北側の山陰地方から中部日本、東北日本、さらに北海道南部は特に低温で湿潤であったという。……中略……したがって、この気候悪化期が過ぎた後、すなわち二〇〇〇年前から稲作地帯は北に拡大したといえよう、」(前掲書、同頁)。

なお、この「北九州〜浜名湖線」が実際に存在したことは、通説でさえもが九州〜本州間の水田稲作の最初の伝搬を、「北九州〜伊勢湾」と述べている事実によっても確認できます。にもかかわらずなぜそうなのかという説明がないのです。例えば藤尾慎一郎氏も「九州北部で始まった弥生稲作が伊勢湾沿岸に広がるのに約四〇〇年、関東南部まで広がるのに三五〇年、合わせて八〇〇年近くもかかっていることがわかった。」(『弥生文化像の新構築』、五頁)とされながらも、関東などの遅れの原因にかんしてはその明快な理由説明はありません。

この関東・日本海側〜東北で水田稲作の展開が地球的寒冷化の結果、遅れた事実を認めれば、先述の日本考古学界が一九八六年に発表した「遠賀川系土器の分布」図の、北九州〜近畿方面に密集する遠賀川式土器の展開は、まさに中村純氏の「北九州〜浜名湖線」とピッタリ重なる事実を認めざるを得ないでしょう。

以上から、先にあげた一九八六年一〇月一八日、青森県八戸市で開催された日本考古学協会の基調報告の時点で、中村純氏の「北九洲〜浜名湖線」という、地球的規模の寒冷化にかんして研究が明らかにされていたにもかかわらず。日本考古学協会は当時、この研究を無視し、それは今日に及ぶという有様です。なお、ここに三〇〇〇年前の地球規模の寒冷化にかんして、他の研究の表を添えておきます(次頁)。

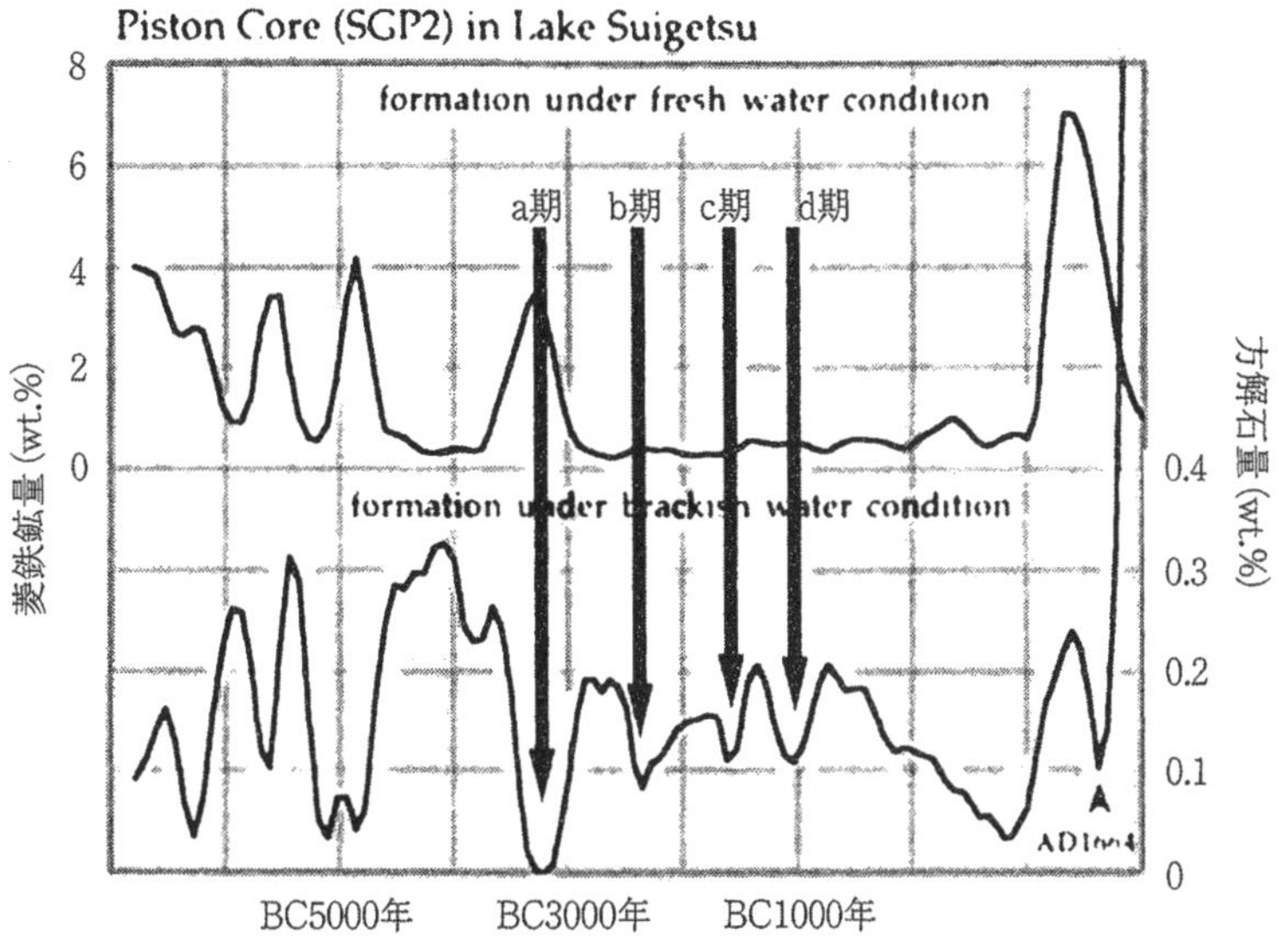

図 5、『水月湖における過去、八八三〇間の年縞堆積物からみた海退時期』
（宮本一夫氏、『弥生時代はどう変わるか』、八三頁。学生社、二〇〇七年初版）

結局は先の「遠賀川系（弥生前期）土器の分布」の関東の空白並びに、日本海〜東北方面の水田稲作の後退が、実は「北九州〜浜名湖線」という気候の寒冷化の影響によるものであって、その結果、この腺の南側にたいして大幅な遅れがあったということです。しかし通説はこの中村氏の研究を認めないわけです。

つまりは中村純氏の研究は、憲法第一条の歴史観にとって容認できないことなのです。なぜならば「北九州〜浜名湖線」の容認は、「北九州で稲作が始まってから一時的植生破壊期をふくむ、数百年の間に稲作が始まった地点は、発見されていないのである。」ことを認めなければならず、それは近畿中心史観の終焉を意味するのです。これは『記・紀』を淵源としつつも、水戸史学・国学以来の近畿中心史観の崩壊をまねく、おそるべきものと通説の目に映るのでしょう。

だから「なおこれに対応して、九州以外の日本列島各地で稲作の時期がどれほど早まるのか、この解明も急がれるとおもう。もし九州における水田稲作の始まりだけが数百年もはやまり、東日本や北日本のそれぞれが従来からの値と大差ないとするなら、日本列島内での水田稲作の伝搬は急速であったという従来の見解が崩れる可能性もある。」（「歴博フォーラム『弥生時代はどう変わるか』、六五頁、編集・国立歴史民俗博物館・広瀬和雄氏編、佐藤洋一郎氏著、「DAN分析からみた弥生時代の稲作」、学生社、二〇〇七年、初版）という不安げな声も生まれてくるのです。

ここから通説の保守派は、放射性炭素14C年代測定法とか、花粉分析学とかにあからさまに嫌悪感を表明し、多少の進歩派は世界の流れとして理化学的年代測定法を受け入れても、通説的弥生式「土器編年」の尻尾をのこすとか、ややこしいことこの上ない状況が生じるのでしょう。

チ「北九州〜浜名湖線」と近畿ヤマト

同時に、知るべきは「北九州〜浜名湖線」上で、本州で最大の盆地が近畿ヤマトの地、なかでも奈良盆地だということです。瀬戸内沿海部は陸地が狭く、四国や紀伊半島は山が海岸にまでせまり、大阪方面は「神武の東征」で具体的にしめすように、広大な「河内湾〜湖〜干潟」が数千年の単位で広がり、淀川水系等による自然の干拓作用の他に、古墳時代まで古代的干拓事業がおこなわれた可能性はどうか、などの問題があり、北九州からの東進の人々が水田化の対象地として、もっとも向かったのが奈良盆地であった、というのが古代の真実と考えられる点、後述します。ここに後日、大和朝廷と呼ばれる勢力が台頭する根拠、また関東に古代統一勢力の力が生まれなかった、真の理由があると考えます。すなわち水田稲作をことのついでのように考察したり、今日でも日本の水田稲作を、もっぱら効率・競争力だけで、賢げに論じる誤りがあるとおもいます。

なお、関東は古代末期、平将門ぐらいから近畿に対抗する勢力として台頭し、鎌倉幕府の成立、そうして最終的には江戸時代以来、日本の首都の役割を果たしていることは、いうまでもありませんが、これをみれば約三〇〇〇年前の寒冷化と、「北九州〜浜名湖線」がなければ、この日本最大の平野面積を有する関東の地は、古代以来の統一勢力形成の地となりえた可能性がたかいと云えましょう。水田稲作と日本史形成の関係を物語るものとおもいます。水田稲作は日本国家・文化の基礎です。

リ 弥生時代、筑紫は日本最大の人口密度

ここにきわめて興味深い事実があります。それは弥生期の北九州の人口密度という問題です。それは一〇世紀前半成立という『和名抄』（『和名類聚鈔』の略）にみる九世紀ごろの筑前・筑後・豊前の北半分（福岡県）の田積は、茨城県、千葉県、兵庫県について、全国第四位とあります（『森浩一氏企画、渡辺正気氏著、『日本の古代遺跡』三四、福岡県、四五頁、保育社、一九九六年、第二刷）。

さらには「沢田吾一氏の推計から考えると、福岡県の八世紀の人口は約二一万人となる。わが国で最初に水田

農耕を受容した玄界灘沿岸の福岡県は、弥生時代以降のことを考えると、人口が最も多い……」（同書、四五頁）とあります。もちろんこれは通説的「土器編年」の弥生時代論を論拠としたものです。しかし実際はこの「土器編年」の弥生時代よりはるかに古い水田稲作の歴史をもつ北九州地方は、長期間にわたって日本本土随一の人口密集地域であったのです。これは「魏志」倭人伝の「邪馬一国」の、〝戸数・七万戸〟記載に示されているばかりではなく、後述する「神武の東征」を生む秘密とおもいます。

なお「神武の東征」説話は、戦前、「天孫降臨説話」（天下りの説話）ともども、小学校（国民学校）で大変重視され、子供に日本のもっと重要事として教えられました。

しかし、戦後「皇国史観」史学批判が開始されるや否や、「日本神話は造作説話、神武の東征なども事実無根の説話に過ぎない。」と、津田左右吉氏の「記・紀批判」が真理の説として掲げられ、今度は、津田説が真理であるとして万人がこれに従う始末です。

この背後に「象徴天皇制」をかかげたアメリカ占領軍の意図、すなわち「天皇の神格化と、それを飾る「日本神話の否定」という意図があったことは、すでに指摘（七九頁上段参照）しました。しかしこうした意図は日本民族の真実の歴史と、その探求への介入という点で、明治政府の「万世一系論」同様のものとおもいます。

三　水田稲作農耕の特質

水田稲作を展開した人々の最初の渡来はいつかという問題は、極めて重要な問題です。しかもこれは日本および日本人の原点に結びつく問題でもあるとおもいます。したがって北九州の水田稲作はいつからか、という一見単純に見える問題の背後には、かなり多くの一つひとつ解明・探究すべき問題があり、かつそれらは単独の問題ではなく、相互に関連している面をもつといえるとおもいます。

本書では、「遠賀川・鞍手地区」でいまから約三四〇〇年前以前に、水田稲作～その前期が存在したという視点にたって、その渡来人について考えますが、重要な問題の第一として、まず水田稲作農業はその誕生以来、縄文焼き畑農業などの畑作農耕とは根本的に異なる農耕文化であって、その伝搬は民族的移動によっているという池橋宏氏（『稲作の起源』、講談社、二〇〇五年、第一刷）の論考にふれます。

同時に、これは大陸から日本本土への伝搬、その「渡海問題」と深くかかわるという、従来の通説がほとんどその視野におかなかった問題と、密接にかかわっている問題でもあります。それはさらに渡来人と在来縄文人の関係で通説の、「渡来人は男性だけで渡海し、在来・縄文女性とたちまち混血、日本民族形成論」がはたして、真実かという問題にも関連・波及するなど、大きなしかも多面的な広がりをもつものです。

しかも興味深いのは、こうした問題はすでに「魏志」倭人伝や、『後漢書』倭伝、『隋書』俀国伝にいわば〝要点筆記〟されているのです。さらには、これらの問題は『記・紀』の神話や、戦後に「造作の説話」として否定された「神武の東征」説話にも、日本民族のはるかなる歴史の事実が反映されているのではないか、という疑問をも新たに提起するのです。

まずは「北九州〜浜名湖線」の出現と、北九州・九州勢の水田稲作の適地獲得をめぐる東進問題から述べます。

『記・紀』の神話を〝造作〟という戦後の通説に、正面からの批判を展開されたのが古田武彦氏の『盗まれた神話』です。「天下り神話」や「神武の東征」説話も、日本における水田稲作民の渡来問題や、その「東進」という、日本史のもっとも重要な史実を反映しているものと考えられ、その意味で古田氏の研究は重要な指摘とおもいます。

同時にそこには「倭国神話」を盗作して自己神聖化をはかった古代ヤマト朝廷と、その史官の真実の日本史を歪めた虚偽性もまた同居しているのです、ここを明確にせずに「記・紀神話等造作説」をいうのは、「産湯とともに赤ん坊を流す批判」（マルクス）というべきでしょう。

イ「神武の東征」説話

さて「北九州〜浜名湖線」下の水田稲作の東進問題で、すが、この歴史の真相を反映したものが「神武の東征」と称される、その実は「東進」説話と考えます。通説も水田稲作東進の指標を福岡県の遠賀川式土器としています。しかし水田稲作民の東進の条件、動機にかんしては不明確です。水田稲作民の東進とその背景、その条件にかんして大きな比重を占めるものは、中村純氏によって明らかにされた古代気象問題、それとかかわる「北九州〜浜名湖線」の存在です。この線は地球的規模の一時的寒冷化が終焉に向かう過程で生まれた現象ですが、この線の誕生以後、その南側では水田稲作が可能になり、その北側でその開始がさらに長期に遅れた、と指摘されている気候的境界線です。したがって日本の水田稲作は、寒冷化を迎えた数百年間、九州に閉じ込められ、その結果、九州内での水田の適地をめぐる闘争は、激烈であったと考えられます。

現に『日本書紀』神武紀に、「遂に邑《むら》に君有り、村《ふれ》に長《ひとごのかみ》有りて、各自彊《おのおのさかい》を分かちて、用《も》て相凌《あいしの》ぎ、轢《きしろ》はしむ。」（『日本書紀・上』、一八八頁）とあります。すなわち部族や氏族が〃相互にその領域をめぐって、激しく相争っている〃というわけです。吉野ケ里遺跡の高い柵や深い濠、そこにある逆茂木を見れば、その情景の一端がしのばれるとおもいます。

したがって「北九州〜浜名湖線」の出現は、北九州・九州内部の水田適地をめぐる闘争を、一挙にこの「線」の南側の水田稲作の適地の取得をめぐる、激烈な競争に転化させたとおもわれます。これはいわば自然の理でしょう。現に『神武紀』には、「鹽津老翁《しおつのおじ》（潮＝海とツ＝星、遠洋航海をする船のかじ取り。後述）に聞き、曰《い》しく、『東に美しき地《くに》有り、青山《せいざん》四周《よも》にめぐれり。其の中に亦、天磐船に乗りて飛び降《くだ》る者有り』といひき。余謂《われおもう》に、彼《そ》の地に、必ず以て、大業を恢弘《ひらきの》べて、天下に光宅《みちお》（大きな権力者の館、中国古典『尚書』の一節）るに足りるべし。蓋《けだ》し六合《くに》の中心《もなか》か。厥《そ》の飛び降るという者は、是饒速日《これにぎはやひ》（物部氏の遠祖）と謂ふか。何《なん》ぞ就《ゆ》きて、都つくらざらむ。」（前掲書、一八九頁。傍線は引用者）とあります。

この傍線分部は（日本書紀）の編者等の造作です。真実は、自分の水田を十分にもたない部族等の多分・軍事酋長格の神武（本来、戦死した神武の兄がそれに該当か）、名をイワレ彦という神武は、たまたま鹽津老翁から、「東に行きゃ、あたり一面、野蛮人（縄文先住民、後述）どもがろくに使っていねえ、いい土地があるんだよ。そこに目をつけて前に饒速日っていう若けえのが、一かばちか運をかけるって出かけて行ったよ。ええ、若けの、おめぇもこの辺でうだつの上がらね暮らしをしてるよりゃ、東に行って運をためすのもいいんじゃねえのかい。」などといわれて、その気になり、部族か氏族の一統をまとめて、東に行くことにした、というのが真実の話とおもいます。

今から約二千五百年前の神武時代に、北九州・九州から近畿地方に行くということは、当時の人間から見れば、あたかも一六〜七世紀ごろ、ヨーロッパの一角から大西洋を渡って新大陸をめざしたも同然の、未知の世界への運命をかけた旅立ちでしょう。自分の水田があって悠々自適の生活ができるものが、見ず知らずの遥かなる土地に行くはずもないでしょう。

なお先の引用文に饒速日を「天磐船に乗りて飛び降る者」とありましたが、この「降る」は今日の東京から地方に行くことを「下り」といい、東京に来ることを「上り」という表現と同じであって、「アマ部族」の土地から他所に行くことを「下り」と称したわけで、この時代、遠方には船を利用していたということです。この「上り、下り」の表現にかんして初めて正論を展開されたのも、古田武彦氏の『盗まれた神話』です。

戦前は日本国家創設の父ででもあるかにいわれ（今日も、神武の東征と橿原の宮での即位の日が「建国記念日」とされています)、戦後は破れた紙芝居のように捨てられたこの神武や饒速日の、真の姿はどんなものだったのでしょうか。『古事記』・神武記には、神武の言葉として「何地に座《ま》されば、平らけく天の下の政《まつりごと》を聞こしめさむ、なお東に行かむ。」(傍線は引用者)とあります。傍線分部は『古事記』の編者の造作です。真実の部分は古田武彦氏が言われているように、「ここにはいられない。どこに行ったらいいか、やはり東に行こう。」(『盗まれた神話』、二五九頁、角川文庫、一九八〇年、第四版)ということでしょう。すなわち〝ここ(北九州~九州の地)では希望がもてない、どこがいいか、やっぱりみんなが行く、東に行って運を試す以外にない〟、ということです。つまりは「水田稲作の東進」、すなわち本州・四国への水田稲作の普及と展開は、以上のような歴史的背景をもつということです。

ロ 「神武の東進」と史的唯物論

極めて興味深いことに「神武の東征」説話の、正しい理解に役立つものは、一九世紀のアメリカの人類学者のルイス・ヘンリー・モーガンの『古代社会・上』、『アメリカ先住民のすまい』に記されている、氏族社会論とその社会に普遍的にあったという、人間の新天地への移動にかかわる「戦争の私的自由」制度(『古代社会・上』、一四一頁)にかんする言及と、モーガンの氏族社会研究を高く評価した、マルクス・エンゲルスの「史的唯物論」からの考察です。

モーガンによると北米のインディアン社会の普遍的性格として、「軍事行動は、おおむね志願兵制度に委ねられていた。理論上では、各種族は平和条約を結んでいない他のあらゆる種族と戦っていた。誰でも自由に戦闘部隊を組織し、好きなところへ遠征におもむくことができた。彼は戦舞を催し、志願兵を募集して、その目的を布告した。この方法は、その計画にたいする人気の実際的な試金石であった。もし彼が、彼の戦踊に参加したような人々からなる一隊を首尾よく編成し得たならば、彼らは情熱が最高に達した間にすぐさま出征した。」。まさにアメリカ映画の西部劇にでてくる、インディアンの出陣の踊りです。古代中国では「鼓舞」が有名で、日本ではこれが転じて「勇気を鼓舞する」と云われていることは周知のことです。

これにかんしてエンゲルスが、その著書『家族・私有財産・国家の起源』で、「われわれは銅色人(インディアン)について述べたところで、氏族制度とならんで自力で戦争をするための、私的な団体がどう形成されるかを見てきた。これらの私的団体がドイツ(ローマ帝国領への侵入時代のゲルマン民族をさす。以下同様、引用者)のもとでは、すでに恒久的な団体になっていた。

名声をかちえた軍事指導者は、略奪欲に燃える一群の若者を自分のまわりに集め、若者たちは彼に、また、彼は若者たちに個人的誠実の義務を負った。指揮官は若者たちを給養し、賜り物をあたえ階位制にしたがって彼らを編成した。それは小規模な出征の際の親衛隊、兼、戦闘力ある部隊であり、大規模な遠征の際の練達した将校団であった。」（同書、一三八頁）とあります。なお、このゲルマン人の私的戦闘集団こそは、ローマ帝国滅亡後のヨーロッパ中世の王と貴族層を形成した、そもそもの淵源であると指摘されています。

ここにエンゲルスのこの考察を引用したのは、九州から東進した神武がこうした氏族社会的、ゲルマン民族的な私的遠征隊という性格のものであったと考えるばかりではなく、彼は彼同様に北九州・九州から「北九州〜浜名湖線」の南側に移動した、多くの部族の一部分であったと考えるからです。こうした部族や氏族は自ら武装して、未知の世界に自らの運命を託して移動、すなわち私的戦闘的移動、私的遠征を余儀なくされた人々であり、それは当時の北九州の支配的勢力からの一々の命令など不用の、私的で自由な移動、今日では家族ごとの引っ越しと同じ移動です。しかし今から二五〇〇年前後前の日本では、この「引っ越し」は、私的に武装した部族か氏族の家族もろともの移動であって、しかもこれは人類がその長い歴史の過程で繰り返してきた、もともとの〝親氏族・部族〟からの、外延的展開・移動の普遍的形式とおもわれます。近世の例ではヨーロッパ人の南北アメリカ大陸、オーストラリア等への〝家族もろともの移動〟と、基本的に同じものだということです。

こうしたその祖国で希望を見出し得なかった人々が移動ののちに、新天地で新しい発展を遂げて、新しい王や貴族を移動先で形成したことは中世ゲルマン人に限らず、近世でもヨーロッパで希望を見出し得なかった人々が、アメリカ大陸等で成功し、新たな名門を形成している点にも見られます。これが古代ヤマト地方の水田稲作を展開した人々の真実でありながら、同時に、『古事記』『日本書紀』はこの事実を漏らしながらも、「ヤマト朝廷は神代の時代から日本で唯一の王家」という、北九州の「倭国・卑弥呼の国家」の存在を隠滅した、「日本史」を偽造したのだと考えます。

しかも神武記・紀によりますと北九州をでた神武は、『古事記』では「阿岐国（広島県）」に七年（日本書紀は約二か月）、次に吉備（岡山県）に八年（日本書紀は三年）とどまって、近畿大和進撃の準備をしたとあります。これから察して九州出発時の神武一統の勢力は小さかった、すなわち神武に賛成した部族か氏族の人々は、少なかったと推測されます。

今日、わたくしたちは神武の古代大阪侵入の時代を、ある程度知ることができます。それは特定の時代の古代大阪湾の地形（古地形）と、「神武の東征」説話の地形描写等が一致している事実からです。しかしこの地形の、長大な時間にわたる変化を考慮すれば、神武一統が近畿地方一番乗りというわけではないとおもわれます。つまり『記・紀』とは「倭国」の隠滅のみならず、近畿地方の真の前方後円墳造営勢力、およびその実態をも消去し換骨奪胎するという、日本民族の真の古代史の偽造をおこなったものと考えます。

さてもとにもどって「北九州～浜名湖線」の南側で、多分、最初に九州からの水田稲作民が入植した所が、四国や広島・岡山などの沿海部地方と考えられ、この広島・岡山方面に神武が長々と逗留しているのは、九州からの参加者が少ないので、この地で、水田を持てず新たな土地に行こうとする人々を集め、それが一定の勢力になるのを『古事記』にしたがえば、一五年も待ったことになります。

ハ「神武の東進」とその実証

「神武の東征」説話の注目すべき点は多々ありますが、ここでは古田武彦氏がその著『古代は輝いていた・Ⅱ』（「速吸門をめぐって」、二一一頁。朝日新聞社、一九八五年、第一刷）で指摘されている問題をとりあげます。それは「神武記・紀」の大阪湾記事の描写が、現代の大阪湾の地形とはまったく異なって、いまから約三〇〇〇～一六〇〇年前の、大阪湾の地形（『大阪府史』、第一巻）と合致しているという指摘です。この指摘は「神武の東征」説話・造作論を否定するものです。古代以来の大阪湾の地形にかんしては、梶山彦太郎・市原実氏著、『大阪平野のおいたち』（青木書店、一九八六年、第一版）に、〃古代大阪湾地形として、ⓐ「約七〇〇〇年～六〇〇〇年前」が〃河内湾Ⅰ〃。ⓑ「約五〇〇〇年～四〇〇〇年前」が〃河内湾Ⅱ〃。ⓒ「約三〇〇〇年～二〇〇〇年前」が〃河内潟〃。ⓓ「約一八〇〇年～一六〇〇年」が〃河内湖Ⅰ〃、最後が「五世紀」の〃河内湖Ⅱ〃と図示されています。

まずは大阪湾古地形と照応した描写、その一です。

「……皇師《みいくさ》遂に東にゆく。舳艫《ともへ》相接《あひつ》げり。方《まさ》に難波碕《なみはやのみさき》に到るときに、奔《はや》き潮《なみ》有りて太《はな》だ急《はや》きに會《あ》ひぬ。因《より》て名《なづ》けて浪速国《なみはやのくに》とす。」（『日本書紀・上』、一九一頁）です。

今日の大阪湾にはこうした外湾と内湾の区分はありませんが、弥生時代以前の大阪湾には、長大な時間にわたる「河内湾～湖」と呼ばれた内湾が存在し、それと外海との出入り口がボトルのネック状にせばまり、潮の干満時には「早い潮流が生じた」と考えられ、その意味で「神武記・紀」のこの部分の描写は、事実の反映とみな

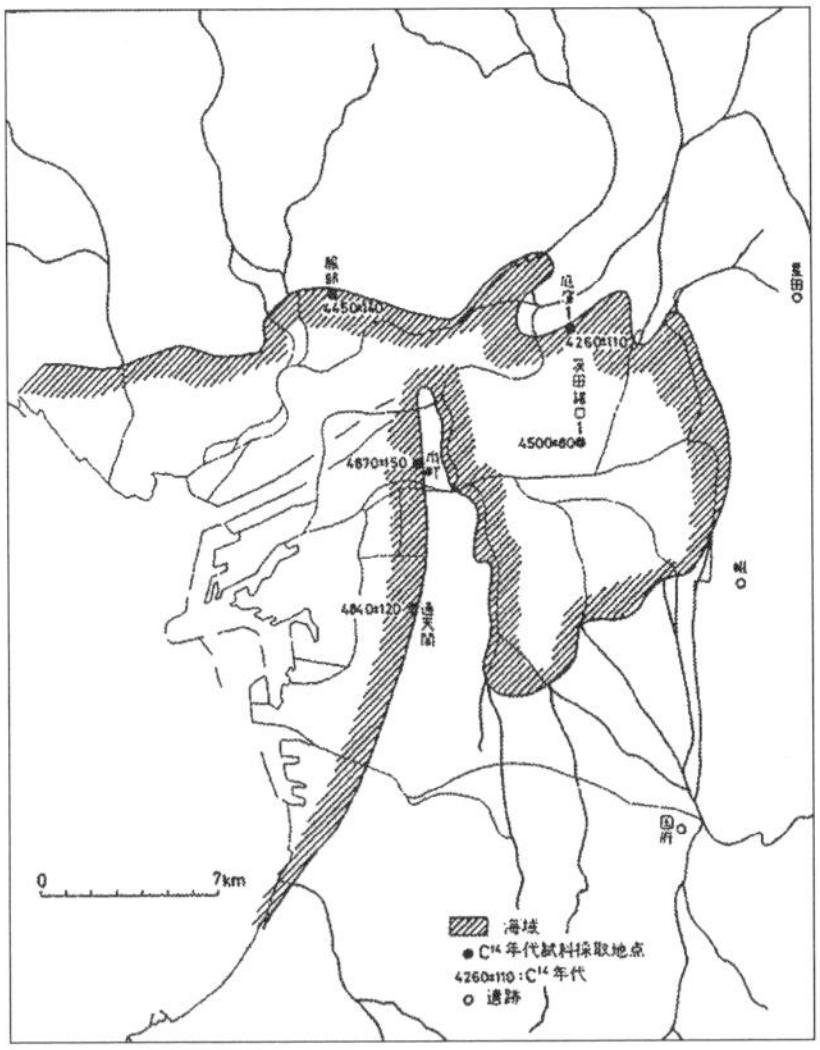

図 6-1 河内湾 II の時代（約 5000 ～ 4000 年前、
縄文時代前期末～縄文時代中期）の古地理図

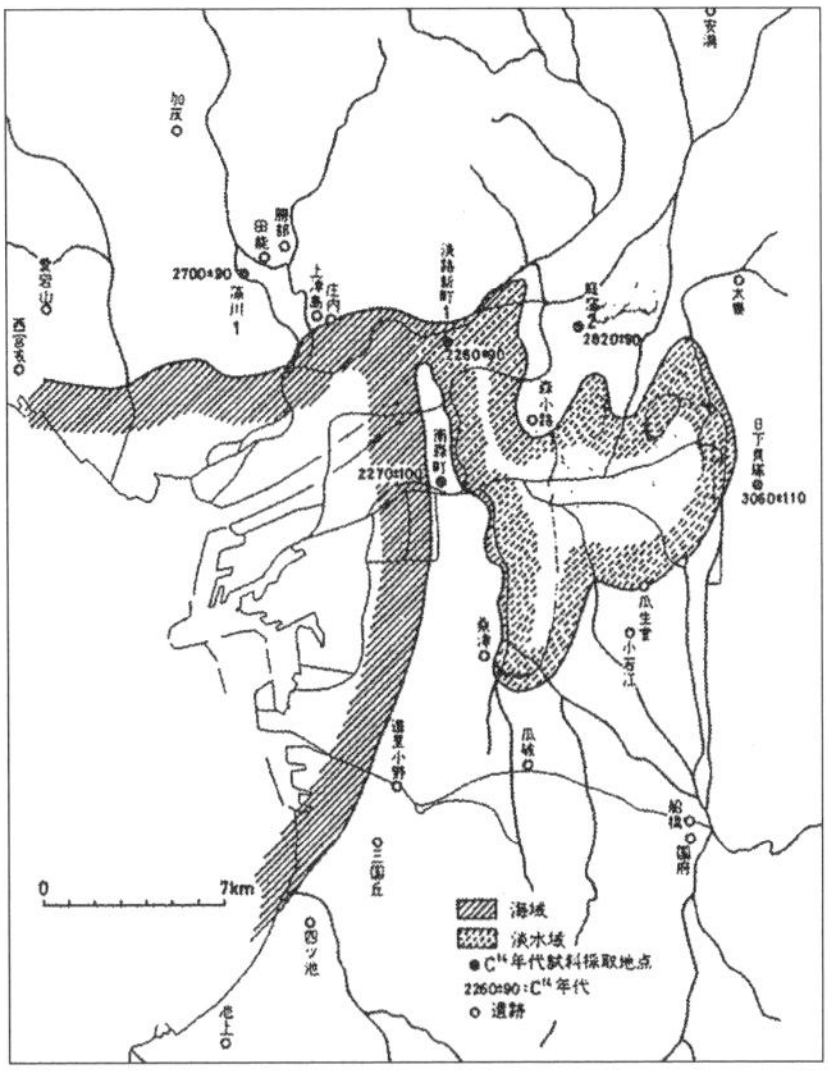

図 6-2 河内潟の時代（約 3000 ～ 2000 年前、
縄文時代晩期～弥生時代前期）の古地理図

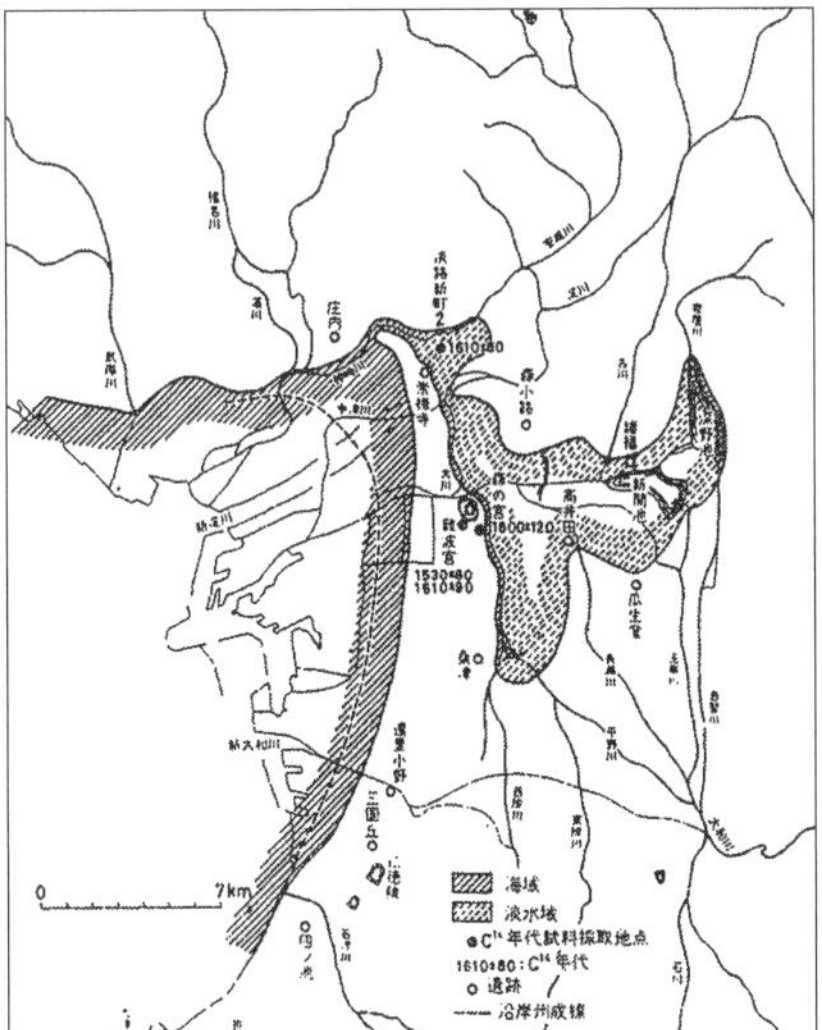

図 6-3　河内湖 I の時代（約 1800 ～ 1600 年前、
弥生時代後期～古墳時代前期）の古地理図

すことができます。

第二は、「故、その国より上り行《い》でまし時、浪速の渡を経て、青雲の白肩津《しらかたのつ》に泊《は》てたまひき。この時、登美《とみ》の那賀須泥毘古《ながすねびこ》、軍《いくさ》を興して待ち向へて戦ひき。ここに御船に入れたる楯を取りて下《お》り立ちたまひき。故、其地《そこ》を号《なづ》て楯津と謂ひき。今者《いま》に日下《くさか》の蓼津と云ふ。」（『古事記』、八〇頁）とある部分です。ここは今日では奈良県と大阪府の県境であって、海ではありません。しかし古代大阪湾では海に当たります。こうした事実に照らせば「神武記」の記載は、事実を反映した記述という他はありません。一々引用ははぶきますが『日本書紀』神武記も基本的に同様です。すなわち『神武記・紀』は、北九州・九州の「イワレ彦」なる一隊が、近畿地方に侵入移住した事実を反映したものです。

したがって「故、かく荒ぶる神等《ども》を言向《ことむ》け平和《やわ》し、伏《まつろ》はぬ人等《ひとども》を退《そ》け撥《はら》ひて、畝火の白檮原《かしはら》宮に座《ま》しまして、天《あめ》の下《した》治《し》らしめしき。」というのは事実ではなく、神武一党の居住の地をなんとか確保した、というにとどまるものだ、ということです。これが神武の「東征」の真実です。「東征」とは偽造であって「東進」がその事態です。

そもそも「辛酉年の春正月の庚辰《かのえたつ》の朔《ついたちのひ》に、天皇、橿原宮に即帝位《あまつひつぎしろしめ》す。」(『日本書紀・上』、二一三頁)などというのは、「マヤト朝廷唯一史観造作」の一節に過ぎないことは、いくら「即帝位す。」と書いてみても、まずは北九州・九州に「神武」等の本家部族集団がいるでしょう。神武はまず北九州・九州を統一して、近畿に攻め込んだといってみても、その首都名も、いつ九州を統一したかの記事もなく、しかも「神武の東征」は、北九州の水田稲作が開始、紀元前一四〇〇年説にたっても、その約一〇〇〇年後ぐらいと考えられ、当時、北九州・九州に強大な政治勢力が存在していないという方が、人類の古代国家形成・発展史に照らして非常識です。

以上、中村純氏の花粉分析学からの北九州の水田稲作の始源への所見と、「北九州=浜名湖線」の指摘は、日本本土への水田稲作の展開を、もっとも合理的に説明するものであって、しかも『神武の東征』説話の真実をも照らしだすもので、これを無視して依然として『土器編年』にしがみつくのは、日本古代史の真実を探求するもののたつ所とは、断じていえません。

以上の考察からは北九州の「倭人・安曇族」の東進こそが、まずは近畿地方の水田稲作を促進した要因であって、だからこそ「天神様、宇佐八幡神宮、さらには志賀島の海神社の東進=奈良県の春日神社や、ついには茨城県の鹿島神宮(鹿島は志賀島と同意。「志賀」は本来、鹿の意)、住吉神社等々も東進したのであって、日本の古代文化の真の形成者が、志賀島の海神社を氏神と仰ぐ人々、「倭国」王朝を創設した人々、すなわち今日の日本人の祖先たちです。

二 お稲荷さま

「お稲荷様《さま》」北九州起源説を云われているのは、西田長男氏(『古代文学の周辺』)です。氏は北九州の戦前に残存した「丑さま祭」の農民の姿と、出雲大社の「御釜の神事」や、各地に奉納されている「稲荷様」の絵図を比較・検討されて、その共通性を指摘され次のように述べておられます。

「北九州一帯の農家に見られる『丑さま祭』の儀礼の如

きは、この稲荷神の原型を今によく伝えたものとして甚《はなは》だ注目に値する。旧暦霜月（一一月）初丑の日の夕刻に、あらかじめ刈りのこしておいた稲一二株（閏年は一三株）を、戸主（または男子）が刈り取って、棒（天秤棒）の両端に付けて肩にかつぎ、『おもたか、おもたか（〝重い〟の博多弁）』といいながら、正面玄関から家に入り、『作神さま』にお供えするものである。この『作神さま』こそ稲荷神なのである。」（同書、八八頁）。この稲荷神のお使いがキツネであるのは、多分、田畑を荒らす鼠を捕る習性からともおもわれます。

この西田氏の指摘の重要な点は、これから述べる通り北九州地方こそが、日本列島の水田稲作発祥の地だということとの関連においてです。したがってこの地方の部族・氏族の人々が〝苦闘した稲作の成功・豊年を、稲神様に心から祈願するのは当たり前であり、そうした信仰の形式・祭神を創設するのは当り前だ〟ということです。したがって日本本土にこの「お稲荷さま」が広く展開するのは、水田稲作の日本の姿というにとどまらず、その背後に日本史の隠された真実が横たわっているのです。

近代〜現代の日本はとかく民族的神道や神社等の伝承、それにまつわる神事等は、大和朝廷にかかわるいもの以外ははなはだ軽視され、また俗流唯物論の小利口振りというか、民族的古代的神道の重視が弱く、その結果、民族的古代的神道と〝国家神道〟の区別と、国家神道への批判が弱く、その結果、国家神道にかえって民族的体裁での神聖化等の余地をのこしてきたとおもいます。真の民族的神道の背後には真実の日本史がかくされている場合があって、科学的研究の対象であり丁重に扱うべきものとおもいます。

四　水田稲作をもたらした人々

水田稲作の始源とその広がりという問題は、今日、通説がまったく目をむけなかった多くの問題を含んでいます。本書ではまず、海を渡るという問題とそれのもつ意味から考えます。

イ　渡海問題

北九州に水田稲作をもたらした人々はいつごろ、どこから北九州に来たのか、この問題は、今日の日本人の祖先を特定する問題でもあります。これにかんして通説では、「大陸（山東半島）や朝鮮半島からきた」とか、「渡来した」などというのですが、これを読むごとに「どうやって海を渡って来たのですか」と聞きたくなるのです。「船に決まっているじゃないか」といわれても、ことは朝鮮半島から九州に渡るということです。その間に対馬・

壱岐があるにせよ、渡来者そのものに渡海技術・その能力がなければ「渡来」は不可能ではないか、という問題です。

この問題にこだわる理由は、朝鮮半島の古代以来の人々が、渡海技術で古代日本人より上位だったという根拠がないからです。現に先述(一〇五頁下段参照)のとおり、『三国史記』新羅本紀の三世紀、「倭人撃退」対策で王が、「海を渡って倭国本国を攻撃してはどうか」と謀ったのにたいして、臣下が「吾人、水戦に習《な》れず……」と答えています。

また本来、中国大陸内陸部で生活していた人間が、いきなり朝鮮・九州間の海を渡れるかといえば、やはり無理でしょう。朝鮮半島や山東半島から日本に来るにしても、「土器編年」の弥生時代を含めその時代からはるかに前の時代に、大陸側にいわば渡船業者でもいない限り、日本に来るには自力で渡海をする以外に方法はないのではありませんか。それともやはり渡船業者的存在がいたのですか。当然、当時、大陸側に渡船業者的存在がいたとは思えません。大陸から日本本土に渡来する者には、自身が渡海技術を備えていた人々、すなわち〝海人〟的生活習慣を保持した人間集団と考えるべきとおわれます。通説の「渡来人」論は、この点への指摘や見解が見えないのです。しかも、問題はこの渡海問題が、水田稲作農業の特性とも結びついている、そういう特性を本来保持している人々こそが、「倭人」と呼ばれる人々の特徴だということです。

ロ　水田稲作農業の独自的性格

この特性は、水田稲作農耕の本質とかたく結びついているのです。この点も、従来の通説では取り上げられませんでした。それは水田稲作農法は照葉樹林地帯の焼畑農法、または畑作農耕文化から発生、または文化的伝搬によって生まれる背景・必然性をもたず、最初から湿地や水をたたえた場所での株分け農法、バナナやサトイモ類の栽培同様に、多年草の野生のイネを最初はその株を植えるという仕方で、原始的家族の小菜園で婦人たちによって行われていた補助的農園から誕生したという、池橋宏氏(『稲作の起源』、講談社、二〇〇五年、第三刷)の水田稲作独自的発生農法説が提出されている点を、重視すべきと考えました。

この〝水田稲作発祥論〟の特徴は、前述の他にこの農法は水田という水を張った耕作地に、種の直播ではなく「田植え」(株分け農法)という作業を基本とする農耕文化だというものです。これは小麦やトウモロコシなどの、人類の米以外の主食にかかわる穀物栽培が畑作農業であるのとは異質な、主食の生産農耕様式です。その重要な特質は「田植え」をする、しかも「水を張った農地」を人工的につくることが必修の文化であって、これは同時に灌漑施設の必要性とそれを実際に整備する能力、さらには水田の水の管理を稲の生長にあわせて適時に行うなど、長年の経験の蓄積がいるわけです。

つまりは小麦・トウモロコシ等の畑作農耕とは非常に異なる農耕文化あって、この農業の発生・発展はそもそも最初から水辺という、特殊な環境と結びついた栽培法であって、そうした環境の住人によって創設・発展させられた農業で、原始的社会においては文化的伝搬は不可能な農業と、池橋宏氏は言われています。したがってその農業の拡大は、その文化をもつ部族・民族の移動・拡散によるという説です。

この意味は、水田稲作農耕は畑作農耕しか知らない古代人が、これをみて簡単にまねできる、理解でる農耕文化ではないということです。したがって日本において渡来人の水田稲作民と、在来の縄文人の関係を「氏族社会の血縁問題」という特質の他に、縄文人が簡単に水田稲作農耕を見習い得たかにいう見地は、正しくないということになるわけです。

通説では、この後で指摘するように「渡来人の男性と、縄文女性がたちまち仲良し混血論」が真理のように云われ、それと同列の視点から「水田稲作・たちまち縄文人習得説」が云々されていますが、再検討が求められるということです。

その意味で「ヨーロッパ先史時代のフロンティア理論」（藤尾真一郎氏著、『弥生文化像の新構築』、九八頁。吉川弘文館、二〇一三年、第一刷）を、日本に適応することはできないとおもいます。「フロンティア理論は、北西ヨーロッパの中石器時代には生計の一部に農耕を加えていた集団が存在したものの、基本的に採集・狩猟社会であった。家畜を伴う小麦農耕がすぐそこまで迫っていても、数百年にわたって農耕を受け入れず、採集・狩猟文化を継続したエルテベーレ文化は有名である。

こうした狩猟民がいる地域空間に農耕民がはっていったとき、すぐに両者の接触が起る場合を重視するモデルで、その際、採集狩猟民の一部がフロンティアになって両者を結びつけ、その結果、地域全体に農業が拡大していくと考えるパターンを想定した。」（前掲書、九八頁）ものですが、この「モデル」が普遍的性格を反映したものか、欧米のある学者が頭のなかだけで「想定」したものか、まずはそれが不明です。現に藤尾氏自身が、農耕民と採集・狩猟民がすぐそばに隣り合っても、数百年も農耕の受容を拒否した文化を挙げているわけですから、この「フロンティア理論」はヨーロッパにおいても、普遍的性格をもつものなのか、疑問です。

しかし、日本において成り立たない理由は、水田稲作農耕は、縄文的採集・狩猟的のみならず、原始的畑作農耕民への〝文化的伝搬〟も難しいという見解ですから、「フロンティア理論」はいっそう考えられません。したがって藤尾氏が引用文のあとで、「在来の園耕民（縄文人をいう）のいる平野に渡来人がやってきた場合、両集団が何らかの関係（?、戦争も関係の一種ですが……、引用者）、何かのきっかけによって渡来人と園耕民の一部が一緒になって、これまで利用されていなかった下流域を占領し（どうして園耕民は下流域を利用しないのでしょうか、引用者）、弥生稲作に専業化したと考えるのが自然である。」（同書、一〇一頁）とされていますが、しかし、これは氏族社会の人間に普遍的な「血の紐帯」という点とともに、水田稲作は文化的伝搬はしないという指摘をも考慮するならば、通説的研究者に普遍的にみられる、学者が〝頭のなかで捏ね上げた理屈〟の一つであって、成り立ちにくい説とおもいます。

さて以上のような特質をもつ水田稲作発祥の地はどこか、池橋氏は、「この担い手が、長江中・下流域に住んでいた『越』＝タイ語系の人であったろう……。これらの人たちは、水田と漁労を中心とした優れた生業を発展させたが、中国大陸の漢化の勢に追われて、同化されるか、東へあるいは南へと展開した。日本への稲作渡来もこのような大きな流れの一部であったに違いない。」（『稲作の起源』、一二六頁）とされています。

「周に滅ぼされた殷人は、もともと夷（背丈の低い人を意味する）とは縁つづきだったらしい。……殷は身内にあたる東夷（山東省に住む）と淮河夷（河南省の淮河あたりに住む）の反乱を抑えるために、争っている隙に周に攻撃され滅んだ。紀元前一〇二七年のころである。

夷は、今日の山東・河南・江蘇州地方におよぶ沿海地方の半漁・半農の部族」（前掲書、一三四頁）と池橋氏は指摘されています。この指摘は研究すべき課題であって「倭人」はどこから来たか、すなわち今日の日本社会と日本文化を形成する土台である、水田稲作を日本列島で確立したわれわれの祖先はどこから来たかという問題です。

この考察で水田稲作独自論は、通説がこれまでその視野におきえなかった問題とおもいます。ましてや水戸史学や国学に淵源を発する「ヤマト民族・ヤマト魂」論は、〝排外主義的ヤマト朝廷一元史観にたつ日本民族論〟であって、正しい日本古代史学の確立こそが、正しい日本民族論確立の前提であることを照らしだしているとおもいます。

われわれは遠くは揚子江流域のタイ語系民族、今日ではベトナム等の東南アジア方面の水田稲作民との遙かなる血縁とともに、今日中国化している遙かな時代の揚子江流域の人々とも結びつきをもつ民族とおもわれます。しかも、この点、単なる〝思う〟というに過ぎないものではないことを明かにしたいとおもいます。

　以上の水田稲作農耕文化にかんする考え方は、通説の、従来の「イネ伝来の道」の考察に、おおきな変更をもたらすものでしょう。従来説は朝鮮半島経由や山東半島から、朝鮮～北九州への渡来説などがありました。これらを否定する理由も根拠もありません。しかし、問題は、この渡来人は大陸部分は陸伝いに移動して、朝鮮半島から北九州間はどこかの漁労民に輸送業を頼んだのか、それとも古来、海と結びついていた部族で、自力で渡海したのかという問題にも結びつき、それに新しい光を当てるからです。

ハ　倭人の故郷と海

　われわれ日本人の直接の祖先は、水田稲作を固有の文化とする揚子江流域を出自とする民族・部族であって、しかも海と深くかかわる人々であるということです。この点に気づきますとこのことはおどろくなかれ、すでに『後漢書』倭伝や『三国志』魏志・倭人伝に、約一三〇〇年以上も前に記されているのです。またさらには、その生き生きとした姿は『隋書』俀国伝にも記されているのです。

　この他にはその一端は〝舟形棺〟が前方後円墳等から、少なからず出土している事実によっても実証されています。例えば奈良県広陵町の「巣山古墳」（墳丘二二〇㍍の前方後円墳）から、「長さ二・一㍍、幅七八㌢、高さ四五㌢の板の船の棺」が出土（朝日新聞、二〇〇六年二月二三日付け、同町教育委員会発表）など、比較的多数が発見されています。しかし通説は舟形棺が前方後円墳等から出土する事実を断片的に述べても、これは何を意味するものかということについては、語らないのが一般的でないでしょうか。

　さて「魏志」倭人伝です。「男子は大小となく、皆黥面文身す。古より以来、その使中国に詣《いた》るや、皆自ら大夫と称す。夏后少康の子、会稽に封じられ、断髪文身、以て蛟竜の害を避く。今倭の水人、好んで沈没して魚蛤を捕え、文身しまた以て大魚、水禽を厭《はら》う。後やや以て飾りとなす。諸国の文身各々異なり、あるいは左に、あるいは右にし、あるいは大にあるいは小に、尊卑差あり。その道里を計るに、会稽・東治の東にあたるべし。」（傍線は引用者）とあります。ここには「倭人」が、海に適応した習性をもつ民族であることが記されています。

　なおここで指摘しなければならない点は、「その道里を計るに、会稽・東治の東にあたるべし。」（傍線は引用者）が、「魏志」倭人伝の原文だという点です。通説は、たとえば石原道博氏は、『中国正史伝（I）』において、この原文「東治」を「……東治の東……」と、いわば原文改竄されています。その注（5）（同書、四六頁）では、「東治」を「福建省閩侯県付近」とされ、さらに「東治とするものあるは東治の誤」とされています。

しかし「会稽東治」（会稽郡東治県、中国は郡県制、日本は県郡制）とは、『後漢書』倭伝の編者・五世紀の范曄時代の行政区的認識であって、范曄はこれでそうした行政区がない、三世紀の陳寿の「会稽東治」記載を変更したものです。これを解明された古田氏の『「邪馬台国」はなかった』（「第二章　いわゆる『共同改定』批判。II禹の東治」、同書、一〇〇頁）での重要な指摘を、石原道博氏ならびに先述の直木孝次郎氏等の通説は、依然として無視しているわけです。

古田氏は、范曄は陳寿の「会稽東治」を読んで「会稽郡と東治県」と勘違いし、三世紀には〝「東治県」がなかった〟という、三世紀と五世紀の中国の「郡県制」の変更を見落とした（同書一〇八頁）という、歴史家としては致命的な誤りを犯した点を指摘されました。通説はもちろんはじめから「会稽東治」の意味を理解できず、范曄の「東治県」の誤りをさらに拡大して、「倭国」の地理的位置を、「会稽郡・東治県の東に当たる」と〝理解〟したのです。こうして中国人は日本列島を〝南北に認識していた論〟などを、まことしやかにもちだしてきたのです。しかし、こうした見解と態度は、事実を探究する学問のとるべき態度とはいえないとおもいます。

古田氏は先の著の「第二章　いわゆる『共同改定』批判の『I禹の東治』」で、陳寿はこの部分で「倭国は、あの禹の東治で有名な、会稽の東に当たる」といっているとされました。正論でしょう。その地理的意味は「倭は会稽の東に当たる」ということで、「南北に長く認識していた」どころか、今日の世界地図同様に日本列島の地理的位置を正確に認識していた、ということです。通説はこうした正しい指摘がされても、従来の自説を固執するとなれば、真の学問も学問論争も不可能です。ここに一元史観の精神、白石が「もうし破り、破り捨て候」と述べた、近世尊皇思想とその「学」の姿、主観主義的観念論の反科学的精神と態度があります。

ないしは「お前とは見解を異にするから対話しない。相手にしない。」という、〝戦後日本的民主主義〟＝反民主主義精神です。古代ギリシャ人は民主主義を、「対話で真理を探究するもの」としていたのとは対照的です。

二　「自ら太白の後という」

さてもとにもどって「魏志」倭人伝の、この部分にかかわる倭人の習性描写には、「倭人」が海人の生活習慣の持ち主であることが示されています。またこの「倭人伝」には、「古より以来、その使中国に詣るや、皆自ら大夫と称す。」とあります。ところがこの『三国志』倭人伝のこの部分の記述は一部が、故意かまたは過失によって、脱落部分があるという指摘があります。例えば『晋書』倭国伝のこの部分は、「男子は大小となく、皆黥面文身す。」に続いて、「自ら太白の後と謂う。また言う。上古より使中国に詣《いた》るや、皆、自ら大夫と称す。」とあり、これによって「卑弥呼の使者」が、「自ら大夫と称す。」といっている背景説明がされているわけです。さらにこれは『翰苑』に引用される『魏略』の逸文にも、「その旧語を聞くに、自ら太白の後と謂う」とあると指摘（佐伯有清氏著、『魏志倭人伝を読む・下』、一〇八頁、吉川弘文館、二〇〇〇年、第一刷）されています。

すなわち自分達を水田稲作農耕誕生の地・揚子江近辺と、歴史的に結びつくものと強調しているわけです。こうして池橋宏氏の見解が、『三国志』魏志・倭人伝等の記載と一致していることを知るのです。しかもこれは「倭人」自身の言葉として記されているわけです。この「太白の後」云々を貝塚茂樹氏（『世界の歴史・1』、中央公論社、一九八六年、第一七刷）の説明で見れば、次のようです。

周の祖である「古公亶父には太白・虞仲・季歴の三人の息子があった。末子の紀歴の子の昌（後の周初代の王・文王、前一〇五八～一〇三四）というのは、生まれながらに瑞兆があり、また非常に利口な子であったらしい。祖父（古公亶父、引用者）は、『周がいつの日か中原の主となるときがくるとすれば、それは昌の時代に相違ない。』と、ひそかに望みを托していた。これを聞き知った（昌の、引用者）伯父の太白・虞仲は老父のひそかな念願をかなえさすには、自分ら二人が身をひいて、末の弟の季歴を世継ぎにして、その子の昌の世がくるようにせねばならぬと考えて、ある日とつぜん周の都から身をかくして逃亡した。なんでも東南の江南地方まで逃げのびて蛮夷の間に投じ、その風俗にしたがって文身をからだにほどこし、二度と故郷には帰らぬという決心のほどを示したという。この太白の子孫が蘇州に国をたて、後の呉の祖先となった。」（前掲書、一〇三頁）。これはもちろん『史記』の一節です。

すなわち「倭国」の使者が中国王朝に、「自ら大夫と称す」所以は、「われわれは中国・周王朝にも縁故のある江南の候国（中国の都市国家）・呉国に由来する故である」、と述べているわけです。今から約三〇〇〇年以上前の時代を指しています。「大夫」というのは古代中国で、都市国家同士が相互に聘問（訪問）する際に、〝大夫〟と呼ばれた階級に属する者を使者としたという、古い習慣・制度に由来するものです。

こうして「魏志」倭人伝の「倭人」の特色にかんする記載は、断じて無視・軽視してもいいようなものではなく、十二分に留意・考察すべき記載ということになります。それは人類最初の水田稲作発祥の地を自分達の出身地と特定し、かつ「太白の後胤」と「古より……いう」とされている点です。

「倭人は古より太白の後と称し、また自分達を大夫と称し」、その呉国の地の「断髪文身、以て蛟竜の害を避く。」という風俗・習慣を共有し、ついにそれが「後や以て飾りとなす。諸国の文身各々異なり、……尊卑差あり。」という、社会的習慣というに止まらず、ついには身分差を表現する社会的風習にまでなるほどに、その習慣を長期に保持・伝承されている民族ということです。それほど海での生活が長い人々ということです。つまりは三世紀の「倭人」は人類史上、最初に水田稲作農耕文化を確立した揚子江中下流域を自己の出身地と称し、しかも海人の風俗・習慣を保持した人々ということになります。

しかし、ここで問題が生まれます。北九州に紀元前約一四〇〇年前、今から約三四〇〇年前に渡来した水田稲作民は、自分達を「太白の後」という人々ではありえないという問題です。「太白」は今から約三一〇〇年ぐらい前の人です。ここから考えて約三四〇〇年前に北九州に渡来した水田稲作民は、呉あたりの人々ではなく別の人々ではないか、という問題も起こり得ます。とはいえまったく「別種」かというと、同一種族の別の部族という可能性もありましょう。

ここで考えるべきは、揚子江流域での水田稲作の発祥年代は、今日の目覚ましい中国考古学の発展によって明らかにされていますが、池橋宏氏の指摘では「最近、長江の中流域である洞庭湖西北の澧水《れいすい》流域で、八〇〇〇～九〇〇〇年前の彭頭山遺跡が発見され、この遺跡は稲作を基礎としていたことがわかった。ここは古代から栄えた楚の地域である。イネの栽培の芽生えは、そのような古い時代にすでに長江流域一帯に広がっていたと考えなければならない。」（『稲作の起源』、一三二頁）とある点です。

ホ　移動の背景について

すなわち中国本土の「東夷」が中国古代王朝殷を形成して、その「東夷」の一部が東シナ海沿岸に展開していたわけですが、その王朝確立は紀元前一五三〇年、今から約三五〇〇年前ですが、この東夷の一部はそれ以前から山東半島の黄海側に沿い、さらには大連～遼東半島を経由して朝鮮半西南岸方面から、北九州方面へと移動した可能性があるのではないでしょうか。

この問題を考える時に中国〜台湾からポリネシアに広く展開した人々、多分、氏族的・部族的結合のもとで、家族ともども船で人跡未踏の太平洋に漕ぎ出し、移住した人々の例も念頭におくべきではないかとおもいます。古代人は思いのほかに移動的で、通説がこの問題を大陸のあれこれの王朝・国家の滅亡や気象の変化、たとえば寒冷化等々を動機として考察していますが、日本本土に来る・渡来するということは、渡海を絶対条件とする以上、その民族・集団を大陸の内陸的性格のものとは考えにくく、古代以来、海・船とかたく結びつく歴史を、本来の姿とする人々と考えることが正当とおもいます。

「神武の東征」説話に関連して「鹽津老翁《しおつのおじ》」（『記』では塩椎神）記載があります。この「鹽津老翁」は例の「天下り」神話にも、また『記・紀』に名高い「海彦、山彦」伝説にも登場しています。『日本書紀・上』の上段注「二二」（二五七頁）によれば、この「鹽津」は「潮＝海」と「ツツ＝星」からなる語とも考えられると記されていますが、その可能性が高く「アマ氏族」の中に、星を仰いで海を渡る「舵取り」という、海洋民族の特有の者が存在し、人を海を越えて目的地に誘導する者として、大きな役割を果たしていたことを示すものとおもいます。その著名な代表が志賀島の海神社の「安曇磯良丸」とおもわれます。

しかもこの舵取りの名には「丸」がついています。日本の船の名には〝何々丸〟がつけられています。なぜ〝丸〟なのか、その理由はよくわかりませんが、〝丸〟が「安曇磯良丸」とかかわるとすれば、船の安全な航海の象徴として、日本を代表する「舵取りの名」に因んで、〝丸〟がつけられているとも考えられます。この点、「疑問符」をつけながらも西田長男氏が、その著『古代文学の周辺』（三五五頁）でふれておられます。

すなわち「倭人」とは海洋民族的特質を備えた人々で、志賀島の海神社の存在や、さらには『三国志』魏志・倭人伝に特記される「持衰《じさい》」、すなわち「その行来、渡海、中国に詣るに、恒に一人をして頭を梳《くしけず》らず、蟣蝨《きしつ》（シラミ）を去らず、衣服垢汚、肉を食わず、婦人を近づけず、喪人の如くせしむ。これを名づけて持衰と為す。もし行く者吉善なれば、共にその生口・財物を顧し、もし疾病あり、暴害に遭えば、便《すなは》ちこれを殺さんと欲す。その持衰謹まずといえばなり。」という記事が示すものは、第二次の北九州に水田稲作をもたらした人々＝倭人が、海と深くかかわりがある部族ということを示すものとおもいます。この「持衰」の習慣をもつ社会、すなわち依頼者の航海中、禁欲して依頼者の無事を祈り、無事帰還すればその航海の利益の一部を受け取り、災害・遭難があれば真剣に節制・謹慎・祈願をしなかったとして、命を代償とされるという習慣をもつ社会とは、まさに海を生活の主要な分野とする人々でしょう。この「海彦」を近海の漁師と考えるのは大間違いとおもいます。渡海という厳しい生活を本性とする人々だからこそ、「持衰」という風俗をも保持していたのでしょう。

したがってこうした海人族的習性をもつ、部族・氏族の移動の理由・背景は、一々歴史的大事件や気象の地球的変化にのみ求めることは、〝渡海〟という人類の移動のなかでも特殊な条件を考えれば、かえって適切ではないと考えるものです。従来の日本古代史学は水田稲作の日本における展開を、せいぜい今から二四〇〇年前後としたのであって、しかも渡海問題を著しく軽視した見地に立っていると私は考えます。「夷」とも呼ばれた種族のうち半農半漁の生活をしていた人々の移動は、部族・氏族内部の矛盾・反目のような問題でさえもが、移動の動機・理由となり得たのではないかとおもいます。

二段階の渡来人——出雲族とアマ部族

こうして水田稲作の北九州への渡来には、少なくとも後に自分達を「太白の後」と自称する人々と、それ以前にすでに渡来していた、と考えられる人々がいた可能性が浮かび上がってきます。この二重の渡来人を反映しているのが、『記・紀』神話に名高い「天下り神話」の可能性があるのではないかとおもいます。すなわち出雲大社を祭る人々と、のちに「倭国」を形成し、志賀島の海神社・宇佐八幡神社を祭る人々です。

通説は『記・紀』を盲信して、古代出雲をヤマト朝廷配下としていますが、古代出雲勢力が争った土地は、古田武彦氏が『盗まれた神話』で明らかにされたとおり、北九州の水田稲作の適地・「豊葦原の水穂の国」であって、争った相手は後の卑弥呼の国家・「倭国」の勢力です。

その動かぬ証拠が歴代の出雲大社の宮司を務められる家柄の、第八二代出雲国造千家尊統氏が著わされた『出雲大社』(学生社、二〇〇二年、第二版、一九六八年、第一版)に記されています。それは「出雲大社の御神座が〝西向き〟」ということと、出雲大社の最高の神が「筑紫の神」ということです。

「大社の古記録によれば、宝治二年(一二四八)の造営時の『杵築大社御正殿日記目録』を見ると、右の三摂社の順序は筑紫社、御向社、雨崎社(今日の天前社)となっており、元禄の頃の大社上官佐草自清の『自清公随筆』にも筑紫社、御向社、天前社となっている。こうして御本殿に向かって左、大社でいえば西方の筑紫社が、常に一位に置かれているのである。社殿の基礎工事や建築を見ても、筑紫社のそれは他の二社のそれと異なり、一段と丁重である……」(同書、一三五頁)とあります。さらには「……御神座は西向きである。したがって普通の参拝者は神様を側面から拝んでいるのである。」（同書、一五九頁。傍線は引用者）と云われています。さらに「御神坐の東向きとなるのを避けて、どうして西向きであるようにしつらえたのか、それは出雲族と、西方九州方面との関係を考えなければならないどろう。御祭神と海との関係、むすびつきをみなければならないと思う……」とされています。

こうして通説でさえもが日本の水田稲作の最初の地を北九州と認め、しかもその地に「筑紫の日向のくしふるだけ」の存在が古田氏の探求で確認され、この地こそが出雲族とアマ族が争った「アマ下りの地」であることが明らかにされ、そのうえ肝心の出雲大社の第八二代出雲国造の千家尊統氏自らが、出雲大社の第一位の神は筑紫社で、御神座は筑紫に顔を向けている。」とされているわけです。これこそが文献への実証主義的探究と、その正当性ある結論とかんがえます。

ト「倭人」と船

こうして日本に最初の水田稲作をもたらした人々は、世界で最初に水田稲作を確立した揚子江（長江）中下流域のタイ語系の人々であり、またそのなかに東シナ海沿岸で半農半漁の生活をする人々が形成され、この中から朝鮮半島西南岸や日本・九州に展開した人々がいた、ということだとおもいます。

第二次大戦以前には、上海や香港の港に中国式帆船（ジャンク）があふれ、多くの船上生活を営む者もいました。この水上生活者は日本にもいました。こうした人々の祖先か否か別ですが、古代日本には朝鮮半島はもちろん、遠く東シナ海沿岸を荒らした「倭寇」がいました。

今日の日本人にはすでにこれらは馴染みがなく、瀬戸内海で活躍したという村上水軍の方が有名ですが、われわれ日本人のはるかなる祖先は、遠く東シナ海でも名をとどろかせた、「倭寇」を輩出したほどの〝海の民〟です。

しかも、その面影は『隋書』俀国伝にも鮮やかです。「死者を斂《おさ》むるに棺槨《かんかく》を以てし、貴人は三年外に殯《もがり》し、庶人は日をトして瘞《うず》む。葬に及んで屍を船上に置き、陸地これを牽《ひく》に、あるいは小轝（小さい台車？）を以てす。」（傍線は引用者）。まことに以て奇妙な記事ではないでしょうか。〝棺に納めた死者をいよいよ埋めるに及んで、屍を船上に置き、陸地を引くに台車に載せて引っぱる〟という意味は何でしょうか。

これは石原道博氏編訳の『中国正史伝』（1）よって引用しましたが、石原氏はこの一文にかんして、いっさい注釈されていません。そもそも引用分部は七世紀初頭の「倭国とその民族」の、地理・気候・風俗習慣等を記したなかの一節です。ここには日本史で指摘されない風習、たとえば「男女相悦ぶ者は即ち婚す。婦、夫の家に入るや、必ず先ず犬（火）を跨ぎ、乃ち夫と相見《あおまみ》ゆ。」など、面白いことが書かれていますが、この屍を船に乗せ陸上を台車で引くという記事は、解説がなければ何のことか理解不能ではないかとおもいます。

しかし、通説の権威も沈黙しています。もちろん私も解説する立場にはありませんが、七世紀初頭の大宰府、「倭国」の首都地域にはこうした習慣があり、これはそもそも海人族・「倭人」の葬儀の慣わしを、反映したものではないかと思われます。ここから察して近畿地方などの前方後円墳等出土の「船型棺」も、こうした習性と結びつくものではないかとおもいます

この他に日本人の海人的生活を背景にしたのではと思われる風習として、フンドシがあります。明治時代ぐらいまで婦人の下着は腰巻、男はフンドシで、これは東南アジアの人々などと似ており、戦前の旧制中学校の水泳大会などの写真を見れば、男子は全員フンドシ姿でしょう。古代以来、いわゆる中国人、朝鮮人にフンドシ、腰巻という姿はないのではありませんか。しかも国技の相撲は、このフンドシがマワシに出世して、いまや国際化されるまでになっています。

五　渡来人は男だけで来た？

さて通説の渡来人論は、『三国志』魏志・倭人伝の「倭人」の風習等の記載はもちろん、さらには『記・紀』神話造作論で、ここに反映されている渡来人の真の姿に通じる説話も無視されています。通説の渡来人への理解は以下のようです。

1「北九州に最初の農耕集落（水田稲作をいう、引用者）を形成した人々が南部朝鮮からの渡来集団であり……中略……原始社会の性的分業のあり方からみて、男性中心の渡来集団が在地の女性と結婚することによって、完結的な集団社会をつくった……』（岩波講座・『日本考古学・3』、一六頁、一九六六年、第一刷）。

2最近の例では、「その渡来民の規模はそれほど大きくなくても、その後の縄文人との交配で急速に形質も渡来化して渡来系弥生人が成立することが形質人類学的な検討から述べられている（中橋孝博、『日本人の起源』、講談社、二〇〇五年）。「在来縄文人にとって農耕渡来民は敵対する人々ではなく、成熟園耕期第二段階の縄文後期後半以降あこがれの対象であり、歓迎される人々であった。」（宮本一夫氏著、『農耕の起源を探る』「イネの来た道」、二三九頁、吉川弘文館、二〇〇九年、第一刷）。

3この他には「……この『形質変化』(渡来人の北九州進出以後の縄文人的形質の変化をいう。引用者)後の『文化の連続性』(外来人が渡来したにもかかわらず、縄文文化は継承されているという主張。引用者)が同時に生じた背景は何か。渡来系文物を伝えた渡来人の数は、渡来系技術である土器製作時の外傾接合手法が板付Ⅰ式期に優勢化することからみて、文化的に無視できるほど少数ではなかったが、上述の外来文化受容の様相からみて大量ではなく、独自のコロニーを作ることもなく縄文人の集落に吸収され共存していたと見られる。」(二〇一三年・『岩波講座・日本歴史』第一巻、一一一頁)というように、いずれも渡来人は男性中心で、たちまち北九州の縄文女性と混血融合したという見地です。

しかし、この〝たちまち仲良し混血論〟は、第一に、『記・紀』の「天下り神話」や、「神武の東征」説話の近畿の姿とは真正面から対立し、第二に、氏族社会的人類の「非血縁氏族間、敵対・非婚論」と真っ向から矛盾しています。ここでは先ず、第二の世界的な氏族社会の人類の「非血縁氏族間の敵対・非婚論」を述べ、次に通説が造作という『記・紀』の「天下り説話」の出雲族とアマ族の敵対、最後に「神武の東征」等の近畿の先住者〝皆殺し〟記事を見ていきます。

結論を先にいえば通説が「造作」という、右の〝日本神話〟等の内容は、世界の氏族社会時代とそれに接続する時代の人間の姿をとどめており、通説の渡来人と縄文婦人仲良し論は、実際の氏族・部族社会の人間関係とは、まったく異なる空想的な主張ではないかということです。

さて、先述のルイス・ヘンリー・モーガンの『古代社会』、および同じくモーガンの『アメリカ先住民のすまい』の記載によって考えます。モーガンこそは人類がそこで長大な時間を過ごし、今日の〝人間性〟を形成するに大きく寄与したと思われる、氏族社会を北米インディアンの社会の実際に即して、つぶさに観察・研究した人です。したがってこの研究を明確な根拠もあげずに、無視・否定することは学問の道からの逸脱とおもいます。

その第一は、氏族社会とは血縁社会であって、それは同一言語・方言で確認されるという点です。「同系列の言語の方言の範囲をこえて広がった連合体(氏族・部族)は、まだ一つも見つかっていない。」(『アメリカ先住民のすまい』、五五頁)。この氏族・部族連合体こそは、そこから都市国家が形成される前段階と云われています。しかも、この段階の人類はさきに述べたように、「理論上では、各種族は平和条約を結んでいない他のあらゆる種族と戦っていた。」という状況が、普遍的な世界に属する人々だということです。

それをもっと目に見えるように理解するには、マヤ文明の実態を見ればよりわかりやすいとおもいます。このメキシコのユカタン半島に、比較的に密集して展開する「マヤ文明」の一特徴は、そこに展開する個々の民族（氏族。部族）は、「近隣語を除くと、会話がほとんど、あるいはまったく通じない。」（青山和夫氏著、『古代　マヤ石器の都市文明』、一八頁、京都大学学術出版会、二〇〇五年、初版）というような状態だといわれています。これはアマゾン地帯のインデオ部族についても指摘され、開発が進む中で個々に会話が通じない、すなわち孤立した部族が次々と消滅しているとも云われています。

そして一旦戦争になれば、「アズテック（アステカ）種族は北部（北アメリカ）のインディアンのように、（戦争）捕虜を交換することも保釈することもしなかった。」、すなわち皆殺しです。北部インディアンの間では、養子縁組によって救われない限り、捕虜は焚殺されるに定まっていた……」（『古代社会・上』、二三六頁、なお引用文中の括弧は引用者）とされています。そうして後にその社会の生産力がいっそう発展した段階で、はじめて戦争捕虜を殺さないで使役する奴隷制が誕生すると云われています。しかも、これは古代ギリシャ・ローマ等々のみならず、近世・近代のアメリカの黒人奴隷のそもそもが、アフリカ内部の部族相互の戦争捕虜であることが指摘されています。したがって水田稲作をもたらした渡来人を、縄文語が自由に通じたという根拠もないままで、にこにこ出迎えその女性たちが、渡来人の男性とたちまち結婚。仲良しになったというお話は、学問の名に値するか、問われるものとおもいます。

イ　氏族社会の特質

さて通説の渡来人・縄文女性とたちまち結婚・混血論への疑義を述べるのですが、その前に氏族社会の有名な特質に触れておかなければ、氏族社会にかんして一面的な記述になるので長くなりますが、通説へのさらなる批判的検討の前に、その一大特質にかんして述べます。

氏族社会に共通する特質として、見ず知らずの者でもお客さんは、大歓迎し惜しげもなく自分たちの食糧を振舞うという習性が指摘され、アメリカ・インディアンの間でも当初は、ヨーロッパから来た白人にも適応されたといいます。生産力がきわめて低く、その社会の人間の最大の関心や慰めが、食事にある時代の人類が、見ず知らずの人間にも精一杯の振舞をすることは、矛盾しているようにおもわれますが、モーガンは熱心にこの事実を収録して、その本質が原始共産主義という、生産力がきわめて低い時代の人類が、その部族・氏族内で共同することこそが、最大の力となり人間の安心・安全の力強い保障であったことを、次のように明らかにしています。

「マンダン部族には規則的、もしくは決められた食事時間はなく、ふつうは一日に二回ぐらいの食事をとる。深鍋がいつも炉の上にかけられており、所帯員であれ、村の別の所に住む者であれ、お腹の空いたものは誰であれ、その鍋を火からおろしてもらい、勝手に食べ始める権利があり、また好きなだけ食べることができる。

いま述べたことは、北米インディアンの変わることのない習慣の一つである。本当の意味で、これ以上に人道的で寛容だといえるような仕組みを、文明社会がその制度の中にもっているかというと、私はたいへん疑問におもう。インディアンの共同体的な社会では、男性、女性、子供を問わず誰でも。災難にあったり生活に困って、食べるものに事欠く場合、誰のテント小屋にでもはいって、食べてよいことになっている。かりに部族連合の長（後の国王格、引用者）の小屋であってもかまわない。

この社会でいちばん貧しく役立たずののらくら者が、狩りもせず、食べていけないほど怠けていても、そのようにできる。いいかえると、彼はどのテント小屋にも出入りができ、誰とでも手元になにか食べ物がある限り、彼と分け合うことになる。もっとも、狩りができるのにこんな物乞いをする者は、自分が食べる肉とひきかえに高い代償を払う。というのは、彼は腰抜けで乞食だ、という不名誉な烙印を押されるからだ。」（『アメリカ先住民のすまい』、九九頁、傍線は引用者）。

モーガンはこの種の氏族社会の互助制度とその精神、およびこれが生まれてくる社会的必然性にかんして、かなり熱心に記録し述べています。そうしてその有名な著書『古代社会』で、次のように述べて、マルクス・エンゲルスとは独立に、人類社会の未来は社会主義・共産主義に至る以外にないということを、次のように力をこめて述べています。

「文明時代（古代国家、引用者）の出現以来、財産の増長は人民にとって、統制をせざるを得ざる力となったぐらいに、おびただしくその形態は多種多様を極め、その使用は増大し、そうしてその管理はその所有者のために功慧となっている。人心は自ら創造したものの前に、呆然自失している。

されどなお、人類の理知が財産を支配するまでに高められ、そうして国家とその保護する財産との関係、ならびにその所有者の義務とひとしく権利の限界をも、決定する時代がくるであろう。社会の利益は個人の利益に超越し、そうしてこの二者は、正当にして調和ある関係におかれなければならない。もし進歩が過去の法則であったように、将来の法則でもあるならば、単に財産を追求することは、人類の最高の運命ではない。文明がはじまってから過ぎ去った星霜は過去の人類の存在期間の断片に過ぎず、社会の分解（貧富の差と階級対立、引用者）は、財産（利潤第一主義、引用者）を究極の目的とする境遇を終息させるであろう。

なぜなら、かかる境涯は共倒れの要素（社会の共倒れ、引用者）をふくんでいるからである。政府にあっては民主主義、社会にあては友愛、権利と特権にあっては平等、そうして普通教育、これぞ経験と、理知とが、着々とおもむきつつある次代の、さらに高い段階の社会を示すものである。これは古代氏族の自由、平等、および友愛を、もっと高い形態で復活させるのである。」（『古代社会・下』、三三八頁。傍線は引用者）としています。

こうした人類社会の未来を云々することは、もちろん本書の趣旨ではありませんが、モーガンの予見を述べましたので、現在欧米でベストセラーになっていることで有名な、『二一世紀の資本』という、パリー経済学院のトマ・ピケティ教授の著書についてふれておきます。

このピケティ教授の著書が、マルクスの『資本論』を継承するとか、それに匹敵すかは知りませんが、この分厚い書物がアメリカで「ピケティ現象」と呼ばれるほどの反響を呼んでいる理由は、この書物は〝資本主義は放置すれば格差を拡大させる仕組みの経済・社会体制であって、なんの手も打たなければ、富める資産階層・富裕層はますます富み、中間層は没落し、社会的貧困を拡大再生産するしくみの社会と述べ、富裕層に適切な課税等の負担を課し、それによって格差是正の再分配機能が働く社会制度の構築が必要〟と主張しているとされ、これが欧米の今日の切実な社会問題への有効な対策となるのではないか、ということからでしょう。

今日、「旧ソ連の崩壊」による「社会主義の実験の失敗」とか、中国の姿が「社会主義」ではなくむしろ資本主義的等の状況から、「社会主義」は人類社会の未来を示すものではない、という雰囲気もあります。しかし「旧ソ連」や今日の中国社会がどうであれ、マルクス・エンゲルス・レーニンが明らかにした「資本主義」の本質が、それで変わったとか、よくなったなどということはなく、結局は、マルクスが『資本論』で明らかにした、資本主義社会の仕組みと、それが不可避的に生み出す社会の矛盾と破綻の構造、つまりは資本主義的生産関係が生み出す非和解的な矛盾という、「鉄の必然性」は不変だということでしょう。

こう見てくれば、一九世紀、約一〇〇年前のモーガンの、先の指摘の先見性は鮮やかとおもいます。本来、研究者とはかくありたいもので、現実の後をヨチヨチついていくのも本来恥ずかしい姿ですが、通説は現実や事実はもちろん見ず、見えず、為政者の声をのみを絶対として「一元史観」以外、眼中にないわけです。これは「学」

として論外の姿とおもいます。

なお本書の趣旨ではないのではぶきましたが、モーガンの研究によって、氏族社会はその社会を運営する氏族会議、氏族の連合体である部族会議、そうして部族の連合体である部族連合体の会議（都市国家形成の直前の段階という）の姿など、男女の差別のない徹底した民主主義社会であることが、詳細に示されています。特徴は議決に際しては「多数決制」がなく、「全会一致制」のみであって、意見の対立した問題は議決されないという習性の社会だということです。これはその社会内部に階級的分裂がないことが要因とおもわれます。

したがって自由・平等・博愛はこの血縁社会内部では、単なる言葉・スローガンではなく、日常の姿であったと指摘されています。重要な点は、このインディアンの氏族社会の姿こそは、古代ギリシャ・ローマおよびゲルマン人社会のはるかなる姿とされ、古代ギリシャ・ローマの「民主主義」および、欧米の近世以降の「民主主義」の源流とされていることは、「終わりにあたって」でふれます。またこれはアジアにおいては、「アジア的専制体制」が後に誕生するにもかかわらず、なお初期の古代都市国家の姿を、もっともよく説明するものとされている点は、興味深いとおもいます。

この意味は、アジア的専制体制といわれる古代中国の夏・殷・周（西周）の社会は・それぞれの段階で差異はあれ、それらはこの氏族社会体制から生まれたものであって、今日の人間性を形成するうえで大きな役割を果たした、この血縁社会の人間観・社会観は、国家の誕生、すなわち中国的・アジア的専制体制が生まれたら、砂漠の川のように跡形もなく消滅したのか、それとも姿・形を変えながらも、欧米の民主主義の精神と似たものが残存したのか、残念ながらわが国の古代中国思想・文化研究に、こうした視点から古代以来のヨーロッパ社会と文明、その根底を貫く氏族社会的民主主義の遺産を念頭に、相互に比較検討するという学問はないようです。

縦割り行政精神かアジア的専制体制的秩序のせいか、西洋史は西洋史、東洋史は東洋史、日本古代史は「一元史観」的なそれという具合に、明治以来、飽きもせずにそれぞれの分野・対象の先学にしたがって、その跡を轍の後を踏むにもにた後追いの観がつよく、真に自由な発想などはありえず、生まれず、古田武彦氏のような事実の探求以外には、なにものにも縛られない精神は、欧米人がこれを達成すれば天まで持ち上げ、国内においてそれが生まれると一斉に無視し、「彼は一匹狼」、「あんなものはダメ」だなどといい、自分は旧態依然の〝アジア的村落〟的研究団体の、一員であることに安堵すると言う日本的精神では、真に社会に貢献する歴史学とか、その発展に資する新たな価値観の形成などは、そもそも論外のことではないかと思います。

学問の発展では、まさにマルクスがいうとおり、「事実以外のいかなる権威も認めない」という精神、すなわち真の民主主義的精神が基本ですが、これはモーガンやエンゲルスが指摘するとおり、氏族的社会の内部の人間の姿に、その淵源を発するものとおもいます。

社会内部に身分差がなければ、だれがいっそうよく事実とそれがもつ内的諸関連を指摘し、問題の正し解決に貢献しうるか、のみが尺度になるからです。氏族社会の会議は、成年に達した男女全員で構成され、発言は自由、とりわけ婦人らの酋長らへの批判などは、遠慮がなかったといいます。この社会では酋長も祈祷師もその取り巻きも、まだ同じ血縁社会の他の人々とさしたる身分的差異をつくりだせなかった段階といいます。

ロ　渡来人は旅行者ではない

渡来人とは渡来地の領域に生活の場を要求する人々、すなわち「入国」を要求する人々で、断じてお客様ではありません。今日の人間社会でも入国は手続きがいります。然るを況や今から三千数百年以上前の時代です。そもそも生物・動物にとって生存領域（テリトリー、人間の国土）の確保は、絶対的なものです。したがって今流行の「自然の驚異」でも、動物は生存領域を守るために死闘を演じています。屋久島のニホンザルなど、その手に石や棒を持たせたら、人間様の戦争さながらの激しさです。

「メキシコ人（テノチティトランのブエプロ＝アステカの町をいう。引用者）は他部族を制圧し、貢物を課すことはあっても、自分の部族に他部族を組み入れることはありえなかった。それらの部族を構成する血族が、かれらのものと混じり合うことは論外だったからである。」（『アメリカ先住民のすまい』、一六七頁。傍線は引用者）。

これが氏族社会の通念であったことは、これと同じことがペルー（インカ）でも実証されている点から、明らかとおもいます。「ポロ・デ・オンドガルドは、ペルーで次のような土地保有の形態に着目し、スペイン国王に報告している……『これらの土地の穀物やその他の農産物は、貢物として納められたが、土地自体はその住民のものだった。これによって、従来、正しく理解されていなかったことが明らかになろう。

だれかが土地を必要とする場合には、その土地がインカ部族か太陽に属していることが証明されれば十分だと考えられていた．しかし、この点で、そのインディアンはたいへん不当にあつかわれている。なぜなら、当時、彼らは、その土地が自分達のものであったのに、貢物をおさめていたからである。」（前掲書、一六八頁）。なお傍線分部はスペイン人・オンドガルドの理解をしめし、土地の所有権はあるのに貢物は厳しく要求されという、インディアンの習性を「不当」と述べています。これは土地私有権のある世界の人間の感覚でしょう。

いずれにせよ、氏族社会の人々は氏族・部族の土地に、定住者としては非血縁者を受け入れないという習性が指摘されているわけです。そうしてこれはその根底に人間が生存するにあたって、それを支える土地への無条件的絶対的支配権という、きわめて当然の原理があるもので、それが今日と違うのは人間集団が、もっぱら血縁で区分される点でしょう。

こうした氏族社会的特質からみて男性だけの渡来人、縄文女性とたちまち混血なかよし論などは、人間の歴史的普遍性の無視という点で、「ヤマト朝廷一元史観」と同質とおもいます。

ハ　ヨーロッパの例

これをさらにヨーロッパの例で確かめましょう。「東ゴート族は、四九三年に、オドアケルを殺してイタリアに王国を樹立した。この王国は、二万人のゴート族が多数のローマ人を支配する混合国家である。……・両者は異なる民族として融合することなく、通婚は禁じられた。」（佐藤彰一・早川良弥氏編著、『西洋中世史・上』、五頁、ミネルヴァ書房、一九九五年、初版）。このゴート族は「ゲルマン民族の大移動期」の一部族で、氏族社会の末期の段階の人々でしょう。

ニ　『記・紀』の「天下り」説話

すでに指摘したとおりに「北九州の豊葦原の中国」をめぐる、出雲族とアメ氏族の攻防です。この場合、出雲側が譲歩していますが、アマ氏族は出雲族からみて、断じて「歓迎」すべき人々でなかったことは明らかでしょう。しかも、出雲族はいわゆる縄文人ではなく、いわば「倭国」形成の担い手の「倭人」でもなく、それ以前の第一期渡来人とおもわれます。

ホ　「神武の東征」（近畿地方）

次が「神武の東征」です。これは北九州から近畿地方、すなわち水田稲作の行われていない地域への「東征」形式の移住です。しかも、その説話には、「尾《お》生《あ》る人」が次々と登場し、その名も「井氷鹿《いひか》」とか、「石押分《いわおしわく》」とあり、倉野憲司氏は注で、「穴居民をいうのであろう」（『古事記』、八三頁、下段注「三二」）とされています。

さらに兄宇迦斯《えうかし》の殺戮説話もさることながら、「忍坂《おさか》の大室」の「尾ある土雲《つちぐも》八《や》十《そ》健《たける》（健とは武勇＝戦士の意）その室にありて待ちいなる。故ここに天の神（アマ氏族を一元史観的に神聖化した表現）の御子（イワレ彦・神武）の命（命令）もちて、饗《あえ》（饗宴）を八十健に賜ひき。ここに八十健に宛てて、八十膳夫《やそかしわで》（給仕）を設けて、人毎に刀佩《は》けて、その膳夫等に誨《をし》へて曰ひしく、『歌を聞かば、一時《もろとも》に斬れ』といひき。故、その土雲を打たむとすることを明かして、歌ひけらく、

忍坂の　大室屋に　人多《ひとさわ》に　来入り居り　人多《ひとさわ》に　入り居りとも、みつみつし　久米《くめ》の子が　頭椎《くぶつつい》　石椎《いしつつい》もち　撃ちてし止まむ。みつみつし　久米の子等が　頭椎　石椎もち　今撃たば良らし　とうたひき。かく歌ひて刀《たち》を抜きて、一時に打ち殺しき。」（『古事記』、八五頁、括弧内は引用者）とあります。

そもそも「土雲」とか「尾ある人」などという表現は、相対立するアメ氏族の一派を指す言葉ではなく、先住民をさした言葉と私は考えております。こうした表現が『景行紀』の「クマソ討伐」（実際は「倭国王の九州東南方面の討伐記」を盗作したもの。古田武彦氏、『盗まれた神話』）にも、「土蜘蛛」等々の表現がみられますが、これらは通説が「渡来人とただちに仲良く結婚した」という九州や近畿地方の先住者、すなわち縄文人との死闘の場面でしょう。

神武記にもどれば、ここには戦前の政府・軍部が大いにつかった、「鬼畜米英　撃ちてし止まむ。」の、「撃ちてし止まむ。」がくりかえされる「戦闘歌」が並んでいます。そのすべてをここには引用しませんが、この「戦闘歌」は多分、例のインディアンが私的戦争を開始するにあたって、戦争を呼びかけた戦闘歌につうじる倭人の「戦闘歌」であって、「みつみつし」を倉野氏は、「唸るの意か」（同書、八五頁、下段注「三」）とされていますが、これは今日の「水みずしい」あるいは「「みちみちる」で、〃意気さかんな、やる気のある、戦争をたたかいぬく〃というような意味ではないか、とおもいます。『神武記・紀』のこの戦闘歌は、多分、古い日本人の「戦闘歌」の一種ではないかとおもいます。

こう見てきますと「尾ある土雲八十健」たちは、平和交渉をよそって自分たちを招待し、その陰で皆殺しをたくらんでいる神武らの、歌の意味が理解できなかった、すなわち言葉が通じない人々だったともおもわれます。目の前で「久米《くめ》の子が　頭椎、石椎もち　撃ちてし止まむ。」など、公然たる殺しの歌を歌っていても、黙ってそこに座っていたらしいからです。こうして戦後の通説が「造作」という説話に、氏族社会の人間は言葉が通じない他氏族とは、永住という土地の占有権をめぐっては、敵対関係をとるという人類史の普遍的側面と、矛盾しない面があることが判明するのです。

へ　人類の移動は女子供同伴である

さらには渡来人を「男だけで来た」などというのは、これまた世界を見渡しても例がない「万邦無比」の古代人移動説ではありませんか。古くは古代ゲルマン民族の「大移動」をタキトゥスの『ゲルマーニア』(泉井久之助氏訳注、岩波文庫、一九七九、初版)で見ても、またはポリネシア人のアメリカ大陸をふくむ太平洋への拡散も、「阿知使主」(古田武彦氏と家永三郎氏の『法隆寺論争』、七四頁、新泉社、二〇〇六年、新装版第一刷)の漢から日本への移住・渡来も、すべて男女・家族ともどもの行動です。新しい例ではイギリス・ヨーロッパからの新大陸への移動も、すべた男女・子供同伴でしょう。こういうことまで一々云わなければならないほど日本古代史は、日本人を人類の一枝として考察することを御法度とするもののようです。

ト　遺伝子研究の結果について

こういうと「しかし遺伝子段階の研究では、渡来人と縄文人は混血した。」というのかもしれませんが、男だけが少数来て、現地の女性とたちまち結婚するということと、最終的な混血とは、まったく別のことです。奴隷化状況での混血も遺伝子段階では、これは奴隷化的混血であるか否か、イチイチわかるはずもないでしょう。遺伝子段階の研究はその人々の、その時々の社会的関係を一々反映などしないことは、常識の問題ではないでしょうか。

したがって混血したということと、相互に敵対・攻撃し、敗者には過酷な運命があったという問題とは、まったく別の問題です。津田左右吉氏は先の雑誌『世界』の論文で、「万世一系の天皇制」が、日本史の特徴となった所以の一つとして、「日本民族単一論」、すなわち異民族が大挙して侵入するなどの例がないことを挙げていますが、こうした「日本民族単一論」などは、ヒットラーの「ドイツ民族・純粋のゲルマン人論」同然に、事実を拒否・無視することに最大の特徴がある、極端な主観主義的思考とおもいます。

もし津田氏的日本民族単一論がゆるされれば、南北アメリカ・インディアン単一民族論もなり立つでしょう。しかし、現実は、われわれからみて風貌・生活様式でさして差があるとも思われないインディアン相互間で、言葉が通じない場合が非常に多いというのであれば、単一論は成り立ちません、いったい今から約三〇〇〇年以上前の、日本本土の住人の地方別の言葉の差など今日、だれが知りうるのでしょうか。

今日、学校教育と新聞・ラジオ・テレビなどで従来の〝方言〟は失われ、私などが大分県の耶馬渓でかっての方言を使っても、若い人々はニヤニヤして方言が使えない始末であって、ただただ驚くほかはないという状況です。終戦前後ぐらいまでは、それでもまだ方言がつかわれていました。東京の学校の一年生、春の時代、秋田県や青森出身の人と、話すのはかなり苦痛であって、その言っていることの大半は理解できず、かといってわからないといえば失礼にあたると思い、一生懸命ニコニコうなずく始末であったことを思いだします。

然るを況や三〇〇〇年以上も前に、それ以前から日本にいた縄文人と、中国大陸にいた海洋性がある渡来人との間です。ここに正当に留意せずに「渡来人と在来人と、たちまち仲良し混血論」を言うのは、約一〇〇年以上前には基本的に解明されていた、氏族社会の特質とその体制的人間像にかんして一顧だにしないという、通説の「万邦無比の体質」の結果とおもいます。

チ　「倭国」の奴隷の存在と日本の被差別民

さきに奴隷とは第一に氏族・部族間の戦争捕虜の不幸な、しかし古代人類の普遍的運命であることを述べました。「倭国」にこの不幸な人々がいた事実は、『後漢書』倭伝の次の一節に明らかです。「安帝の永初元年、倭の国王師升等、生口一六〇人を献じ、請見をねがう。」。戦後の通説は日本には奴隷制はなかったとしていますが、これは「奴隷制」を古代ギリシャ・ローマ型とか、古代エジプト（ピラッミド建設、奴隷使役論は否定されたようですが）、古代オリエント型という考え方で理解する結果でしょう。

今日、「倭国史」や「倭国」の記録が、大和朝廷によって隠滅・破棄された結果、その実態が不明ということとおもいます。これを「ヤマト朝廷一元史観」を絶対化して、「奴隷制はなかった」などという権利も、根拠も今日の通説の学者にはないとおもいます。

なお今日までいわゆる〝部落問題〟がありますが、これの本来の根元は水田稲作民の渡来や東進とに端をはっする戦争捕虜、さらには先住縄文人がおかれた悲惨な運命が、その最初ではないかとおもいます。それがその後、その時代々々で姿・形を変えながらも存続してきた、日本社会の暗部というべきものではないかとおもいます。

六　水田稲作渡来人と呉、三角縁神獣鏡

戦後の日本古代史学は水田稲作の渡来問題を、朝鮮半島のとりわけ南部地域での水田稲作にかかわる土器の形式・稲作関連の石器等々と、北九州地方のそれを比較・検討するという仕方で進められています。そうして指摘したとおりに船・渡海問題は、ほとんどとりあげていません。しかし、古代国家・社会の探求では、文献資料が

ある場合、その文献記載への実証主義的探究が基本という、ヨーロッパ・中国での古代史学で実証済みの方法をとりますと、水田稲作の渡来およびそれをもたらした人々が、どこから来たか、という問題も、解決の糸口が鮮やかに見えてくるとおもいます。

すでに指摘したとおりに「倭国」を形成した「倭人」たちは、自分たちを「呉の太白の後」と述べ、呉国と関連する来歴の者とのべています。ここで注目されるのが近畿地方の巨大前方後円墳に納められている、例の三角縁神獣鏡は「呉の鏡職人が日本に招かれて、当地の日本人の要望にそって、日本で造られたもの」という、さきに述べた中国社会科学院考古研究所前所長の王仲殊氏の指摘です。

そのなかで王氏は、「呉の職人が日本にいったのは、いかなる原因からであり、どのようなルートを通っていたのか。この問題について、日本の学者は、一九六九年の『古墳時代の考古学』の討論会の席上で、すでに、主に呉国と遼東の公孫氏政権の往来に関係あると考えている。新たに熟した意見がない間は、私はここでこれ以上話そうとは思わない。」(王仲殊氏著、西嶋定男氏監修、尾形勇・杉本憲司氏編訳、『三角縁神獣鏡』、五四頁、学生社、一九九八年、第一版）と述べています。

ここにみられるものは通説、とりわけ「邪馬台国・近畿説、卑弥呼・ヤマト朝廷の始祖論」を主張してきた学者らの学問的破綻でしょう。外国人に「三角縁神獣鏡は魏鏡でなく、呉の職人が日本にいってその要請に応じてつくったものだ。」といわれ、どうして当時の〝日本人〟が呉と交流していたのか、日本の国内で権威あるとされる学者諸氏は、まともに答えられないという始末です。これは人類の国家形成発展史の普遍性とは対立する、「ヤマト朝廷一元史観」という、「万邦無比」的思考しかない水準の喜べない姿ではないでしょうか。

今日の日本人は、〝日本は欧米と肩を並べる近代的国家〟と信じているとおもいますが、しかし、「日本古代史・日本史」とは、基本的には日本人自身による日本固有の問題を探求するの学問ですから、日本の真の思考能力や水準が、もっとも典型的にしめされる学問とおもいます。しかも、もともと「文明開化」的分野の理科学系では、自然をはじめ考察対象の〝事実の無視〟は最初から問題にならず、一＋一＝二のように自然の客観的な姿が人間の思考形式にならなければ、学問が成立しない分野では物理学などノーベル賞受賞者も出ています。

しかし、歴史学などいわば社会科学の分野では、「事実」の占める位置は本質的には自然科学と異ならないにもかかわらず、日本社会の場合、その社会の民主主義的精神の成熟度が極度に低く、その時々の政治的大勢や権力の意向に迎合する傾向が根深く、「皇国史観」史学に見るように、日本国民と中国・朝鮮および世界の人々に、多大の犠牲を払わせた挙句にその誤りが、言葉のうえだけで云々されるようでは、その学は真の学問とは到底言えないわけです。

その意味で戦後の日本古代史学は、事実上、「皇国史観」史学の戦後的継承であって、そこにみる学問の質・その思考形態・学問的良心等は、とうてい世界の歴史学に準じるとか、通じるとはいえないものと考えます。現に日本人が遅れた文化の国と考えているらしい、中国人の「三角縁神獣鏡」問題への指摘に、まともな反論一つできず、日本の中国史専攻の学者からさえも批判される始末です。しかしこの姿は日本民族を人類史の一角におくならば、到底あり得ない「万世一系史観」に固執する者たちの必然的な運命です。

さてもとにもどってこの三国志時代の「呉」は、先の「倭人」がいう「太白の後」、すなわち『史記』の呉ではなく、三世紀の孫権の呉ということと思いますが、この時代、「倭人・倭国」、すなわち東進した近畿地方の人々のなかにも、水田稲作農耕発祥の地と、深く結びついた人々がいたということでしょう。そうして『三国志』魏志・倭人伝の「倭人の来歴」にかんする記述が、結局は、三角縁神獣鏡は呉鏡という物証と結びついているということです。ここにはもはや『記・紀』の記載にはその出番がない、日本史の奥深い真実が、その素顔を覗かせているということです。なお古代の長江流域の言語は、黄河流域を中心とするいわゆる中国語とは、違っていたことも知られていることです。

イ　倭人と呉地交流の記事

池橋宏氏の『稲作の起源』の水田稲作の発祥地問題、ならびにその伝搬の特性にかんして述べました。そうしてそこに東シナ海沿海部の半農半漁の人々の存在が指摘されていました。

従来の通説の渡来人論の最大の欠陥の一つは、渡海問題の著しい軽視とおもいます。

しかも、この海は古代日本人を孤立させる障壁ではなく、中国および朝鮮半島の人々から見れば、驚くほどの航海術にたけた「倭人」が、早くから揚子江等の地域と交流をするほどの力をも持っていたのが歴史の事実なのです。それを示すものが『後漢書』倭伝の次の一節です。

「また、夷洲および澶洲あり、伝え言う、『秦の始皇、方士徐福を遣わし、童男女数千人を将《ひき》いて海に入り、蓬莱の神仙を求めしむれども得ず。徐福、誅を懼れ敢えて還らず。遂にこの洲に止まる』と、世世相承《あいう》け、数万家あり。人民時に会稽に至りて市す。会稽東治の県人、海に入りて行き風に遭《あ》いて流移し澶洲に至る者有り。所在遠絶にして往来すべからず。」。

徐福伝説は古来有名で、日本に来たという伝承もありますが、そもそも徐福は「斉（山東）の人」（石原道博氏編訳、『魏志倭人伝・後漢書倭伝・宋書倭国伝・隋書倭国伝』、五九頁、注〈五〉）とあります。山東半島から海の向うは朝鮮半島と日本ですが、中国からいえば朝鮮半島は「知れた領域」でしょうが、日本は秦の始皇帝時代、朝鮮半島に比較すれば、より未知なる領域でしょう。しかし、この『後漢書』倭伝の一節の意義は、先述のとおり各種古代中日史料が、「倭人が自らを太白の後」と称しと記し、『後漢書』倭伝に、「会稽東冶の県人、海に入りて行き風に遭《あ》いて流移し澶洲に至る者有り。所在遠絶にして往来すべからず。」という所から、「人民時に会稽に至りて市す。」とある所で、この「人民」の所在地を范曄が、「倭伝」に書いているところです。

従来、通説は、水田稲作農業とは何か、それを伝搬した人々は「夷」といわれ、その中に半農半漁の生活をし、かつポリネシア人の祖というラピタ人など同様に、海にかなり適応した人々がいた等ということは眼中になく、紀元前後の時代に上海付近の会稽まで航海する人々の存在などは、思い浮かばなかったということとおもいます。もちろん私は、揚子江下流付近から直接日本・北九州に、水田稲作民が渡来したというものではありません。その点は前に述べました。しかし、とくに卑弥呼の国家につながる人々が、「太白の後」という伝承をもち、海人の習性を特質とする部族であること、それが山東半島であれ、遼東半島であれ、そうした領域から移動した可能性はある、と考えるものです。

ロ　高床式建物と水田の雑草の原産地

日本古代の建築物に高床式があります。この形式の建築物は東南アジア等を源流とするものでしょう。あわせて日本の水田の雑草が、水田発祥の地、揚子江中・下流域や東南アジア方面と判断されていることです。「日本、朝鮮および中国を含む東アジアでの共通種は、水田が約九〇種、畑地が一二〇種、その他の地域のものはきわめて少ない。水田雑草の原産地として、東アジアや東南アジアが多いことは、水田雑草の渡来の背景を物語っている。」（池橋宏氏著、『稲作の起源』、一八五頁）。なお、同書に記される日本の帰化植物の原産地（笠原安夫氏著、『雑草の歴史』、一九八七年）を見ますと、次のとおりです。

東南アジア―八八種、ユーラシア―二八種、旧世界―二一種、中国―七種、ヨーロッパ―七種、コスモポリタン―二〇種。以上から池橋氏は「数字で見る通り、東南アジアから華南原産の雑草が圧倒的に多く……中略……、根栽農耕や水田農耕を通じて、日本が華南からインドネシア半島までと深いつながりを持っていることが、あらためて理解される。」(同書、一八五頁)とされています。すなわち北九州~日本の水田稲作は、それが朝鮮半島や遼東半島、山東半島経由であれ、その源流は「呉地」をふくむということでしょう。

ここからみて日本人を〃ヤマト民族〃、その精神的文化の特徴を〃ヤマト魂〃などというのは、日本民族が深く華南等の地と結びついた、東南アジアをふくむアジアの民族の不可分の一枝という根本を、「ヤマト朝廷一元史観」で歪めるものということは先に指摘しました。

第九章　前方後円墳体制論批判

一　前方後円墳は北九州が起源

近畿地方の水田稲作、したがってその文化が、北九州・九州の「倭人」の東進によるものである、というのが日本古代史の事実です。したがって次のような前方後円墳にかんする研究報告があるのも当然のことなのです。

1「前期前方後円墳では、墳丘が一〇〇㍍クラスの久《く》里双水《りそうず》古墳（北九州）が、一〇年前に発見され、また九州の古墳は圧倒的に前方後円墳であって、宮崎県の生目《いくめ》古墳群、西都原《さいとばる》古墳群が定式化された最初の段階に近いであろうという実態があきらかになりました。その結果、二〇〇㍍を超えるもの（墳丘の長さ、引用者）が相当ある。とくに前期の様相のなかで、宮崎はやや特殊なありかたをしているということもわかりました。それと大規模な前方後円墳が、古墳時代初期の段階から中期頃ぐらいまでにほとんど終わってしまっている……」（シンポジュウム・日本の考古学・4』、「古墳時代の考古学」、五八頁、学生社、二〇〇〇年、重版）とあります。続けて「九州の前方後円墳の総数が五六〇基ぐらい」とあります。

2佐賀県教育委員会の報告として、「弥生時代終末期（三世紀後半）以降に造られたとみられる、前方後円墳を確認」（新聞『赤旗』、二〇〇〇年三月一八日付け）

3造山古墳はその墳丘（三五〇㍍）が全国屈指の巨大前方後円墳ですが、ここで刳抜きで造られた石棺が発見され、「この石棺の石材が、九州阿蘇山系の凝灰石であり……九州の石棺の形に大変よく似た刳抜きの石棺である。」（『日本の古代遺跡・岡山』、森浩一氏企画、間壁忠彦・間壁葭子氏共著、一二二頁、保育社、一九九五年、第三刷）

4この造山古墳群の一翼に千足古墳があり、「この装飾石障にかぎらず、すべての石障の石は、九州の唐津湾岸周辺の砂岩製と考えられる。また石室を構成した多くの板条の石のなかで玄武岩ないし安山岩系のものは、ともに北部九州から運ばれた石と思われる。

この古墳は、構造や装飾にかぎらず、主要な石まで九州的であり、古墳築造の材料から構築技術者まで九州から運ばれたと見られる。榊山古墳が朝鮮的であり、造山にある石棺や千石古墳の主体部が九州的であることは、この吉備中枢部の古墳の主たちがいかに西の勢力とつよく関係していたかがうかがえるのである。」(前掲書、一二四頁)。以上の事実は、さきの〝水田稲作民の東進〟と、みごとに照応しているといえます。

二 近畿地方〝前期古墳群〟の北九州的特質

近畿地方の「前方後円墳」にかんして、第一期から第三期に分けて考える見地と、二期に分ける考え方があるようですが、本書は、その主張に賛成するものではありませんが、時期にかんしては江上波夫氏の『騎馬民族国家』(中公文庫、一九六七年、初版)にたって考えます。

それによれば「三世紀の終わりか四世紀の初めころから四世紀の後半の中ごろまでを前期とし、後期を、それ以後、七世紀後半ごろまでとする。」という理解です。この理由は、前期の古墳の埋葬物と、後期のそれが質的に異なるという理由からです。

イ 「三種の神器」は北九州起源

さて前期に属する茶臼山古墳(奈良県桜井市)が、一九四九(昭和二四年)に発掘・調査さています。すでに盗掘を受けてめぼしいものはなかったようですが、それでも残っていた副葬品から浮かび上がった重要な点は、「その副葬品の組み合わせは、〝鏡・玉・剣〟など北九州の弥生時代中期・後期の族長が持っていたものと基本的に同じである。」(井上光貞氏著『日本の歴史』〈神話から歴史へ〉、三一〇頁、中公文庫、一九八八年、二四刷)という点です。

〝鏡・玉・剣〟といえばヤマト朝廷の王位継承の不可侵の「三種の神器」と、戦前の日本では声を大にその神聖性が強調されたものです。ところがこの「三種の神器」が、北九州の「弥生時代の族長」の古墳にみられるものということは、本来、日本民族の国家形成・発展史や、後の近畿地方の前期の前方後円墳の意味を理解する上で、大きな意義をもつものとおもいます。

しかもこの「三種の神器」が「倭国」の〝文化〟ということを、文献的に明らかにされたのが、古田武彦氏の『盗まれた神話』です。『日本書紀』(仲哀紀)がこれを北九州にかかわって書き、それが北九州の弥生期と称される古墳から普遍的に出土するという意味は、近代ヨーロッパや戦後の中国の考古学の見地に照らせば明かでしょう。これをあたかもヤマト朝廷固有のものでもあるかにいう歴史論や歴史観は、事実の否定と歪曲ということになります。

ロ　「三種の神器」の意味

「三種の神器」とは鏡・玉・剣です。剣は別にして鏡がなぜ神聖なのか、玉がなぜ神聖なのか、これを解明することは日本古代史学の責務ではないでしょうか。これをしないでいろいろ言っても、真の日本古代史は解明しえないからです。

　私見を述べます。鏡は北九州で水田稲作を展開した「倭人」にとって、単なる姿見・鏡ではなく太陽を意味したとおもいます。ここは古代中国人と「倭人・日本人」の違いでしょう。鏡は光を反射する機能から太陽にかかわる神器と考えられたという見方です。その背後には、地球規模の数百年間にわたる気象の寒冷化がありましょう。これが太陽への憧憬・崇拝の感情をつよめた可能性が考えられるでしょう。現に、古代倭人が「天つ国」の聖地と考えていたらしい対馬には、〝天道信仰〟として「日ノ神と穀霊と祖霊への信仰」があることが指摘されています。(森弘子氏著、『宝満山の環境歴史学的研究』、二七四頁、岩田書院、二〇〇九年)

　「玉」は、さきに述べた「君が代」(一六四頁参照)の「サザレイシ」を意味し、長寿と健康の象徴とおもいます。すなわち「サザレイシとイワオ」信仰です。剣はいうまでもないでしょう。こう考えてきます防衛上の周溝と木柵、逆茂木で囲われた、北九州の吉野ケ里式弥生集落の住民と、その部族、ないしは部族連合体の酋長・軍事酋長の姿が、浮かびあがってくるとおもいます。こうした弥生時代の部族的集落の人々の生活、それを象徴するものとして「鏡・玉・剣」があったのではないか、ということです。

　それは第一に水田稲作の年ごとの成功、さらには水田の拡大への熱望と、住民の健康・長寿を願い、周辺他部族にたいして強大を誇る「安全保障」の確立の要求、それを族長らにたくす気持ちは不自然さも、原始的宗教の神秘主義の影もなく、きわめて自然なこととして理解できるとおもいます。特に考えるべきは水田稲作農耕が、単なる家庭の小菜園段階を脱して、氏族的部族的農耕へと発展した段階では、畑作農耕等と根本的に異なって、灌漑施設の建設・管理などその社会が氏族社会的特質を主とすれば、その社会の指導者の社会的地位は、大きな比重を占めると考えられる点です。

　とくに日本はその地理的位置から東南アジア等の、稲作二毛作・三毛作地帯と異なって一毛作、すなわち年一回の田植の成否が決定的な意味があって、戦前の日本社会でさえもが田植は、部落の共同作業という性格があったほどで、然るを況や今から三千年以上も前の、北九州等での水田稲作の水準では個人の集団への依存度が高く、その族長らの社会的位置はアジア的専制体制的側面をもったとしても不思議はありません。

同時に、しかしその根底にはやはり「三種の神器」に代表される、部族民の生活の安定・向上・健康と長寿、社会の安全と平和を確保しうるか否かが、部族の指導者の評価の基準にされていたことが示されているとおもいます。これにたいしてヨーロッパ等の畑作農業は、灌漑施設を前提とせず、したがってその農業はその戸主の独立性が、日本の水田稲作の個々の戸主に比較してはるかにつよく、その共同体は外敵にたいして共同して備えるなどをふくめて、合議制が主な側面となるなど、氏族社会的民主主義の他にその農業の特質が、その社会組織のあり方を規定する性格をもつとおもいます。

この点、マルクスの『資本主義的生産に先行する諸形態』とともに、今和次郎氏著の『日本の民家』(岩波文庫、一九八九年、第一刷)の、水田稲作地帯・関西と畑作地帯的特質をもつ関東農業の違いから生まれる、農民・住民の気質の違いの説明など非常に参考になるものとおもいました。したがって〝前方後円墳〟形式をはじめ、大規模な古墳という墓制形式がとくに北九州・九州でなぜ誕生したのか、その特質を当時の水田稲作社会の姿を念頭に考えるべきとおもいます。

図7 畿内の前期古墳分布

これをせずにいきなり近畿地方の〝巨大前方後円墳〟に関心を集中させても、そもそも前方後円墳とは何か、これがわからないということになります。そのうえに北

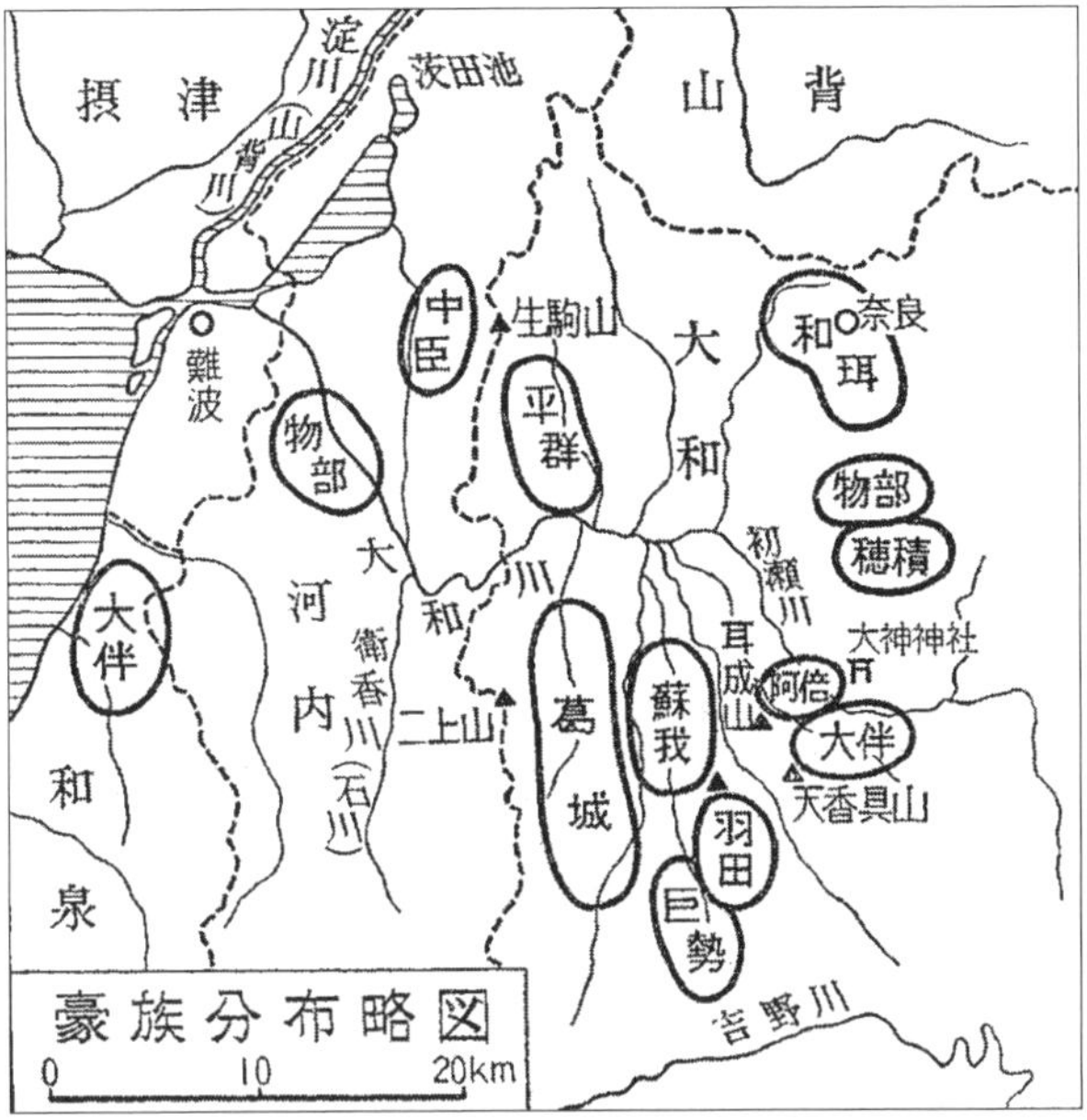

図８　大和の豪族の分布図、岸俊男氏

九州の弥生時代〝三種の神器〟を考察せずに、これをヤマト朝廷の王位継承の神器などと、特別に神聖化することは真実の日本史を歪め、神秘化するものとおもいます。

水田稲作が北九州・九州で最初に展開され、これが「倭人」の東進によって近畿地方にもちこまれ、その結果生まれた近畿地方の〝前期〟古墳群が、北九州の弥生時代の古墳の副葬品と共通性をもつのは当たり前のこととなります。ただし、この両者に深刻な違いがあるという問題もあります。それは近畿地方の古墳（前方後円墳）にある青銅鏡は、三角縁神獣鏡が特徴という点です。現に先の「茶臼山古墳の銅鏡の種類としては、北九州の井原や桜馬場にあったような方格規矩鏡は一面しかなく、三角縁神獣鏡が多い。この鏡は弥生式墳墓には一面もなく、魏以降の鏡であろうと推定される。」（井上光貞氏著、『日本の歴史』〈神話から歴史へ〉、三一一頁。傍線は引用者）

もう一つは鉄製武器類が大量に埋葬されていることです。あわせて農耕用具や工具、大工道具までが埋葬されている点です。これは北九州から移住進出した人々が、直面した現実が「河内湾〜河内湖」に面した、複雑な地形の広大な土地であり、その干拓や水路整備、さらには周辺の先住民や、同じ九州からの移住集団との緊張関係など、通説がほとんど取り上げない古墳時代大阪湾の地形と、北九州・九州からの移動部族間、および先住縄文人との、土地、水利等々をめぐる緊張関係などが要因とおもわれます。

だからこそ前期の前方後円墳等が丘陵等を利用したものではあれ、その造営にはかなりの労力を要したとおもわれますが、それは氏族的部族的住民の自主的積極的参加のもとにおこなわれたと思われます。これらの前方後円墳造営勢力は北九州・九州からの移住・進出勢力の、〝群雄割拠〟的性格が、もう一つの特徴とおもいます。もちろんそこには相互の交易・交流もあったでしょうが、一個の部族的性格を根元とする相互に独立的性格が特質ではないかとおもいます。

この近畿的特質こそが、「邪馬台国・近畿説」論者が強調する「巨大前方後円墳」を、近畿地方に出現させる背景とおもいます。先述のとおり「前方後円墳体制」すなわちヤマト朝廷が、各地の首長と服属関係を結び、その前方後円墳の規模、その埋葬物を〝配給〟したなどという説は成り立たないのですが、しかし、この説に従えば莫大な鉄製武器類を配給したことになり、理屈に合わないことになります。そもそも都城・首都がないものが、莫大な埋葬品の配布・贈与などはできるはずもありませんが、服属、すなわち〝平和〟のために最新式の鉄製武器類をあたえるというのは、平和のために最新式の核兵器やロケットを配布するという理屈に似て、普通の理性では理解できないこととおもいますます。

したがって近畿地方の大古墳は通説の主張とはまったく異なって、以下のような性格のものではないかとおもいます。それは近畿地方において、一方では相互に緊張関係をはらむ九州からの移住集団、および先住民との敵対的関係など、北九州・九州がはるかに以前に通過した問題に新たに直面し、とくに「河内湾～湖」が大きな面積を占める大阪平野方面では、水田面積を拡大するには長年の苦労を要するなど、九州ではいわゆる「古墳時代」には、終焉期にあった氏族的部族的結合が新たに維持強化され、かつ北九州発祥と思われる鏡信仰、すなわち鏡は単なる姿見ではなく太陽光への願望を反映した信仰財という性格が、「北九州～浜名湖線』上にある近畿地方でいっそう大規模に拡大・再生産され、こうして北九州で誕生・発展した氏族・部族墓の一種である前方後円墳が、近畿地方で拡大再生産されたというのが実際ではないか、ということです。あのおびただしい三角縁神獣鏡等の鏡類（太陽の輝きへの祈り）の埋葬など、北九州以来の太陽信仰はここでは新たな勢をもったようにおもえます。

したがって通説が「ピラミッドに匹敵する」という巨大古墳を先頭に、少なからぬ「前方後円墳」は存在しても、国家の存在を示す都城・首都が発見されないのです。近畿地方は通説がいう日本古代文化発祥の地ではなく、この時代、北九州～九州からの移動した氏族的部族的勢力の群雄割拠時代であって、これが後に当時の国際関係と深くかかわりながら、やがて日本の統一権力をうみだす力を形成することになったということと考えます。

江上波夫氏がいわれる「古墳時代後期」になりますと、副葬品の性格が変化して馬具・甲冑なども出土し、古墳の規模も拡大するなどこの大阪平野にも、新しい変化が現れはじめるということとおもいます。これについて後述します。

三　「前方後円墳体制」は存在しえない

通説、とりわけその考古学は、小林行雄氏の「三角縁神獣鏡・魏鏡、卑弥呼下賜論」などを実証主義と称し、さらには京都府大塚山古墳（相楽郡山城町椿井）出土の「一九種類の三角縁神獣鏡と同じ鋳型でつくられた鏡が、九州から関東におよぶ二三基の古墳から出土しており、さらにはそれらの古墳がそれ以外の同笵鏡を他の古墳と分有する関係をもつことにより、分有関係の網の目はひろがって、五四基の古墳がつながるのである。もちろん同笵鏡の分有が大塚山古墳からはじまった――もうすこし正確にいえば、大塚山古墳に葬られている有力者（卑弥呼をさす。引用者）の手ではじめられた――とはいえない。しかし、大塚山古墳の首長が、この鏡の分有関係をつくりだすのに、大きな力をおよぼしたことは否定できない。」。

これは直木孝次郎氏（『日本の歴史1』、二九六頁、小学館、一九八一年、第一一刷）の、先述の小林行雄氏の『古墳時代の研究』（「第六章　同笵鏡考」）への賛同です。いまさらいうまでもなく小林氏はこの論文で、ヤマト朝廷による三角縁神獣鏡の同笵鏡の〝地方的首長〟への分与と、それを通じて全国的支配体制を確立したという見解を、〝考古学的〟に説明する研究で「邪馬一国・近畿説」にたつ通説の学者から、高く評価され〝考古学の権威〟とされているわけです。

さて小林氏は、「……京都府大塚山古墳の年代を定めるということは、全般的な三角縁神獣鏡系同笵鏡の分有関係のなかから、直接的に京都府大塚山の首長の手を経たと認めうる同笵鏡の配布のみを区別して、その配布が完全に完了した時期を求めることになるのである。いいかえれば、かれを主要な一員とする畿内の政治的中枢と、同笵鏡の分有によってしめされる地方首長との政治的交渉が、ある段階までに成立していたという時期の決定だという点にある。」（同書、一二五頁）といわれます。

小林氏は三角縁神獣鏡の同笵鏡が京都府の大塚山古墳と、全国的に広がる古墳の埋葬品にある事実を、「政治的な下賜と拝受」の関係という風に描き出したいのです。氏はこの小論で同笵鏡の分有を縷々論じて、当然ながらそれは偶然の場合もありうるわけで、一応はその場合のことにも触れながら、最終的には「…京都市大塚山古墳とのあいだに同笵鏡を分有する古墳の数が一九基に達し、岡山県車塚古墳では一二基にたっするというような、顕著な事実に対しては、同笵鏡の分有をすべて偶然によるものとして、その偶然が十数回もかさなりあったとするような説明の方法では、もはや不十分である。」（同書、一一二頁）いわれて、これまた縷々想定されていますが、最終的には「したがって、京都府大塚山や岡山県車塚の首長が、他の首長とのあいだに直接の交渉を有したとすれば、それは京都府大塚山なり岡山県車塚の、かっての鏡群の所有者が、同笵鏡の配布者として行動したと考えるのが、残された可能な解釈ということになる。」（同書、一一四頁）とし、さらに〝推論〟は飛躍して「同笵鏡が京都府大塚山の首長の管理に移されたということは、その分有関係から推論される以上に、重要な意味をもった現象であったといわねばならない。」（同書、一一七頁）といわれるのです。

氏は結局京都府大塚山古墳の埋葬者になにを期待されているのかといえば〝考古学的体裁でヤマト朝廷・その始祖〟を導きだすことです。

イ　小林説の末路

氏の考古学への考え方が、世界の正常な考古学、すなわち文献への実証主義的検証ではなく、すべて〝解釈と推論〟、つまりは考古学的出土物への個人的主観主義的解釈ですから、こうした「推論考古学」、別にいえば〝主観主義的考古学〟ですが、こうした主観主義の破綻は、いとも簡単におとずれるのは当然のことです。それを氏の論文に即して指摘すれば次のとおりです。

「……京都府大塚山古墳に副葬されている同笵鏡が、わが国に輸出された年代をとりあげてみたい。すなわち、これらの同笵鏡は、ほとんどすべて三角縁神獣鏡と総称せられる鏡式に属している。この三角縁神獣鏡は、一般に魏晋代の鏡としてあつかわれているが、それはかならずしも晋代の製品とすべき可能性が強いということはできない。

その詳細は第五章でふたたび論ずることにして、ここではそれをいちおう魏代の製品とし、それが輸入された時期は、邪馬台国の卑弥呼の景初三年（二三九年。これは二年が正しい。引用者）における魏への遣使の直後であろうと考えることにしたい。」（同書、一二二頁）とされています。「……考えることにしたい。」という文章は、〝事実にたってこう考える〟ということとは、まったく違います。

氏は卑弥呼をヤマト朝廷の始祖として、卑弥呼の魏交流を機会に入手した「三角縁神獣鏡」を、権威の象徴として全国的に各首長に分与して、支配と服従の関係を形成したという考え方です。つまりは「前方後円墳体制論」です。しかし、すでに指摘したとおりに三角縁神獣鏡は魏鏡ではなく呉の職人が日本本土に招かれて、日本本土で作成した青銅鏡であるわけです。

この三角縁神獣鏡・魏鏡説は、先に指摘したとおり否定されました。ここではさらに井上光貞氏の以前からの批判を引用しておきましょう。「第三に、中国における考古学上の新しい知見との関係である。たとえば、三角縁神獣鏡は魏時代の鏡とされているが、どうしたことか中国大陸はもとより朝鮮半島においても典型的なものは出土していない。」（『日本の歴史』「神話から歴史へ」、三一六頁）。

こうして通説の「邪馬一国近畿説、卑弥呼・ヤマト朝廷の始祖論」は、考古学的にも根底的に崩壊・否定されたわけです。そこに古代史探究の原則である古代文献への科学的探究、およびその不可欠のものとしての考古学的検証という、世界の科学的学問的思考の無視・否認を特質とする、戦後の実証主義的装いの「皇国史観」的精神、すなわち「ヤマト朝廷一元史観・絶対主義」が、いとも簡単に崩壊するのは水が高いところから低いところに流れるのと同様の原理です。これはあまりにも当たり前のことですが、しかし、中国の考古学者に指摘されるまで日本側では一部を除いて、考古学者や「近畿説」の人々に自覚されなかったという点に、日本古代史学の病巣の深さがにじんでいます。

もちろん「前方後円墳体制」、すなわち巨大前方後円墳はヤマト朝廷の造営とか、ヤマト朝廷が盟主として地方の首長の服従を担保に、その格に応じた前方後円墳造営権を承認したなどという序列論などあるはずもありません。そもそも首都・都城一つない〝王家とか国家〟などというのは、世界の歴史学をいわば無視した通説だけの〝歴史学〟です。ここに戦前の「万邦無比の国体論」の戦後的継承を見ることができるのです。

それのみならず奥野正男氏がその著『大和王権は広域統一国家でなかった』（ＪＩＣＣ＝ジック＝出版局、一九九二年、第一刷）で指摘されているように、古代朝鮮・中国で特定の政治勢力の伸長に応じて、墓制がその中心的政治勢力の墓制に順応・模倣する例などはなく、しかも肝心の日本の当時の古墳も、実際は多様であるという事実を「前方後円墳体制論」は無視している、という指摘も正当なものとおもいます。

たしかに古代エジプトで王朝が巨大ピラミッドを形成したら、全国の地方的勢力が中小のピラミッドを一斉に模倣して、中央に忠誠心を示したという例もないようです。つまり通説の「前方後円墳体制論」には、奥野正男氏も指摘されるように、前方後円墳が存在する近畿地方自身にもその他の形式の古墳があり、しかも日本本土以外には一王権の勢力が伸長したら、その墳墓形式が支配的になり蔓延するという事実も、そういう説もないのであって、「前方後円墳体制論」はまさに、「皇国史観」の

「万邦無比の国体」式の「ヤマト朝廷一元史観」が、戦後的で考古学的実証主義の装いをしたものに過ぎないものです。

ロ「北九州の古墳は小さい」？　通説の「古墳時代論」の本質

これは「邪馬一国・近畿論者」がよく口にする言葉です。たとえば白石太一郎氏は、「倭国の大乱」を「おそらく近畿地方の大和の勢力を中心に、吉備など瀬戸内海沿岸各地の勢力、北部九州でも瀬戸内側の豊前の勢力などが一つにまとまって、玄界灘沿海地域と鉄資源を中心とする先進的な文物の入手ルートの支配権をめぐる争いがあったのでないか。この玄界灘沿岸地域との対決が広域政治連合の形成の具体的契機であって、中国史書にでてくる『倭国の大乱』も、つまるところ、この争いに他ならないと思います。その後、中国鏡の分布の中心は明らかに近畿地方に移りますから、瀬戸内・近畿連合が勝利をおさめたことは疑いないでしょう。

玄海灘沿岸地域の出現期の古墳は、近畿地方、吉備地方・豊前地方のものに比べると、あきらかに小さいですね。今回、調査された久里双水古墳は比較的大きいけれども、石塚山古墳などよりは明らかに小さいし、内容も貧弱です。このように、古墳をうみだす前提となった政治連合の形成は、二世紀末から三世紀初頭の出来事です。『魏志』倭人伝にみられる邪馬台国連合の形成は、近畿・瀬戸内連合と玄界灘地域の争いの結果、勝利をおさめた近畿の大和の勢力を中心に形成された政治連合に他ならない。」(網野善彦・大塚初重、森浩一氏監修『古墳時代の考古学4』、四七頁、著者・白石太一郎氏・赤塚次郎氏・東潮氏・車崎正彦氏・高木恭一氏・辻秀人氏。学生社、二〇〇〇年、重版、傍線は引用者)。

この文章は、通説の「古墳時代」なる時代区分の本質を、きわめてわかりやすく示すものとおもいます。それは第一に〝弥生時代〟論では、「二世紀の卑弥呼」にみる「委奴国」という、後漢から金印を与えられる大国の存在も認めず、志賀島出土の金印とその意味を一斉に無視し、また「一大率」の記載も白石氏の「倭国論」には一語もなく、然るを況や太宰府に厳然と存在する「都督府古跡」の石碑、すなわち「倭の五王」の都城・京師についても無視・否認して、「倭の五王・ヤマト朝廷」なるすりかえの論をかかげ、しかも今日にいたるも近畿地方に南朝の一〇〇万都市・建康に次ぐ、「都督府」遺跡を指摘しえないにもかかわらず、「倭国大乱」をヤマト朝廷巨大勢力として描きだすのです。

ここにあるものは何か、通説の学者の憲法第一条の規定に沿った、〝日本的多数決原理にたった日本古代史〟です。それは〝事実を無視する〟、その意味では「赤信号、みんなで渡れば怖くない」式のものです。こうした〝学問〟は、いつまでも続くものではありえないでしょう。

さて北九州の前方後円墳〝小さい〟論にかんしてです。北九州をはじめ九州の水田稲作は近畿地方に比較して、その始まりが約千年程度古いのです。しかも北九州から東進した「倭人」たちが直面したのは、「河内湾〜河内湖・河内干潟」と数千年をかけて姿を変える古代大阪平野と、そのいわば後背地の奈良地方であって、そこに東進した北九州等の各氏族・部族が割拠して相互に勢力を張り、北九州よりはるかに遅れて水田稲作を開始・展開し、ここには多分北九州地方よりはるかに多い先住縄文人も存在して緊張状態がつづき、地勢的に長らく部族等の力を背景とする必要性、表現をかえれば氏族的部族的結合が必然の地域であって、その結果は、個人の土地所有権の確立が北九州・九州に比較して、おくれていたと考えられます。

北九州等で前方後円墳の大きなものが早くに終息しているのは、氏族的部族的結合が近畿に比べてはるかにはやくおわり、土地所有権がより個人に移行した可能性がたかい結果とおもいます。すなわち巨大前方後円墳、いや大形の前方後円墳は氏族的部族的遺制のつよい社会の産物であって、その他の同様の大形の各種の古墳も同質のものでしょう。

巨大前方後円墳等は氏族的部族的結合が強い、その意味でおくれた社会の姿であって、国家の成立以前、ないしはごく初期段階の要素のつよい社会の姿でしょう。したがってこの地方には強大な王権・国家の成立をしめす都城を発見できないのは、ごく自然なこととおもいます。

巨大前方後円墳は、生産力の発展にそくして個人的所有権がより支配的な傾向の社会、したがってより発展したより進歩的社会では、終焉する墓制ではないかということです。「北九州地方の前方後円墳が小さい」のは、当時の近畿地方より北九州・九州が、より進歩した社会だったことを示すものでしょう。こうした全体を見ずに、しかも巨大前方後円墳造営社会に、現に巨大都城はないという事実をさえ無視して、これを絶賛するのは学問として如何かということです。

ハ　古代九州の軍事力──「一大率」

さらに白石氏の「九州の前方後円墳は小さい」を読んでいますと、いくつかの大きな問題が目につきます。その第一は〝文献〟にたいする態度が、きわめて恣意的なことです。ここで白石氏が論じられている問題は、あい争う二つの勢力の抗争です。しかも氏はこの抗争を『三国志』魏志・倭人伝の、「倭国大乱」に依拠して論じておられます。

そうであれば当然「一大率」も考察の対象にされませんと、特定の文献の自説に都合のいい部分だけで論じるという、真の学問からは肯定されないものということになるのではありませんか。「一大率」にかんしていえば、「女王国より以北に、特に一大率を置き、諸国を検察せしむ。諸国これを畏憚す。常に伊都国に治す。」とあります。これは国家の形成上、大きな意味をもっています。この「一大率」にかんして『魏志』倭人伝の、「諸国これを畏憚す」とある意味は、「今、使訳通じる所三〇国」を当然含むという意味とおもいます。つまりは近畿ヤマト地方も「一小国」として、この軍事力を「畏憚」していたということです。

しかも、この一大率は「常に伊都国に治す」とありますす。当時の中国大陸の王朝である魏の使者が、「一大率」を特記しているのですから、この軍事力は注目されるに値するものであったことは言うまでもありません。ここを無視して「『魏志』倭人伝にみられる邪馬台国連合の形成は、近畿・瀬戸内連合と玄界灘地域の争いの結果、勝利をおさめた近畿の大和の勢力を中心に形成された政治連合に他ならない。」と断言しても、これは文献的には根拠のない主張に過ぎないことになるとおもいます。

なお「常に伊都国に治す」とあるにもかかわらず、王権は近畿にあったと主張しても、その王権の中心地域からはるかに離れた「伊都国」、すなわち今日の福岡県の一地域に国家の権力中枢機能があったなどということは、約一七〇〇年以上も前の時代の古代国家論としては、そもそも問題にもならないことです。

通説は、近畿中心主義の結果、七世紀以前の九州の〝軍事力〟というような問題は、ほとんど取り上げられません。『三国史記』新羅本紀の「竜朔三年（六六三）、倭船千艘、停《とど》まりて白沙に在り。百済の精騎、岸上にて船を守る。新羅の驍騎、漢（実際は唐）の前鋒と為り、先ず岸の陣を破る。」とあるように、六六三年に「倭国」は軍船千艘を百済救援に差し向けているわけです。通説は『日本書紀』天智紀をこれに当てていますが、都城もない「ヤマト朝廷」が「千艘の軍船」を準備しうるはずもなく、当時の「倭国」が強大な軍事力を備えていたことは明白です。つぎに述べるものは奥野正男氏の『鉄の歴史』（「1古墳時代」、白水社、一九九四年）からの引用です。

1「『横矧板鋲止短甲になると、九州における出土量が（五世紀に）急激に増加して、近畿を凌駕するようになる例がある。これは江田船山古墳の太刀銘からも裏付けられるように、倭政権（ここではヤマト朝廷をいう、引用者）の九州支配が強化されつつある。」にもかかわらず、「朝鮮侵略への九州諸豪族の比重がさらに高まったと解したい……』としている。」(『鉄の歴史・2』、三二二頁。この部分は野上丈助氏著、「古墳時代における甲冑の変遷とその技術的意義」《『考古学研究』、第一四巻第四号、一九六六年》から引用)とあります。

またここには、熊本県の江田船山古墳の太刀銘の解読問題があります。これは損傷から「欠如分部が多い」にもかかわらず、福山敏男氏はその欠如分部を推量で、しかも「ヤマト朝廷一元史観」絶対主義の立場から「読む」のです。そのために、福山氏は、「ケモノ偏」(獲)を「ムシ偏」(蝮)に変えて読むなど〝強引〟過ぎると古田氏はされて、この「……大(天)王」は九州王朝の君主である、という可能性が高い。」とされています。

きわめて興味深いのは金錫亭による福山説批判で、それによると福山氏の解読は成立せず、金氏の解読は、古田武彦氏によれば、「〝『帝王』としての百済王と、『属臣』する北九州の王者〟という図式を発見しようとしている。これは、わたくしには〝恣意的〟に見える。なぜならば、この太刀の銘文は、初めの欠如分部のために、〝この太刀が一体誰から誰に贈られたのか〟、(二王朝間の贈与)、あるいは一王朝内で、誰が誰のために作成したのか(献上、下賜)、それともその他のケースか、それらは一切不明だ。」(『失われた九州王朝』、五二八頁、角川文庫、一九七九年、初版)とされています。

通説はこの古田氏の見解に反論せず、反論しえず、しかもこの太刀をヤマト朝廷の支配下で作成されたという主張を、無神経に繰り返すのですがこれを見ていると、「事実を探求する」学問の姿はみえず、「国権を重んじる」姿だけがあるように見えます。すなわち江田船山古墳の太刀は、当時、ヤマト朝廷などそもそも存在していないのですから、この「太刀」を「ヤマト朝廷」と関連づけるのは、真の歴史学の否定だ、ということです。

2 堀田敬一氏著の「眉付冑にみる日韓関係」(『月刊韓国文化』、一九八四年。『鉄の古代史・2』、三四九頁)での九州と近畿地方の「甲冑出土古墳数」は、九州地方が一二四、近畿が一一八、眉庇付冑出土古墳数では、九州が一五、近畿地方が二五です。都道府県別甲冑出土古墳数」では、福岡県五三、宮崎二五、佐賀一五、合計九三、これにたいして近畿地方は奈良三二、大阪三〇、京都二五、兵庫一二、合計九九です。

以上から堀田氏は「軍事的中心地帯が九州と近畿地方にある。」とされ、その解釈に二つの見方を挙げられています。「その一は、大和政権下に九州が従属して、韓半島との軍事的要因から九州の軍事力を理解する。その二は、韓半島をめぐって九州地方と近畿地方が、各々高句麗・百済・新羅・伽耶地域と提携しつつ、対立抗争の関係にあった……」というものです。

以上の考察だけからでも先述の白石太一郎氏の、「三世紀の倭国大乱・北九州敗北・服属論」が、考古学的にもいかに無根拠な主張であるかは、一目瞭然とおもいます。なお近畿地方は後述するとおり「倭国」の行政区域に属していた地方であって、その軍事力を「ヤマト政権の軍事力」とみる根拠はまったくなく、むしろ個々の豪族は「倭国」に恭順の意を示しつつ、その個々の軍事力は先住民や相互の対立・抗争にその要因があった、と見るべきものです。

第一〇章　近畿地方に台頭する新勢力

以上に述べたように近畿地方は、北九州・九州からの東進した人々によって、北九州よりはるかに遅れて水田稲作が展開され、一つは奈良盆地、もう一つは自然による干拓と、恐らく人工によるそれも部分的にはあったと思われる、「河内湾〜河内潟〜河内湖」をへて陸地化した大阪方面が、近畿地方の大きな力を生みだすもう一つの源泉となり、かつ関東地方の水田稲作の開始が大きく遅れたという条件のもとで、この地に新たな権力をうみだす条件が整ったということとおもいます。

奈良地方に大きな前方後円墳が出現するのは至極当然で、ここにも「豪族」という、入植氏族・部族のなかから成功した分部が、誕生し始めていたということとおもいます。今日のヤマト朝廷といわれるものが、こうしたものから生まれた可能性はあるとおもいます。したがってその本家氏族・部族は、北九州・九州にあることは、近畿の豪族のほとんどが北九州・九州に御本家をもつが如しでしょう。

一　「倭国」の地方行政制度・評制問題

こうしてこの近畿地方は「倭国」の〝地方〟を形成していました。それを示すものが、「郡・評論争」です。それは大和朝廷の地方行政制度である「郡」「郡司」「郡の大小領」とは異なる、「評造」「評督」「助督《すけのかみ》」などの記録があり、これをめぐって論争が展開されたのですが、一九六六年（昭和四一）に藤原京が発掘されて、そこから「……木簡の地名表記には、『評』を用いたものが三〇点、『郡』を用いたものが三点報告されている。これは大宝令発布までは評、発布後は郡であるという推定を確実にしめすものである。」（井上光貞氏著、『日本の歴史』「3飛鳥の朝廷」、三〇八頁、小学館、一九八七年、第八刷）とされています。

戦前から有名な六四六年（大化二年）正月の「大化の改

新」は、先述のとおり通説によって「七〇一年の『大宝令』から造作されたもの」(二九頁上段参照)、であったことが明らかにされているわけですが、ここには六九四〜七一〇年までの藤原京こそは、大和朝廷成立を示す最初の「京」であることが、大和朝廷自身によって公言されているわけです。

こうしてここに新たな問題が生じます。この「評制」等の問題を提起・解明された井上氏の業績はたいへん優れたものですが、しかし、氏をふくめて七〇一年の大宝令をいわば遡及・造作した、「大化の改新」の詔の決定的意味は、大和朝廷の〝新国家創設宣言〟である、という点に沈黙されているところです。

この当然の見地にたって見れば、大和朝廷の真の成立は、六六三年の「白村江の決戦」での「倭国」大敗、唐軍の北九州占領・支配以降、七〇一年の間ということになります。これを地方行政制度問題という見地から見れば、大和朝廷の成立とともに出現した「郡制」の前の「評制」は、当然、大和朝廷の行政制度ではなく、それ以前の「倭国」の行政制度であるということです。これは古田氏によって指摘されているところです。現に『記・紀』には「郡制」以外の記述はないわけです。

二　近畿地方の「評」

「大和と南河内の飛鳥に共通する地名は石川・春日・山田など、ほかにもたくさんあります。それはすべて蘇我氏にゆかりのある地名と考えられます。石川中流域は飛鳥時代前半に権勢を振るった蘇我氏の出身地・本拠地と推定されます。のちに蘇我氏は大和の飛鳥に宮殿や寺院を整え、発展させていくわけですが、その地はもとから栄えていたわけではなく、真神原《まがみはら》などとよばれていた辺境でした。」(西川寿勝・相原嘉之・西光慎治氏著、『蘇我氏三代と二つの飛鳥』、一七頁、新泉社、二〇〇九年、第一版)。

この『近つ飛鳥』の「飛鳥戸郡の北側、大和川が河内平野にそそぎこむ周辺には古代寺院が林立し……片山廃寺と鳥坂寺跡は、大和川をはさんで対峙しています。鳥坂寺跡からは発掘調査によって『鳥坂寺』・『飛鳥評』などを刻線した多数の文字瓦が発見されている。」(前掲書、二一頁)とあるところは見逃せません。

ここで注目されるのが「飛鳥評」です。すなわち「近つ飛鳥」などとまるでヤマト朝廷誕生の地の一つででもあるかに言われるこの「飛鳥」は、「飛鳥評」すなわち大和朝廷の行政区の名称でいえば「飛鳥郡」に該当する、「倭国」の行政区の「飛鳥評」だということです。

こうして近畿地方の中心領域、通説の学者がまるで日本古代文化発祥・発展の地でもあるかにいう近畿・地方の中心地域は、しかし「倭国」からは一地方の「評」として、あつかわれていたことが判明するのです。

三　蘇我氏とヤマト朝廷

すでに引用したとおりに「遠つ飛鳥」も「近つ飛鳥」も蘇我氏と深く結びついていると指摘されています。『記・紀』によれば「不当に権勢を誇った」」とされ、「皇極紀」の四年（六四五）六月一二日、板蓋宮の大極伝で中大兄皇子・中臣鎌子らによって入鹿は暗殺されたとしています。蘇我氏の滅亡そのものは日本史の事実と考えます。しかし、その背景と理由は『紀』とはまったく違っていると考えられる根拠があります。

第一、六四五年当時、ヤマト朝廷が存在していたかは、大きな疑問です。ただし、近畿地方において頭角をあらわす勢力として台頭しつつあったことは、間違いないところだろうとおもいますます。これは『日本書紀』にもあるように、蘇我氏と姻戚関係を結び台頭の基盤を固めていたというのが、歴史の事実ではないかと考えます。興味深いことに一元史観にたたれる井上光貞氏は、「板蓋宮にその名に値する殿舎（大極殿）があったかどうかは疑わしいが……」と注釈されています。（『日本の歴史』「3飛鳥の朝廷」、二八七頁）。

『日本書紀』の〝蘇我氏簒奪の野心家説〟は、「白を黒」という論法の疑いがもたれます。その理由は第一に藤原京以前、しかも「倭国」の六六三年の「白村江の決戦での大敗」以前の六四五年に、ヤマト朝廷が存在したなどは『古事記・日本書紀』の記述およびこれを絶対とする通説以外には、それを直接的に実証する第三者的な物証が皆無だということです。すでに指摘したように七世紀以前の「天皇稜」などは、平安時代以降の文献や近世以降の尊皇史家が言っているだけのもので、井上光貞氏がいわれるとおり「〇〇天皇の陵と、明記された出土物があったためしはない」わけですから、天皇陵に関する文献などは大和朝廷成立後の「伝承」の類であって、真に客観的な証拠・根拠にはなりえないわけです。

これにたいして蘇我氏は『古事記』孝元記の帝紀中に、おどろくほど詳細な建内宿禰（日本書紀は武内宿禰）～蘇我氏の系譜が記されているのみならず、その系譜・「石川年足朝臣の墓碑」（国宝）が発見されているわけです。「『長さ三〇センチ、幅一〇センチ程度の鍍金された銅版で一三〇字が刻まれています。その文頭は、『武内宿禰命子宗我石川宿禰命十世孫…石川石（ママ）足朝臣長子…』というみずらの来歴が刻まれています。七六二年（天平宝字六)に、七五歳で亡くなったとあります。つまり、蘇我の系譜が武内宿禰の子である石川宿禰に発することが、蘇我本宗家滅亡後も奈良時代中頃までは明確に伝わっており、一族は稲目や馬子を通じて、一〇代あとまで継承されていたことをこの墓碑は明確に示しているのです。」(『蘇我三代と二つの飛鳥』、六九頁。傍線は引用者)。

なおこの他には、『日本三大実録』の「陽成天皇、元慶元年(八七七)、一二月二七日条」に、「右京の人、前長門守従五位下、石川朝臣木村、散位正六位上箭口朝臣岑業、石川箭口と改め、並びに姓、宗岳朝臣を賜る。木村言う。始祖大臣武内宿禰の男、宗我(蘇我)石川、河内の国の石川に於いて別業。故に石川を以て名と成し、宗我(蘇我)大家を賜り居と為す。因《よ》って姓宗我(蘇我)宿禰を賜る。」(黒板勝美・国史大系編修会編輯、『日本三代実録』後編、四一七頁、吉川弘文館、一九八三年)ともあります。この『日本三代実録』の記述は、国宝とされる「石川年足朝臣の墓碑」の出土によって、事実を反映した記述と考えて間違いないでしょう。

イ『古事記』孝元記の「武内〜蘇我」系譜

先述のように『古事記』の通説が「闕史八代」と称して、その存在自身を「日本史のことに非ず」と宣言している「天皇」の一人、「孝元天皇記」の「帝記」、すなわち「ヤマト朝廷の系譜」の真っ只中に、武内宿禰以下、蘇我氏等の系譜が詳しく記載されています。

それは「……建内宿禰、この建内宿禰の子、并せて九たり(男七、女二)。波多の八代宿禰は波多臣、林臣、波美臣、星川臣、淡海臣、長谷部の君の祖なり。次に許勢《こせ》の小柄《おから》宿禰は、許勢臣、雀部臣、軽部臣の祖なり。次に蘇賀の石河宿禰は、蘇我臣、川辺臣、田中臣、高向臣、小治田臣、桜井臣、岸田臣等の祖なり。次に平群の都久の宿禰は、平群臣、佐和良臣、馬御織連等の祖なり。次に木の角宿禰は、木臣、都奴臣、坂本臣の祖なり。次に久米の摩伊刀比売《まいとひめ》。次に怒能伊呂比売《ののいろひめ》。次に葛城の長江《ながえ》の曾都毘古《そつひこ》は、玉手臣、的臣、生江臣、阿芸那臣等の祖なり。また若子《わくご》宿禰は、江之財臣の祖。」(『古事記』、九六頁)で、字数では「孝元記」の半分を超えると思われるほどの量です。

岩波文庫の『古事記』の校註者の倉野憲司氏は、本文下段の注釈で、「臣下である武内宿禰の系譜を帝記の中に入れているのは異例である。これはその子孫が権勢をほしいままにしたからであろう。」(同書、六九頁)とされています。「権勢をほしいままにした不届き者だから、ヤマト朝廷の帝紀に入れた」というのは、理屈が通らないでしょう。

こうしてここでも通説の学者が「存在しない天皇」と

いう架空の帝紀の、真っ只中にその実在を〝否定しえない武内宿禰～蘇我氏の系譜がある〞、という構図が浮かび上がってくるのです。もちろん通説は武内宿禰の実在性を否定しています。たとえば『日本書紀』孝元紀の「補注7-三」では、武内宿禰を「実在性の可能性はうすく、伝承上の人物であることは明らか。」とし、この武内宿禰の「伝承の制作者は蘇我氏」という津田左右吉氏の説を、「有力」（同書、五九五頁）としています。

しかし「石川年足朝臣の墓碑」（国宝）が発見されている以上は、その実在性をただ否定する態度は実証主義に反するとおもいます。なぜならば蘇我本宗家は「誅されて滅亡」しているにもかかわらず、あとの時代に堂々と蘇我本宗家の祖先名を墓碑に書くということは、蘇我家にそうした伝承があったという事実をしめすばかりではなく、その周辺もその伝承を肯定・黙認していたという事実を物語るものと考えられるからです。

ロ　武内宿禰と神武天皇

非常に興味深い問題は、『記・紀』で九州出身とされている神武天皇は、肝心の九州の神社等にその名を留めていないもようですが、これに反して武内宿禰は北九州の神社に、その名を留めているという不思議な問題があるのです。いま、武内宿禰を祭る北九州の神社等を、正木善三郎氏の『古代・中世宗像の歴史と伝承』（「二、武内宿禰の伝承」、岩田書院、二〇〇四年、第一刷）で列挙しますと次の通りです。

織幡宮	玄海町鐘先	『宗像大菩薩縁起』
沓塚	玄海町鐘先	『織幡社記』『宗像郡史（上編）』
海女	玄海町鐘崎	日並文夫『ふるさとの自然と歴史』
壱岐氏	玄海町鐘先	『織幡社記』『宗像郡史（上編）』
高向氏系図		『宗像郡史（下編）』
神社名		
「依嶽神社」	玄海町田野依嶽	『宗像郡史・上編』
「正八幡」	宗像市東郷用山	『宗像郡史・上編』。
「八幡宮」	宗像市南郷光岡	『宗像郡史・上編』
「八幡宮」	福間町上西郷畔町	『宗像郡史・上編』
「八幡宮」	福間町上西郷本木	『宗像郡史・上編』
「八幡宮」	宗像氏南郷王丸	『宗像郡史・上編』
「辻八幡宮」	玄海町神湊江口	『宗像郡史・上編』

正木氏は縷々考察されて、「鐘崎は阿曇氏と関係の深い土地である。」とされ、「阿曇氏と蘇我氏の結びつき」にかんして、「後藤四郎氏によって夙に指摘されている点である。」とされています（同書、六三頁）。

この武内宿禰も『記・紀』の「仲哀・神功皇后紀の熊襲・新羅討伐記事」に登場する人物とされ、九州の古代文化研究では通説史観にたって、『記・紀』の記載およびそれを源流とした寺社の縁起類や、これの平安時代以降の研究家等の「資料」によって、説明・解説が行われています。『八幡宇佐宮御託宣集』の研究も、その例外ではありません。

これは通説の二重構造式研究態度を端的にしめすものとおもいます。それは『記・紀』の成立、すなわち八世紀以降の研究は『記・紀』をはじめ、「文献」資料重視を「科学的」研究とする、考える態度に貫かれている結果です。しかし八世紀以前にかんしては、戦前は『記・紀』神話をはじめ『記・紀』を絶対とし、戦後は『実証主義』のかけ声のもと、文献軽視の考古学、すなわち出土物への「主観主義的解釈」を基本として、「ヤマト朝廷一元史観」を構成・按配し、八世紀以降の「倭国滅亡後」は、『記・紀』と古代中国・朝鮮史料との間に基本的に矛盾がない結果、「文献重視」が学問の基礎とされる、つまりは『記・紀』絶対主義が「科学的・学問的観点・方法」とされるようになるわけです。しかも、この道をとおって八世紀以前も、『記・紀』の記載の正当化をはかるという、学問的装いのもとで真実の蹂躙・歪曲が、正当化される仕組みになっている、というわけです。

だがしかし、歴史は事実の連鎖です。これを人為的に政治的都合で「首のすげかえ」を行っても、継ぎ目は消せないものなのです。それが全国八幡神社の総元締めの、宇佐八幡神社の縁起・『八幡宇佐宮御託宣集』にある、「九州年号」をともなう国号「日本」にかかわる記事の意味なのです。これについてはすでに述べました(一四八頁参照)。したがってこの九州年号をともなう記事を、『記・紀』の記載と同列視したり、『記・紀』に解消したりする態度は、真の「文献重視」という学問的・科学的態度とは矛盾するとかんがえます。

「九州年号」すなわち法隆寺の国宝・釈迦三尊像の光背銘の冒頭の、「法興元」という年号が大和朝廷の年号にはない事実も、これを「倭国」年号とされる古田武彦氏の研究をも、通説はともに平然と無視しています。そもそも誰もが見ようと思えば見える事実を無視する態度は、学問の態度ではないことは言うまでもないことです。

同様に『八幡宇佐宮御託宣集』の「又善紀元年の記に云く。大帯姫大唐より日本に渡る後、新羅の戦の御時懐妊の間、石を以て御腰に挿み、祈って云く……」にある年号「善紀」(『八幡宇佐宮御託宣集』、九〇頁)や、「一に云く、彦山権現、衆生を利せんが為、教到四年甲寅、摩訶《まか》陀《だ》国より如意宝珠を持ち日本国に渡り当山般若石屋に納めらる。」(同書、一六八頁)とある年号「教到」もまた同様です。これらは一切無視されています。

もちろん『八幡宇佐宮御託宣集』は、その記事を一々、

「日本紀（日本書紀のこと）第八に曰く」とか、「応神天皇四十二年庚午二月一五日」などと、大和朝廷の正史に準じているという外見を呈しています。これは『風土記』の記載も同様ですが、先述のとおり「倭国の大社」であったものが、「白村江の決戦」以後の「倭国の滅亡」という事態のなかで、社を保つための方便であって、志賀海神社、大宰府、出雲大社、英彦山等々も、いずれも同様の歴史的状況に迫られての保身の対応を必要としている、という状況下におかれているわけです。真の日本古代史探究では、まさにここを最重視することが正しい態度と考えます。

しかも、これはなにも北九州の事例にかぎらず、私見では『出羽三山史』（山形県鶴岡市羽黒町手向・出羽三山社）の縁起もまた、本質的には同様と考えます。寺社はその時々の権力・権威に己を位置づけて、己の権威を守ろうとすること、あたかも通説の学者の如しだからです。寺社がそうすることは理解できますが、学者がそうすることは背理の徒への転落であります。

こうして「多元史観」という正しい日本史観にたつ時に、従来の「仲哀・神功皇后」記・紀の説話を、通説のように造作というにとどまらず、この『記・紀』の記事が実は、「倭国文献」およびその関連資料からの造作記事だという点を、明かにすることも大きな課題ではないかとおもいます。『八幡宇佐宮御託宣集』には、「旧本記に云く」（同書、三八四頁）という記載が随分目につきます。これを源平合戦で焼き討ちにされた古文献と解すならば、この古文献は「倭国」時代の宇佐神宮の文献を多分に含む可能性が高いということになり、そこに「倭国」年号をともなった真の宇佐神宮の姿が記されていたとおもわれます。この他に「私に云く」（同書、三八一頁等）という記載もあります。これは今日の編者・神吽の見解でしょう。さて「倭国」時代に属する文献と考えられる、「旧本記に曰く」という文章には、『記・紀』からは理解しがたい、その意味で〝意味不明〟の、しかし興味深い記事があるのです。

「旧本記に云く、略抄す。日本国の将軍、住吉の先祖高礒（磯）強石将軍蘇民将来の子孫、物忌子《ものいみこ》（身を清め籠って神の側近に仕える童男、神事に奉仕した。吉住、春日、加茂神社等にいた）の孫、三千六百四十五ケ年の間（日本中世的表現？）に、七カ度合戦す（中略）……辛丑《かのとのうし》の年、香椎の聖母女皇帝、御共の吉住（福岡市吉住町の吉住神社）、夷《えびす》の国に風着（風のように早く到着する）。夷類を征伐し帰着の後、寺社に霊祖を禱り崇む。諸国に郡村を図し、僧俗官等を始めて造り給ふ。応神天皇平京を始給ふ（平京は『記・紀』にはありません。そればかりか当時のヤマト朝廷には「京」もありません。引用者）。是の女皇帝。天下を治め給ふこと四十一年、今香椎聖母大菩薩と申す（傍線は引用者。重要な点は応神天皇を女帝と記しており、ここれが香椎神宮とされています。注目すべきでしょう）。御共に大臣　字《あざな》は藤大臣連保《むらやす》、筑紫国を領有し給ふ。高良玉垂将軍と申す。

吉住大将軍と募る・高貴徳王の子なり。高貴徳皇（三三面観音）乍《たちま》ち宇佐八幡の御胎潤腹宿《みうみかつき》（出産の時期）なりましまし、志賀嶋に下着す。四十艘の船に三百七十五人を乗せて、即ち嶋の住人安曇磯良丸、今は志賀明神と申すという。沙竭羅竜王御梶取なり。或る本に云く、幼少の時に慕《め》して、少舎童と云ふ。申すに随って御支度を成して、案内を申さしむる御尅《おんとき》、竜王仰せて云く、適《たまたま》高良藤大臣・住吉大将軍御共なり。汝夷国に着く時、鵜魚（鵜が捕まえた魚）以て瀬の使となし、充玉・干玉（海の干満をあやつる玉）を借り奉らしめ給ひ、海中に夷類の乗船十万八千艘の船に、四十九万六十余人（日本中世的表現）を乗り浮かすと雖も、彼の玉を以て、殺し沈めしむる事すでに畢《おわん》ぬ。吉住は是れ日本朝（日本のみかど）一の将軍公（いくさの君）の子孫なり。延喜年中（不明？　引用者）、親より先、祖より後、一日の帝王、字宗《あざなむね》の大臣、宗形（宗像神社）朝臣光遠（不詳という）、度々夷類と合戦し殺害す。

高祖父。祖々父・十祖父より、近日筑前国怡土・志摩両郡の南山に水城を堰き、強石将軍を主となす。公の後は、火雷天神高祖父なり。祖父堤岸の城を固む。高礒（筑前怡土村高祖にあった高祖社＝天孫降臨の地にかかわるか。引用者）の源禅師を主とす。後大権迹と顕れ給ふ。祖祖父字《あざな》高祖父の大将軍、宗像朝臣公綱と申す。後宗形若宮に跡を垂れ給ふ。蘇民将来の三娘の夫なり。蘇民守親朝臣は是れ則ち舅《をじ》なり、外戚は風浪の大将軍。行疫神は御目代にして、物忌（忌み籠って神の側近にかしずく童貞・童女）ならびに検非違使（?、　引用者）は、蘇民なり。一家を以て日本国を鎮め遶《めぐ》り、吉住に募《もと》む。御子は宇佐八幡とのたまい募む。高良藤大臣は同《おなじく》御子とのたまうなり。此の如く蜜に撰び記し、八幡の聖母香椎大帯姫開かずして、大臣殿に給ひ、以て夷国を固め鎖《とざ》すこと既に畢《おわんぬ》。」（同書、四三五頁）。

これは神仏習合形式による八幡宇佐宮縁起（鎌倉時代には、『八幡大菩薩愚童訓』が著名）の一節ですが、きわめて興味深い「旧記」と考えます。一見、これは『神功皇后』に似ているかに見えますが、そもそもこの香椎の大帯姫には近畿大和への進撃記事がありません。また重視すべきは「御共に大臣　字《あざな》は藤大臣連保《むらやす》、筑紫国を領有し給ふ。高良玉垂将軍と申す。」とある「高良玉垂将軍」です。

これにかんして、『八幡宇佐宮御託宣集』の、「上談の注一五」（一四七頁）には、「福岡県三井郡御井町高良山に鎮座の高良神社の神仏習合名。『延喜式』に高良玉垂神社とみえ、筑後国一の宮。この神は武内宿禰とも、藤大臣連保とも言われる」としています。

武内宿禰ともされる高良神社は福岡県三井郡にあるわけです。とはいえ武内宿禰は何らかの理由で近畿大和地方に、権力を背景にして進出したと考えられます。後述します。

さきにも大帯姫とその四人の子供は、九州を一歩も出ていないのに、「聖母大帯姫並に四所の君達、併《なら》びて日本我が朝を領掌し給付。」（二五二頁参照）と書いていることは指摘しました。この『旧記』でも「応神天皇平京を始給ふ」という奇妙な記述があり、さらには、「是の女皇帝。天下を治め給ふこと四十一年、今香椎聖母大菩薩と申す。」と、「応神天皇」を「是の女皇帝」と書いています。『記・紀』では応神天皇は神功皇后の子供であって、筑紫で生まれたことになっています。しかし宇佐神宮の「旧記」では、「応神天皇は女帝」とあります。

この記事を笑えるかといえば、『記・紀』の斉明以前は造作という見地、『旧唐書』の「二国併記」と「倭国の滅亡」にかかわる記述を読めば、むしろ『記・紀』の天智以前の「皇統紀」の由来への、「閉ざされた通路」の残滓ではないか、という疑念を喚起するものとおもいます。少なくとも『記・紀』の「応神記・紀」とは、都城・京師（平京）記載といい、応神天皇を〝女帝〟と書くなど、『記・紀』の応神天皇との男女の差など、いわば一八〇度違う記載です。

またこの『旧記』に登場する人々は、『記・紀』の北九州中心の神話にかかわるような陰をもっていて、しかも宇佐・香椎・吉住・宗像・志賀嶋・安曇の磯良など、古代「倭国」（首都は北九州）と関係が深い神社のみがあげられ、かつ『記・紀』には見えない表現があります。

たとえば「吉住は是れ日本朝一の将軍公」や、または「祖父堤岸の城を固む。高礒（筑前怡土村高祖にあった高祖社＝天孫降臨の地？）の源禅師を主とす。」などです。

そのうえに戦いの相手は常に「夷類」、すなわち朝鮮半島らしく、それとの戦の仕方は「倭国」の海人族にピッタリの、「汝夷国に着く時、鵜魚以て瀬の使となし、充玉・干玉を借り奉らしめ給ひ、海中に夷類の乗船十万八千艘の船に、四十九万六十余人を乗り浮かすと雖も、彼の玉を以て、殺し沈めしむる事すでに畢ぬ。」という仕方、すなわち海戦です。

最後に、この『旧記』には盛んに「日本」という国号が登場しています。ヤマト朝廷には「神功皇后」に〝日本〟という国号はありません。以上からこの一見「神功皇后紀」からつくられたかに見え、そう研究者に見なされているこの『旧記』の記事は、「倭国」時代の独自の神仏習合記事と思われます。すなわち「九州年号」と相呼応する性格の文書です。この意味は絶大で、「仲哀・神功皇后」記・紀は単なる造作ではなく、「倭国」文献からの造作、という可能性が非常につよいことを示唆するものと思われます。

なお、神仏習合説話に見え隠れする武内宿禰にかかわる伝承をあげておきます。それは「左善神王」と「右善神王」ですが、その「右善神王」にかんして、「昔大帯姫霊行の時、異国降伏の時、地神第五代の主・彦波激《ひこなぎさの》尊現れて言く。『我は明星天子（金星）の垂迹（仏が人々を救うために、種々の姿で現れること）なり。第三の公子有り、月《がっ》天子《てんし》（仏教で「月宮殿に住み四天下を照らす」という）の応《おう》作《さ》（仏・菩薩が姿を変えて出現して人を救うという信仰）にして、これを授け奉る。大将軍と為《な》り、敵州降伏の本意を遂げられるべきなりと云々。

大帯姫、此の公子を賞し、大臣の官《つかさ》を授けらる。藤の大臣連保是なり。連保、乾満珠玉《かんまんのたま》を垂乍《くださ》占め、尊神の本願を扶け奉る。筑後国高良の玉垂大菩薩是なり。昔は征伐の補佐を改めず、今は垂迹の助化猶新た也。」（前掲書、一四七頁）。こう見てきますと、敵国撃滅に際して藤の大臣連保、すなわち武内宿禰は、功を立て「大帯姫」から特別に〝賞され〟たとされているわけです。おそらくここから神功皇后の「熊襲・新羅討伐記事に武内宿禰が配された」ものとおもいますが、この武内宿禰は、北九州を首都とする「倭国」の有力氏族である宗像や安曇の磯良丸、すなわち志賀島の海神社を祭る氏族と深い関係にある、「倭国」の有力氏族の族長クラスの人物で、しかもさきの「旧記」に、「御共に大臣　字《あざな》は藤大臣連保《むらやす》、筑紫国を領有し給ふ。高良玉垂将軍と申す。」と、筑紫国を領有する勢力とされています。これの意味については次項で述べます。

北九州において、神武はどうやら無名ですが、武内宿禰は「倭国」中心部で、第一級の知られた氏族の上層の存在だったといえましょう。したがってこの東進は、神武の場合のように一種の「出稼ぎ・移民」ではなく、近畿地方への「倭国」の政策を反映したもので、その役割は近畿総督府など、近畿地方の支配機構の構築という、公的背景があった可能性が高いかもしれません。これは単なる推測ではなく、『日本書紀』が意外な事を記している点に照らして、確度はかなり高いと考えます。

ハ　『日本書紀』応神紀の奇妙な記事

それは「応神紀」の「九年の夏四月に、武内宿禰を筑紫に遣わして、百姓を観察せしむ。時に武内宿禰の弟・甘美内宿禰《うましうち》、兄を廃《す》むとして、即ち天皇に讒《よこ》し言《まう》さく、『武内宿禰、常に天下を望《ねが》ふ情有《こころあ》り。今聞く、筑紫に在りて、密かに謀りて曰ふならく、『独《ひとり》、筑紫を裂きて、三韓を招きて己に朝《したが》しめて、遂に天下を有たむ。』とまうす。」（『日本書紀・上』三六六頁）という、奇妙な記事です。この記事は『日本書紀』の編者等が日本史の事実を変質させつつも、武内宿禰の実態を漏らしたものとおもいます。現に『八幡宇佐宮御託宣集』には、先に指摘した「藤の大臣連保（武内宿禰）、筑紫国を領有す」とあります。

讒訴は真実めかしくなければ成立しないものです。つまり、八世紀の『記・紀』成立時代、当然ながら「倭国」の都城があった筑紫地方が、かって強大な力をもつ地域であり、武内宿禰はその地とかかわり、また朝鮮半島の諸国とも通じる歴史的背景・経歴をもっていた出身であって、『応神紀』のこの一節はそれを利用して造作されたものと推測されます。つまりは『記・紀』編纂者等は当然ながら、「倭国」の実在も武内宿禰の真の姿も知っていたのです。つまり『記・紀』とは「倭国」の消去だけではなく、近畿地方の古代史の真実をも自己都合で改変していると考えられるのです。

二　「呉鏡」・三角縁神獣鏡と近畿地方

こうして私たちは古代近畿大和地方で、武内宿禰～蘇我一族が強大な氏族的結合をもつ勢力であるばかりか、三角縁神獣鏡の故郷、呉と近畿を結びつける要素と条件を備えていることを知るのです。それは武内宿禰が志賀島の海神社や宗像氏族と結びつきをもつということは、指摘したような呉との交流をなしうる勢力との結びつきをしめすものだからです。

「呉」および「呉地」との結びつきは、当然、「倭国」中枢勢力自身も認知していたはずです。しかし、これが今日に伝わっていない第一の原因は、八世紀成立のヤマト朝廷の「倭国」文献の破棄がかんがえられ、「倭国」のことが中国王朝の文献によってのみ知られる結果とおもいます。「倭国」の中国交流は、当然、その時々の中国王朝との交流であって、その時々の中国王朝は「倭国」からの使者派遣等、その王朝等への交流以外は記さないので、こうした中国側の正史類等の「倭国」記載には、倭国と呉地との交流は記されないのが自然です。

こうしてわれわれは倭人が、中国王朝にたいして「自ら太白の後という」と記していたことが、事実の記載であることを知るばかりではなく、近畿地方という地理的には日本の中央部に近い領域の勢力が、「呉鏡」とかかわる背景を知ることができるのです。この点、通説のように「古代大和朝廷・近畿発祥説」にたつならば、かつて江上波夫氏が言われたとおり、「……大和朝廷が、南鮮の征服活動に乗り出す必然性が十分にあるとは思えない……」（江上波夫氏著、『騎馬民族国家』、一六九頁、中央公論社、一九八一年、四一版）ばかりではなく、はるかに「呉地」まで交流する背景も、動機も発見できず理解できないでしょう。

江上波夫氏は後期「前方後円墳」を〝騎馬民族の移動〟説で説明しようとされましたが、実際は武内宿禰の東進を背景としたものという可能性が強いとおもいます。当時、「倭国」の中心領域ではすでに古墳という、氏族部族的墳墓形式は終焉の時期を迎え、氏族部族的埋葬品の基本の「三種の神器」の一つである「鏡」にたいする関心、需要も大幅に減少し、「呉鏡」への関心も薄いという状況とおもわれます。

これに反して水田稲作の開始が北九州・九州に比較して大幅に遅れた近畿地方で、しかも「北九州〜浜名湖線」という寒冷化の影響の残存のもとで奈良方面、なかでも「河内湖・潟」を囲む大阪方面では、依然として氏族的部族的結合がつよく、「倭国」の古墳形式は継承されるばかりか、独自の発展を遂げたということではないかとおもいます。

したがって小林行雄氏が強調された京都府相楽郡山城町椿井大塚山古墳などの大量の、三角縁神獣鏡の同笵鏡の出土も、こうした背景のものであって、ヤマト朝廷とはなんの関係もないものとおもいます。したがって小林説に何らかの意味があるとすれば、近畿内部を中心に何らかの部族連合的な動きが開始され、発展しはじめたということで、ヤマト朝廷を頂点とする「前方後円墳体制が構築された」などは、すでに指摘した理由によって、ありえないものと考えます。

四　多元史観と蘇我氏探究の意味

「倭国」が六六三年の「白村江の決戦」で大敗して、最終的に滅亡する以前、この国家・王朝こそが日本古代文明の創設・発展で、決定的な役割を果たしたということになります。しかし、これは『古事記』『日本書紀』はもちろん、これを絶対化した江戸時代以降の近世尊皇史学、すなわち戦前・戦後の大学の日本古代史学部関係者、その教授諸氏のいう〝日本古代史の通念の内側の諸説〟とは、正反対の〝日本古代史〟である結果、なかなか理解を得るには時間がいるという状況です。もっともこの背景には憲法第一条規定もあります。

とくに戦後の通説的日本古代史学、なかでもその考古学は前方後円墳や三角縁神獣鏡等々をかかげて、『記・紀』を合理化・正当化する努力をしているという面があり、これに対して多元史観から近畿地方の大古墳や三角縁神獣鏡問題にどう取り組むか、という大きな問題があると思うのです。表現をかえれば「倭国」が七世紀の後半まで存在していたことは、古代中国・朝鮮史料のみならず、藤原京以前に都城・首都がないと自ら語る『記・紀』によっても、反論の余地なく証明されているのが、真の日本古代史の姿です。

そうであれば巨大前方後円墳はなにか、とりわけこうした遺跡が集中する近畿地方のこの時代の真実の姿はどうであったか、これを解明することもまた、「多元史観」の課題ということになるとおもいます。これを考察するうえでも文献史料と、その考古学的探究は決定的な意味をもちます。すなわち「ヤマト朝廷」は天智天皇の前に、文献的には中国・朝鮮史料からは存在の痕跡がなく、さらには都城・首都問題では『記・紀』の記載からも、その実在を証明するものがありません。

さらには古代中国南朝の首都に次ぐべき「倭の五王」の首都・都督府が、大宰府にあったことを証言する石碑が今日もあるという不動の事実、反対に近畿地方にはその痕跡すら発見できないと、通説でさえもが明言している事実にたてば、八世紀初頭の『古事記』『日本書紀』編集の動機もおのずから判明します。通説の権威でさえもが、この史書を大和朝廷の「六世紀段階での自己正当化が動機」と述べているのですが、その真実は「八世紀初頭段階での自己正当化」に過ぎません。こうして七世紀以前、所謂「天智天皇」の前において、「ヤマト朝廷」を実在のものと考える根拠が客観的には存在しない以上、近畿大和地方の七世紀中ごろより以前の真の姿は、はたしてどうであったか、これを探求することは多元史観の見地からは当然の課題ということになります。

この探究にあたって七世紀半ば以前において、「ヤマト朝廷」には『記・紀』以外にその実在性を示す根拠、考古学的直接的な根拠は皆無ですが、指摘したとおりに蘇我氏にはそれがあるわけです。こうして七世紀以前の近畿地方の実際を探求するにあたって、蘇我氏に焦点を当てることは『記・紀』と古代中国・朝鮮史料および、これまでの考古学的到達点を総合的に考えれば自然な姿と考えます。以下、その検証をも念頭に考察をすすめます。

イ　蘇我氏考察の前提と真実

『記・紀』でおおわれている〝日本古代史〟のなかから、蘇我氏の実態を明らかにするにはどうしたらいいか、この問題の解明には日中史料が交差する一点での検証が有効・正確と考えます。それは『日本書紀』推古紀の「遣隋使派遣記事と隋使・裴清の訪日記事」への検証です。通説にしたがえば〝日本側〟の国交開始の要請にこたえて、はるばる海を越えて訪日した裴清の歓迎の場面で、すでに述べたように（一二六頁下段参照）『日本書紀』では、推古天皇および隋との国交政策を発案・推進したとされる聖徳太子は、隋使裴清と直接的には一語の挨拶も会話も交わしてはいません。その他に『紀』の当該記事には多くの不自然さがあることも指摘しました。そうしてこの『日本書紀』の隋交流記事は、偽造の記事であるとことを論証しました。ところが『隋書』には東夷伝の「俀国伝」とは別に、その「帝紀」に「俀国」とは異なる「倭」と自称する勢力が、隋と交流している事実が記されていることは、さきにのべました。

古田武彦氏の『失われた九州王朝』によれば、それは、

1「大業四年（六〇八）三月、壬戌、百済・倭・赤土、迦邏使貢方物」（『隋書』帝紀三、煬帝上。傍線は引用者）

2「大業六年（六一〇）春正月、己丑、倭国遣使貢方物」（同右）

私は、この『隋書』帝紀の「大業四（六〇八）年三月」の「倭の入朝」記事を、結論的には『日本書紀』推古紀の小野妹子の隋訪問記事と考えるものです。理由は次のとおりです。『隋書』俀国伝では、「俀国」の隋への最初の交流を

A「開皇二〇年（六〇〇年、推古八年）俀王あり、姓は阿毎、字は多利思北孤・阿輩雞弥と号す。使を遣わして闕（隋都長安）に詣る。」と記しています。

B 有名な国書「日出ずる処の天子云々」は、「大業三年（六〇七）」の「その王多利思北孤、使を遣わして朝貢す。」の時です。

C その結果「大業四年」（六〇八・推古一六年）に裴清が「俀国」を訪問

D 最初の小野妹子の隋派遣は、「推古一五年（六〇七、大業三年）七月三日の派遣」です。

通説は推古一五年（大業三年）の妹子派遣記事を、『隋書』俀国伝の「大業三年」の使者としてきたのです。しかし「俀国」と「倭国」とは国号が違うと同時に、決定的な点は「俀国」の最初の隋使派遣が開皇二〇年（六〇〇）であるのにたいして、『日本書紀』の最初の隋使派遣は述べたとおりに「大業三年（六〇七）だということです。この意味は、まず第一にあくまで「俀国」は〝推古朝ではない〟ということです。

しかし読者のなかには、たとえ「俀国」と〝推古朝〟が違うという主張が成り立っても、それでも「俀国」と「倭＝小野妹子」は同じ大業三年に隋にいっているのであるから、この妹子を翌年の〝大業四年（六〇八）三月〟の『隋書』帝紀の「倭」というのは、筋が通らないではないかといわれる方もおられるかもしれません。

たしかにもっともですが、しかし、ことは国家間の交流・外交問題です。外交とは当方の意図をいつでも相手側が受け入れるとは決まっていません。そもそも「倭国・俀国」を構成した人々は周の時代から、連綿として中国

と交流関係を結んでいるのです。そうしてこの間、「倭国・俀国」は一貫して中国・朝鮮諸国にたいして、日本本土を代表する勢力として存在しているわけです。

そこに突然、日本本土から「俀国」とは異なる、「倭国」を名乗る見知らぬ勢力が〝国交を求めて〟おとずれたらどうなるかです。隋は驚きこれを即時拒否するか、または相手の意図・動機および日本本土の政治状況を把握するために、面談して〝説明〟を求めるかでしょう。その上で中国・隋としてどう対処するか検討する場合もあるでしょう。したがってそれを一応受け入れるとした場合は、その時点がその使者の公的訪問として扱われても、不思議・不合理とは言えません。小野妹子は、隋の使者・裴清の「大業四年（六〇八）、日本出発ぎりぎりで一応〝入朝〟あつかいされていると考えられます。

次ぎにこれを確かめてみましょう。先に述べたとおり妹子は『紀』では、『推古一五年（六〇七、大業三年）七月三日の派遣です。したがって隋都の長安まで約二カ月間の旅としても、九月初旬には到着しているはずです。この日から隋使・裴清の「俀国」派遣の「大業四年の三月」まで約七カ月間、妹子は隋都で何をしていたのかという問題です。私見によれば隋は俀国の領域と認識している地域から、「倭」を僭称する勢力の使者として、小野妹子が訪れたわけですから大いに驚き、怪しみ、妹子を質問攻めにしているはずです。

したがってその国の王名・性別、年齢、その領域、なぜ「俀国」とは別に隋に国交を求めてきたのか等々、この約七か月間に質問し、説明をうけているはずです。したがって通説がいうように『隋書』俀国伝の男帝記載は、聖徳太子と女帝の推古天皇とを間違えたもの、などいうことはあり得ないということです。この一点からだけでも『隋書』俀国伝が、ヤマト朝廷にかんする記載ではないことは明白です。

また「大業六年」の「倭国入朝」記事は、「俀国」を指したものでないことは、古田氏がとっくに指摘されているとおり、『隋書』俀国伝末尾に大業四年、裴清の帰国に際してまた使者を同道させた後、「この後遂に絶つ」と隋との間は、〝国交断絶状況になった〟と明言している点からみても明かです。隋はこうして小野妹子の訪問を『帝紀』に記載しながら、「東夷伝」には記していないわけですから、その外交確立の要望を頭からの拒否もしなかったが、正規の国交関係を結ぶ相手ともしなかったということでしょう。こうしてここに三つの問題があることが浮かびあがってきます。

1、「倭」を名乗る小野妹子の隋訪問は、隋からみて〝びっくりするほどの予期せぬ訪問者〟であったこと。

2、『日本書紀』推古紀の裴清歓迎記事は、自然さのない不可解な記事であること。

3、「俀国」は、小野妹子の入朝を受け入れた隋に不信をつのらせて、国交断然を行っていることです。

つまり日本を六〇七年に出発、受け入れ側の年代は『隋書』帝紀で六〇八年（大業四年）に、「俀国」の他に「倭国」を名乗って、中国との交流をする勢力が日本本土に出現したのです。それをヤマト朝廷というわけにはいかないのは、『推古紀』の遣隋使記事のいくつもの不自然さからです。こうした問題が解消するのは、妹子を派遣した勢力をヤマト朝廷以外とした場合です。すなわち裴清の訪問を全身全霊で歓迎し、その対応者が『推古紀』に比較して、すすんで裴清とニコヤカに談笑・歓迎した、そうした勢力です。それを蘇我氏とした場合、すべての問題が氷解して、「倭国・俀国」の存在をもふくめて、「日本史」はなめらかに流れるのです。

ロ　聖徳太子は実在したか

さてなぜこうした問題が浮上するのかといえば、もちろん第一には、先述のとおり推古紀の隋使・裴清の来日と、その歓迎場面の記事が不自然だという問題があります。しかし、そればかりではなく『日本書紀』推古紀の、聖徳太子の記述そのものがその実在性を否定するものである、という問題もあるのです。それは「厩戸豊聰耳皇子を立てて、皇太子とす。仍《よ》りて録摂政《まつりごとふさねつかさど》らしむ。万機を以て悉く委ぬ。……略……内教（仏教）を高麗の僧慧慈に習ひ、外典（儒教）を博士覚哿《かくか》に学びたまふ（『日本書紀・下』、一七二頁）とあるところです。

この記事が造作であることが聖徳太子の死亡記事に示されるのです。太子の死の知らせを聞いて「高麗の僧慧慈、上宮皇太子薨《かみさ》りましぬと聞きて、大に悲ぶ。……。誓願《こひちか》ひて曰はく、『日本の国に聖人《ひじり》有す。上宮豊聰耳皇子と曰《まう》す。……』」（同書、二〇四頁）です。

この引用文の問題のところは、「日本の国」という表現です。そのうえにくりかえされる「上宮」です。そもそも「聖徳太子」が亡くなったとされる推古二九年は西暦六二一年であって、当時「倭国」は健在です。国号「日本」を号していたのはこの「倭国」であって、首都もない時代の「推古朝」が日本を称する道理も根拠もありません。さらにはこの時代、国家として存在していない「ヤマト朝廷」に、高麗の僧慧慈が来て教えたなどはあり得ないことです。

これを決定づけるものが古田氏の著『古代は輝いていた・Ⅲ』（朝日新聞社、一九八五年、第二刷）で取り上げられている、先述の「法隆寺の釈迦三尊像」の「光背銘」です。『日本書紀』推古紀はさかんに、「上宮」名を強調して聖徳太子を「上宮太子」と記しています。

問題は釈迦三尊像の光背銘文の「九州年号」と、その上宮はともにこの時代の「ヤマト朝廷」といえない性格の問題だということです。その銘文の問題点は、「法興元三一年、歳次辛巳（六二一年）一二月、鬼前太后崩ず。明年（六二二）正月二十三日、上宮法皇、沈病して悆《よ》からず。干食王后、仍《よ》りて以て労疾し、並びに床に著く……」です。

「法興元」が「倭国年号」というにとどまらず、「上宮」は古田氏が指摘されているとおりに奈良にも阿蘇にも英彦山の南辺にもあるのみならず。「倭国」の都城、大宰府の裏手の竈門神社には「上宮」「中宮」「下宮」があるのです。つまりは首都のない六二〇年代の「ヤマト朝廷」と、新羅・百済の都城を凌駕した「倭国」の都城・太宰府の「上宮」と、どちらがこの場合の「上宮」かです。しかも、この銘文から見て「上宮法皇」は第一に「上宮」で亡くなったと思われ、聖徳太子は斑鳩宮で亡くなったとされています。まさに対照的です。

さらには、この「上宮法皇」は古田氏が強調されているとおり、「法王」ではなく「法皇」すなわち、仏に帰依した「王」であることを示す造語（前掲書、二三二頁）であり、この銘文に記載の人物にかかわる用語はすべて、「太后＝天子の母」、「王后は天子の正夫人」などで、この上宮法皇が「王・天子」であることを示しており、聖徳太子は一生「太子」であるなど、根本的な差異があるところです。

これらの事実を総合的にみる時に、〝聖徳太子〟は『紀』編纂時に、「倭国」を消去しつつ同時に近畿大和で隋との交流を開始し、仏教を近畿大和に導入した勢力をも隠蔽して、あたかもヤマト朝廷がそれを推進したかに、歴史を改変するために造作された存在で、かつ造作に当っては「倭国」のタリシホコを単にモデルにするにとどまらず、それの伝承等を取り入れるという仕方までも採用しているようにおもいます。高麗の慧慈云々等などはそうでしょう。

八　蘇我氏は近畿地方の支配的存在

武内宿禰～蘇我を一系列の家系としてみれば、『記・紀』の記載によっても、その活躍の期間は長く、武内宿禰は『記』では建内宿禰と記され、成務・仲哀・応神・仁徳、『紀』ではこれに神功皇后をくわえています。これに『孝元記』の「武内宿禰の系譜に波多八代宿禰以下九人・計二七氏族を挙げている事実をみますと、この氏族は、近畿大和地方での大氏族といえます。蘇我氏名では、「履中紀」に蘇我満智宿禰が「雄略記・紀」に蘇我韓子宿禰が登場し、その後は欽明紀に稲目、敏達・用明・崇峻・推古紀に馬子、欽明紀に蝦夷、皇極紀に蝦夷と入鹿が記されています。こうして武内宿禰～蘇我氏で見れば、成務～皇極の二三代に渡って存在するという息の長さです。そうしてその業績の第一は、近畿地方における仏教の受容・普及と飛鳥寺の創建が有名ですが、さらに注目されるものが近畿地方における、〝都城の確立〟の推進者という性格をもっている点です。

五　蘇我氏と近畿地方の仏教受容問題

日本の仏教受容問題とは、日本が当時のアジアでの〝世界的〟宗教・文化を受容するという大問題であって、中国の仏教受容では三蔵法師の伝承が有名ですが、こうした国際的思想・文化の受容問題は、中国・朝鮮諸国ではその時代の王権の果たした役割とともに、仏教を伝えた僧の名が明記されています。たとえば朝鮮諸国の例では次のようです。

第一、高句麗では「小獣林王二年（三七二）六月、（前）秦王の苻堅は使節と浮屠（僧）の順道を（高句麗）に遣わして、仏像および経文を伝えたので、王は使節をやって回謝し方物を貢いだ。大学を建てて子弟を教育した。

四年（三七四）、僧の阿道（『海東高僧伝』には、魏からきたとあり、『三国遺事』巻三、「順道肇麗」条には、晋から来たとある。実際は前秦から来た公算が大きい）が来た。

五年（三七五）二月、始めて肖門寺（『海東高僧伝』には、「肖」は「省」の誤りとある）を創設して（僧の）順道を置き、また伊弗蘭寺《イブルサンラ》を開創して阿道を置いた。これが海東（朝鮮）における仏法の始まりである（金富軾著、金思燁訳『完訳三国史記』、三六〇頁、明石書店、一九九七年、第一刷）。

第二には、百済です。『三国史記』百済本紀、第二四巻、沈流王の元年（三八四）、「七月、使臣を晋（東晋）にやって朝貢した。九月、胡僧の摩羅難陀、晋より至る。之を迎え、宮内に致し、礼敬す。仏法、ここに始まる。」（前掲書、四七一頁）です。以上のようにどこの国の法師がいつ、当該王朝にどのように仏法をもたらしたかが、国家的記録で明快に示されています。

ところが日本では、『日本書紀』の「欽明一三年十月」の「仏教公伝」記事が有名ですが、それは「釈迦仏の金銅像一躯・幡蓋《はたきぬがさ》若干、経論若干巻を献る。」に過ぎず、この他に「表」すなわち文章で仏教の〝功徳〟（効能）を伝えてきたに過ぎません。

しかも、この時の欽明天皇の態度は、「朕、昔より来《このかた》、未だ曾《かつ》て、是《かく》の如く微妙《くわ》しき法《のり》を聞くこと得ず。然れども朕、自ら決《さだ》むまじ。」という態度で、さらには「群臣に歴《となめ》問《と》（順番に聞くこと）ひて、曰《のたま》はく……礼《うやま》ふべきや否や。」、というものとされています。

こうして蘇我大臣稲目が仏教受容を説き、物部大連《おおむらじ》尾興《おこし》および中臣連鎌子が受容反対を主張し、その結果、稲目に仏像を授けて「試みに礼拝せよ。」ということになり、以後、敏達紀・用明紀にわたり、蘇我氏と物部氏の仏教受容をめぐっての対立がつづき、崇峻紀で物部氏の滅亡が記され、蘇我氏の勝利とともに、仏教受容はひろがったと書いています。注目すべきはこの間、一貫して仏教受容とその寺院建立のこころみは、蘇我氏の主導によっており、仏教を日本に伝えた僧の名はないのです。

イ　蘇我氏の仏教崇拝熱の背景は？

以上のように『日本書紀』によれば、仏教受容の立場を最初から明確にし、その普及の先頭に蘇我氏は一貫してたっていますが、ではなぜ蘇我氏は仏教崇拝と受容に積極的なのか、を問いますと、『日本書紀』にはその合理的説明はありません。しかも『日本書紀』の記述からは、欽明一三年の「仏教公伝」で百済からもたらされたもののうち、その教義にかんする仏典は、「経論若干巻」とし か書いていません。いったいこれを蘇我稲目は読め理解し、仏教の神髄を認識しえたとか、していたとか言えるのでしょうか。直ちにはそんなことは信じがたいこととおもいます。

しかも、敏達紀の一三年、百済から来た鹿《か》深臣《ふかのおみ》と、佐伯連がそれぞれ弥勒菩薩の石像一体と、仏像一体を有し蘇我馬子は、これを請いうけ播磨国で還俗していた高麗人の恵便なる人物を、「大臣、乃ち以て師《のりのし》にす。」（『日本書紀・下』、一四八頁）とあります。こうした水準の「師」で、はたして命に代えても仏法を守り・普及する悟りが開けるのか、ここを問えば、蘇我氏の仏教熱の根源がいまひとつ、不透明とおもいます。

ロ　「倭国」への「仏教公伝」

しかし、蘇我氏が武内宿禰系統であれば、この謎は簡単に解けます。蘇我氏は「倭国」の最新の文化を近畿地方にもちこもうとしていたというのが、日本史の真実とおもいます。すでに述べたとおり武内宿禰は、「倭国」中枢部の有力氏族・部族と結びつく氏族です。したがって日本における仏教公伝問題で真に重要な点は、「倭国」にいつ仏教が伝えられたのかという点です。さいわいにもこの問題が『日本書紀』推古紀に明確に記されています。

蘇我氏の位置づけは本書とは違いますが、日本民族の仏教公伝の最初は、ヤマト朝廷ではなく「倭国」であることを、最初に明確にされたのが古田武彦氏の『失われた九州王朝』の、「仏教伝来と任那日本府」です。私はそれを若干角度をかえて述べたいとおもいます。「倭国」、すなわち古田氏が命名された「九州王朝」（これは「ヤマト朝廷」への対語とおもいます）は、六六三年の「白村江の決戦の敗北」以降も、七世紀末まで形式的には存在したとおもわれます。したがってこの年代まで存在しない「ヤマト朝廷」(これは本書の立場です)が、仏教公伝の対象にそもそもなり得ないことは単純な引き算です。

その点は先述のとおりに『日本書紀』用明紀の、仏教受容問題で蘇我氏と大伴氏が争ったという場面に登場している、「豊国法師」の記載によっても明瞭です（一七三頁上段参照）。

ここではさらに『推古紀』に登場する、通説が「寺院僧尼の統制」と称する記事をとりあげます。これは推古三二年（六二四）に、ある僧が斧で祖父を殺すという「悪逆」(律令・肉親殺し）事件がおこり、〝天皇〟が出家の者は三宝（仏教）に帰依し、その戒法を守るべきにこの「悪逆」事件がおきた。この際、すべての僧尼をしらべて、罪のある者は厳罰に処すべきだと命じたことに関して、百済の観勒僧《かんろくほうし》が厳罰主義をいさめて上表を提出したという記事です。その上表は次のとおりです。

「夫《そ》れ仏法、西国《てんぢく》（インド）より漢（中国）に至りて、三百年を経て、乃《すなは》ち伝て百濟国に至りて、僅《わづか》に一百年《ももとせ》になりぬ。然るに我が王、日本の天皇の賢哲を聞きて、佛像及び内典を奉りて、未だ百歳にだも満《な》らず。故、今《こ》の時に當《あた》りて、僧尼、未だ法律《のり》を習わぬを以て、輙《たやす》く悪逆なることを犯す。是を以て、諸々の僧尼、惶懼《かしこま》りて、所《せむ》如知《すべし》らず。仰ぎて願《ねが》はくは、其れ悪逆せる者を除きて以外《ほか》の僧尼をば、悉《ことごと》く赦して勿罪《なつみ》したまひそ。是大きなる功徳なり。」(『日本書紀・下』、二〇九頁)

この上表の問題のところは、インドから中国への公伝が「西暦六八年」(後漢の明帝の永平一〇年」、『後漢書』)であり、その三〇〇年後に百済に「公伝」(『三国史記』百済本紀、仏教公伝、三八四年）して一〇〇年、この上表はこの四八四年頃の時点でおきた「悪逆」事件にかかわって、提出されたものだということです。

そうして百済から〝日本〟(倭国）に仏教が「公伝」して、この四八四年まで「百年未満」と述べているのです。この「一〇〇年未満」をいま八〇年と仮定すれば、「倭国」への公伝は、四〇四年前後のこととなります。これは『日本書紀』の「ヤマト朝廷への仏教公伝」、欽明一三(西暦五五二）年に対して、約一五〇年も古いことになります。通説は「推古紀」のこうした記載を故意に無視して、「ヤマト朝廷への仏教公伝」を学問の名で宣伝・流布してきたのです。

しかし、「ヤマト朝廷」よりはるかに以前に、「倭国」への仏教公伝があった、これが日本民族の歴史の事実です。通説が法隆寺の国宝・釈迦三尊像の光背銘文の、「法興元」年号を無視していることは述べてきました（一六九頁参照）。「推古二九年」(六二一年・辛巳）に、聖徳太子が死亡したという「推古紀」にたって、この時まで『日本書紀』の「仏教公伝」(「欽明一三《五五二年》」)から計算しますと、六九年しかたっていません。

通説にしたがえば法隆寺の釈迦三尊像は、この約七〇年間に仏教彫刻等の技術を習得してつくったということになります。いわば発展のスピードが大変はやいということになります。これにたいして「倭国」の四〇四年で計算すれば、二一八年が経過していることになります。いったいどちらが完成度の高い仏像を製作する、力量を養い・育むことができる時間なのか、いうまでもないでしょう。

ハ　歴史の事実は〝消しても滲みでる〟
——仏教受容問題と、継体・欽明王位継承問題の真実

以上からの結論は、蘇我氏の仏教崇拝熱の真の動機と根元は「倭国」仏教であって、それを近畿にもちこんだものが当然ながら、「倭国」の近畿総督府的存在であった蘇我氏であったということとおもいます。『紀』の記載はそれを、「ヤマト朝廷一元史観」で按配したものと考えられます。この点の矛盾が露呈している問題が、『日本書紀』欽明紀の〝仏教公伝欽明の一三年〟記事と、『元興寺伽藍縁起并流記資財帳』(天平一八年・七四六年)、ならびに『上宮聖徳法王帝説』の、「仏教公伝・欽明七年戊午年」という記事との食い違い問題です。その問題点は欽明の治世に〝欽明七年戊午年は存在しない〟という、年度・干支の食い違い問題です。『日本書紀』の欽明在位年代(三二年間)中には、「欽明七年戊午年」という干支はないのです。この点、最澄の『顕戒論《けんがいろん》』に次の指摘があります。

「我が日本国、志貴嶋宮御宇天皇、歳戊午に次るとき、百済の王、仏法を奉渡す。聖君の敬崇、今に至りて絶えず。弾じて曰く、天皇(欽明)の即位は元年庚申(五四〇年)なり。御宇正しく三十二歳を経たり。謹んで歳次歴を案ずるに、都《すべ》て戊午の歳なし。元興の縁起、戊午の歳を取るは已に実録に乖《そむ》く、敬崇の言、未だその理を尽くさず。」(安藤俊雄・薗田香融氏校註、『日本思想体系・4(最澄)』、「顕戒論」、一五頁、岩波書店、一九七四年、第一刷。傍線は引用者)です。すなわち『日本書紀』の欽明治世年間(欽明元年=五四〇年(庚申年)～五七一年(辛卯年)まで)の三二年間には、「戊午年」が存在しないのです。『日本書紀』の王位継承年で考えると、この「戊午年」に該当するのは、宣化天皇四年の戊午年にあたるのです。

こうして『日本書紀』欽明紀の「仏教公伝」記事と、『元興寺伽藍縁起并流記資財帳』(天平一八年・七四六年)、ならびに『上宮聖徳法王帝説』の仏教伝来記事が食い違うという問題が引き起こされるのです。そしてここに「ヤマト朝廷一元史観」の通説では、『日本書紀』の継体・

欽明・宣化の王位継承記事との、食い違い問題が惹起されるのです。通説はこの問題の打開策として、「安閑・宣化朝」と「欽明朝」の「二朝並立論」をいう説もあります。後述します。

しかも問題が一層複雑になるのは、この他に「継体紀」の天皇の死亡年が、『百済本記』記載の「日本の天皇……」の死亡年によって、『日本書紀』の編者の手で移動させられていて、その移動年と連動して『日本書紀』の王位継承年が成立せず、「継体・安閑・宣化」の王位継承「二年のズレ」問題が生じるのです。実はここに「ヤマト朝廷一元史」造作の矛盾が、『日本書紀』の編者等自身の手で、さらけ出されているのです。通説はこれを「安閑・宣化朝と欽明朝の二朝併存」とか、「継体～安閑・宣化の王位継承二年のズレ」などという説で取り繕うのですが、その破綻は以下のように明白なのです。

そもそも『元興寺伽藍縁起并流記財帳』とは〝なにか〟です。この天平一八年の『元興寺伽藍縁起并流記資財帳』の資料的性格は、「元興寺は蘇我馬子が建立した飛鳥寺(法興寺)の流をくむ寺院」(吉村武彦氏編、『古代を考える、継体・欽明朝と仏教伝来』、二四二頁、吉川弘文館、一九九九年、第一刷)とあり、『上宮聖徳法王帝説』も「倭国」および蘇我氏の影があります。

この意味は、本来、近畿地方に仏教をもち込んだものは蘇我氏であるということです。これを「ヤマト朝廷一元史観」で〝訂正〟したものが、欽明紀の「仏教公伝・欽明一三年」記事であり、継体紀の「継体死亡年変更」の動機である『百済本記』の『日本天皇……』とは、「倭国の天皇……」をさし、これを日本書紀の編者等は「ヤマトの朝廷」と繕う必要から、継体の死亡年をこの記事にしたがって移動したのです。それが収拾のつかない混乱をもたらしているのです。以下、歴史記述の順序にしたがって継体紀の問題から述べます。

「(継体)二五年の春二月、天皇、病甚し、丁未《ひのとのひつじのひ》に、天皇、磐余玉穂宮に崩《かむあが》りましぬ。……或本に云はく、天皇、二八年歳次甲寅(五三四年)に崩《かむあが》りましぬといふ。而《しか》るを此に二五年歳次辛亥(五三一年)に崩りましぬと云へるは、百済本記を取りて文を為《つく》れるなり．其の文に云へらく、太歳辛亥の三月に、軍進みて安羅〔あら〕に至りて，乞乇城《こつとくのさし》を営《つく》る。是の月に、高麗、其の王安を殺す。又聞、日本の天皇及び太子・皇子、倶《とも》に崩薨《かむさ》りましぬといへり。此《これ》に由《よ》りて言えば、辛亥の歳は、二五年に当たる。後に勘校《かむが》へむ者、知らむ。」(『日本書紀・下』、四六頁、傍線は引用者)。

これはめったにない珍妙な文章です。「『ある本』(日本側の伝承)では、継体は継体の二八年歳次甲寅(五三四年)に死んだという。しかし、他国の文献である『百済本記』に『辛亥……日本の天皇及び太子・皇子、倶《とも》に死んだ』という記事があるから、それによれば辛亥年は継体の二五年（五三一）に当たる。したがって継体の崩年をこの年とした。後代の人が考えてくれるだろう。」というのです。これは重要な正史編纂にもかかわらず、その真っ只中に無責任で異様な文章が、『日本書紀』の編者自身によって記されているということです。

そもそも継体が実在していればその死亡年は、外国史料の記事云々など本来、問題にならない、それとは無関係な問題であることは自明の理でしょう。ところが『百済本記』の、「又聞、日本の天皇及び太子・皇子、倶《とも》に崩《かむ》薨《さ》りましぬといへり。」をもちだして、継体の死の年を継体の二八年（五三四年・甲寅）から継体の二五年（五三一年・辛亥）に移動しているのです。しかもこれは『日本書紀』の「ヤマト朝廷の皇位継承」記事から見ると、その記載と矛盾しているのです。それが『日本書紀』安閑紀に次のように書かれている点に露呈しているのです。

1（継体紀）「或本に云はく、天皇、二八年歳次・甲寅（五三四年）に崩《かむあが》りましぬといふ。」（しかし）「ここに二五年・辛亥（五三一年）に死亡したというのは、『百済本記』による」（傍線は引用者、以下同様）。

2「安閑紀……二五年（五三一）の春二月の辛丑《かのとのうし》の朔《ついたち》丁未《ひのとのひつじ》に、男大迹《おほどの》（継体）、大兄《おほえ》（安閑）を立てて天皇としたまふ。即日（その日）に、男大迹天皇崩りましぬ。」（『日本書紀・下』、四八頁）。

3「（安閑元年）是歳、太歳甲寅（五三四年）。」（『日本書紀・下』、五四頁）

右の引用記事を見れば安閑の〝即位年〟は甲寅（五三四年）です。つまり1の「『ある本』の「天皇、二八年歳次〝甲寅〟（五三四年）に崩《かむあが》りましぬ。」とピッタリ一致しています。しかも、引用記事2にあるように、継体は死の間際に安閑を次期天皇に指名しています。したがって『日本書紀』本来の継体・安閑の継承年は、「継体二八年（五三四）・継体死亡年＝安閑元年（五三四）」であるはずです。ついで『日本書紀』による宣化元年は五三六年、さらに欽明の元年は五四〇年です。すなわち『日本書紀』のこの間の「継承年」は以下のとおりです。

継体の死亡年　五三四年（甲寅年）
……これを『百済本記』で五三一年（継体二五年）に
　移動
安閑の即位年　五三四年（甲寅年）
……在位年＝五三四〜五三五年
宣化の即位年　五三六年
……在位年＝五三六〜五三九年
欽明の即位年　五四〇年（庚申）
……五七一年（辛卯）まで在位

これを『百済本記』の「継体二五年」(五三一年)死亡説を採用しますと、安閑の即位年の五三四年とのあいだに「二年の空白」が生まれ、以下同様ということになるのです。いわゆる通説の「二年の空白説」です。

この通説の考察の弱点は、第一に『百済本記』の「日本の天皇……」とは何かという、決定的な問題への考察が一切ないことです。さらには『安閑紀』に皇位継承年が「是歳、太歳甲寅」(五三四年)と、明記されているという不動の事実にかんしても、論及がないところです。なお『古事記』の継体天皇の死亡年は「丁未」(五二七年)とある点を指摘しておきます。つまりは継体が実在していれば、その死亡年にかんして考えられない混乱なのです。

継体・安閑・宣化・欽明は一系列の王位継承関係にある天皇とされているわけです。ところが継体の死亡年を『百済本記』で、〝『日本書紀』本来〟の死亡年からずらすと、あとの天皇にかかわる『日本書紀』の記載と、「王位継承二年の空白」という食い違い問題がおこり、逆に『日本書紀』欽明紀の王位継承年をそのまま信奉すると、『元興寺伽藍縁起并流記資財帳』および『上宮聖徳法王帝説』の仏教公伝記事と、『日本書紀』の仏教公伝記事との間に食い違いが生まれるという問題です。

以上の二つの問題は、実際は大和朝廷の日本古代史造作とその矛盾が、噴出しているところなのです。欽明の仏教受容記事と蘇我氏系寺院の伝承都との食い違い問題は、先述のとおりに蘇我氏を仏教受容の主体とすれば簡単に解消します。だがそれは「ヤマト朝廷一元史」の否定となるのです。ここからたとえば井上光貞氏は、欽明在位年数を『上宮聖徳法王帝説』の「四一年間」を採用して、「欽明が五七一年(辛卯年)になくなったことは諸書に一致するところであるので、そこから逆算すると、欽明の即位は五三一年(辛亥年)になり、継体のなくなったちょうどその年に当たるのである。」(前掲書、一〇六頁)とされ、「安閑・宣化と欽明の二朝併存説」を主張されるわけです。

本来は、誰をよりも『日本書紀』の編者等が、この〝日本・天皇はヤマト朝廷に非ず〟と知っていたのです。しかし、それでは大和朝廷の正史としては具合が悪いと考えたから、『日本書紀』の編者等は、「継体記」の死亡年を二年ずらしたのです。そうして「後に勘校《かんがえ》む者、知らむ。」(後代の人がなんとかしてくれるだろう。)という、正史の編纂者としては、失格の分注を入れる結果となったとおもわれます。

なぜならばこの「日本・天皇」が、「ヤマト朝廷と無関係」ということになれば、『日本書紀』編纂など根底から吹っ飛ぶ問題でしょう。いわば「事実を重視・尊重すればヤマト朝廷一元史観は否定され、一元史観に忠実たらんとすれば、事実を蹂躙する以外にない。」というわけです。

六「日本・天皇」はヤマト朝廷に非ず

通説では「日本」および「天皇」という言葉が、いつの時代から使われるようになったのか、実はわかっていないという不可解な姿が、「学問・研究」の名のもとに通用しています。

たとえば岩橋小弥太氏著の『日本の国号』(吉川弘文館、一九九七年、新装版第一刷)の「序文」を拝読しますと、「……千年もの昔から、多くの学者はそれについていろいろ説を立て、今日に至ってもなお盛んに議論をせられているのである。」とあり、この本のカバー裏面には、「『日本』という国名については、百科事典や歴史事典にも説明がない。」とあります。奇々怪々です。自国の国号の由来の真の歴史がわからない！　こんなことは本来考えられないことです。こうなるのも「倭国」の実在を否定・否認するからです。しかし、この「倭国」の存在を認めますと、「万世一系の天皇制」なる、明治以降の「憲法規定」が根本から否定されるわけです。

さて国号・日本が、いつから本格的な国号として通用しはじめたかについての、通説の〝学問的〟到達点を述べます。諸説ありとされますが本書では『日本書紀・下』の「補注」(一六―九)を採用します。通説が日本古代史のテキストにしている『日本書紀』、しかも一応は権威あるとされている岩波書店の「日本古典文学大系」の『日本書紀』の注釈ですから、これを採用して検討をくわえます。

通説によれば、「けだし日本という国号は大化改新以後に定まったもののようである。」(『日本書紀・下』、「補注・一六―九、『日本』の文字」、五四〇頁)とあります。では「以降」とはいつか、この「注」は曖昧です。この「以降とはいつか」に明快に答えているものは、先述の『旧唐書』倭国伝および「日本国伝」(一三〇頁下段参照)であって、国号・日本論の由来を明快にまとめているのが、『新唐書』日本国伝中の「日本は旧小国、倭の所を併せたり。故に其の號を冒す」です。つまりは「倭国」滅亡以後に、〝「その號」すなわち国号日本を僭称した〟という記載です。したがってその時期は、唐朝からみて七〇三年、つまりは藤原京出現時代でしょう。

なお「天皇」の称号にかんしても縷々「説」があるとされますが、本書の立場は古代大和朝廷の本格的成立は七〇〇年直前と云う立場ですから、古代大和朝廷のいう「天皇」はこの時代以降という立場です。これに近い説は通説のなかにもあります。たとえば吉村武彦氏編の『古代を考る継体・欽明朝と仏教伝来』(吉川弘文館、一九九九年、第一刷）には、「天皇号は七世紀後半に成立したと考えるが……」(同書、二二頁）などが見えます。

『百済本記』等の「日本・天皇・貴国」の真実

以上の考察に立ちますと『百済本記』に登場する「日本・天皇」は、通説の「一元史観」からは宙に浮いたものになるのです。この『百済本記』等の「日本・天皇」は、「ヤマト朝廷」ではなく「倭国・九州王朝」を指したものであることを、厳密な史料批判とともに展開されたは、これまた古田武彦氏の『失われた九州王朝』、「第四章、隣国史料にみる九州王朝」です。なおこの他に『百済記』が神功・応神・雄略の三紀、『百済新撰』が雄略・武列紀に引用されています。

「継体紀」の、「日本天皇及び太子・皇子、倶《とも》に崩薨りましぬ。」という記事をほうふつとさせるものは、先に引用した「倭王・武」の中国・南朝劉宋への「上表」の次の一節です。「方《まさ》に大挙せんと欲っせしも、奄《にわ》かに父兄を喪い、垂成の功を一簣《き》獲ざらしむ。」です。おおよそ通説が「倭の五王」に当てる天皇に、「奄《にわ》かに父兄を喪う」とか、「天皇及び太子・皇子を倶にうしなう」、などという天皇は一人もいません。つまりはこの「継体紀」・『百済本記』の記載は、「倭王・武」の先代の事例をさしたもので、しかもこの記事自身が〝継体の磐井討伐記事〟の、虚構性を明示したものでしょう。「継体記・紀が成敗した」と記す〝磐井＝「倭国」〟が、その後も隋・唐と交流しているわけですから……。

また『百済記』には〝日本〟を「貴国」という呼称も登場しています。『日本書紀・上』の「解説」では、この『百済記』等三書の〝日本〟記載を、「重要なことは百済人が百済で書いた記録というような単純なものではない……。なぜならば『百済記』では日本のことを貴国と称する。百済人が自国の歴史を書くのに日本を貴国というはずはない。また天皇とか天朝とかの語も使う。天皇号の定まったのは推古朝であるから、その文字は少なくとも推古朝以後でなければ書かれないものである。また日本の朝廷に特別の敬意を示した書き方であること、貴国というのと同じである。これは明らかに日本の歓心を得ようとする目的で日本に提出した記録である。つぎに『百済本記』では日本という国号を使う。日本号が正式に採用されたのは大化改新からであるから、この文字もそれ以降のものということになる。

津田博士は、百済の記録にある日本本位の記事は、書紀の編者が原史料に修正を加えた結果と解するが、筆者(家永三郎氏)はそうとは思わない。」(『日本書紀・上』、「解説」、一六頁）とあり、その先で家永三郎氏は、「百済滅亡後（六六三年、「白村江での倭軍大敗」前後に）日本に亡命した百済人が、その持参した記録を適宜編集して、百済が過去に日本に協力した跡を示そうと、史局に呈出したものではないかと推測する。」（同書、一七頁）と述べています。

ここにあるのは「万世一系の天皇制」絶対史観からの考察ですが、何が問題かといえば百済人が「日本」を、「貴国」などというはずがないという独断です。この主張は一見、もっともらしく見えますが、こうした歴史の真実を無視・蹂躙する見地は、同時に「亡命百済人」は自己を「ヤマト朝廷に売るつけるために、自国の史料に造作の手をくわえるような卑しい人間。」という見方をも、同時に生み出す性格のものでもあるわけです。こうした見地の根本的な誤りは、外国史料である『百済記』が、「倭国」を「貴国」と書いている事実にたって、日本古代史を探求せずに、「ヤマト朝廷一元史観」を絶対として、この視点から「貴国」記載を決めつけるところです。

すでに『失われた九州王朝』（「Ⅲ『日本書紀』の証言」・『「貴国」とは』）で、古田氏が指摘されているとおり、大宰府付近には「基」という字がつく地名が目につきます。たとえば「基肄城」、「基山」、「基山町」「三養基郡」などです。これはすべて「キ」です。つまり「倭国」の都城・京師の所在地には、「キ」のつく地名が集中しているのです。ここを「キコク」といい、その「キ」に佳字をあてたのが「貴国」である、というのが古田氏の主張です。

この説が正しいことはあたかも八世紀成立の〝天皇家国家〟を、「大和の朝廷」とよぶようなものです。つまりは「キの国の朝廷」で、この「キ」に佳字の「貴」を当てだけのことです。

しかも古田氏は「神功皇后紀」末尾の、「六六年、是年、晋の武帝の泰初の二年なり。晋の起居の注に云はく、武帝の泰初の二年の十月に、倭の女王（壱与）、譯《をさ》（訳）を重ねて貢献せしむと云ふ。」とある部分は、「卜部本」より古い「北野本」では、「倭女王」が「貴倭女王」と書かれている事実を指摘され、本来の表現が「貴倭」であったことを明らかにされています。なお「北野本」にかんして家永三郎氏は、「平安朝末期における本文と訓読とを知る重要な校勘資料で、優れた本文を示すことが少なくない。」（『日本書紀・上』「解説」、三三頁）と指摘されています。にもかかわらず「貴国」への考察に際して、「北野本」のこの部分は無視されているわけです。

「百済人が日本を貴国などというはずがない。」という、一見もっともらしい主張は、しかし実際は空の空なる主張に過ぎず、これを金科玉条として、「だから日本を貴国などと書く史料は、日本に媚びを売ったものの仕業だ。歴史考察の資料とはなり得ない。」などとう主張が、博士号とともに罷り通る姿は、これが日本古代史、すなわち日本人しか関心をもたない分野の学問、いい方をかえれば日本人の思考形態やその質が、その純粋性においてしめされる分野であってみれば、こうした思考水準がはたして世界に通用するものか、それは戦後ほんとうに自覚され克服されたのか、あらためて問われるべきものでしょう。ここをみればあの第一次大戦で敗北したドイツが、ふたたびヒットラーの台頭をゆるしたような事態はない、と言えるのか、大きな疑問です。

さて次はさらなる国号「日本」問題です。これとても通説は、「日本号が正式に採用されたのは大化改新からであるから、この文字もそれ以降のものということになる。」と、「貴国」同様、「一元史観＝『古事記・日本書紀』を絶対として、『百済本記』の記載を切り捨てるのです。別の言い方をすれば実際の〝日本史〟の、「ヤマト朝廷成立以前の日本国号」を切り捨てるのです。

指摘してきたように大和朝廷成立以前には、「倭国」が日本本土を代表して朝鮮・中国と交流してきたのが歴史の事実である以上、『記・紀』が日本史を造作するにあたって、応神紀以降ぐらいから、朝鮮諸国が「ヤマト朝廷」にさかんに「入朝・朝貢」してきたかに色々書いています。だがしかしこの誤りを皮肉なことに、通説がその史観を絶対とする『日本書紀』自身が云わば自己暴露しているのです。

その一例が「とくに継体・欽明の紀では一巻の大部分が『百済本記』による記事で占められていると言える。」（『日本書紀・上』「解説」、一六頁）とあるように、自国の歴史、とくにその編が個々の「天皇紀」にもかかわらず、全編これ『百済本記』の引用文で埋め尽くされる編集には、違和感を覚えるのが正常な神経でしょう。さらに『紀』の以下の奇妙な記事を読めば、いっそうその感が強まるとおもいます。まずは「天皇の命令」です。

「聖明王、更《また》任那の日本府に謂《かた》りて曰く、『天皇、詔《みことのり》して称《のたま》はく、『任那若し滅びなば、汝則《すなは》ち資無《よすがな》からむ。任那若し興《おこ》らば、汝則ち援《たすけ》有らむ。今任那を興し建てて、舊日《もと》の如くあらしめて、汝が助けとして、黎民《おほみたから》を撫で養《ひた》すべし』とのたまふ。

謹《つつし》みて詔勅《おほみことのり》を承《うけたまは》りて悚《かしこま》り懼《おそ》ること胸に填《み》てり。丹誠《あきらけきこころ》を誓ひ効《いた》して、冀《ねが》はくは任那を隆《さかやか》さむことを。永く天皇に事《つか》ふること、猶往日《なほむかし》の如くならむ。（『日本書紀・下』、七四頁）。

ところがこうした「天皇の命」にしたがって任那に派遣された人物が、肝心の「ヤマト朝廷」とその史官には、どこの誰だかわからないというのですから、奇々怪々です。

1「安羅に使して、新羅に到れる任那の執事《つかさ》を召して、任那を建てむことを謨《はか》らしむ。別《こと》に、安羅の日本府の河《か》内直《うちのあたひ》（『紀』の編者の当て字？、以下同様）の、計《はかりごと》を新羅に通すを以て、深く責め罵《の》る。百済本記に云はく、加《か》不至費直《ふちのあたひ》・阿賢移那《あけえなし》・佐魯麻都《さろまつら》等といふ。未だ不詳《つまびらかならず》。」（『日本書紀・下』、七二頁。傍線は引用者。以下同様）。

２「彌麻沙等《みまさら》、日本より還りて、勅書《みことのりのふみ》を以て宣《の》りて曰はく、『汝等、彼《そこ》にいる日本府と共に、早《すみやか》に良き図《はかりごと》を建てて、朕が望む所に副え、爾《いまし》其れ戒《つとめ》よ。他《ひと》にな誑《あざむ》かれそ』といふ。又津守連、日本より来りて、百済本記に云はく、津守連《つもりのむらじ》己麻奴跪《こまなこ》といふ。而《しか》れども語訛りてた正しからず。未詳《いぶか》し、詔書を宣《のたま》ひて、任那の政《まつりごと》を問ふ。」（『日本書紀・下』、七八頁）。

３「別《こと》に河内直《かふちのあたひ》、百済本記に云はく、河内直・移那斯《えなし》・麻都《まつ》といふ。而《しか》るに語訛《ことばよこなま》りて未だ其の正しきを詳《つまびらか》にせず。に謂はく、『昔より今に迄《いた》るまでに、唯汝が悪《あしきこと》をのみ聞く。汝が先祖《おやたち》等、百済本記に云はく、汝が先那《おやな》干陀甲背《かんだかふはい》・加猟直岐甲背《からふじきかふはい》といふ。亦那奇陀甲背《またながだかふはい》・鷹奇岐彌《ようがきみ》といふ。語訛《ことばよこなまり》て未だ詳《つまびらか》ならず。倶《とも》に奸偽《かだみいつわり》を抱きて誘《わかつ》り説く。」（『日本書紀・下』、八〇頁）。

４「印支彌《いきみ》が後に来《きた》れる、許勢臣《こせのおみ》が時にして、百済本記に云はく、我が印支彌を留めし後に、至《もうこ》し、既酒臣《こせのおみ》が時にといふ。皆未だ詳《つまびらか》ならず。新羅、復他《またひと》の境を侵し逼《め》むること無し。」（前掲書、八六頁）。

以上は一例です。『日本書紀』の編者等は、『百済本記』の「日本・天皇」をここでは「欽明紀」に当てながら、『百済本記』に登場する〝日本側使者が、どこの誰だかわからない〟と一々注釈しているわけです。

そんな馬鹿なことはあり得ないでしょう。欽明紀にあるということは、欽明天皇の指示のもと、その使者が百済・任那に行くのですから、「どこの誰だかわからない」などということになるはずがありません。にもかかわらずそう注釈をしている事実が語るものは、この「日本・天皇」が「ヤマト朝廷」ではなく、『八幡宇佐宮御託宣集』（一五〇頁）で指摘した、〝九州年号とともに記されていた日本〟、すなわち「倭国」とその「天皇」たちだということです。

つまりは「継体記」末尾の『百済本記』からの引用の、「日本の天皇、皇太子、皇子……云々」の一節も、また同様のものです。こうした日本古代史の真実にとって重要なものを無視し、国民の前に真実を明らかにしない日本古代史とは、何でしょうか。

察するに「継体・欽明・敏達紀」等に頻出する、朝鮮半島の諸国家にかかわる膨大な記事や「日本・天皇」等々は、「倭国」の文献を下敷きに「ヤマト朝廷一元史」を造作したものと見られます。

七　戊午年「公伝」は蘇我氏の伝承が基礎

『元興寺伽藍縁起并流記資材帳』とは、いうまでもなく「元興寺」の縁起ですが、この元興寺とは先述のとおり蘇我氏が建立した、飛鳥寺（法興寺）の流れをくむ寺院といわれています。『上宮聖徳法王帝説』も先述のとおり「仏教公伝」を「戊午年十月一二日、仏像と経典とともに僧が来朝し、これらを大王は蘇我稲目に授け、のち庚寅年（五七〇年）に破仏が起こった」（『古代を考える・継体・欽明朝と仏教伝来』、二四三頁）としています。その僧の名は不明のようです。

仏教公伝とは単に〝仏像や経典が伝えられた〟という問題ではなく、いわば当時のアジアの〝世界的宗教・文化〟の、国家による受容問題です。したがって本来『日本書紀』にみるような、先ず蘇我氏がこれを推進し天皇が後からついていく式のものではないはずです。しかし『日本書紀』の記述の現実は、アジアの他の国と違って先ず蘇我氏が仏教を奉じ、先ず寺をつくるという記述です。つまりは『日本書紀』の記述は、蘇我氏先導・「ヤマト朝廷」後からついていく式です。

「欽明紀」一三年の記事でも仏教受容反対派の言をいれて、「情願《ねが》ふ人稲目宿禰（蘇我稲目）に付《さづ》けて、試みに禮《ゐやま》ひ拝ましむべし。」といい、稲目は「小墾田の家に安置《ま》せまつる。」（『日本書紀・下』、一〇二頁）とか、「（敏達紀の一三年）。百濟より来《もうけ》る鹿深臣《かふかのおみ》が、弥勒菩薩の石造一躯有《たも》てり。佐伯連、仏像一躯有てり。

是歳、蘇我馬子宿禰、其の佛像二躯《はしら》を請《ま》せて、鞍部《くらつくりの》村主《すぐり》司馬《しば》達等《たつと》・池部直《いけのへあたい》氷田《ひた》を遣わし、四方《よも》に使して、修行者を求めしむ。……中略……馬子宿禰、亦、石川の宅にして、仏殿を修治《つく》る。仏法の初、茲《これ》より作《おこ》れり。」（『日本書紀・下』、一四八頁、傍線は引用者）とされています。

「万世一系の天皇制」を綴っている『日本書紀』が、蘇我氏が〝最初に仏教を近畿地方にもたらした〟と、公式に書くはずはないでしょう。しかし、一方では蘇我氏と関係の深い「飛鳥寺」関係の寺院の縁起が、仏教受容の最初を「戊午年」と記し、「欽明紀」がその一三年として「仏像二体がもたらされた」としつつも、それを祭ったという蘇我氏を指して、「仏法の初、茲《これ》より作《おこ》れり。」（「敏達紀」、『日本書紀・下』、一四八頁）と明言しているわけです。

すなわち蘇我氏こそが近畿地方に仏教を持ち込んだ当の本人だ、と『日本書紀』が明言しているのです。問題は『日本書紀』は、この蘇我氏の仏教の近畿地方への普及を、あたかも仏教の「日本への公伝」であるかに、日本史の事実を歪曲しているところにも、大きなおおきな問題があるのです。

八　飛鳥寺と京師の形成

蘇我氏の役割が目に見えるものとしては、飛鳥寺の建立とその意味という問題があるとおもいます。問題は、近畿大和地方のこの飛鳥寺は、後の大和朝廷の最初の都城・京師形成の基準・土台を形成したとされ、蘇我氏こそは、近畿地方で最初の都城・京師形成の、原動力だという点が重要なのです。

　井上光貞氏の指摘によれば、「飛鳥寺は最初の国家的大寺として、仏教史上の一大モニュメントであるばかりではなく、日本における最初の大陸的、都市的な大建築物であった。崇峻以前は転々としていた皇居もこれ以後は、孝徳天皇が難波に、天智天皇が近江に短期間皇居をおいた以外は、ほぼこの飛鳥寺を中心にした狭義の飛鳥のうちにおかれた。また、飛鳥寺の中軸線と、天智朝の末年から天武初年に建てられた川原寺の中軸線＝中道《なかつみち》は、岸俊男氏によればやがて天武朝の「倭京」や、藤原京の設定の一基準となり、両中軸線の間隔はまた、飛鳥の方格地割の基準となった。飛鳥寺は日本における「京」の出現にも、このような基準的な意味を持つことになるのである。」（『日本の歴史3』、二〇二頁、傍線は引用者）。

　こうした通説の主張・研究の問題点はどこにあるか、といえば、近畿地方において仏教普及にかんする『日本書紀』の記事同様に、建前上、天皇中心に書かれてはいても、実際の行動の主体は蘇我氏であるという点の、日本史的意味にかんしては沈黙するところです。現に飛鳥寺建立は「崇峻紀」の記載によっても、物部氏撃滅に際して物部氏に勝利した暁には、「……寺塔《てら》を起立《た》てて、三宝を流通《つた》へむ。」と祈願し、「蘇我大臣、亦本願の依《まま》に、飛鳥の地にして、法興寺（飛鳥寺）を起つ。」（『日本書紀・下』、一六四頁）としています。

　まさに「倭国」滅亡以前に近畿地方で仏教のみならず、都城・京師・首都の形成の原動力というべき役割を果たしたものが、「ヤマト朝廷」ではなく『紀・記』や通説が「臣下」という、蘇我氏であるという点が重要と考えます。これは本来、王朝・王権がなすべきことを有力とはいえ、所詮は「一臣下」の所業によって導かれるなどは、本来、あり得ないはずです。

　この不可解が解消するのは当時の近畿地方で、「推古紀」が「聖徳太子に政治の万機を委ねた」と書きながら、実際の政治はことごとく「太子および大臣（蘇我氏）に詔して、三宝を興し隆《さか》えしむ。」とあるような姿ですから、聖徳太子が存在せず「ヤマト朝廷」も未だ存在しない以上、近畿地方初の「仏教の普及」・「都城・京師」を推進したものは蘇我氏ということになります。

九　「大化の改新」、蘇我氏誅伐の真実

通説に戦前から有名な「大化の改新」、いわゆる「乙巳《いっし》（六四五年）の変」ですが、私は、この「入鹿暗殺劇」の主体は「ヤマト朝廷」ではなく、「倭国」と考えております。そうしてそれは本来、暗殺などではなく「成敗」であったとおもいます。

その理由は、隋に使者派遣をおこない、自からを「倭」と名乗った勢力は蘇我氏と考えるからです。蘇我氏は「倭国」が朝鮮半島問題にふかく介入し、そのために例の「白村江の決戦」に際して、「倭船千艘……」と『三国史記』百済本紀がつたえるように、「倭国」国民に過大な負担を強要して、戦争準備をするなどのあり方に反対して、「倭国」からの独立を策して隋に使者派遣をしたとみるのです。それにたいして『日本書紀』推古紀の隋交流記は、指摘したとおりに空虚な造作記事とみなすのです。同時にそれは「倭国」中心部・北九州〜九州等にたいして、生産力においても力をつけてきた近畿方面の諸勢力の、願望でもあったとおもいます。近畿大和の地で隋使の裴清を〃謁見〃した者は馬子とおもいます。

しかし、こうした馬子をはじめ近畿勢力の動向は、「倭国」から見れば許しがたい「自立の策動」であって、しかも自国の領域からの「自立」を策している者の使者を、不当にも断りもなく受け入れた隋に対しても、「倭国」王朝は怒りを爆発させたに違いないとおもいます。

これが『隋書』俀国伝末尾の「この後遂に絶つ」という記事とおもいます。国交断絶です。『日本書紀』推古紀では、この「俀国」の国交断絶記事以降の年にも、隋との交流が記されています。したがって「倭国」が、隋と国交をはかった蘇我氏を討つのは、自然のなり行きです。そもそも近畿地方は「倭国」の西の辺境、すなわち「倭王武」の上表にある「東、毛人の国」です。

七世紀中葉にはここには当然、「倭国」に通じる勢力もいるでしょう。他に「倭国」から自立を目指した勢力もいたにせよ、当時、中国・朝鮮諸国にたいして日本本土を代表する「倭国」の力はなお強く、蘇我氏はこれによって排除されたというのが、日本史の真実と考えます。

「皇極紀」に、入鹿が山背大兄王等を襲わせたとき、山背大兄王等は山中に逃れ、これを見たものが入鹿に告げると入鹿自身が自ら出撃しようとしたとあります。このときに入鹿が次期天皇に押していたという古人大兄皇子が駆けつけ、入鹿自身に「鼠は穴に隠れて生き、穴を失ひて死ぬ」と入鹿の出撃をいさめた（『日本書紀・下』、二五二頁）とありますが、これはきわめて不可解な記事です。

通説によれば当時天皇の地位をめぐる皇子等の関係は、

きわめて険悪であったとあります。そうしたなかで入鹿のような実力者から次期天皇と擁護されている者が、自分を擁護するものを、「鼠」云々などというはずはないとおもいます。「自身の出陣は危険です。」という程度が普通とおもいます。だが「倭国」ならこのように云うのは「ぴったり」です。「倭国」の権力のもとで、近畿地方で勢力をはることを容認されている者が、〃おろかにも自立をたくらんで隋に使者派遣するなど、「まさに鼠が穴から出歩き、殺されるようなものだ」〃と。

『日本書紀』皇極紀の「入鹿暗殺」直後の記事に、不可解な文章が添えられています。「古人大兄、（暗殺を）見て、私の宮に走り入りて、『韓人《からひと》、鞍作臣（入鹿）を殺しつ。韓政《からひとのまつりごと》に因りて、誅《つみ》せらるるを謂う』」という一節です。この解釈をめぐっていろいろあるかに、本文上段の注「二」（二六四頁）で述べられています。

一方で入鹿暗殺を中大兄や中臣鎌子連等が計画・実行したと細々と書き、同時に他方で「韓人が殺した云々」とか書くのは、奇妙でしょう。なぜこんな記事を入れたのでしょうか。しかも都城一つない時代の〃ヤマト朝廷〃が、本来は近畿地方の「倭国」の総督府的蘇我氏を討てる力もないはずです。真にこの時代ヤマト朝廷があるのならば、暗殺の必要はないでしょう。正面から蘇我氏を朝敵として処分すればいいはずです。暗殺自身が「ヤマト朝廷一元史観」からは、疑問がもたれる仕方なのです。

〃しかし韓人と書いてあって、「倭国」とは書いてない〃と言ってみても、まさか「倭国が殺した」と真実を書くわけにはいかないでしょう。おまけに「韓政」を〃隋への使者派遣〃と真実も書けないでしょう。この「韓政」といい「韓人」といい、「倭国」の隠蔽記事でしょう。

このように見てくるならば、「倭国」による蘇我氏の誅殺が六四五年、「倭国」の白村江の決戦での大敗が六六三年、その間わずかに一九年という年次の日本史的意味が、鮮やかに浮かびあがってくるとおもいます。近畿勢は「倭国」の蘇我氏討伐を息をひそめて見つめ、その後を窺っていたとおもいますが、そのわずかに一九年後に、「倭国」は滅亡への決定的な第一歩を踏み出したわけです。

なお興味深い発見が報じられました。奈良県立橿原考古学研究所が二〇一五年一月一五日に発表した、奈良県明日村の巨大古墳（?）の一部という〃石積と堀〃の発見にかかわって、その古墳（?）の埋葬者が、〃舒明天皇か蘇我蝦夷か〃という見解の相違があるようですが、本書の見地からは明快であって、この構造物はその存在地からみても、その発表された年代が事実であれば蘇我氏のもの以外ではありえません。日本書紀記載の蝦夷・入鹿親子が大小の稜をつくったという記述を裏書するものでしょう。当時「ヤマト朝廷があった」という通説的見地は、そもそも『古事記・日本書紀』への盲信ですが、今回の発見は真の日本史の一部を消された闇から蘇らせる一助となるとおもわれます。

一〇「倭国」の滅亡

大和朝廷以外の王権・国家は、日本国憲法第一条下の「日本史」には存在しません。しかし、実際の日本史には厳然として存在します。つまりは日本本土人も沖縄・日本人をふくむ、全世界・全人類の一翼であって、その社会・国家の発展の姿は「多元的複数的かつ交代的」という、世界との普遍性を共有していること、あたかも人類みな臍があるようなものだ、ということです。

古代大和朝廷もその確立後の実際の日本史では、「承久の乱」以降の北条氏、足利氏、戦国時代を経て織田氏、豊臣、徳川氏と、武家政権が交代をしてきたことは周知のことです。この間、諸外国は、「日本の国王」をその時々の武家政権としているばかりではなく、オールコックの『大君の都』でも、「大君は江戸幕府」でしょう。武家政権時代、大和朝廷は政治的実権を失い単なる〝古代的権威〟として形式的に存在したとされ、圧倒的国民は「将軍さま」は熟知しても、「天皇の存在は知らない」時代です。かっての「皇国史観」ではこの武家政権時代を、「国賊跋扈の時代」ででもあるかに言う言論もあります。この間、「大和朝廷」に政治的実権はなかったことは、何よりも明治維新で「王政復古」がさけばれている事実が、それを証明しているでしょう。

したがって真実の日本史が戦前に確立されて、「倭国」の実在とその滅亡の事実を日本国民が知っていたならば、戦前の朝鮮半島侵略から中国侵略・第二次大戦への突入と大敗等の無残な事態を、あるいは防げたかもしれません。それは日本古代文明を真に創設・発展させた「倭国」の大敗と滅亡の教訓からです。これにかんしては古田武彦氏が、その著『失われた九州王朝』(三、滅亡の原因について)で、極めて適切な指摘をされています。

「九州王朝はなぜ滅びたか。白村江の敗戦が原因ではない。それは結果である。では、なにが本当の原因だろう。それはほかでもない。四世紀から七世紀まで、朝鮮半島に大軍を送りつづけたこと。あるいは半島内の支配権を主張して、あるいは半島内の一角に拠点を確保しようとしつづけたこと。そうして、何よりも朝鮮半島内人民の怨嗟の声と武器の支配を対立させたこと――それが真の原因である。

朝鮮半島の一国と同盟していたとか、その権力者から出兵を要請されたとか、そんなことはすべて無意味だ。どんなにもっともらしい理由があるにせよ、他国の領域に武力を行使し、それによって長期的影響力をもちつづける大国は、すべて滅び去る他はない。これが歴史の鉄則だ。外にたいする圧力は、必然的に内部の腐敗と矛盾を招き、ついにみずからの基盤を掘りくずしてしまう。九州王朝はみずからの全歴史をもって、この真理を実証し終ったのである。」(同書、五四六頁)。

まったく同感です。日本古代史からの「倭国」の隠滅は、近代日本のアジア侵略から第二次世界大戦への道をすすめた政策・その当否を、日本国民が「倭国」の滅亡を教訓に「歴史を鑑として」、考察・判断する根拠を根本的に奪ったもの、といえるからです。その意味で古代大和朝廷の歴史の偽造、およびそれを明らかにしえなかった近世〜現代の日本の思想・文化、とくに日本古代史学の責任は重大である、と言わねばならないとおもいます。「歴史を鑑とする」という古代中国文化の教訓は、あれこれの文化人が色紙に書くだけの文言としてあるものでは断じてないことが、ここに示されているとおもいます。

この項の最後に、「倭国」の七百年以上にわたる首都が「大宰府」と聞いても、「日本の端に首都があるなどナンセンスな主張」と感じるのも、「倭国史」の真実を知らない結果とおもいます。すなわち「倭国」の形成・発展は、日本民族の発祥のその歴史と文化と深く結びついていますが、一方では古代中国の「呉」・長江下流域と、他方では水田稲作民の移動と分岐とからむ、古代朝鮮半島との複雑な関係などにより、「倭国」はおおむね朝鮮半島の、今日の韓国の範囲に政治的野心をもち、干渉を常とする国家・社会であったのです。

つまり「倭国」とは今日の韓国の領域に常に干渉し、それを国是とし日本本土の領域にかんしては、箱根以西ぐらいが東限と考えられ、日本本土の統一にはほとんど意欲をもたなかった存在だったと思われるのです。したがって太宰府が首都というのは、断じて西の端ではなくまさにここが国の中央であったのです。そうしてこの国家の大社である志賀海神社のある志賀島から、先述の金印「漢の委奴国王印」が出土(一〇一頁下段)し、今日も太宰府に「都督府遺跡古跡」の石碑がたっているのであって、これを凌駕する古代国家存立の文献的考古学的遺物と遺跡は、藤原京まで近畿地方に存在しないわけです。

一一　古代大和朝廷成立の意義

ここで述べたいのは八世紀に成立した古代大和朝廷の、日本史に果たした積極的側面という問題です。それは確かに「倭国」などの消去をはじめ大きな問題があり、それは今後も探究・解明されるべきものです。しかし「倭国」の姿と対照すると、日本史上、肯定的側面もあるとおもいます。それは首都を近畿地方に移し、日本本土の統一を志向して、朝鮮半島への介入・野望を持たなかった点です。

この点は、その後の日本が他国に干渉せずに、長期にわたって外国との戦争、または外国の介入なしに、日本本土内での社会を発展させる道を開いたのではないか、その点では積極的な役割を果たしたのではないかとおもいます。この点で通説は「倭国」を消去した『記・紀』に追従して、実際には「倭国」の朝鮮半島介入の『記・紀』による切貼り記事を讃美するなど、「倭国」と大和朝廷の日本史上での果たした役割・問題点を明らかにしえない、真の歴史学とは対照的な姿に終始しています。その責任はきわめて重大とおもいます。

一二 「日本史の偽造」と蘇我氏

蘇我氏は「倭国」文化を近畿地方にもちこむという点で、後の「日本文化」形成に大きな役割を果たしましたが、しかしその中に「歴史の偽造」の問題もふくまれていたとおもいます。

それは入鹿が討たれたあとで、「蘇我臣蝦夷等、誅《ころ》されむとして、悉《ふっく》に天皇記・国記・珍宝を焼く。船史恵尺《ふねのふびとゑさか》、即《すなわ》ち疾《と》く、焼かるる国記を取りて、中大兄に奉献《たてまつ》る。」(『日本書紀・下』、二六四頁)という記述から判明します。

そもそもこの記事の不審なところは、『日本書紀』推古紀の次の一節に照らすと明かになります。

「(推古二八年)是歳、皇太子(聖徳太子)・嶋大臣(蘇我馬子)、共に議《はか》りて、天皇記および国記, 臣連伴造国《おみむらじとものみやつこくの》造《みやつこ》百八十部併て公民等の本記を録す。」(前掲書、二〇三頁)です。

この記述が正しいものであれば蝦夷は、「天皇記・国記……」を焼く必要はないはずです。聖徳太子と蘇我馬子が「共に議《はか》りて」作成された〝国史〟(正史)だからです。誰に見られても不審をもたれる性格のものではないからです。さらにこうした公的性格の文章が、なぜそもそも一臣下たる蘇我蝦夷の私邸にあるのでしょうか。これも不審でしょう。

しかし、聖徳太子はもちろん、この時代に「ヤマト朝廷」も不存在であれば、この蝦夷邸にあった「天皇記・国記……」とは何か、もはや明白でしょう。蘇我氏一存の「天皇記・国記……」であって、これを「倭国」にみられることを恐れた結果、焼いたというのが真実と考えます。これがここにあるとおり後世に残存し、結局、古代大和朝廷の手にはいったならば、それは何を意味するか、これも明かではないでしょうか。『古事記』『日本書紀』編集の基本的素材の可能性があるとおもいます。先の「欽明七年（戊午年）」等の、『上宮聖徳法王帝説』の記載の意味も、これらとかかわるかもしれません。

　さきに古代大阪平野形成過程の考察に、梶山彦太郎・市原実氏著の『大阪平野のおいたち』を参照（二〇〇頁下段参照）しました。それは両氏の努力と探究によって、非常に有益な調査がされていることを実感しました。同時にそこに「応神・仁徳紀」などの古代大阪の地理的記載にかんして、正確であるという評価が記されこれを通じて、『日本書紀』等が基本的に歴史的事実の記載であるかの印象がもたれる面がありました。しかし、古代大阪方面の地勢の正確な記述は、『記・紀』の編者等が蘇我氏の「天皇記・国記……」等を下敷きにしていれば、その「天皇記・紀」に部分的には、当時の大阪湾・大阪の地勢と合致する記事があったとしても、それは当然ということになります。

おわりに

一

通説の日本古代史は、真の日本民族の歴史を抹殺し換骨奪胎した、憲法第一条にそった〝学説〟です。これは明治維新に際してかかげられた「尊皇攘夷」の、〝尊皇〟論を形成した水戸史学・国学の、当時は主に古代以来の中国文化にたいする、極端に排外主義的傾向にたって、『古事記』『日本書紀』を絶対化した、ヤマト朝廷中心主義的日本史論と日本文化論に立つものです。それは「万邦無比の国体」論、または「世界に冠たる神の国」、「八紘一宇」すなわち、「日本は世界を支配する天命を負う国」などと、戦前の日本軍国主義の侵略戦争を聖戦と美化するに最適の日本論でした。そうして「天皇陛下の御ためにに死ぬことこそ」が、とくに青少年の最高の美徳とされました。これはナチス・ドイツの、「ドイツ民族は世界に冠たり」と、歴史の事実の無視・歪曲と、その排外主義という点で共通でした。

しかも日本の「万世一系の天皇制」という歴史観とその理念は、ナチスの独善的理念よりははるかに根深いものです。現に戦後の憲法でも「万世一系の天皇制」は、「象徴天皇制」と言葉を変えて保持され、「万世一系論」すなわち〝ヤマト朝廷一元史観〟は、戦後、「皇国史観批判」を表看板に、その実、〝推論考古学〟(小林行雄氏)という、主観主義的考古学・実証主義の体裁で、あらためて合理化され維持されています。この「日本史観」は、井上光貞氏がいわれているようにアメリカ政府と、日本の保守派・明治以降の支配層(自由主義者と井上氏は表現)の「日本史・日本文化」論であります。

同時に考えさせられる点は、こうした「万世一系の天皇制」という日本史論に、戦前、天皇制批判、戦争反対をかかげられた人々も、戦後といえども一語の批判もされていないという姿です。これは近代日本を考えるうえで、大きな問題とおもえるところです。

この背後には明治以降の日本の〝進歩的潮流〟にも、水戸史学とくに国学などと同様に、古代以来の中国文化を〝否定する〟という点で、共通の体質が保持されているということとおもいます。古代以来の東アジア文明と文化・その思想と理論には、近代日本社会の進歩に貢献するものなどはなにもなく、それはアジア的専制体制の後進的で否定的なもの、という理解が根強く存在した結果とおもいます。いわゆる「文明開化」気分と思想です。

二

こうしてわれわれ日本人は、真実の日本史を知らない、知らされていない状況にあるとおもいます。

どの民族にとっても、その古代史の姿とその文化は、今日のその国民・民族にとって、決定的な意味をもつものであることは、ヨーロッパ社会とその文明における古代ギリシャ・ローマ文明、また、古代中国・夏、とりわけ殷・周の文明の意味を指摘すれば十分とおもいます。

こうした一民族一国家、あるいは世界にとって根源的意味をもつ古代社会・古代国家・古代文明が、日本民族とその国家においては、虚構されたもの、偽造されたもの以外には存在しないのが現状だということです。

すなわち日本人は、世界でただひとり自分の真の古代史も、その文化とその偉大な特質も知らない国民、民族ということになります。現憲法の原案を策定した当時のアメリカ政府関係者からさえ、その「万世一系の天皇制」なる「ヤマト朝廷一元史観」にたつ〝日本史〟を、「偽造の歴史」と評されているにもかかわらずです。

「己を知る」ことは、個人であれ国家であれ、決定的な意味をもつものであることは、いまさら云々する必要のないことでしょう。しかも時代は国際化時代、おおよそ世界の各民族国家が形成されて以来、空前の地球的規模での国際的関係が日常化して、この複雑な諸関係に間違いなく対処するには、その時々の状況への正しい認識と対策が求められるのはもちろんです。

しかし問題はそれのみならず根本には、自己の歴史とそれが育んだ文化の特質を正しく知ってこそ、はじめて「彼を知って己を知れば、百戦して殆《あや》うからず。」(『孫子』)に到達することができるとおもいます。これは第二次大戦にいたる近代日本の「万邦無比の国体」的日本史論を自己のイデオロギーとした日本政府と、その日本軍国主義の徹底的な敗北に至る姿自身が、反論の余地なく示している事実です。この姿は「彼を知らず己を知らざれば、戦う毎に必ず殆うし。」(『孫子』)を絵に描いたような姿であったとおもいます。

近代中国人を「一撃すればすぐ降参する」とか、「大和魂で立ち向かえば、米英などは個人主義の我利我利亡者だから、腰を抜かした降参する。」式の、「自由と民主主義、人間の尊厳、祖国の独立と自由・解放のために戦う人間」を理解できず、所詮は「人間にたいする犯罪」以外には、なにもなしえない結果に終わるのです。

アメリカ国民、その青年たちには、あのアメリカの人間に対しる犯罪以外のなにものでもない「ベトナム侵略戦争」に、豁然とて反対して立ち上がり戦う知性と勇気があり、またそれを肯定・支持するアメリカ国民の知性がありました。ここにはアメリカの独立戦争と独立宣言など、人類の自由と民主主義に貢献した、輝かしい歴史と文化があったと思われます。

三

これにたいして近代日本の姿はなぜ生まれたのか。いくつかの理由はあるでしょうが、その根本に「万世一系の天皇制」を「万邦無比の国体」、「世界に冠たる歴史と文化」と称する、あまりにも惨めな歴史論・文化論があると考えます。惨めというのは事実でないものを、〝事実〟と称するところから生まれるとおもいます。それは「日本民族の歴史の事実」ではないものを「事実」と称する、すなわち「歴史を偽る」姿、これは個人でいえば「履歴詐称」に該当します。

これは「黒を白・白を黒」と言い張る精神です。もっと言えば権勢あるものが「白を黒」といえば、「白が黒」とされる社会ではないかということです。おそらくは全世界でこんな社会は、イスラム文化圏の一部以外にはないのではないでしょうか。

現に日本では、第二次大戦にいたる〝近代日本のアジア侵略〟という、全世界が知っている事実をさえ、〝自虐的〟と称して否認・消去しようとし、「従軍慰安婦」をさえも「強制性はなかった」などと、その事実を承知している全世界の前で、主張して恥じない言論が台頭しつつある状況です。この旧日本軍の「慰安婦」問題で、これまでアメリカ下院、オランダ下院、カナダ下院、欧州議会、韓国国会、台湾立法院、フィリピン下院外交委員会が、日本政府への抗議や謝罪要求の決議を行っています。こうした国々には事物を認識・判断する能力がないとでも言うのでしょうか。

全世界の前で「黒を白」という態度が、成立するはずはないのですが、問題は、こうした日本人の恥以外のなにものでもない言動が、一部のマスコミをふくめて横行する文化的思想的風土はなににによるかを問えば、『古事記』『日本書紀』以来の歴史の偽造への、真の批判的検討とその主張が適正に評価・重視されない、日本の風土ではないでしょうか。

　今日の通説的日本史をみれば、それは「白を黒、黒を白」という態度に貫かれ、かつそれへの批判は一般的には思想・信条の相違・対立をこえて皆無である以上、今日の「右翼的」といわれる傾向の言動・態度は、はたしてそれのみの問題ですむのか、深刻な疑念がもたれるからです。

四

「万世一系の天皇制」、すなわち「ヤマト朝廷一元史観」への批判的見解を、一九七〇年代以降発表されている古田武彦氏の〝日本古代国家複数論〟、ゆわゆる「多元的日本史観」は、その発表以来約四〇年以上がたちますが、通説・日本古代史学はもちろん、日本の公的世論のなかで正当には遇されていない状況です。ましてや憲法で日本史観のあり方を規定することへの批判も皆無です。そのうえに『古事記』『日本書紀』絶対主義の水戸史学や国学の日本史論にたいして、江戸時代の新井白石の正しい批判的見地、さらには明治時代の広池千九郎氏等の、「多元史観」的先駆的な研究も無視・放置されています。

　これは近世ヨーロッパ文明がガリレオの「地動説」や、ダーウィンの「進化論」のように先駆的発見や研究を、その反対勢力の攻撃等から擁護し正しく発展させて、社会の「自由と民主主義」を成長させた姿とはまさに対照的です。しかも古代中国においても『孟子』の評価など、ヨーロッパと似たような面が見られます。真の「文明開化」はこうした近世欧米文化などの、社会と学問・研究の姿を学ぶべきとおもいますが、日本ではそれは不幸にして現在も必ずしも明確ではないようです。

　その社会を発展させる力はその社会に内在するものであって、日本において日本が欧米と交流する以前にも、生産力の発展のみならず、その思想・文化においてもすぐれた遺産があるとおもいます。これを正しく評価せず、発展の要因・力・思想をもっぱら海の向うにもとめるとするならば、結局は自国の発展を正しく切り開きえず、大きな犠牲や苦痛をまき散らす結果に終わっても、とくに不思議はないとおもいます。

　近代日本において、とくに革新を叫ぶ人々にとって「日本史、日本古代史の探求」は、日本の革新の不可欠の土台などではないようです。せいぜい「近代尊皇思想」発祥の由来、その性格をも問題視しない視野での、「近代・現代史」を云々する程度ではないか、とおもいます。

五

日本民族の真の思想・文化という問題でも、通説の日本史歪曲によって日本民族の歴史と文化、その特質に、人類の普遍的な価値観である〝社会の真の主体は、人間の生活を支える生産を担う国民である〟という、「民主主義」・主権在民論の根底をなす思想・文化、すなわち日本民族が人類の一構成員であれば、本来、当然あるべき原始時代からの〝日本の民主主義的思想の基盤をなすもの〟は、どんなものかという、日本史と日本思想・文化史の最大の問題も、そもそも通説の「万世一系の天皇制」なる一元的日本史や日本思想史には、最初からカケラもないとおもいます。すなわち真実の「己を知る。」という要の問題が、最初からない、それを気にしないという歴史と文化なのです。

古田武彦氏が『盗まれた神話』で、『古事記』『日本書紀』への分析的検討から、「三種の神器」が「倭国」文明の産物であることを指摘され、さらには九州の前方後円墳等から鏡・勾玉・剣が出土しています。したがってこの「三種の神器」は「倭国」文化の象徴であることは、正当な歴史学からは否定の余地のないものですが、今日にいたるもこの北九州・九州の『三種の神器』と称される器物の意味、それが日本で最初の国家群形成時代の社会でどんな意味をもち、それは当時の日本古代文明を形成しつつある社会の、どんな仕組み、特徴を反映したものか、それは古代日本思想と文化で、どんな意味をもつものか、それは今日の日本の問題とどうかかわるのかなど、きわめて重要な問題がありながら、そんな問題などないかの如くです。

また、日本民族の真実の姿と不可分の、〝日本という国号問題や、君が代問題〟も然りです。先述のとおりその民族の古代社会の姿、その文化は、その民族の今日の社会・文化の特質と深くかかわるものです。さらにはエンゲルスの以下に述べる指摘も、アジアと日本についても的中しているのですが、なによりも〝日本のマルクス主義〟では、古代国家は都市国家として誕生し、その都市は首都である、というマルクス・エンゲルスの「史的唯物論」の基礎も、意識されてはいないのですが、つぎのエンゲルスの指摘の意味も意識されていないらしいのです。

「だが、ヨーロッパを若返らせたのは、ドイツ人（ゲルマン民族）特有の民族的特性ではなく、単に――彼らの未開状態、彼らの氏族制度だったのである。彼らの個人的有能さと勇敢さ、かれらの自由な精神と、すべての公的事項を自分自身の事項と考える民主的な本能、要するにローマ人には失われてしまった、しかもそれだけがローマ世界の泥沼のなかから、新しい諸国家を形成し、新しい諸民族体を成長させることのできたすべての特性――これらの特性は、上段階（氏族社会史上）の未開人の特徴、彼らの氏族制度の果実でなくてなんだろうか。」（『家族・私有財産・国家の起源』、二五六頁。傍線（ ）内は引用者）。

さらには、「……ここではじめてわれわれは利潤とか利潤率とかいうものに出会うのである。しかも、商人たちの努力は、故意に、意識的に、この利潤率をすべての参加者にとって均等にすることに向けられる。近東のヴェネチア人、北方のハンザ同盟人はだれでも自分が買う商品には自分と同じ価格を支払い、商品の運送費はだれにとっても同じであり，だれでも自分の商品については、自分と同じ「国」の他のどの商人とも同じ価格を受け取り、また帰り荷も同じ価格で買い入れられた。だから、利潤率はだれにとっても同じだった。

……だからここでは、その十分に発展した形では、資本主義的生産の最終結果の一つである均等な利潤率が、その最も簡単な形態では資本の歴史的出発点の一つであること、それどころか、その均等な利潤率は、それ自身また原始共産体の直接的所産であるマルク共同体の直接的所産であることが、示されている。」（マルクス・エンゲルス全集刊行委員会訳、『資本論・八』、六四頁、「エンゲルス、『資本論』第三巻への補遺」、『一八九五年、マルクス・エンゲルス。レーニン研究所所蔵の原稿の写真版、大月書店、一九六九年、第六刷』、傍線は引用者）。

ここには日本の「自由民権運動」、その名がしめすとおりにその「自由民権」は、マルクス等の理解によれば、ゲルマン民族の氏族社会時代の社会の姿に由来する、という観念もふくまれていると考えます。いわゆる〝ブルジョア・民主主義〞ないしはブルジョア共和制の土台です。マルクス・エンゲルスが社会主義・共産主義への移行期の政治体制は、これを継承・発展すべきものとする見地から述べたものです。

まさにモーガンが資本主義、モーガンの言葉では、「財産の私的増大を追求することが目的の社会」は、必ずアメリカ・インディアンの氏族社会的民主主義と、財産の社会的所有制が基本となる社会の復権に変化・発展すると述べましたが、そのインディアンの政治体制は、各種酋長の男女氏族員による選挙制度です。

日本では旧ソ連の「一党制」を「一党独裁」といい、「社会主義・共産主義は一党独裁、反民主制」と述べていますが、マルクス主義の創設者のいう「社会主義」は、原始社会の選挙制やこれを継承発展させた「ブルジョア民主制・共和制が、社会主義制度への出発の政治的土台だ。」としています。こういえばエンゲルスの氏族社会重視論の意味は明らかでしょう。

このエンゲルスの指摘は、「西洋史」の特殊性に過ぎず、アジアの歴史には適応できないものでしょうか。そもそもこうした問題意識が、日本では「マルクス主義」をかかげる人々、その日本古代史学者に〝まったくないらしい〟ことは驚きです。これでは「マルクス主義の三構成要素」の一つとされる「史的唯物論」は、日本に限ってはその真の意味、すなわち〝日本史に即した史的唯物論としては存在しない〟ことになるのではないでしょうか。

なかには「史的唯物論」とは、社会の発展における生産関係を反映した、階級闘争という傾向もあります。いささか人間とは何かという問いに、「骸骨だ」と答えるにも似たものにおもえます。歴史も文化もない「階級闘争」など、筋肉も神経もない人間など存在しないように、あり得ないでしょう。したがってそこで重要なものは真実の歴史と文化という問題ですが、この真実の姿を否定する歴史観にたっては、〝史的唯物論〟などはそもそも問題にもならないのではないかとおもいます。

六

エンゲルスの指摘の意味は、氏族社会・原始共産主義と云われる社会が、今日の社会のはるか以前に姿をけし、今日、生きている多くの人々から原始社会などへの関心が消えても、なお、今日生きている人々の生活・社会に、決定的役割を果たし続けているということでしょう。そうであれば、日本民族の原始社会の姿、その社会的特質を帯びた観念と特徴を知らないでは、日本社会もその文化をも真には理解できない、ということとおもいます。

近畿地方にはるかに先行する九州の「弥生時代」に、「鏡・玉・剣」がもった社会的な意味は何だったのか、以下は一つの試論ですが、鏡は太陽崇拝をしめし、とりわけ地球規模の一時的とはいえ、数百年間の寒冷期を迎えて太陽・光線への強烈な願望が、光を反射する鏡への信仰をうみ、それは水田稲作の成功、豊かな実りへの願望・祈願を意味し、玉は〝巌と細石〟信仰、すなわち共同体員の建康と長寿への祈りをあらわし、剣は「自衛」を意味し、これが古墳におかれた意味は、そこに安置された共同体の酋長や首長、または祈祷師らが、その点で功績があったとともに、その埋葬後もその社会に引きつづき力を与えてくれるように、という願いをこめたものという可能性がありましょう。同時に、この北九州・九州の社会が、灌漑施設の整備・拡充を前提とする、そうした稲作文明の社会であって、古墳等にはそうした社会的特質が反映していたのではないか、こうした側面の研究も重要でしょう。

とすればこれは古代人類のおそらくは普遍的な思想・文化の、日本的現れとも解釈できるとおもいます。この水田稲作の豊年祈願は日本民族の美しい文化でしたが、この源流には階級社会へと発展しつつある、すなわち「貧富の差」「不平等」が社会に忍び寄り、成長しつつあるこの弥生時代でも、なお、その社会に氏族社会的共同体の一側面が残存し、はるかに氏族社会的共同社会の体質を残した、文化・思想の存在を示すものではないか、ということです。

それは具体的にどんな意味があるのか、これが問題になります。断わっておきますが何度も指摘したとおり、日本民族の氏族社会的な姿は「倭国」文献が残存すれば、かなり多くの事が理解・復元できたでしょうが、これが「ヤマト朝廷」の自己正当化の目的で、徹底的に破壊・消去されている以上、今日ではモーガンのアメリカ・インディアン社会の研究、もう一つは世界の氏族社会時代の姿にかかわる諸記録を基礎に、北九州〜九州等の遺跡への「ヤマト朝廷一元史観批判」にたった、考古学的探究がそれの解明の基礎になるとおもいます。

七

同時に、その際、日本古代史探究同様に古代中国の諸古典は、非常に重要な役割があると考えます。それは氏族社会の原始都市から都市国家群が成立し、それが相互に抗争しつつ、その国・民族の国家が発展しつつある時代に形成されたものだからです。確かに国家の形成は、一部の富める階級と大多数の貧しい人々を生み出し、それを固定化する過程ではありますが、にもかかわらず氏族社会的共同社会の制度・風習・思想・気風が、一挙に消滅するものではなく、また相互に競争する都市国家群の間では、人々・国民のやる気が旺盛な国家に勢があり、国民大衆の要望に配慮する首長なり支配層がより成功し、短兵急に支配者の富み・富裕化を求めた方が国民の離反などで、勢力を失うなどがあったと思われ、一方では国家形成・発展の傾向と、氏族社会的遺制の力とが複雑に作用する側面があったのではないかとおもわれます。

こうした複雑な社会の姿が、多面的に記録されているのが古代中国の「四書（大学、中庸・論語・孟子）五経（易経・詩経・礼記・書経・春秋）をはじめとする諸古典とおもいます。これを考察するにあたってとくに重要な点は、秦の始皇帝による「焚書坑儒」という大文化破壊があったことです。この結果、先秦時代の書籍の多くはうしなわれ、今日の先秦時代の古典は漢の時代の復元といわれています。ただ幸いなことに『孟子』は「焚書坑儒」を免れたものといわれ、日本古代史や中世史探究で大きな意味をもつものと考えます。

孟子（前三九〇〜三〇五）が生きた戦国時代は、都市国家群から誕生した中規模の地域国家群の時代で、その抗争での軍備増強等の必要から増税と収奪を強化する、せざるを得ないという状況も生まれ、初期都市国家時代のように支配層と住民の血縁関係等で、その結びつきがまだあった時代とは異なり、いわゆる国家の矛盾の拡大、すなわち一般的には支配的勢力と、一般生産大衆の結びつきは希薄になり、その結果もあって経済的・政治的矛盾は激化して、まさにそういう社会にふさわしい、新しい政治思想や理念、体制を誕生させる時代でもあったと考えられます。

つまり古代中国文献には、こうした変化に応じた記録が残され、わが国の氏族社会から都市国家形成過程の制度・文化、その社会的思想を復元する一助になるということです。たとえば『春秋左氏伝』の「魯の文候・六年」（紀元前六二一年）に、「閏年を置いて季節のずれを正し、四季に応じて農事を行い、それによって民の生活を豊かにする。民を育成する道はここにある。」（小倉芳彦子氏訳、『春秋左氏伝・上』、三四四頁、岩波文庫、二〇〇八年、第一六刷）とあって、「閏年の告朔の儀式」の重要性を強調しています。春秋時代といえば中規模国家形成時代の到来であって、古代中国の国家形成からいえば、断じて古い時代には属さないとおもいますが、こうした時代でさえも「民の生活を豊かにする。」、政治の重要性を述べているわけです。

たとえば紀元前六二七年乗「僖公三三年」には、「敬は徳の集合です。よく敬する者に必ず徳があり、徳は民を治めるものです。」（前掲書、三二一頁）、さらに「神が令伊を失敗させるのではない。民を重視せぬ令伊が、自ら失敗を招くのだ」（同書、二九一頁）、さては、「『武』とは、暴を禁じ、戦いを止め、大を保ち、功を定め、民を安んじ、衆を和し、財を豊かにするためのもの。」（同書、四五四頁）などとあります。

この時代、だんだん中規模国家形成への富国強兵策が、登場する時代ではないかとおもいますが、一々「民を豊かにする」とか、「徳は敬の集合で、民を治めるもの」（重税は民を尊敬しない政治という意がある）、さては「武は……民を安んじ、衆を和し、財を豊かにする」など、その言葉がそのまま信じられるかは疑問ですが、政治や軍事が一々、「民の暮らしを豊かにする」とか、「武は平和のため」とかいうように表現されているわけです。

これは確かに今日の侵略戦争も、「国の安全・国民生活の維持・向上、国の産業発展のため」等と称して行われるのをみれば、その言葉を鵜呑みにはできませんが、にもかかわらずこうした言葉使いの背景には、氏族社会時代から都市国家形成時代などの、社会の在り方に根ざしたものが、その由来としてあることは明らかでしょう。という意味は、氏族社会の原始都市段階、その最初の都市国家段階では、右の「民のため」という言葉は、政治的美辞麗句とばかりは言えなかったし、初期の段階の都市国家の首長とその「民」は、血縁関係が基本であって、その政治もまたそうしたものであったと言えるとおもいます。

たとえば『孟子』に、中国最初の都市国家群の代表の「夏王」についして、「春は耕すを省《み》て、足らざるを補い、秋は斂《おさ》めるを看て、足らざるを助く、」（小林勝人氏訳注、『孟子・上』、七八頁、岩波文庫、一九八四年、第一八刷）とあり、また宇野哲人氏はその著『中国思想』（講談社学術文庫、一九九〇年、第一三刷、三〇頁）で、「瞬が推されて王位についた際に、統治にかんする意見を聴取したら、人民が「食なるかな、これ時（暦）」と答えたとされています。農業の重視でしょう。さらに古代中国儒教に有名な『大学』には、「詩に云く、楽しき天子は民の父母、民の好む所は、これを好み、民の憎む所はこれを憎む。これをこれ民の父母という。」などもあります。

こうした記述は、やはりその背景に中国の氏族社会の原始共産主義体制があって、それの遺制として後代に何らかの理由で残存したものでしょう。原始的都市国家段階が多くの場合、当然ながら酋長・ひいては王の選挙制度が存在し、そうした体制的習性と人間関係論を保持していたことは疑う余地がなでしょう。一定の歴史的段階までは、この遺制を保持した都市国家が市民の意欲が高く、他の都市国家群との競争で有利であったとか、短兵急に支配層の利得を追求した王や国家が、国民の離反などを招いたなどその発展過程も複雑であったのでしょう。

この支配者と国民大衆の関係の希薄化や支配層の苛斂誅求は、その後の都市国家が地域国家群の競争に突入するにしたがい進行し、統一国家になるにおよんで、いっそう発展する傾向でしょう。

八

ところがこの氏族的社会秩序とその社会独特の人間観、社会観は、「人類文明のはるかなる淵源」というに止まらず、エンゲルスによればヨーロッパ近代社会の民主主義議会制度等の形成に、大きな役割を果したというわけです。ではアジアのそれはどうだろうか、アジアでは「砂漠の川」同然に「アジア的専制体制」という砂漠に消えてしまったのか、これが私の問題意識です。ここに着目するとき、本来、アジアでこうした問題意識をもち、先進的研究をなしうる日本が「万世一系の天皇制」なる国是、ならびに明治維新的「文明開化」論によって、自ら谷底にころがり落ちたのではないかとおもいます。

さて先ずはアジアの氏族社会の体制的思想や文化、すなわち古代ギリシャ・ローマ、さらには近代民主主義思想・文化と社会を形成した、ゲルマン諸部族の氏族社会の思想・人間観と同じものは、東アジアにおいてその後いったいどうなったのか、先ずはこれが課題とおもいます。結論から言えばヨーロッパと形は違え、しかしやはり同様に進歩的な思想として、とりわけ日本で画期的な役割を果たしたのではないかと思うのです。

しかし、これが当の日本では一方では「一元史観」から〝国賊の思想〟とされ、同時に他方では「文明開化」的〝自由民権派的進歩派〟からも、「無価値な封建的・アジア思想」として、すなわち近代日本の現実政治では厳しく相対立した両陣営から、ともに挟撃・否定されて今日、あたかも「一元史観」批判における古代中国史料同様に放りだされています。

その「国賊の思想」とは何か、といえば『孟子』です。これを日本国内で高くかかげたものは、日本の古代末期に古代大和朝廷の寿命のつきた国家体制を打破して、日本中世の幕を切って落とした北条・足利勢です。この人々が戦前、なぜ国賊と称され、日本史においてある意味では織田・豊臣・徳川よりも、画期的な日本史の発展的変革者であり、しかも戦国三武将よりも豊かな史料に恵まれ、北条政子一人だけをとっても興味深い物語的要素に満ちていながら、なぜ〝歴史小説〟にならないのかを問えば、「朝廷に刃向かったものを小説にできない。」という、明治以降の〝憲法的制約〟とおもいます。

これは「南北朝」問題で足利氏・武家方を、肯定的に記述している『梅松論』が今日といえども、「国禁の書」としての陰影を帯びた扱いをされている事実にもみることができます。

では通説が戦前は〝国賊〟と称し、戦後はこの〝国賊〟は一応は消えましたが、しかし今日も臣下が朝廷に刃向かったという意味の「承久の乱」と称される、この古代社会から中世日本社会への変革を達成した戦について、中世日本社会でどんな評価が下されていたのかを、北畠親房の論評で見れば次のようです。親房は周知のとおりに後醍醐天皇の足利武家政権打倒の際には、天皇方・南朝方武将として武家・足利方と戦った、有名な中世尊皇思想家の代表者です。

それによると「神ハ人ヲヤスク（人々の生活を安心）スルヲ本誓《ほんぜい》（本質）トス。天下ノ万民ハ皆神物ナリ。君（天皇）ハ尊クマシマセド、一人（後鳥羽上皇・天皇）ヲタノシマシメ万人ヲクルシムル事ハ、天モユルサズ神モサイワイセヌイハレナレバ、政《まつりごと》ノ可否（よしあし）ニシタガイテ、御運ノ通塞《とうそく》アルベシトゾオボエ侍ル。（岩波日本古典文学大系・『神皇正統記・増鏡』、一六三頁、一九六五年、第一刷）とあります。

この本はその表題が『神皇正統記』とあるように、古代以来の「ヤマト朝廷一元史」を神聖化したものですが、この書物には源氏の「平家討伐」のみならず、北条氏の「承久の乱」およびその後の北条氏の政治を「徳政」と評価し、「承久の乱」を「上（後鳥羽上皇）ノ御トガ（罪）トヤ申ベキ」と断言し、その国民無視の悪政を「天モユルサヌコトハウタガイナシ。」（同書、一六〇頁）と断罪しています。水戸史学・国学等の近世・近代尊皇思想、戦後の日本古代史観の天皇神聖視・不可侵絶対主義とは異なって、天皇の上に「神」という理念を導入して、ここから評価を下しています。

この親房が導入している「神」こそは、『孟子』等にみる天命論の「天」です。それは「大誓に、『天の看るは我が民の看るに自《したが》い、天の聴くは我が民の聴くに自う。』」（『孟子・下』、小林勝人氏訳注、一四三頁、岩波文庫、一九八五年、第一四刷）という、「天＝生産労働国民」を、「神」と言い直したものです。つまりは、「天とは人間・国民・労働生産大衆だ」ということです。その政治的意味は、まさに親房がいうとおりに政治の要諦は、「国民生活の安心・安全・産業の発展を促進するにある」という考え方です。これを無視して「一人ヲタノシマシメ万人ヲクルシムル事」、すなわち現代でいえは大企業の利潤追求や巨大内部留保を尊重し、さらに法人税等の減税を行い、国民には賃金の減少、消費税等々の負担増、社会保障費の削減などをすすめる政治は、「天モユルサズ神モサイワイセヌ……政《まつりごと》」ということになります。然るを況や日本が攻撃もされていのに他国のために戦争をする、「集団自衛権の確立」においておや、でしょう。

重要な点は、こうした国民生活・福祉と平和を重視する政治思想が、この時代、天皇方・南朝方の武将でもあった北畠親房の世界観を形成しているという事実です。これはほかでもない北条〜足利時代の日本社会が、武家が掲げた天命論思想が「時代の思想」を形成した結果でしょう。

この思想はたしかに「主権在民・選挙制度」は掲げておりませんが、しかし、平和と国民生活重視を政治の基本におくという点で、欧米の「民主主義論・その思想・政治論」、とくにマルクス主義的政治論には近い面があるのではありませんか。

九

ではこの日本古代末期の武士階級の支配的思想であっ

た「天命論」とりわけ、その代表の『孟子』とは、どんな主張をかかげたのかです。彼が大声で主張したものは「仁」の政治、その内容は第一に、重税・国民収奪反対、第二に、侵略戦争反対・軍備増強反対、第三に、覇権主義・大国主義反対、政治の要諦は、国民生活の安心・安全の確保であり、その全精神が立つべき所は「仁の精神」、ということです。孟子は〝孫子の類〟を死刑にせよとまで叫んでいます。

たとえばほんの一例をあげれば、「凶年飢饉に君（君主）の民、老弱は溝壑《こうがく》（溝や谷）に転び、壮者は散じて四方に行ける者幾千人なるに、君の倉廩《そうりん》（米倉）は実《み》ち、府庫は充つれども有士以て告げる（忠告する）ものなし。是《これ》上慢《じょうおこた》りて、下（国民）を残《そこな》えるなり。」（『孟子・上』、九九頁）とか、「富を為《な》さんとすれば仁ならず、仁を為さんとすれば富まずと。」と、単なる富の追及は「悪だ」と述べています。

また、「今の君に事《つか》うる者、我能《よ》く君の為に土地を辟《ひら》き、府庫を満たすと曰う。今の所謂良臣は古の所謂民の賊なり。君道に郷《むか》わずに、仁に志さざるに、これを富まさんことを求めるは、これ桀（暴君）を富ましむるなり。我能く君の為に与国（同盟国）を約し、戦えば必ず克しむと曰う。今の所謂良臣は古の所謂民の賊なり。君道に郷《むか》わず、仁に志さざるに、之が為に強戦せんことを求めるは、是れ桀を輔《たす》くるなり。」（『孟子・下』、三〇二頁）などです。

こうした悪政への厳しい糾弾は『孟子』全編に満ち溢れ、さらには悪政を改めない君主には、「孟子曰く、民を貴《たっとし》となし、社稷（国土）こすれに次ぎ、君を軽しとなす。是の故に丘民（古代氏族社会では丘などで、氏族の成年男女全員参加の会議を開き、酋長らを選挙した。また夏・殷などでは古くは「天子」も選挙で決められ、これを「推される」という。これを指すか）に得られて天子となり、天子に得られて諸侯となり、諸侯に得られて大夫となる。諸侯社稷（国民と国土）を危くすれば、即ち〈其の君を〉変《あらため》て立つ。」（『孟子・下』、三九七頁）とあります。すなわち「革命」です。

孟子が生きた時代は古代中国の戦国時代、多少図式的にいえば古代的都市国家群の抗争から中規模の地域国家が誕生し、司馬遷の『史記』を彩った燕・斉・魏・韓・楚・趙・秦などの諸国が、相互に覇権をめぐって戦争を繰り返した時代、すなわち歴史の流れは中国の統一勢力・秦の台頭へと向かう時代です。これが当時の〝歴史の流れ〟です。したがって「仁の政治」など、現実には何の役にもたたず、彼の主張などは彼が訪問した諸国の君主からは、相手にされない思想・政策に過ぎないわけです。

だがこの「役立たず」の主張・思想が、古代中国で孔子の『論語』とともに儒教の一大柱とされ、しかもはるかに時代を隔て海をこえて、日本古代末期の台頭期の関東の武家階級の、古代天皇制政府への抗議と戦いの理念を形成し、この理念のもとで日本の武家政権の確立、すなわち日本中世社会が成立されたわけです。北条幕府の初期の政治が「善政主義・徳性政治」を標榜していたことは、日本中世史に有名です（『東鑑』参照）。

たとえば『孟子』の「即ち〈其の君を〉変《あらため》て立つ。」の条は、『太平記』では、これを積極的に受容した次のような記述が見られます。「いわゆる夏の桀は南巣に走り、殷の紂は牧野に敗らる。その道違ふ時は威ありといえども久しからず。」（『太平記・一』、山下宏明氏校註、一五頁、新潮日本古典集繁、新潮社、一九九一年、第五刷）です。さらには後醍醐天皇の鎌倉幕府転覆活動を、「当今御謀叛」（「長崎新左衛尉意見の事、付けたり阿新殿《くまわかど》の事」、同書、六九頁）と天皇の活動を「謀叛」と明記し、そのうえに後醍醐天皇の討幕活動を「平和のため、人民の安心のために撃つすべし」という当時の幕府の議論を、「異朝（古代中国）には、文王・武王、臣として無道の君を討ちし例あり、わが朝（日本）には、義時・泰時、下（臣下）として不善の主（後鳥羽上皇）を流す例あり。世みなこれを以って当れりとす。」と記し、さらには「古典（『孟子』）にも、『君、臣を見ること土芥《どかい》（ちりあくた）の如くする時は、すなわち臣、君をみること寇讐《こうしゅう》（仇かたき）のごとし。』（『孟子・下』、六四頁）」（『太平記』、七二頁）と、書いています。

ここには公然と「天命論」、すなわち「道理なく、国民の生活を破壊し、世の平和を乱すものは、それが天皇でも許されない。」という、近代尊皇思想とは両立の余地のない思想・主張が、「世みなこれを以って当たれりとす。」という姿で明記されています。すなわち天下に通用すべきは地位・身分ではなく、〝道理である〟という思想です。しかも堂々と『孟子』が引用されているのです。まさに社会の変革期の姿です。

ではこの孟子の「仁の政治、仁の社会」なる主張の根拠は、どこにおかれていたのか、これを問えば、古代中国の氏族社会の平等主義社会であることが、『孟子』の次の主張に示されています。「夫れ仁政は必ず経界（田圃の境）より始まる。経界正しからざれば、井地鈞《ひと》しからず、穀録平らかならず。是の故に暴君汚吏は、必ず経界を慢《あな》どる。……中略……君子なくんば野人（農夫）治むるなく、野人なくんば君子を養うなし……請う野は九（分）が一にして助せしめ、国中は什（十）分が一にして自ら賦《ふ》せしめん。」（『孟子・上』、二〇一頁）です。

ここで孟子が論じているものは「賦」、すなわち税金の公平な負担という問題であり、この税金のそもそもは、氏族社会の公的経費をうみだすための共同労働の、公平な分担に淵源を発するようです。ここでの「九分の一」とは土地を井の字形に分けて、八軒で一ヶ所の公有地を公平な労働分担で耕作して、その作物を公に納める制度で、「野は九分の一」、「国中は十分の一」の「野」とは田舎をさし、「国中」とは都会をさし、税負担に差をつけよという意味です。

さらには、「君子なくんば野人（農夫）治むるなく、野人なくんば君子を養うなし。」というのは、一見、農民を見下げた表現に見えますが、実際は、氏族社会での社会的業務に携わった世襲酋長や、各業務を担当した「一世代酋長」、その他に軍事酋長らの姿を思い出させる表現とおもいます。モーガンの『アメリカ先住民のすまい』には、詳細に氏族社会の仕組み、各種酋長選出の仕方、また氏族員の土地の私的「使用権」(私有権ではありません)と、その相続権（私有権なし）や、公的費用産出のための公的な土地、そこでの公平な共同労働とその仕組み等が報告され、これらの業務に各種酋長とその見習いが当たる姿が記されています。

この社会の各種酋長等は民衆の利益の真の代表者であって、いわば民衆への奉仕者という性格があります。『孟子』がいう君子とは「王」である前に、社会の諸問題・諸課題を国民の立場にたって打開・可決する知識・能力のある人のことであって、政治とはまさに国民生活の諸問題を解決し、国民生活の安心・安全・その発展を確保することをさしています。これを単なる空論というのが日本社会等であります。すなわち政治・社会に理念がないわけです。

同時にモーガンの記述には、この公平な氏族社会の仕組みそのものの中に、やがて生まれてくる不平等の萌芽があることも了解できます。孟子は、まさにこの古代の氏族社会の姿、あり方を人間社会のあるべき姿、すなわち「仁」が実現された社会と考えていたとおもわれます。

こうして興味深いことは『孟子』など、古代中国の儒教の〝経典〟を開くと、国家制度が一定の発展段階に達した時点で、氏族社会の体制・思想・文化が進歩的役割を果たす、ないしは進歩的意義をもつというエンゲルスの指摘は、ヨーロッパとは異なる仕方でアジア・中国・日本にも、当てはまるのではないかという点です。

一〇

しかし、日本では通説的「尊皇的一元史観」の結果、その「中世史」においても北条・足利の古代天皇制社会の打破・変革の経済的側面（土地所有問題）は評価しても、その変革のイデオロギーはまったく評価の対象にされていません。しかもマルクス・エンゲルによれば「階級闘争」には、経済闘争、イデオロギー闘争ならびに政治闘争があることが指摘されていますが、日本ではマルクス主義を云々する学者でも、この時代にかんして「下部構造」なる経済的・生産関係論、すなわち土地所有権をめぐる古代貴族階級と、初期武家階級の対立等にかかわる考察はありますが、古代末期の天皇制と初期武家階級との、イデオロギー「闘争」面の研究はないとおもいます。驚くべき「マルクス主義」の学者の姿であるわけです。

同様に明治以降の「自由民権運動」なども、日本中世時代には「世みなこれを以って当たれりとす。」という、日本的「天命論」はもちろんそもそも「儒教」などは、アジア的専制体制のおくれた封建的思想で〝有害・無益〟として、汚物のようにあつかっているとおもいます。

しかし、近世～現代の尊皇思想を形成した水戸史学および国学の〝儒学・儒教〟は、古代以来の中国儒学・儒教ではなく、江戸式・日本式儒教にすぎないということが指摘されています。その特徴は第一に中国儒教において『孔子』とともに重視されている、『孟子』の絶対的排除です。『孟子』の主張の要は、〝悪政を反省しない君主・王朝は、革命によって打倒し、国民は自らの願いを託す政府を建設する権利がある〟という主張です。これを日本では絶対的に否定して今日に至っているわけです。くわえて〝江戸式日本儒教〟を考えるうえで重要な点は、徳川幕府の官学の〝朱子〟をも批判・否定する荻生徂徠の登場です。

一八世紀以降の日本思想に大きな影響をおよぼしたという荻生徂徠は、政治における仁（人民を大切にすること）・徳（人民にわけあたえること）・道理を重視した朱子よりも、「道なるものは統名なり。礼学刑政凡《おおよ》そ先王の建つる所のものを挙げて、合わせて之に名づくる也。」（『弁道』）という『道』の定義に示されているとおり、古代の帝王の建てた『礼学刑政』、すなわち政治上の諸制度のなかに、『安天下』すなわち天下を安らかに治める道を求めようとする」（『日本思想史大系〈53〉水戸学』、「水戸学の特質」、尾藤正英氏著、五六五頁、一九七三年、第一刷、岩波書店）ものであり、政治の内容・質より古代以来の制度・機構、その伝承、これを「道」と称し、その限りで古代以来の中国儒教の古典を重視したといわれています。

この影響のもとで『古事記』『日本書紀』重視、これを〝日本の道〟という、結局は、『記・紀』崇拝・〝万世一系の天皇制の礼讃〟と、そのもとでの〝日本固有の文化論〟なる「道」の重視が、他民族への優越性において主張される傾向をつよめ、この流れのなかから日本の和歌・王朝文学礼讃・『記・紀』絶対視、〝中国文化・その儒教の罵倒〟が特徴の国学をはじめ、近世尊皇思想が誕生したと指摘されています。

したがって水戸史学等がさけぶ「国体」「儒教的名分論」の「名分論」「尊皇攘夷」という、近世・近代尊皇論の中核をなす用語と思想は、古代以来の中国儒教、たとえば「四書五経」等には存在しないものという指摘（前掲書、五六〇頁）があるほどです。こうした日本近世～近代尊皇思想がかかげる「儒教」とは、悪政打倒を国民の権利とみなす『孟子』の絶対否定にたつ、「君に忠」だけが突出した代物、つまりは国民に王朝・政府への土下座だけをいう、世界にたぶん例がない化け物のような〝儒教〟であって、古代以来の中国儒教とはなんの共通点もない〝江戸式・日本儒教〟です。

また水戸光圀時代の「大日本史」の〝大和朝廷観〟と、いわゆる水戸史学の『大日本史』のそれとが、一八〇度食い違うという特徴があることが指摘されています。光圀時代の『大日本史』の古代ヤマト朝廷観は、〝神武天皇から南朝終焉までが真の大和朝廷〟とされ、その後のいわゆる〝北朝〟は、「武家政権に擁立された新王朝であって、前王朝の正当な後継者とはみなせない。それが南朝正当論の本来の意味。」（前掲書、五六七頁）とされ、「こうした王朝交代論は、明治以降の通念をもってすれば甚だ奇異に思われるかもしれないが、江戸時代前期の儒学者の間では、例えば山鹿素行の『武家事紀』や、新井白石の『読史余論』などに見いだされるもので、必ずしも珍しい考え方ではない。」（前掲書・同頁）とあります。この背後に国家権力を闘いとった時代の、武家階級の国家観・王朝観があるのでしょう。

こうした江戸前期の〝反尊皇論的儒教〟も、明治以降の進歩的意識からは顧みられることもなかったようです。

この結果、戦前の日本社会を知るものならば誰でも知っている、「親に孝、君に忠」という、しかも日本儒教では「親に孝」はつけたり、ないしは日本封建制下の人間像と、そのあり方の讃美とその強要でしかなく、同時にそれは「君に忠」なる「天皇絶対主義」と連動し、戦前のこの〝日本的儒教〟がかもすものは、息もできないほど程のものでした。あの「特攻隊」を生み出したものの背景には、一元史観と共にこうした粗悪をきわめた反人間的な、「天皇絶対主義的」日本式儒教があったとおもいます。

したがって戦後、日本人一般に儒教への反発が強いのは当然ですが、しかし、それは日本式儒教と古代中国儒教等の混同が一つ、もう一つは古代中国文明と儒教や古代中国思想の形成過程を、人類社会の発展過程とその文化、イデオロギー形成過程として把握する見地が不十分、という面があったのではないかとおもいます。儒教をふくむ古代中国文明とその思想への科学的研究が、江戸時代には未分化と思われますが、明治以降は近代尊皇論とその粗悪な尊皇論的・日本式儒教にたいするに、欧米民主主義の重視はいいとしても、古代中国文明への否定と軽視の観念が先行して正当な研究は軽視され、しかも近代尊皇日本史論とその尊皇論的文化論等への、真の批判的見地は確立されず、戦後はそれからの解放感がさきだって、「神話造作論」に見るような戦前の日本の支配的なイデオロギーを、ただ否定するという感が否めず、戦後の日本の民主勢力といわれる傾向も、この点では明治以来の「文明開化」気分の延長線上に止まっているとおもいます。

したがって人類社会の進歩的思想や社会のあるべき姿までもが、その原型として人類社会の故郷・氏族社会の姿にあるという、モーガン、マルクス・エンゲルス等の偉大な発見を、人類文明創設の一角の東アジアの文明・古代思想・文化において発見・評価しない結果となり、日本において「近代尊皇思想」を根底的に批判する見地を築きえないままであるとおもいます。

同時に、こうした近代日本の古代中国文化・思想に対する態度の背景に、真の日本古代史、日本における古代社会の形成・発展とその文化、およびその特性が『古事記』『日本書紀』によって国民に知らされない、伝えられていないという重大な問題があるのではないかとおもいます。きわめて大きな問題とおもいます。

一一

さらにはそもそも近代日本の支配的勢力は真実の日本史の探求に反対であり、進歩や民主をいう人々もその憲法に「万世一系」とか、「象徴天皇制」が規定されているもとで、国立大学の当該学部等が真実の日本史・日本思想・文化史を探究しうるかという、本来当然あるべき問題意識もないなど、大きな問題があるとおもいます。

これでは日本における自分達の進歩思想の真の歴史、その故郷の姿を解明する日本史論の重要性への認識も当然ながら生まれず、ましてや北条・足利時代の「日本的天命論」の意義の重視なども、また生まれてこない結果になるとおもいます。

北条・足利幕府時代の古代天皇制打破の日本史的意義をいえば、第一に日本が世界に誇るべき偉業という面がいくつかあるとおもいます。その第一は、アジアでただ一つ資本主義の近代社会を、その誕生に当たっては〝西洋列強〟という、手荒い産婆役がいたにせよ自前で創設しえた母体である、日本封建制を誕生させたことです。

これはイギリスの初代の駐日公使のラザフォード・オールコックが、その日本滞在記（一八五九〜一八六二）・

『大君の都』（岩波文庫、全三刷）で、江戸時代の日本社会を中世イギリス社会と似ている、と指摘しているところにも示されているとおもいます。こうした中世社会は、中国・朝鮮等のアジア諸国では、誕生しなかったのではありませんか。

第二は、この古代日本社会から日本中世社会への変革は、世界的にも画期的な継承と発展の道を歩いたのではないかとおもいます。これにたいして中国・朝鮮諸国の中世は、近代社会を懐胎しえたのかという問題があるとおもいます。のみならずヨーロッパにおいても、あのヨーロッパ古代世界を代表するローマ帝国は自前の中世社会を創設しえず滅亡し、その中世はゲルマン民族というローマ・ギリシャ系とは異なる、しかも氏族社会段階の人種の侵入によって展開され、その結果もあるかもしれませんが、古代末期・中世初期のキリスト教徒は、古代ギリシャ・ローマの民主主義思想と文化を、「不信心をあほる異教徒の悪魔の思想と文化」と称して、今日のイスラム文化圏の過激派同然に、その思想と文化遺産を破壊し、それを守ろうとした人々を虐殺しています。これは一七世紀の有名なイギリスの歴史家・エドワード・ギボンの、『ローマ帝国衰亡史』（中野好夫氏訳、筑摩書房、一九九五年、全十冊）などに克明に記され、またマルクスも『フランスにおける内乱』で指摘しています。

中国等アジアの国の〝近代資本主義の懐胎なき中世〟や、ローマ末期の破壊と暗黒の中世社会に比較して、日本民族の古代から中世への移行は見事なものとおもいます。それを「天皇に刃向かった国賊の時代と思想」というのは、「尊皇主義的一元史観」からの歪みです。

一二

とは言え、氏族社会に発する〝直接生産者＝国民・社会の主体論〟のたどった道は、欧米と東アジアとでは確かに大きな違いがあったことも事実です。ヨーロッパにおいては氏族社会に発する原始的民主主義は、近世〜近代の資本主義社会の誕生にあたって、「人民の権利、主権在民論、および議会制度と選挙制度」を誕生させました。これは人類社会の発展への巨大な貢献であることは論じるまでもありません。

東アジアにおいては、日本がヨーロッパ的な封建社会を「承久の乱」（本来、〝承久の変革〟と呼ぶべき）を皮切りに形成しましたが、しかしその後、中国・朝鮮とならんで徳川幕府が鎖国制度を採用し、そのために商品生産および流通の発展を人為的に制約し、ひいては都市ブルジョワジーの発展が阻害されました。その結果、日本の近代化は大幅におくれ、欧米の砲艦外交による「開国の要求」

の前に、下級武士らの〝尊皇攘夷〟による武家政権の打倒、および下級武士主導の「欧米的富国強兵策、日本の近代化」の道がとられました。

この結果は、この日本近代化では「天命論」という東アジアの人民主体論は、継承・発展どころか「天皇に刃向かう国賊の思想」と称され、「日本近代化」を推進する勢力・政府の正当化論として、「万世一系の天皇制」なる水戸史学・国学という近世尊皇思想が国是とされ、それは「天命論」はおろか、欧米民主主義思想をさえも〝反日本的思想〟として敵視したことは、すでに「国体の本義」のところで指摘したとおりです。

しかも、戦前の天皇制に反対された人々も、古代天皇制の打破と日本社会の変革の旗印であったこの「天命論」を、まったく評価しませんでした。この「天命論」は、日本社会の合法則的発展を推進した思想・理念という点で、それは単に古代中国産の思想というにとどまらず、まさに日本中世を切り開いた人々の闘いと血の色に染まった日本思想であり文化とおもいますが、そうした理解は残念ながら近代日本の進歩的傾向にも皆無であるとおもいます。

近代日本の不思議な光景に近代尊皇派が、「万世一系の天皇制」を否認している古代中国正史類等の対日交流記を否定・攻撃すると、進歩派も古代中国思想と文化無価値論をいい、尊皇派が「天命論は国賊の思想」といえば、進歩派は「天命論」無価値・反民主主義思想論をいうという具合に、政治的には鋭く対立する両派は、しかし、古代中国文化とそれの日本史的意義にかんして否定するという点で一致するのです。まことに奇妙な光景とおもいます。

尊皇派がそうすることは賛成はできなくても理解はできますが、しかし進歩的傾向がこれに事実上呼応する姿は、実は日本民族が欧米文化に遭遇する以前の日本史と、その文明には人類史的普遍性がない、また日本史を合法則的方向で変革した思想・文化も、日本史にはないという立場に身をおく結果になるのではないかとおもいます。つまりは東アジアの歴史と文明には人類史的普遍性と、それを反映した思想や文化はない、という見地です。

こうした欧米一辺倒の海の向う崇拝主義では、その進歩の主張が日本の勤労国民にとって親しみにくいものになるのは、当然と思います。その意味では日本の社会変革に貢献した、ためされ済みの思想である「天命論」、すなわち東アジアの偉大な「人民主体論」は、日本古代から中世社会の変革にあたって、ヨーロッパ中世や中国等と異なって、大きな役割をはたした点を正しく評価すべきものとおもいます。

しかしこれが鎖国等によって、近世日本の商品生産とそのブルジョワジーの発展が阻害された結果、日本封建社会の近代化にあたって継承・発展される条件を欠いたとおもいます。しかし、だからと言ってこれは無価値であるとか、武家は封建勢力という見地から、これを全面的に否定するならば、ではヨーロッパ近世が高く評価した古代ギリシャ・ローマの民主主義は、奴隷制にたった民主主義という点はどうかという問題にもなります。歴史における発展は弁証法的なものである、すなわち継承と発展であるという肝心要の問題を、ヨーロッパにむかっては手放しで評価礼讃し、アジアと日本に向かってはヨーロッパの発展モデルを絶対化して、それに合致しないから認めないとすれば、欧米とアジアの発展の姿の差を無視することになります。すなわち歴史にたいして弁証法の立場から評価することを拒否する見地、つまりは自分達の祖先が行った偉大な社会変革も、そこにかかげられた偉大な思想をも、ヨーロッパモデルに合致しないから認めないという態度は、はたして真に正しいのか、日本人としては当然、問とわれる問題とおもいます。

わが国中世を開いた武家階級は、古代天皇制を打破・克服するたたかい、日本社会の進歩的発展を促進するたたかいで、東アジアの「人民主体論」の旗を高くかかげて、これを完遂したわけです。ここには評価すべき、学ぶべきものは本当にないのか、これは真剣に問われる問題でしょう。しかも、今日、この天皇神聖化の日本史には、一片の事実も道理ないことが明かにされているのです。

しかしこの問題は、大学の日本古代史学が「憲法第一条」規定の制約下に現実にあり、「ヤマト朝廷一元史観」以外の〝日本史観〟がない現状同様に、同一の憲法規定下でその中世史において、古代天皇制に正面から立ち向かいそれを打破した武家階級の闘いと、その旗印であった「天命論」を評価しうるのか、という問題も生まれます。

こうした状況をみれば日本古代史の探求同様に、自覚ある人々の独自の探求が重視されるのですが、実に残念なことは「自由民権」運動以来の人々が、東アジアの古代以来の文明をまったく評価しない態度できたことは、尊皇日本史論・日本文化論にとって好都合であった、かれらの横行に結果として有利な条件を形成したとおもいます。

明治以降の日本の進歩勢力が掲げた「自由・民主主義・国民の権利」論は、欧米産のものであって、明治以降の勤労国民にとって聞きなれない外国人の名や、よくわからない欧米の歴史と文化とかかわる、よそよそしいものであったとおもいます。これに反して古代天皇制への古代末期の武家階級の闘いは、アジアの思想であり自分達の祖先の歴史的事実であって、しかも『太平記』、『増鏡』、

『承久記』、『東鑑』、『梅松論』、『神皇正統記』、さては古代天皇制への闘いの嚆矢としての『将門記』等々、多くの古代末期・中世初期の文献に記されているものです。

そうでなくとも江戸時代以来、日本の庶民にもあった『平家物語』や『太平記』への愛着と結びつく文化であって、武家階級の古代天皇制への批判と闘いにかんする記述は、日本の歴史的文化であって日本の勤労国民にとって、肌でわかる馴染深いものでもありました。しかしこうした当然の国民的嗜好や関心は、吉川英治氏の『新書太閤記』や、その後の〝戦国もの〟や、〝赤穂浪士〟ものなど〝大衆小説〟分野、いわば表面的で興味本位の方向に流しこまれ、武士階級の日本史変革の壮大な闘いの正しい評価と結びつく、日本における姿と役割を広範な国民の関心にそって明らかにする道は、やぶの中に放置されたままとおもいます。「宝のもちぐられ」ではないかとおもいます。日本の「自由と民主主義」の実現には、この武家階級の古代天皇制批判と戦い、そこに掲げられた「天命論」の正当性、およびそれの近代日本における継承発展として、「近代的自由と民主主義」が説かれたならば、大いに状況は違ったのではないかとおもいます。

同時にそれは江戸時代以来の「天命論」否定の江戸儒教、日本的〝朱子学〟ないしは近世〜近代の国学的尊皇論を本質とする、〝日本製エセ儒教〟批判とあわせて、日本における「天命論」思想がその根底において、欧米民主主義思想と気脈を通じた人類の普遍的な進歩思想の一翼であることを明らかにする、研究と闘いが求められていたとおもいます。こうしてこそ日本国民は「自由・民主」を掲げる人々の主張に、いっそう深く確信と誇りをもつのではないかとおもえます。こうした課題の存在を軽視・無視して、欧米民主主義論の正当性の主張やその科学的思考への讃美のみでは、遠回りの道の選択ではないかとおもいます。

こうして近代〜現代の日本の社会の進歩的発展を勝ちとるうえで、「万世一系の天皇制」「象徴天皇制」等の尊皇日本史論と尊皇思想、尊皇文化論への批判とその克服、その重要な要素としての古代以来の東アジアの文化への、正当な評価という問題は依然として重要ではないかとおもいます。これを軽視・無視して依然として通説的日本史論・日本思想史・その文化論を、「二一世紀に生きる羅針盤」(二〇一三年・岩波講座『日本歴史・第一巻』の広告文)という、通説の御託宣を信奉するとすればこの羅針盤は、第二次大戦の日本の破局同然の案内者としてでしょう。

草野善彦（くさの　よしひこ）

1933年生まれ。武蔵野美術学校（大学）卒
著書に『天皇制国家唯一史観を疑う』（光陽出版社）、『天皇制批判と日本古代・中世史』『放射炭素年代測定と日本古代史学のコペルニクス的転回』『二世紀の卑弥呼「前方後円墳」真の構築者』『天皇制は日本の伝統ではない』『墓より都』（本の泉社）など。

「邪馬台国論争史学《やまたいこくろんそうしがく》」の終焉《しゅうえん》
――日本古代史学《にほんこだいしがく》と憲法第一条《けんぽうだいいちじょう》

2015年11月8日　第一版発行

著　者　草野善彦
発行者　比留川洋
発行所　本の泉社
〒113-0033
東京都文京区本郷2-25-
Tel 03（5800）8494 FAX 03（5800）5353
印　刷　音羽印刷株式会社
製　本　株式会社村上製本所

ISBN 978-4-7807-1241-4 C0021